新话
红楼

张凯庆 张虓◎著

中国社会出版社
国家一级出版社·全国百佳图书出版单位

图书在版编目（CIP）数据

新话红楼／张凯庆，张虓著．—北京：中国社会出版社，2016.5

ISBN 978-7-5087-4124-6

Ⅰ.①新… Ⅱ.①张… ②张… Ⅲ.①《红楼梦》研究 Ⅳ.①I207.411

中国版本图书馆 CIP 数据核字（2016）第 108910 号

书　　名：新话红楼
著　　者：张凯庆　张　虓

出 版 人：浦善新
终 审 人：李　浩
责任编辑：陈　琛　　　　责任校对：丁　一

出版发行：中国社会出版社　　邮政编码：100032
通联方法：北京市西城区二龙路甲 33 号
电　　话：编辑室：（010）58124835
　　　　　邮购部：（010）58124848
　　　　　销售部：（010）58124845
　　　　　　　　　（010）58124846
　　　　　传　真：（010）58124856
网　　址：www.shcbs.com.cn
　　　　　shcbs.mca.gov.cn
经　　销：各地新华书店

中国社会出版社天猫旗舰店

印刷装订：中国电影出版社印刷厂
开　　本：170mm×240mm　1/16
印　　张：25.75
字　　数：378 千字
版　　次：2016 年 5 月第 1 版
印　　次：2016 年 5 月第 1 次印刷
定　　价：50.00 元

中国社会出版社微信公众号

内容简介

《新话红楼》是张凯庆先生撰写的关于红楼梦考证的著作。

张凯庆认为：要想解开红楼之谜，必须首先确定主人公贾宝玉的身份，而要确定贾宝玉的身份，必须从小说里寻找证据。很多人从小说之外寻找一个人，然后按照这个人的经历、遭遇去套小说中的人，那是无论如何也解释不清的。小说中贾宝玉被称为“龙种”、“活龙”和“凤凰”，而“龙”和“凤凰”都是皇权的象征。历代皇帝都自称“真龙天子”，“龙”是皇帝的专用名词。龙和凤一起使用，龙为帝，凤为后；凤和凰一起使用，则凤为帝，凰为后。宝玉是“活龙”，就是说是活着的龙，《红楼梦》问世时，只有乾隆是“活着的龙”。小说中数次提到宝玉是“活龙”，白纸黑字写在书里，实际上已经告诉读者宝玉是何身份了。这是考证《红楼梦》的唯一前提，离开这个前提，任何论证都不能成立。只有顺着“活龙”这条线索追寻下去，才能真正解开红楼之谜。

《新话红楼》一书中，列举了大量的证据，证明了贾宝玉就是乾隆皇帝，林黛玉主要是孝贤纯皇后富察氏的化身，薛宝钗身上则隐写了富察皇后和乾隆继皇后乌喇那拉氏两位皇后。薛宝钗的出身、品行有一部分是富察皇后，另一部分是那拉氏皇后。黛玉和宝钗你中有我，我中有你。乾隆和两位皇后的情感关系隐写在黛玉和宝钗身上。“木石前盟”是乾隆和富察皇后的生死之恋，“金玉良缘”是乾隆和那拉氏皇后的情感纠葛，元春隐写两位皇后的真实身份；林红玉、王熙凤、贾探春、史湘云和香菱等人则是那拉氏皇后不同时期的形象。

乌喇那拉氏是大清最悲惨的女人之一，她初入弘历潜邸时为侧福晋，是由雍正指婚的，乾隆一直不喜欢父亲硬塞给他的这个女人。那拉氏在富察皇后死后仰仗太后的支持晋为皇后，但乾隆一直对富察皇后念念不忘，根本没把那拉皇后放在眼里。那拉皇后在长期孤独冷漠的生活中，抑郁悲伤、痛苦不堪，终于忍无可忍，在乾隆三十年（1765年）南巡时，对乾隆的直言相劝，招来一场大祸，这就是“南直召祸”的真正寓意。那拉皇后几十年被冷落、受屈辱的怨气一起迸发，和乾隆发生激烈冲突，愤然剪发。乾隆龙颜大怒，立即派人从水路将那拉皇后送回京城。乾隆南巡结束后，那拉氏被废，魏佳氏取代那拉皇后，代行皇后职权，这就是王熙凤“梦中夺锦”的寓意。那拉氏被打入冷宫，一年后含恨而死。小说作者通过各种巧妙的方式，将那拉皇后的一生遭遇特别是与乾隆反目成仇的整个事件，原原本本地还原出来，证据就存在于小说之中。本书作者将这些证据一一挖掘出来，在本书第六章、第七章详细揭示了这一过程。

贾宝玉的生日一直是个谜，多少红学爱好者想方设法去探求宝玉的生日，甚至说宝玉的生日就是作者的生日。本书作者则另辟蹊径，巧妙地破解了宝玉的生日之谜——原来宝玉的生日就是乾隆皇帝的生日！这也充分说明了为什么原著作者不敢写出宝玉生日的原因，那是皇上的生日，妇孺皆知啊！

《红楼梦》的主线是“三春”和“三秋”。本书第五章里详细论证了“三春”和“三秋”之谜。本书作者认为，小说中的三个中秋节隐藏着几个神秘数字，这几个神秘数字与康熙、雍正、乾隆、富察皇后和那拉皇后有着直接联系，揭示了乾隆和两位皇后的命运。第一个中秋节贾雨村的咏月诗隐写乾隆诞生，雍正继位；第二个中秋节海棠诗社、隐写雍正暴亡、乾隆继位，富察氏被册封为皇后；第三个中秋节湘云和黛玉的联诗，暗示了两位皇后的命运结局，芦雪庵的联诗隐写那拉皇后被打入冷宫后的惨状；宝玉、宝钗和黛玉的灯谜揭示了那拉皇后的死期和葬地。正照、反照风月宝鉴的玄机是那拉皇后的崛起和死期。《红楼梦》中很多重要诗句和情节都出自乾隆怀念富察皇后的诗作，包括黛玉别号“颦颦”。

小说作者对命相学和星象算命术研究极深，乾隆和两位皇后的生辰八字的干支甲子纳音在书中都有体现，和小说主人公的命运结局息息相关。花签名的花名、注诗和骰子的点数，揭示了两位皇后和哲悯皇贵妃、乾隆生母一生中的关键日期。

此外，本书作者认为，小说的原始作者或是那拉皇后，她将自己长期的孤独、凄凉的生活境况记录下来或讲述给她的儿子永琪，那拉皇后死后，永琪发现了她的手稿或遗书，将其秘密藏匿，并择机转交给敦诚、敦敏，敦诚、敦敏依据那拉氏的手稿，创作了这部伟大的作品。“曹雪芹”是敦诚、敦敏的笔名，与曹寅家毫无关系。至于敦诚、敦敏悼念雪芹的诗和注，则是敦诚和敦敏伪造的，目的就是为了避祸。脂砚斋就是那拉皇后的儿了永琪，畸笏叟是敦敏。富察明义、裕端等人都是知情者和批书者。

前 言

《红楼梦》原名《石头记》，又曰《风月宝鉴》，还有《情僧录》、《金陵十二钗》，等等。《甲戌本凡例》指出："《红楼梦》是总其全部之名也。"故此，我们还是将此书称为《红楼梦》吧。

《红楼梦》原书只有八十回，要想读懂《红楼梦》，就必须抛开程伟元、高鹗的续书，即后四十回。《红楼梦》正文多有隐讳，而脂批的重要作用之一就是帮助我们理解这些隐喻和方法。脂砚斋明确指出："作者具菩提心，提笔现身说法，每于言外警人，再三再四，而读者但以小说古词目之，则大罪过。"

在小说第一回里，当作者表白《红楼梦》所记之人之事皆"追踪蹑迹，不敢稍加穿凿，徒为供人之目而反失其真传者"时，脂砚斋加有大段眉批：

[事则实事，然亦叙得有间架，有曲折，有顺逆，有映带，有隐有见，有正有闰，以至草蛇灰线、空谷传声、一击两鸣、明修栈道、暗度陈仓、云龙雾雨、两山对峙、烘云托月、背面敷粉、千皴万染诸奇书中之秘法，亦不复少。余亦于逐回中搜剔刮剖明白注释以待高明，再批示误谬。]

戚蓼生直接把《红楼梦》比作春秋，把作者比作是小说野史中的左丘明、司马迁。脂批说："凡野史俱可毁，独此书不可毁""此书一字不可更，一字不可少""读者但以小说词目之，则大罪过""史公用意……"，可见《红楼梦》一书，是传记，是史书，而不是小说，作者是史家，而不是小说家。

接着，戚蓼生又说：（译文）"作者虽然具备两种意图，读者却应只取一意。譬如绘画，石头有三块，佳景却只在一峰；边走边看路边风景，最幽美之处是道两旁的树木。必须以这样的领会，去读这本书，才能领会作者的深意。好像水中捞月，只舀一缕清辉；又如同天花降雨，只闻其香，（只取其一意）或许才能领会这书的弦外之音呢！"在此，戚蓼生用绘画的技巧作比，说作者虽然不得已在一部书里写了两部内容，表面是故事，背面是传记，但是读者却应该一心一意去领会《石头记》的弦外之音。

那么，《红楼梦》中到底隐于何事？是谁的传记？又是什么史书？以至于后人若以小说古词看待，“则大罪过”也。

笔者不是红学界人士，只是一个红学爱好者，人微言轻，实在不敢在众多红学专家面前班门弄斧。笔者只是在拜读了一些红学专家的大作之后，产生了一些想法，又细究原著和清史，隐隐感到原著中大有奥妙。现把自己的一些浅见叙出，以期得到红学专家和爱好者的指教，并愿意和各位一起探索“红楼之谜”。

笔者认为：要想真的读懂《红楼梦》，就必须了解大清王朝的历史，就必须知晓皇朝后宫的秘密。大清王朝有说不尽的故事秘史，大清后宫藏有说不尽的秘传，而大清后宫的人藏有更多的故事。大清王朝的后宫，没有流血却有死人髑髅，没有哭声却有悲泪横流，没有坟头却见亡魂鬼影。宫宸巍峻苑幽深，环佩叮当馥气薰；都道逍遥天着好，此中哀怨几人闻。

《红楼梦》隐写的是清皇宫中的腐败荒淫，书中的宁国府即是皇宫外朝，荣国府、太虚幻境就是乾隆皇帝的后宫，大观园就是圆明园，贾宝玉就是这后宫之主，即乾隆皇帝；金陵十二钗、副十二钗，又副十二钗，就是居于后宫的乾隆皇帝的嫔妃，林黛玉、薛宝钗均是孝贤纯皇后富察氏和乾隆继皇后乌喇那拉氏青少年时的分身；元春暗喻两位皇后的真实身份；林红玉、贾探春、王熙凤、史湘云、香菱是乌喇那拉氏皇后不同时期的形象，警幻仙子则是那拉氏皇后的“魂”，这部巨著的真正主角是乌喇那拉氏皇后，她是大清朝最悲惨的女人。小说隐写的是乾隆皇帝和富察皇后及那拉皇后的情史！《红楼梦》就是为那拉氏皇后和富察皇后立传。

笔者认为，这就是《红楼梦》之谜，更是历史之谜！不熟稔康熙、雍正，特别是乾隆皇帝的历史，就读不懂《红楼梦》；不谙知乾隆皇帝的情史，则难以破解红楼之谜！

本书第十章、第十二章的作者为张虓，其余章节的作者均为张凯庆。

张凯庆　张虓

2015 年 8 月 10 日于北京

目录

第一章

追根寻源、破解红楼之谜

第一节　《红楼梦》描写的朝代是清朝

一、《红楼梦》有年代可考

小说第一回：空空道人访道求仙，“见一大块石上字迹分明，编述历历。”空空道人从头看了一遍，但见“闲情诗词倒还全备，或可适趣解闷，然朝代年纪，地舆邦国，却反失落无考。”［甲戌侧批：据余说，却大有考证。蒙侧批：妙在“无考”。］空空道人“思忖半晌，将《石头记》再检阅一遍，［甲戌侧批：这空空道人也太小心了，想亦世之一腐儒耳。］因见上面虽有些指奸责佞贬恶诛邪之语，亦非伤时骂世之旨，［甲戌侧批：要紧句。］及至君仁臣良父慈子孝，凡伦常所关之处，皆是称功颂德，眷眷无穷，实非别书之可比。虽其中大旨谈情，亦不过实录其事，又非假拟妄称，［甲戌侧批：要紧句。］一味淫邀艳约、私订偷盟之可比。因毫不干涉时世，［甲戌侧批：要紧句。］方从头至尾抄录回来，问世传奇。”

在清朝大兴文字狱的年代，作者当然不敢明言此书是为谁立传，因此，故意说此书“朝代年纪，地舆邦国，却反失落无考”。而脂砚斋却说：“据余说，却大有考证。蒙侧批：妙在‘无考’。”又说：“这空空道人也太小心了，想亦世之一腐儒耳。”

是啊，作者承担的风险太大了，不得不小心啊。脂砚斋又在“亦非伤时骂世之旨”、“又非假拟妄称”、“毫不干涉时世”三处均批语“要紧句”。可见，此书不仅有年代可考，而且是“干涉时世”、“假拟妄称”并且是“伤时骂世之旨”。果然，作者在第一回中就透露出小说的朝代信息。

二、羲皇上人可作书之朝代年纪

接着，书中写道："因这甄士隐禀性恬淡，不以功名为念，［甲戌侧批：自是羲皇上人，便可作是书之朝代年纪矣。……蒙侧批：伏笔。］……"

羲皇上人：是指伏羲氏以前的人，即太古的人。比喻无忧无虑、生活闲适的人。出自东晋·陶潜《与子俨等疏》："常言：五六月中，北窗下卧，遇凉风暂至，自谓是羲皇上人。"脂批明确说，甄士隐是羲皇上人，可作为本书的朝代年纪。羲皇上人是鸿蒙初开的逍遥之人，可用他来判断本书的朝代年纪。

笔者认为：作者是用清军入关以来第一位皇帝顺治朝开端作为鸿蒙初开，也就是顺治元年（1644 年）。顺治十八年（1661 年）正月初八，大清帝国第一位入主中原的天子福临即顺治皇帝因病身亡。其子玄烨即位，就是清圣祖康熙皇帝。然而不久，有关顺治帝出家的消息就在民间广为流传，演绎颇多，给顺治之死蒙上神秘色彩，成为迄今仍无法定案的历史之谜。霍国玲老师认为，小说中宁、荣二府的贾敬、贾政是胤禛的化身，是第三代。笔者持相同观点。甄士隐与贾敬、贾政是一代人，本书开始时他年已半百。注意：不是年过半百，而是正好五十岁。按甄士隐梦中僧道二人之言，贾宝玉就是生于这一年，那宝玉就是第四代，这一年甄士隐之女英莲三岁。如果宝玉就是弘历，那弘历出生于康熙五十年（1711 年）。据此推算，甄士隐应该是出生于顺治十八年（1661 年）初，所以说是羲皇上人。以此可推出书中人物的生年和事件发生的年代。

三、书中透露的信息必是清朝无疑

作者本意暗示着清朝，但细究又不是清朝，是因为当时盛行文字狱，作者为了避祸，尽量在模糊朝代，着力淡化时代痕迹。

很多红学专家都研究过书中所描写的各种人物风情、生活习惯以及礼仪、制度、服饰、穿着等细节，从这些方面来看，大部分专家认为描写的应该是清朝中期的事情。书中在风俗、服饰等方面采取了将各个朝代的糅合在一起的方法，但仍然透露出一些清朝的重要信息。这方面信息很多：从贾政最后接到的奏折上看，提到洋枪、火药的走私，都应该是在清朝。

另外，作品中多次提到贾母戴眼镜，眼镜是清朝时才从西洋传过来的。还有，《红楼梦》的戏曲“文化基因”就来自于清代，书中上演的戏《长生殿》康熙二十七年（1688 年）才问世；贾母提到的戏《续琵琶》是曹寅写的；戏子的名字后面都带官字，是清朝特有的；第六十七回凤姐提到贾琏是五品顶戴，“顶戴”二字是清朝特有的。所以《红楼梦》描写的肯定是清朝的事情。

第二节　书中描写的地点乃“天子之邦”

《甲戌本凡例》明确指出：“书中凡写长安，在文人笔墨之间则从古之称，凡愚夫妇儿女子家常口角则曰‘中京’，是不欲着迹于方向也。盖天子之邦，亦当以中为尊，特避其‘东南西北’四字样也。”这就明白无误地告诉读者，书中的宁荣二府所处的地点，乃“天子之邦”，何为“天子”？皇上也。

紧接着，“凡例”又表白：“此书不敢干涉朝廷，凡有不得不用朝政者只略用一笔带出，盖实不敢以写儿女之笔墨唐突朝廷之上也。又不得谓其不备。”“作者本意原为记述当日闺友闺情，并非怨世骂时之书矣。虽一时有涉于世态，然亦不得不叙者，但非其本旨耳，阅者切记之。”

这不是“此地无银三百两”吗？当然，我们应该理解作者的苦心，在当时“文字狱”盛行的背景下，作者纵有天大的胆子，也不敢明修一部乾隆皇帝的情史或说淫乱史，那不是找死吗？所以，作者才采取“草蛇灰线、空谷传声、一击两鸣、明修栈道、暗度陈仓、云龙雾雨、两山对峙、烘云托月、背面敷粉、千皴万染”等很多奇特的方法写书，实在是迫不得已啊。

第三节　“金陵”是哪里？

小说中多处提到“金陵”。在第二回“冷子兴演说荣国府”，贾雨村道：“去岁我到金陵地界，因欲游览六朝遗迹，那日进了石头城，［甲戌侧批：点睛神妙。］……”，书中的“十二钗”冠以“金陵十二钗”，史湘云家族是“阿房宫，三百里，住不下金陵一个史”；王熙凤家族是“东海缺少白玉床，龙王来请金陵王”；还有，熙凤最后是“哭向金陵事更哀”，等等，那么，“金陵”到底在哪里？

红学界多数人的看法是“金陵”是指南京。“金陵”是南京最雅致而古老的正式名称，并一直沿用至今。其来历，一般认为因南京钟山在春秋时称金陵山而得名。公元前333年，楚威王灭越后，就在今清凉山上修筑了一座城邑。因为那时紫金山叫作金陵山，它的余脉小山都还没有自己的名字，楚邑建在清凉山上，而清凉山当时是金陵山的一部分，所以把此城命名为金陵邑。

但也有人认为，金陵是暗指北京，还有人认为金陵是指苏州、杭州。

笔者的看法是：小说中的“金陵”是指清的发祥地、努尔哈赤创建的“大金”朝。努尔哈赤统一了女真各部，建立起“大金”政权，史称“后金”，定都赫图阿拉（今辽宁省新宾县），割据辽东，改元天命。1618年（明万历四十六年），努尔哈赤公布“七大恨”的讨明檄文，开始公开起兵反明。1621年（明天启元年）三月，后金军队又先后攻下沈阳、辽阳，占领辽河以东大小七十多个城堡。努尔哈赤把都城迁到辽阳。1626年（明天启六年），努尔哈赤在宁远战役中被明军的大炮打伤，去世后，其子皇太极即位，1636年（崇德元年），改国号为“大清”，年号崇德，清朝正式建立。1643年（崇德八年），皇太极病死，九子福临继位，是为顺治帝。1644年（顺治元年），李自成农民军推翻明朝统治，明崇祯帝自杀。吴三桂引清军入关打败农民军。同年（顺治元年），多尔衮迎顺治帝入关，在北京再次即位，定都北京。

既然大多数红学专家认定《红楼梦》写的是清朝年间的事，那么，“金陵”必是指“大金”。“金”为大金，“陵”是指大金的开创者努尔哈赤的陵墓。贾雨村说：“去岁我到金陵地界，因欲游览六朝遗迹，……”大清从努尔哈赤算起，至乾隆朝正好是六朝。笔者认为《红楼梦》是为乾隆的两位皇后立传，而富察皇后和那拉皇后的祖籍均在清的发祥地，王熙凤“哭向金陵”是指哭着回了娘家，那她的娘家必是“大金”的原址。

笔者的这一观点在后文中将逐步得到证实。

第四节　宁荣二府就是清皇宫

一、谁家敢称“天下望族”?

第一回：写到甄士隐“家中虽不甚富贵，然本地便也推他为望族了。”[甲戌侧批：本地推为望族，宁、荣则天下推为望族。]

脂批说：士隐家是本地望族，宁、荣二府是天下望族，试问：除了皇上家族，谁敢称“天下望族”?

二、谁家的宅子如此之大?

第二回：贾雨村对冷子兴说：“去岁我到金陵地界，因欲游览六朝遗迹，那日进了石头城，[甲戌侧批：点睛神妙。]从他老宅门前经过。街东是宁国府，街西是荣国府，二宅相连，竟将大半条街占了。”

清朝官员的住房标准是统一的，由政府按照级别分配。《钦定大清会典》对王公府邸的建制有严格的规定，即使是亲王府邸的规模，也只能有正门、正殿、后殿、后寝、后楼五重。现存清末醇亲王大门，门阔五开间，中间三间门。一品官的官邸只有20间，就是三进的大四合院，叫作“大宅门”。正一品的职务（及加衔）——文官：大学士（常加太师、太傅、太保等衔）；武官：领侍卫内大臣；从一品的职务——文官：各部院尚书，都察院左、右都御史（常加少师、少傅、少保、太子太师、太子太傅、太子太保等衔）；武官：将军、都统、提督。如：光绪帝的老师翁同龢（1830—1904年）、御史杨深秀（1849—1898年）皆曾官居一品。

宁荣二府的宅院明显不符合清朝官员住房的规定，由此可见，宁荣二府就是清皇宫。

三、“四大家族”之首是爱新觉罗家族

第四回，贾雨村补授了应天府一职，上任伊始，便遇到一桩官司，雨村正欲断案，一个旧相识（葫芦庙内的小沙弥）“门子”递给雨村一张“护官符”，雨村一看：“上面皆是本地大族名宦之家的谚俗口碑。其口碑

排写得明白，下面所注的皆是自始祖官爵并房次。石头亦曾抄写了一张，今据石上所抄云：

贾不假，白玉为堂金作马。［甲戌侧批：宁国、荣国二公之后，共二十房分，除宁、荣亲派八房在都外，现原籍住者十二房。］

阿房宫，三百里，住不下金陵一个史。［甲戌侧批：保龄侯尚书令史公之后，房分共十八。都中现住者十房，原籍现居八房。］

东海缺少白玉床，龙王来请金陵王。［甲戌侧批：都太尉统制县伯王公之后，共十二房。都中二房，馀皆在籍。］

丰年好大雪，［甲夹批：隐“薛”字。］珍珠如土金如铁。［甲戌侧批：紫薇舍人薛公之后，现领内府帑银行商，共八房分。］”

第一句“贾不假，白玉为堂金作马”形容贾家的富贵豪奢，天下第一，用白玉做堂屋，以黄金做马。汉乐府《相逢行》曰：“黄金为君门，白玉为君堂。”（注：汉乐府指由汉时乐府机关所采制的诗歌。这些诗，原本在民间流传，经由乐府保存下来，叫作“歌诗”，魏晋时始称“乐府”或“汉乐府”。）君者：指国君，封建时代指帝王、诸侯等。《素问·疏五过论》：“诊有三常，必问贵贱，封君败伤，及欲侯王。”《红楼梦》中的贾府，竟然以“白玉为堂、黄金作马”，除了皇上家，谁会如此富有？

清代专制皇权之下，在中央朝廷任职的官员称为“朝官”，在顺天府京师（北京）任职的官员称为“京官”，他们的收入主要依靠俸禄。在各省、府、县任职的是地方官，他们的收入比较多，除了俸禄以外还有其他丰厚收入，如养廉银等。因此许多地方官的经济生活比朝官、京官更阔绰。但是，地方官员再阔绰，也不可能以白玉为堂、黄金做马。红学界的主流观点是，作者“曹雪芹”是江南织造府曹寅之孙，也有人说是曹寅之子，《红楼梦》一书是曹家的家史。但是，曹寅不过是个五品官，怎么可能阔绰到以“白玉为堂金作马”的地步呢？小说中的宁荣二府“竟将大半条街占了。”除了皇宫，谁家敢建这么大的宅子？那是明显的逾制，早被皇上抄了，还用等到雍正帝抄他的家？

因此，笔者认为：“贾不假，白玉为堂金作马”的贾府，实际上就是清朝皇族爱新觉罗家族。爱新觉罗是清朝皇室姓氏，满语“爱新”是族名，“金”的意思。“觉罗”是姓氏，是以努尔哈赤祖先最初居住的地方“觉罗”（今黑龙江省伊兰一带）作为姓氏，发源地在宁古塔旧城东门外三里。“爱新觉罗”这一姓氏的含义是，金子般高贵神圣的觉罗族，所以才以“白玉为堂、黄金作马”。

脂批：“宁国、荣国二公之后共二十房，除宁、荣亲派八房在都外，在原籍住者有十二房。”含义是：“八房在都外”暗喻清朝的“八旗”，“原籍住者有十二房”则是指皇宫后宫十二宫。

这里，需要说明的是，在第二回“冷子兴演说荣国府”中，脂批说：贾政是第三代，宝玉就是第四代，那么宁、荣二公就是暗指顺治帝，但是，第五回中，警幻仙子说宝玉是宁、荣二公之孙，如果宝玉就是乾隆皇帝，那么，宁、荣二公则是暗指康熙皇帝。笔者认为，这是作者有意混淆书中的人物关系，以避免杀身之祸。

“护官符”中的其他三大家族，后文再论。

四、九龙金匾和闹龙填青匾

第三回：黛玉初进荣国府：

“众嬷嬷引着，便往东转弯，……一条大甬路，直接出大门的。进入堂屋中，抬头迎面先看见一个赤金九龙青地大匾，匾上写着斗大的三个大字，是‘荣禧堂’，后有一行小字‘某年月日，书赐荣国公贾源’，又有‘万几宸翰之宝’”。

第五十三回：宝琴初次进入宁国府：

“进入院中，白石甬路，两边皆是苍松翠柏。月台上设着青铜古铜鼎彝等器。抱厦前上面悬一九龙金匾，写道是：‘星辉辅弼’。乃先皇御笔。两边一副对联，写道是：勋业有光昭日月，功名无间及儿孙。

亦是御笔。五间正殿前悬一闹龙填青匾，写道是：‘慎终追远’。旁边一副对联，写道是：已后儿孙承福德，至今黎庶念荣宁。

俱是御笔”。

哪里有赤金九龙青地大匾、九龙金匾和闹龙填青匾？只有皇宫里才有，王爷、大臣家里敢挂吗？

五、“顾恩思义”匾额

第十八回，元春游大观园后，“命传笔砚伺候，亲搦湘管，择其几处最喜者赐名。按其书云：

‘顾恩思义’匾额

天地启宏慈，赤子苍头同感戴；

古今垂旷典，九州万国被恩荣。

此一匾一联书于正殿。[庚辰双行夹批：是贵妃口气。]”

赤子，本指初生的孩子，因婴儿皮红；一说因未有眉发。苍头：言头发斑白，指年老的人。后亦用以指百姓，与“苍生”同义。旷典，久未举行的大典。这四句是歌颂“皇恩浩荡”的，意思是皇上的慈爱之大如天高地厚，老百姓人人都感恩戴德；典礼之盛乃古今罕有，天下都得到恩惠和荣耀。

敢称“九州万国被恩荣”的，只有皇帝。

六、宁国府的祭祖过程

在第五十三回“宁国府除夕祭宗祠 荣国府元宵开夜宴”的回前，脂砚斋有大段批语：[蒙回前总批：除夕祭宗祠一题极博大，开夜宴一题极富丽，拟此二题于一回中，早令人惊心动魄。不知措手处，乃作者偏就宝琴眼中款款叙来。首叙院宇匾对，次叙抱厦匾对，后叙正堂匾对，字字古艳。槛以外，槛以内，是男女分界处；仪门以外，仪门以内，是主仆分界处。献帛献爵择其人，应昭应穆从其讳，是一篇绝大典制。文字最高妙是神主看不真切，一句最苦心是用贾蓉为槛边传蔬人，用贾芷等为仪门传蔬人，体贴入微。噫！文心至此，脉绝血枯矣。谁是知音者。]

[靖：“祭宗祠”、“开夜宴”一番铺叙，隐后回无限文字。]

脂批说：“最高妙是神主看不真切。”意思是作者描写的宁府祭祖方式已经是他能写到的最高级别——王公宗室的方式，如果完全照皇室规模摹写过实，必然要招致杀身之祸，因此作者要在此处用“神主看不真切”轻轻一笔带过。

书中描写宁府的祭祖过程：“贾荇、贾芷等从内仪门挨次列站，直到正堂廊下。槛外方是贾敬贾赦，槛内是各女眷。众家人小厮皆在仪门之外。每一道菜至，传至仪门，贾荇贾芷等便接了，按次传至阶上贾敬手中。贾蓉系长房长孙，独他随女眷在槛内，每贾敬捧菜至，传于贾蓉，贾蓉便传于他妻子，又传于凤姐尤氏诸人，直传至供桌前，方传于王夫人。王夫人传于贾母，贾母方捧放在桌上。”脂批云：“槛以外，槛以内，是男女分界处；仪门以外，仪门以内，是主仆分界处。”用贾荇、贾芷作内仪门的传蔬人，是取其名字的“行止”之意，意在摹写盛大典仪时太和殿的肃严威仪，主仆分界。以贾蓉作槛外传蔬人，是用其长房长孙之意，从贾敬手中接过祭祀的菜蔬，可以跨入槛内男女分界，暗示了其身上的帝王血脉的身份；“槛内是各女眷。众家人小厮皆在仪门之外”，暗示的是此处已是皇上后宫，因为皇宫后宫之中，只有皇帝、皇子才是真正的男人。小说第二回交代贾蓉是宁府中的第五代继承人，和雍正一样，均是第五代，故此：“献帛献爵择其人，应昭应穆从其讳，是一篇绝大典制。”

七、黛玉进了雍正的“办公室”

第三回，老嬷嬷引黛玉进入东廊三间小正房内，只见：

“正房炕上横设一张炕桌，桌上磊着书籍茶具，靠东壁面西设着半旧的青缎靠背引枕。王夫人却坐在西边下首，亦是半旧的青缎靠背坐褥。见黛玉来了，便往东让。黛玉心中料定这是贾政之位。因见挨炕一溜三张椅子上，也搭着半旧的弹墨椅袱，黛玉便向椅上坐了”。

在“半旧的”旁边有大段脂批：[甲戌侧批：三字有神。此处则一色旧的，可知前正室中亦非家常之用度也。]

[甲戌眉批：近闻一俗笑语云：一庄农人进京回家，众人问曰：“你进京去可见些个世面否？”庄人曰：“连皇帝老爷都见了。”众罕然问曰：“皇帝如何景况？”庄人曰：“皇帝左手拿一金元宝，右手拿一银元宝，马上捎着一口袋人参，行动人参不离口。一时要屙屎了，连擦屁股都用的是鹅黄缎子，所以京中掏茅厕的人都富贵无比。”试思凡稗官写富贵字眼者，悉皆庄农进京之一流也。盖此时彼实未身经目睹，所言皆在情理之外焉。又如人嘲作诗者亦往往爱说富丽语，故有“□①骨变成金玳瑁，□②睛嵌作

①、② 两处原文模糊不清。

碧璃琉”之诮。余自是评《石头记》，非鄙弃前人也。]

“正房炕上横设一张炕桌，桌上磊着书籍茶具，”此乃贾政之位。很多史书中描写，皇上“办公”时，就是在炕上“横设一张炕桌”，桌上磊着书籍、奏折、茶具之类。贾政之屋，恰是皇上的“御书房”。

脂批借讲笑话之机，暗喻贾政的屋子乃是雍正的“御书房”。民间传说皇上家里处处是“金元宝、银元宝”，连拉屎擦屁股都用“鹅黄缎子”，殊不知皇上家也用“半旧”的东西。

八、贾府的人口

1. 谁家有上千人？

第五十二回，晴雯性急，要撵走偷窃的坠儿，遭到坠儿之母的反击。麝月说：“这里不是嫂子久站的，再一会，不用我们说话，就有人来问你了。有什么分证话，且带了他去，你回了林大娘，叫他来找二爷说话。家里上千的人，你也跑来，我也跑来，我们认人问姓，还认不清呢！”

据韦庆远、吴奇衍、鲁素先生所著《清代奴婢制度》一书中介绍：清朝时期，从最高统治者皇上，到王公贵族、各级官僚、地主豪商以及八旗官兵，都拥有奴婢。皇上是最大奴婢的占有者，内务府蓄养着大批宫内奴婢供皇上役使，另外还有一万多名生产奴仆为皇家耕种庄稼。清王朝对各级贵族占有奴婢数量有明确规定：亲王准许拥有950名，郡王270名，贝勒215名，贝子170名，宗室公90名。还有公侯伯、都统、尚书、副都统、侍郎、参领、左领等满族勋贵和各级官僚，都可以合法地拥有数十名不等的壮丁奴仆。除此之外，他们还可以拥有人数众多的家内奴仆。康熙五十二年（1686年）议准外任官僚准带奴仆数目：汉督、抚50人，藩、臬40人，道、府30人，同、通、州、县20人……至康熙四十一年（1702年）五月，吏部在议复山西道御史刘子章奏请又重申了上述规定，并把旗员外官准带奴仆数字改为“旗下督、抚家口，不得过500名，其司、道以下等官视汉官所带家口，准加一倍。”

一些贵族、官僚被抄家籍没的奴婢数目更能说明问题。例如：

康熙五十三年（1714年），江西总督噶礼入官家人340余口；雍正初年，曹頫被革职抄家，入官人口 114 人；李煦被抄家入官人口“计仆人 270 名”；年羹尧入官在京人口 225 名；乾隆四年（1739 年），侍卫内大臣松额图之子阿尔吉善之妻，一次就进献家人 541 名。乾隆年间，只有和珅的家人奴仆超过了 1000 人。

麝月说的上千人，肯定是在千人之上，但这只是宁、荣二府的人，并不包括黑山村乌进孝田庄上的人。那黑山村田庄共有八九个庄子，会有多少人为宁、荣二府耕种？乌进孝到宁府进贡，对贾珍说：“回爷说，今年年成实在不好。从三月下雨起，接接连连直到八月，竟没有一连晴过五日。九月里一场碗大的雹子，方近一千三百里地，连人带房并牲口粮食，打伤了上千上万的，所以才这样。小的并不敢说谎。”好家伙，光被冰雹打伤了的人就成千上万，那八九个庄子的人会有多少？作者借乌进孝之口，道出宁、荣二府的田庄之大竟达“方近一千三百里地”，可想而知，为其耕作的壮丁奴仆会有多少人？几万人不止吧。当然，也许“方近一千三百里地”并不都是宁府的庄园，按十分之一计算，也得有几千人吧。曹頫的家人奴仆 114 人；李煦家的仆人 270 名，这数量差得也太大了。洪昇家会有多少人？一个剧作家不会比五品官的曹家富裕吧？

2. 谁家有几百个女孩子？

第五回：宝玉见那边橱上封条上大书七字云：“金陵十二钗正册”。问道：“何为‘金陵十二钗正册’？”警幻道：“即贵省中十二冠首女子之册，故为‘正册’。”宝玉道：“常听人说，金陵极大，怎么只十二个女子？如今单我家里，上上下下，就有几百女孩子呢。”

清制规定：亲王只准许拥有奴仆 950 名，其他各级官员和贵族就更少了。亲王的 950 名奴仆，是为王爷家耕种的壮丁奴仆。而女孩子是家内奴婢，哪个王公贵族家里也不会有几百个女孩子，只有皇上家里才会有。

那宁、荣二府不是皇帝家又会是谁家？

九、贾母的身份

1. 贾代善其人

小说第二回通过冷子兴之口介绍说：宁荣两府的祖宗是贾演和贾源，

宁府贾演，被封为宁国公，荣府贾源，被封为荣国公。这“演”、“源”就是演员的谐音，意为《红楼梦》本是一场历史大戏，宁、荣二府这个大家族的祖宗就是这部历史大戏的真实“演员”，这个“演员”影射的是清王朝的奠基者努尔哈赤。贾演和贾源，以三点水排行，隐喻的是“清”字。

贾代善是荣国公贾源的长子，贾源死后贾代善袭了他的爵位。贾代善娶金陵世勋史侯家小姐为妻，这个史侯家小姐就是贾母，又称史太君。贾母生长子贾赦，次子贾政，一女贾敏（还有三个女儿不知道姓名）。当日宁国公与荣国公是一母同胞的弟兄两个。宁公居长，生了四个儿子。宁公死后，贾代化袭了官。

贾母是贾府的最高权位者，其夫贾代善大有来头。

清王朝分封皇室爵位共有功封、恩封、袭封和考封四种形式十二等爵，其中辅国将军以上还分世袭罔替和世袭递降两类。一般情况下，因为功封王爵者多属世袭罔替，也就是俗话说的“铁帽子王”。清朝共有12位承袭爵位无须降等的“铁帽子王”，其中八位是在清朝开国之初立下战功的皇亲宗室，俗称“八大铁帽子王”：即礼亲王代善、郑亲王济尔哈朗、睿亲王多尔衮、豫亲王多铎、肃亲王豪格、庄亲王硕塞、克勤郡王岳托、顺承郡王勒克德浑。因为他们功勋卓绝，所以获得世袭罔替的永久封爵，同时还享有配享太庙的殊荣。

请注意：“八大铁帽子王”之首就是和硕礼亲王爱新觉罗·代善。代善是清太祖努尔哈赤的次子，清初“四大贝勒”之一，天命元年（1616年）被封为和硕贝勒，参与国政，为四大贝勒之首，以序称大贝勒。代善在诸子中年岁居长，骁勇善战，军功卓著，在随清太祖征战四方作战英勇，被称为“古英巴鲁图”。代善领满洲正红旗和镶红旗，在征伐女真各部及蒙古与明朝的过程中屡立战功。努尔哈赤令大贝勒代善代政，并说：“等我百年之后，我的诸幼子和大福晋交给大阿哥（指代善）收养。”于是，代善成了太子，一时权势显赫。天命五年（1620年）九月，代善因其两个前妻之子岳托、硕托的待遇问题受到努尔哈赤的严斥，努尔哈赤公开宣布废掉代善的太子之位。代善亲手杀掉继妻以向汗父谢罪，努尔哈赤要他与诸弟发誓，今后如再怀恨众贝勒、大臣，甘愿受天地处罚。努尔哈赤宽容了代善。代善尽管被废除了太子位，但仍得为四大贝勒之首，参与治理国政。

清太祖努尔哈赤逝世后，代善放弃自己登位，接受其子岳托等人的建议，在代善主持下诸贝勒拥戴皇太极继承汗位。皇太极即位后，代善也能顾全大局，极力维护八弟皇太极的统治和权威。天聪九年（1635 年）农历十二月，代善和诸贝勒再三劝进，拥戴皇太极为帝。当皇太极要诸贝勒立誓以表忠心时，因为代善年迈，命令他可以免去立誓，代善却坚请参与盟誓。经皇太极同意后，代善对天立誓说："代善誓告天地，自今以后，若不克守忠贞，殚心竭力，而言与行违，又或如莽古尔泰、德格类谋逆作乱者，天地谴之，让代善不得善终。"

崇德元年（1636 年）农历四月，皇太极即皇帝位，建国号为大清，改元崇德。册封大贝勒代善为和硕礼亲王，世袭罔替。

皇太极死后，代善又与睿亲王多尔衮主持立福临为帝。顺治五年十月十一日（1648 年 11 月 25 日），代善在北京的礼亲王府病逝，葬在他的世袭领地：北京西郊香山脚下的正红旗村。代善的家庭得到一万两银子的赙仪，朝廷为代善立碑纪功。康熙帝时追赐代善谥号"烈"。乾隆四十三年（1778 年）配享太庙。礼亲王世爵共传 10 世，12 人袭爵，2 人被夺爵。顺治十六年（1659 年）代善之孙杰书袭礼亲王爵，改封号为康亲王。

《红楼梦》中将贾府最高统治者贾母之夫的名字命名为贾代善，难道仅仅是巧合吗？非也，贾代善影射的正是爱新觉罗·代善，而代善曾经是太子，并有机会登上皇位。代善是权衡大清的利弊之后，自己放弃登上大汗之位的机会的。小说第二回说："不料代善临终时遗本一上，皇上因恤先臣，即时令长子袭官……"，这里直呼代善其名，用意十分明显。所以，小说中的贾母在贾府位高权重、呼风唤雨，俨然一副皇太后的模样。

2. 贾母生病何用太医诊治？

第四十二回，刘姥姥二进大观园，贾母在园子里设宴招待，偶感风寒，"一时，只见贾珍、贾琏、贾蓉三个人将王太医领来。王太医不敢走甬路，只走旁阶，跟着贾珍到了阶矶上。"进屋后，"王太医便不敢抬头，忙上来请了安。贾母见他穿着六品服色，便知御医了……因问贾珍：'这位供奉贵姓？'贾珍等忙回：'姓王。'贾母道：'当日太医院正堂王君效，好脉息。'王太医忙躬身低头，含笑回说：'那是晚生家叔祖。'贾母听了，笑道：'原来这样，也是世交了。'一面说，一面慢慢的伸手放在小枕头上。老嬷嬷端着一张小杌，连忙放在小桌前，略偏些。王太医便屈一膝坐下，歪着头诊了半日，又诊了那只手，忙欠身低头退出。"

贾母生病了，居然是皇宫里的六品御医前来诊治，那御医"不敢走甬路，只走旁阶"，何等小心翼翼；御医见了贾母，头也不敢抬，如此诚惶诚恐。由此可见，那贾母是何等身份？完全是活生生的皇太后啊！

3. 贾母如此大胆，竟敢说拆了太医院大堂

第五十三回，紫鹃逗宝玉说林妹妹要回苏州老家去，宝玉登时"眼也直了，手脚也冷了，话也不说了，李妈妈掐着也不疼了，已死了大半个了！"王太医前来诊治，贾母问有无大碍，王太医忙躬身笑说："不妨，不妨。"贾母道："果真不妨？"王太医道："实在不妨，都在晚生身上。"贾母道："既如此，请到外面坐，开药方。若吃好了，我另外预备好谢礼，叫他亲自捧来送去磕头；若耽误了，打发人去拆了太医院大堂。"

谁不知太医院是专为皇室治病的御用医院，那贾母何许人也？竟如此肆无忌惮，竟敢说拆了太医院大堂，贾母是什么身份还不清楚吗？

小说中，皇宫里的六品御医多次出现在贾府，贾母宝玉等人生病，均是御医前来诊治，而且每次都是随叫随到，这说明太医院离贾府很近，因而也足以证明贾府就是清皇宫，根本不可能是曹寅家。试想曹寅家远在江宁，贾府的人生病了，六品御医怎么可能远涉千里，跑到曹家去治病呢？如果说贾府是周汝昌先生考证的曹頫获罪进京后的一段光复后的繁华生活，那么，一个获罪后的官员的家人敢胆大包天地说"拆了太医院大堂"这样放肆的话吗？这不是找死吗？

4. 贾母缘何坐八抬大轿

第二十九回，贾母率贾府众人到清虚观打醮，"少时，贾母等出来。贾母坐一乘八人大轿，李氏、凤姐儿、薛姨妈每人一乘四人轿，宝钗、黛玉二人共坐一辆翠盖珠缨八宝车，迎春、探春、惜春三人共坐一辆朱轮华盖车。"

第五十三回，"次日，由贾母有诰封者，皆按品级着朝服，先坐八人

大轿，带领着众人进宫朝贺，行礼领宴毕回来，便到宁国府暖阁下轿。”

古代的轿子，大致有两种形制或类型，一种是不上帷子的凉轿，也叫亮轿或显轿，一种是上帷子的暖轿，又称暗轿。不同的官品，在轿子的形制类型、帷子的用料颜色等方面都有严格的区分。如明清时期的一般官吏，得用蓝呢或绿呢做轿帷，所以有“蓝呢官轿”、“绿呢官轿”之称。另外，轿子按其用途的不同，也有种种不同的名字，处处显示着封建社会里森严的等级制度：皇帝后妃乘坐的豪华的轿，称为舆轿，有多到十多人乃至三十多人抬的；达官贵人所乘的，叫作官轿；人们娶亲所用的那种装饰华丽的轿子，则称为花轿。抬轿子的人有多有少，一般二至八人，民间多为二人抬便轿，官员所乘的轿子，有四人抬和八人抬之分。清朝规定，凡是三品以上的京官，在京城乘“四人抬”，出京城乘“八人抬”；外省督抚乘“八人抬”，督抚部属乘“四人抬”；三品以上的钦差大臣，乘“八人抬”，四品以下只准乘锡顶、两人抬的小轿。至于一般的地主豪绅，用的是黑油齐头、平顶皂幔的二人抬小轿。

那贾母是什么身份，竟敢坐八人大轿？按清制三品以上大官在京城内也只能坐四个人抬的轿子。《顺治实录》747 页记载：“辅国公以上坐四人轿。”依此，即使贾母是三品大员之妻或国公之妻，也不敢坐八人轿。那么，什么人的夫人才有资格坐八人大轿呢？《清史舆服志》一记载：皇后“仪舆，木质……舁以八人……皇太后舆车与皇后同。”清制明确规定，只有皇后和皇太后才有资格坐八人大轿，那贾母不是皇太后又会是何人？

十、贾府的吃穿用度

小说作者对贾府宏伟富丽的建筑、华贵考究的陈设、尊卑有序的等级、吃穿用度的排场等描写，绝不仅仅是为了显示贾府是声势赫赫的豪门贵族，而是暗示贾府实际上就是皇上之家。

从贾府平时的吃穿用度和日用排场上，就可以看出贾府是何等人家。

1. 上用内造

贾府的衣饰主要采用上用内造的，官用的也有，但不是商用和民用的。第二十八回：“凤姐命人取过笔砚纸来，向宝玉道：‘大红妆缎四十匹，蟒缎四十匹，上用纱各色一百匹，金项圈四个。'"

第四十回："凤姐忙把自己身上穿的一件大红绵纱袄子襟儿拉了出来，向贾母、薛姨妈道：'看我的这袄儿。'贾母、薛姨妈都说：'这也是上好的了，这是如今的上用内造的，竟比不上这个。'凤姐儿道：'这个薄片子，还说是上用内造呢，竟连官用的也比不上了。'"

第五十六回："刚说着，只见林之孝家的进来说：'江南甄府里家眷昨日到京，今日进宫朝贺，此刻先遣人来送礼请安。'说着，便将礼单送上去。探春接了，看道是：'上用的妆缎蟒缎十二匹，上用杂色缎十二匹，上用各色纱十二匹，上用宫绸十二匹，官用各色缎纱绸绫二十四匹。'李纨也看过，说：'用上等封儿赏他。'"

所谓上用：即御用，也就是皇帝专用的。《清史稿·高宗纪六》："加和琳太子少保衔，赏福康安、和琳上用黄里玄狐端罩各一。"《元史·铁哥传》："内府食用圆米，铁哥曰：'计粳米一石，仅得圆米，请自今非御用，止给当米。'帝皆善之。"清·沈初《西清笔记》卷二："御用铜玉石印章，皆贮懋勤殿。"

内造与皇室相关，清代在京城设有内织染局，掌管染造皇帝及宫廷所用缎匹。另外在江宁、苏州、杭州各设织造局，由内务府拨员监管，所以称为内造。宫廷嫔妃的衣物都由内务府统一供应，《皇朝通典》卷二十九《职官典》：织造监督江宁府、苏州府、杭州府各一人，于内务府司员内简用，带原衔……驻扎地方，供奉上用缎匹及应用官用缎匹。《大清会典》：织造在京有内织染局，在外江宁、苏州、杭州有织造局，岁织内用缎匹，并制帛诰敕等件，各有定式。凡上用缎匹，内织染局及江宁局织造。赏赐缎匹，苏杭织造。可见，上用内造是皇帝、皇室人员和宫廷的专用物品，不在市面流通，一般官宦和乡绅即使有钱也没处去买。用刘姥姥的话讲"这样好东西我还弃嫌！我便有银子也没处去买这样的呢"。

贾府库存的内造衣料非常多，贾母叮嘱都拿出来，做些夹背心给丫鬟们穿。可见，连贾府的丫鬟们的衣裳也是多用内造的衣料做的。小说中多次提到贾府的衣饰是"上用内造"，什么样的人家敢用皇上和宫廷的专用物品？江南甄家是"进宫朝贺"的，却先给贾府送来礼单并请安，那礼品非同小可，皆是"上用"的。作者借此告诉读者，那贾府实际上就是皇宫。

贾母八十岁生日宴会，坐在上席的南安太妃第一次与宝钗、宝琴、黛玉、探春、湘云见面，送的见面礼是：金玉戒指各五个，腕香珠五串。南安太妃笑道："你们姊妹们别笑话，留着赏丫头们罢。"南安太妃很谦虚：这些礼物很名贵，能拿得出手，但不够出众，贾府见的稀世珍奇太多了。南安太妃这份礼物和元妃（注：指元春）的礼单没法比。有一次，湘云送给贾府丫鬟绛纹石的戒指儿，那会儿金银首饰太普通，时尚流行的是绛纹石的戒指。

2. 御田粳米

第四十二回：刘姥姥二进荣国府，临走时王熙凤赠给她很多东西，平儿说道："……这是一盒子各样内造点心，也有你吃过的，也有你没吃过的，拿去摆碟子请客，比你们买的强些。这两条口袋是你昨日装瓜果子来的，如今这一个里头装了两斗御田粳米，熬粥是难得的；……"

第五十三回：乌进孝向宁府年终交租，账目单上写着："……御田胭脂米二石、碧糯五十斛、白糯五十斛……"这从数量上也显示御田胭脂米物以稀为贵，一定非同一般。果然，在第七十五回中写贾母要吃稀饭，尤氏早捧过一碗来，说是红稻米粥。贾母接来吃了半碗，便吩咐将这粥送给凤姐儿吃去。可见"红稻米粥"就是"御田胭脂米"熬的粥，因身价不凡，只有贾母、凤姐等最尊贵的主子才配进食。

御田是专为皇帝种植粮食的田地，御田生产出来的稻米是皇帝的专用米，只有御膳房才有。

御田胭脂米是一种优质稻米，煮熟后色红如胭脂，有香气，味腴粒长。原产自河北省东部玉田县，是一个闻名的产米区，米质优良。清代初期，玉田稻种移植到宫廷内苑，经过优选优育，成为康熙皇帝的试验田，获得成功，因此有"御田米"、"御稻米"之称。后来这种优良品种推广到江浙两省，成为双季稻，这就是"御田胭脂米"的由来。据清代刘廷玑《在园杂志》及《顺天府志》记载，胭脂米是康熙帝在今中南海丰泽园御田播种的玉田稻中的良种，为内膳所用。此良种后分布种于京郊御田，故称御田胭脂米。一云即红莲稻。康熙《御制文集》四集卷三十一载："丰泽园中有水田数区，布玉田谷种，岁至九月始刈获登场。一日，循行阡陌，时方六月下旬，谷种方颖，忽见一科，高出众稻之上，实已坚好。因收藏其种，待来年验其成熟之早否。明岁六月时，此种果先熟。从此生生不已，岁取千百。四十余年以来，内膳所进皆此米也。其米色微红而粒长，气香而味腴，以其生自苑田，故名御稻米。……”

贾府吃的红米粥，竟然是皇帝专用的稻米，就连赏赐刘姥姥的粳米也是御田产的，真令人惊叹不已。周汝昌先生说：“‘玉田胭脂米二石’，俗本作‘御田’，误。”庚辰本上明明写着“御田”，白纸黑字，清楚无误，可周老却说“御田”为“误”，根据是什么？那赏赐刘姥姥的御田粳米的“御”字，也为“误”吗？笔者认为：小说作者刻意点出“御田”，就是要告诉读者，那贾府实际上就是清皇宫。

贾府的饮食，不仅讲质量、讲排场，贾母对薛姨妈说：想吃什么让凤丫头弄去。薛家何等富有，经常弄些稀罕反时令的新鲜东西来和贾府沟通交流，那个做莲叶羹的食模薛姨妈没见过，笑向贾母、王夫人道：“你们府上也都想绝了，吃碗汤还有这些样子。若不说出来，我见这个也不认得这是作什么用的。”

刘姥姥第二次进大观园，贾母款待刘姥姥吃饭时，要凤姐夹一些“茄鲞”给刘姥姥尝尝。并借凤姐的口介绍了它的做法：“先把茄子皮去了，切成碎丁，用鸡油炸了，再用鸡脯子肉并香菌、新笋、蘑菇、五香腐干、各色干果子，俱切成丁子，用鸡汤煨干，将香油一收，外加糟油一拌，盛在瓷罐子里封严，要吃时拿出来，用炒的鸡爪一拌就是。”刘姥姥听了，摇头吐舌说：“我的佛祖！倒得十来只鸡来配他，怪道这个味儿！”阅书至此，笔者想，不仅刘姥姥摇头咋舌，所有的读者也会瞠目结舌吧？这等吃法，岂是一般豪门贵族所能做到的？

贾府除了吃得精细以外也很有排场，贾母用餐的时候，外面很多丫头婆子下人伺候，旁边又有丫鬟执着拂尘、漱盂、巾帕。吃完饭有丫鬟用小茶盘捧上茶来，先漱口洗手，然后才换上喝的茶水，这是何等排场？

3. 鹅黄色

“鹅黄”是属于皇帝的专用颜色。雍正《大清会典》卷六四、礼部八、第十四页称：顺治九年（1652 年）四月癸丑定制，“禁和硕亲王以下及官民人等……衣物、辫繸（系辫梢之线）、镶边，擅用鹅黄、柳黄色。”

年羹尧九十二条大罪中即有他擅用“鹅黄小刀荷包”一罪，为僭越死罪。“弘皙大逆案”中，乾隆指责弘皙的罪状之一为：“（弘皙）乃制鹅黄肩舆一乘以进，朕若不受，伊即将留以自用矣。”

雍正五年（1727 年）正月二十三日，怡亲王允祥呈送雍正的生日礼物为：和牌台推广启迪彩花洋金流云幅葫芦形原名九照一件（上随铜圆镜九个）、珐琅定镀金宝盖白斗珠珊瑚口珠缨络刘挂（每挂上铜镀金吊牌一个、青金石云一个、蜜蜡寿字一个、蜜蜡夔龙吊牌一个、珊瑚葫芦九个，俱系鹅黄穗）……

《清稗类钞·讥讽类》中也有一条记载，黄色中以赭黄为最贵，杏黄、鹅黄次之。《清史稿·舆服志》中杏黄与秋香是皇太子服色，鹅黄是皇帝专用的颜色，“和硕亲王以下”，不能在未获得皇帝特赐或特许的情况下，擅自使用鹅黄色。清代觉罗也只可以使用“金黄带子（腰带）”，而不可以随意使用其他鹅黄物件。然而《红楼梦》一书中，却多次出现“鹅黄”色的描写。

第五回：警幻仙子亮相，但见：“纤腰之楚楚兮，回风舞雪，珠翠之辉辉兮，满额鹅黄”。

程乙本第十八回，元春省亲：“忽见两个太监骑马缓缓而来，至西街门下了马，将马赶出围幙之外，便面西站立。半日，又是一对，亦是如此。少时便来了十来对，方闻隐隐鼓乐之声。一对对凤羣龙旌，雉羽宫扇；又有销金提炉，焚着御香。然后一把曲柄七凤金黄伞过来，便是冠袍带履。又有执事太监捧着香巾、绣帕、漱盂、拂尘等物。一队队过完，后面方是八个太监抬着一顶金顶鹅黄绣凤銮舆，缓缓行来”。元春虽然贵为贵妃，但使用“鹅黄绣凤銮舆”仍属于逾制。

第二十九回，贾母等人到清虚观打醮，张道士跟凤姐要鹅黄缎子。“只见凤姐儿笑道：‘张爷爷，我们丫头的寄名符儿你也不换去。前儿亏你还有那么大脸，打发人和我要鹅黄缎子去！要不给你，又恐怕你那老脸上过不去。’张道士呵呵大笑……”这段描述极为奇特，贾家竟然有皇帝专用的鹅黄缎子。张道士何许人也？竟敢向贾府索要鹅黄缎子，尽管张道士曾作为荣国公的替身入道，也不应有此特殊待遇。所以，贾家即是皇家，张道士被“先皇”呼为“大幻仙人”，可见是出入皇家的人物。以张道士如此身份，他索要及获赠“鹅黄缎子”才顺理成章。

第三十四回，宝玉挨了打，王夫人叫人拿了两瓶香露给宝玉吃。“袭人看时，只见两个玻璃小瓶，却有三寸大小，上面螺丝银盖，鹅黄笺上写着‘木樨清露’，那一个写着‘玫瑰清露’。袭人笑道：‘好金贵东西！这么个小瓶儿，能有多少？’王夫人道：‘那是进上的，你没看见鹅黄笺子？你好生替他收着，别糟踏了。’王夫人明确说这“鹅黄笺子”是皇帝御用之物，而贾家因何敢用皇帝专用之物？

第四十九回，“一时史湘云来了，穿着贾母与他的一件貂鼠脑袋面子大毛黑灰鼠里子里外发烧大褂子，头上带着一顶挖云鹅黄片金里大红猩猩毡昭君套，又围着大貂鼠风领。黛玉先笑道：‘你们瞧瞧，孙行者来了。他一般的也拿着雪褂子，故意装出个小骚鞑子来’。”

骚鞑子，是旧时对蒙古族人和其他北方游牧民的蔑称。湘云擅自穿戴鹅黄服色，已是犯了僭越死罪！而不但她不以为然，黛玉又以“小骚鞑子”相戏。作者当然知道鹅黄服色“和硕亲王以下，不许擅自穿用”。弘皙是胤礽的长子，康熙帝的嫡长孙，是正宗的皇室宗亲。然而，连弘皙擅用鹅黄色物都是大罪，那贾府的人为何敢用？作者借黛玉的玩笑告诉读者，穿用鹅黄服色的当朝统治者正是“小骚鞑子”。

4. 秋香色和石青色

书中描写宝玉“身上穿着秋香色立白狐腋箭袖”、“石青起花八团倭锻排穗褂”，史湘云也穿着“秋香色盘金五色绣龙窄褙小袖掩衿银鼠短袄”。清制明确规定，秋香色和石青色都是皇帝的专用颜色，宝玉和湘云胆大包天，竟然敢穿皇帝专用颜色秋香色和石青色的衣服，难道作者不知道这是死罪吗？

宝玉的穿戴打扮上还有很多奥妙，第三章里详细揭示。

且看：贾府很多用品是“上用内造”的，粳米竟然是御田产的，穿戴用品是皇帝专用的鹅黄色、秋香色和石青色，那贾府是何许人家还不清楚吗？

另外，贾府的珍奇宝物数不胜数，单说车辆轿马也不在少数。第十四回，贾敬出葬时，女人们一路十来顶大轿，三四十顶小轿，连家下大小轿车辆，不下百余十乘。还有前面各色执事、陈设，浩浩荡荡，一带摆三四里远。这又是何等气派？

第五节　大观园就是圆明园

霍国玲老师在《红楼解梦》一书中，列举了大量翔实的证据，证明大观园实际上就是圆明园。霍老师的论证，证据充分、分析透彻，读来十分可信，笔者对此深表赞同。

一、大观园的位置

大观园落成后，元春省亲时命宝玉和众姐妹为大观园题诗，宝钗的题诗明确道出了大观园的位置。

《凝晖钟瑞匾额》薛宝钗

芳园筑向帝城西，华日祥云笼罩奇。
高柳喜迁莺出谷，修篁时待凤来仪。
文风已著宸游夕，孝化应隆归省时。
睿藻仙才盈彩笔，自惭何敢再为辞？

诗的第一句就告诉读者大观园的位置："芳园筑向帝城西"，这座芳园建在哪里？是在帝城的西面。帝城当然是紫禁城，紫禁城的西面有什么名园？一是圆明园，二是颐和园。圆明园坐落在北京西郊海淀，始建于康熙四十六年（1707年），由圆明、长春、绮春三园组成。占地350公顷，建筑面积近20万平方米，是清朝帝王在150余年间创建和经营的一座大型皇家宫苑。颐和园的前身为清漪园，坐落在北京西郊，距城区十五公里，占地约二百九十公顷，与圆明园毗邻。也就是说颐和园在圆明园的西面。这样看来，离紫禁城最近的就是圆明园，因此，"芳园筑向帝城西"就是指圆明园。

二、奉旨建造

第十六回回前总批［甲戌：……细思大观园一事，若从何奉旨起造，又如何分派众人，从头细细直写将来，几千样细事，如何能顺笔一气写清？又将落于死板拮据之乡，故只用琏凤夫妻二人一问一答，上用赵妪讨情作引，下文蓉蔷来说事作收，馀者随笔笔略一点染，则耀然洞彻矣。此是避难法。］

请注意："奉旨起造"一词，何为"奉旨"？奉旨：即遵从旨意，遵从何人的旨意？答曰：接受皇帝旨意。脂批明示，那大观园是奉皇帝的旨意建造的，作者不敢"从头细细直写将来"，是"避难法"也。联系宝钗、黛玉等人的题诗，那大观园不是圆明园还能是何处？

三、人间仙境

林黛玉的题诗《世外仙园匾额》：

名园筑何处，仙境别红尘。
借得山川秀，添来景物新。
香融金谷酒，花媚玉堂人。
何幸邀恩宠，宫车过往频？

北京的西郊，有连绵不断的西山秀峰：玉泉山、万寿山、香山层峦叠翠，郁郁葱葱。玉泉山水自西向东顺山势注入昆明湖，成为西郊最大的水面。真正是"借得山川秀，添来景物新"。

早在辽代，封建帝王就选中这里建造了玉泉山行宫，到了明代，这里的自然景色吸引了更多的游人，于是一些达官贵人就占据田园营建别墅，大片土地被一块块占去。到了明万历年间，明皇亲武清侯李伟在这里大兴土木，首先建造了规模宏伟、号称"京国第一名园"的清华园。嗣后米万钟又在清华园东墙外导引湖水，辟治了幽雅秀丽的"勺园"，取"海淀一勺"的意思。空旷郊野，出现了大片水稻田，与亭台楼榭和湖光山色交相辉映，形成了绝佳的自然风景区。到了清朝，皇帝也同样看中了西郊这块绝好的造园之地。圆明园的第一主人是雍正帝。有学者考证，圆明园原为明代故园，经康熙四十八年（1709年）修葺后，赐予皇四子胤禛。康熙时期的圆明园，里面有前湖、后湖等水面，其内建有“牡丹台”、“天然图画”等园景。黛玉诗“香融金谷酒，花媚玉堂人”，恰如其分地描写出圆明园的优美景色。

雍正帝继位后，于雍正三年（1725年）开始大修圆明园，后逐渐完成二十余处重要景点建筑群，圆明园从此开始成为清帝治居的御园。乾隆继位后，开始大规模地兴建园林，不断对圆明园进行扩建，逐渐形成了“圆明三园”，即圆明园、长春园和绮春园（后改称万春园）。圆明园规模宏伟，运用了各种造园技巧，融汇了各式园林风格，是中国园林艺术史上的顶峰作品，有“万园之园”美称，恰似人间仙境。

圆明园离帝城最近，每年春末到秋初、秋末至春初两个时节皇帝都要到园中治居，并且成为定制。因此，才有“何幸邀恩宠，宫车过往频?”之句。“宫车”，指皇宫里的车，这句诗的意思是：有幸被邀入园，是园主人的恩宠，皇宫里的车马来往频繁。黛玉诗已明确指出，大观园就是皇家的园林。

四、天然图画

第十七回，贾政、宝玉和众清客游览大观园，宝玉说：“古人云‘天然图画’四字，正畏非其地而强为其地，非其山而强为其山，虽百般精而终不相宜……”

现存于世的《圆明园四十景图咏》，是乾隆九年（1744年）由宫廷画师唐岱等根据乾隆皇帝的旨意绘制而成的40幅分景图。四十景图为绢本彩绘，各幅分别附有工部尚书汪由敦所书乾隆《四十景对题诗》，在景区《九州清晏》的题诗中，乾隆写道：“……园林游观，以适几馀。岂繄廊庙，泉石是娱。……水榭山亭，天然画图。……”圆明园四十景中有一景名《天然图画》，乾隆为《天然图画》的题诗中有“我闻大块有文章，岂必天然无图画”之句。乾隆将圆明园称作“天然画图”，宝玉在游园时说“古人云‘天然图画’……”正是乾隆诗“我闻大块有文章，岂必天然无图画”的再现。宝玉不仅直接点出了圆明园“天然图画”景区的名字，而且和乾隆的题诗巧妙地吻合。

五、因水成趣

小说中的大观园处处是水景，园中水声潺湲，清溪泻雪，曲折萦迂，萝薜倒垂，落花浮荡。第十七回，“众客行来，至一大桥前，水如晶帘一般奔入。原来这桥便是通外河之闸，引泉而入者”。［庚辰双行夹批：写出水源，要紧之极！近之画家着意于山，若不讲水。又造园圃者，唯知弄莽憨顽石壅笨冢辄谓之景，皆不知水为先着。此园大概一描，处处未尝离水，盖又未写明水之从来，今终补出，精细之至！］贾政因问：“此闸何名？”宝玉道：“此乃沁芳泉之正源，就名‘沁芳闸’。”大观园的水景描写的正是圆明园的水景，这“沁芳闸”正是圆明园“月地云居”西侧河上的进水闸。

圆明园的园林造景多以水为主题，因水成趣，其中不少是直接吸取江南著名水景的意趣。圆明园的西峰秀色是雍正、乾隆二帝每于七月初七设七夕巧筵的地方，这里可远借西山景色，河西岸有一组叠山松峦峻峙山涧之中瀑布飞流急下。乾隆皇帝南巡之后在圆明园先后仿建了四处江南名园，其中之一是福海西北的安澜园，是仿照海宁的陈氏隅园建造的；另外三处名园都在长春园内，一处是乾隆二十三年（1758 年）在思永斋东院仿照杭州西湖汪氏园而建的小有天园，一处是乾隆三十二年（1767 年）仿照江宁即南京瞻园而建的如园，还有一处是乾隆三十七年（1772 年）仿照苏州著名园林而建的狮子林。

六、皇家气派

小说中的大观园何等气派，完全是皇家园林的模样。其占地面积、园中景观自不必细说，单就园中所需的各种设备、物件，说出来就吓人一跳。第十七回说，园子刚刚落成，贾政携众清客游大观园，“方欲走时，忽又想起一事来，因问贾珍道：‘这些院落房宇并几案桌椅都算有了，还有那些帐幔帘子并陈设玩器古董，可也都是一处一处合式配就的么’？”贾珍回说这些事归贾琏负责，贾政命人叫来贾琏询问，贾琏回道：“妆蟒绣堆、刻丝弹墨并各色绸绫大小幔子一百二十架，昨日得了八十架，下欠四十架。帘子二百挂，昨日俱得了。外有尚毡帘二百挂，金丝藤红漆竹帘二百挂，墨漆竹帘二百挂，五彩线络盘花帘二百挂，每样得了一半，也不过秋天都全了。椅搭、桌围、床裙、桌套，每分一千二百件，也有了。”

好家伙，光大小幔子就一百二十架，各种帘子一千挂，椅搭、桌围、床裙、桌套，每份一千二百件，那大观园里到底有多少房间？王公贵族家会有这等富足吗？此外：

“贾蔷已从姑苏采买了十二个女孩子，并聘了教习，以及行头等事来了。”

“采访聘买的十个小尼姑、小道姑都有了，连新作的二十分道袍也有了。外有一个带发修行的。”

“各处古董文玩，皆已陈设齐备；采办鸟雀的，自仙鹤、孔雀以及鹿、兔、鸡、鹅等类，悉已买全，交于园中各处像景饲养；贾蔷那边也演出二十出杂戏来；小尼姑、道姑也都学会了念几卷经咒。”

这是何等气派？除了皇上的园子，谁家会有这么大排场？

七、太虚幻境就是大观园

第十七回，贾政携众清客游览大观园：

行不多远，则见崇阁巍峨，层楼高起，面面琳宫合抱，迢迢复道萦纡，青松拂檐，玉兰绕砌，金辉兽面，彩焕螭头。贾政道：“这是正殿了。”……正面现出一座玉石牌坊来，上面龙蟠螭护，玲珑凿就。贾政道：“此处书以何文？”众人道：“必是‘蓬莱仙境’方妙。”贾政摇头不语。宝玉见了这个所在，心中忽有所动，寻思起来，倒像在那里曾见过的一般，却一时想不起那年那月日的事了。[庚辰双行夹批：仍归于葫芦一梦之太虚玄境。]

这里的正殿，就是圆明园的正大光明殿。据《圆明园四十景图咏》记载，乾隆为《正大光明》题诗的序曰：

园南出入贤良门内为正衙。不雕不绘，得松轩茅殿意。

屋后峭石壁立，玉笋嶙峋，前庭虚敞，回望墙外，林木阴湛，花时霏红叠紫，层映无际。

宝玉曾在梦中的太虚幻境见过这个殿，一时想不起来，是作者不想直说。第五回：“宝玉恍恍惚惚，不觉弃了卷册，又随了警幻来至后面。

但见珠帘绣幕，画栋雕檐，说不尽那光摇朱户金铺地，雪照琼窗玉作宫。更见仙花馥郁，异草芬芳，真好个所在”。[甲戌侧批：已为省亲别墅画下图式矣。] 第十六回，贾蓉对贾琏说：“我父亲打发我来回叔叔：老爷们已经议定了，从东边一带，借着东府里花园起，转至北边，一共丈量准了，三里半大，可以盖造省亲别院了。已经传人画图样去了，[庚辰侧批：后一图伏线。大观园系玉兄与十二钗之太虚幻境，岂可草率？] 明日就得。”

脂批已明确告知，太虚幻境就是大观园。宝玉梦中的太虚幻境就是大观园，这里正是皇上和后妃们居住和生活的地方。

“衔山抱水建来精，多少工夫筑始成。天上人间诸景备，芳园应赐大观名。”元春的题诗恰如其分地描绘出圆明园如“人间仙境”的美丽景象。

综上所述，宁荣二府并非寻常的王公贵族之家，而是天子脚下的皇宫禁苑。

参考资料：

1. 红楼梦吧：《由甄士隐猜测红楼梦的朝代年纪》，作者不详。
2. 霍国玲、霍纪平：《红楼解梦》。
3. 《钦定大清会典》。
4. 好搜百科：《爱新觉罗·努尔哈赤》。
5. 唐文基、罗庆泗：《乾隆传》。
6. 好搜百科：《清朝发展史》。
7. 好搜百科：《圆明园》。

第二章

神话故事里的惊天秘密

《红楼梦》的开篇，作者描述了一个颇为荒诞的“顽石故事”和一个十分美好的神话故事。但是，对比各版本中的“顽石故事”，我们可发现两处重要的细节存在明显不同。

第一节　甲戌本与各版本的比较

甲戌本有一段顽石与僧道的对话，石头听了僧道说到的红尘中荣华富贵之事后动了凡心，要求僧道带它到人间享受一番。这样才由僧施幻术，将其变成一块可佩戴的美玉。而庚辰本、戚序本、蒙府本都没有石头和僧道对话这一段。这几种版本比较一致的情节是：此石自经煅炼之后，灵性已通，经一僧一道“袖了这石”，于“神瑛侍者”下凡之际“夹带于中”，使它有机会在红尘中历经繁华，因此《红楼梦》“就是无材补天，幻形入世，蒙茫茫大士，渺渺真人携入红尘，历尽离合悲欢炎凉世态的一段故事”。

甲戌本为什么多了一段石头和僧道对话的描述，新浪网上有一位署名“红狐”的作者论证，甲戌本应是曹雪芹的原稿文字，石头听了僧道说到的红尘中荣华富贵之事后动了凡心，要求僧道带它到人间享受一番。这样再由僧施幻术并携入红尘便较为顺理成章。而其他抄本中，那僧看它是个宝物，便自作主张“镌上数字”，要把它携入红尘，这就显得很突兀。甲戌本文通句顺，其他抄本由于少了其中415字，变得与小说总体的描述不合。造成这种情况的原因很可能是抄手在抄写时底本缺失了两页。笔者认为，“红狐”的分析很有道理。但是，脂砚斋在重评《红楼梦》时，为了突出“石头”是被“夹带于中”下界这一立意，又加了一段石头和僧道的对话，也不是没有可能。无论如何，甲戌本和其他版本对石头的投胎过程的描述是一致的，即“夹带于中”下界投胎。

我们先来看一下甲戌本的这段故事：

“列位看官：你道此书从何而来？说起根由虽近荒唐，细按则深有趣味。待在下将此来历注明，方使阅者了然不惑。

原来女娲氏炼石补天之时，于大荒山无稽崖练成高经十二丈、方经二十四丈顽石三万六千五百零一块。娲皇氏只用了三万六千五百块，只单单的剩了一块未用，便弃在此山青埂峰下。谁知此石自经煅炼之后，灵性已通，因见众石俱得补天，独自己无材不堪入选，遂自怨自叹，日夜悲号惭愧”。

后来，来了一僧一道，坐在石边高谈阔论，说起“红尘中荣华富贵”，那石听了，不觉打动凡心，“也想要到人间去享一享这荣华富贵，但自恨粗蠢，不得已，便口吐人言”，央求僧道带它“入红尘，在那富贵场中、温柔乡里受享几年”。二仙师苦劝不住，便答应它的请求，于是，大展幻术，将那顽石化成一块“鲜明莹洁的美玉，且又缩成扇坠大小的可佩可拿”，石头喜不能禁。二仙师袖了这石，飘然而去。

这一段故事告诉读者，女娲补天，一块石头未用，弃之青埂峰下。后被二仙师幻化成扇坠大小的一块美玉，又刻上了“通灵宝玉”四个字。这块美玉是谁？暂且按下。

进入正文后，作者在甄士隐的梦中，又讲了一个美好的神话故事：

甲戌本第一回：

一日，炎夏永昼。士隐于书房闲坐，至手倦抛书，伏几少憩，不觉朦胧睡去。梦至一处，不辨是何地方。忽见那厢来了一僧一道，且行且谈。

只听道人问道：“你携了这蠢物，意欲何往？”那僧笑道：“你放心，如今现有一段风流公案正该了结，这一干风流冤家，尚未投胎入世。趁此机会，就将此蠢物夹带于中，使他去经历经历。”那道人道：“原来近日风流冤孽又将造劫历世去不成？但不知落于何方何处？”

那僧笑道：“此事说来好笑，竟是千古未闻的罕事。只因西方灵河岸上三生石畔，有绛珠草一株，时有赤瑕宫神瑛侍者，日以甘露灌溉，这绛珠草便得久延岁月。后来既受天地精华，复得雨露滋养，遂得脱却草胎木质，得换人形，仅修成个女体，终日游于离恨天外，饥则食蜜青果为膳，渴则饮灌愁海水为汤。只因尚未酬报灌溉之德，故其五内便郁结着一段缠绵不尽之意。恰近日这神瑛侍者凡心偶炽，乘此昌明太平朝世，意欲下凡造历幻缘，已在警幻仙子案前挂了号。警幻亦曾问及灌溉之情未偿，趁此倒可了结的。那绛珠仙子道：'他是甘露之惠，我并无此水可还。他既下世为人，我也去下世为人，但把我一生所有的眼泪还他，也偿还得过他了。'因此一事，就勾出多少风流冤家来，陪他们去了结此案。"

在这两段神话故事里，除去陪衬的一僧一道、空空道人和警幻仙子外，作者引出了小说中的三个重要人物，即：化成"美玉"的顽石，赤瑕宫的神瑛侍者和脱去草胎木质的绛珠仙子。那么，谁是顽石"美玉"？谁是"神瑛侍者"？谁是"绛珠仙子"？

"神瑛侍者"是贾宝玉，"绛珠仙子"是林黛玉，是红学界的一致看法，但是，对顽石"美玉"是谁却看法不一。一些红学界权威人士认为：顽石"美玉"就是指贾宝玉，周汝昌先生则认为神瑛侍者的化身是甄宝玉，青埂峰上的那块石头才是贾宝玉。然而，很多红学爱好者认为：宝玉前身是"神瑛侍者"，和"绛珠仙子"林黛玉一起下凡。石头羡慕人间繁华，就求助于一僧一道。和尚就把石头幻化为一块美玉，随宝玉投胎了。石头就是贾宝玉出生时含在口中的美玉。由于那块美玉上刻着"通灵宝玉"四个字，这就给人一种石头也是宝玉的错觉。笔者和红学爱好者的看法是一致的，即石头是石头，宝玉是宝玉，顽石美玉既不是甄宝玉，也不是贾宝玉。

证据是：只听道人问道："你携了这蠢物，意欲何往？"这里，道人所说的"蠢物"是指幻化成美玉的顽石，对这一点恐怕不会有人提出异议。第三回，黛玉首次见到贾宝玉，"心中正疑惑着：'这个宝玉，不知是怎生个惫懒人物，懵懂顽童？'倒不见那蠢物［甲戌侧批：这蠢物不是那蠢物，却有个极蠢之物相待。妙极！］也罢了。"

脂批中"这蠢物"是指宝玉，"那蠢物"则是指化成美玉的顽石，"这蠢物不是那蠢物"，明确指出：顽石美玉并不是贾宝玉。"却有个极蠢之物相待"，"相待"是相约等待的意思，这句话的意思是说等待林黛玉的是比那块“蠢物”顽石还蠢的贾宝玉。

第二节　女娲炼石补天的寓意

女蜗补天是中国古代的神话传说：水神共工造反，与火神祝融交战，共工被祝融打败了，他气得用头去撞西方的世界支柱不周山，导致天塌陷，天河之水注入人间。女娲不忍人类受灾，于是炼出五色石补好天空，折神鳖之足撑四极，平洪水杀猛兽，人类始得以安居。

小说脂批中“补天济世”的词意为：修补苍天，挽回世运。

一、顽石“美玉”是男是女？

对这个问题，红学界说法不一。笔者认为，那块被化成美玉的顽石是个女人。根据是脂砚斋的批语：“原来女娲氏炼石补天之时，于大荒山无稽崖练成高经十二丈、[甲戌侧批：总应十二钗。] 方经二十四丈 [甲戌侧批：照应副十二钗。] 顽石三万六千五百零一块。娲皇氏只用了三万六千五百块，只单单的剩了一块未用，便弃在此山青埂峰下”。[甲戌眉批：妙！自谓落堕情根，故无补天之用。]

脂批告诉我们，顽石“高经十二丈、方经二十四丈”是指“十二钗”和“副十二钗”，这些“钗”都是女人，那么，剩下的那块顽石必是女人。娲皇练成了“顽石三万六千五百零一块，用了三万六千五百块”，如果说那“三万六千五百块”顽石都是女人，唯独弃之不用的这一块是男人，这显然是说不通的。因此，弃之青埂峰下的顽石必是女人。这块弃之不用的顽石，“自谓落堕情根，故无补天之用。”因此，“便生出许多故事来”。

二、美玉是何颜色？

小说中，作者没有直接写出美玉的颜色，但是通过委婉的方式隐写了它的颜色：且看：“那僧笑道：‘此事说来好笑，竟是千古未闻的罕事。只因西方灵河岸上三生石畔，有绛珠草一株，时有赤瑕 [甲戌侧批：点“红”字“玉”字二。甲戌眉批：按“瑕”字本注：“玉小赤也，……”] 宫神瑛侍者，……’”脂批告诉我们，那块可佩可戴的小玉是红色的。

第八回，宝钗第一次将宝玉的玉托在手上看时，“大若雀卵，灿若明霞，莹润如酥，五色花纹相护”。脂批在“灿若明霞”处点出“色”字。霞为何色？古文中多喻指红色橙色。第三十五回莺儿给宝玉打络子，在讨论用什么颜色的络子才好看时，宝钗道：“若用杂色断然使不得，大红又犯了色，黄的又不起眼。”既然用大红是犯了色（重了色），那么宝玉所佩之玉定然是一块红玉无疑。南康记：“归美山，山石红丹，赫若彩绘，峨峨秀上，切霄邻景，名曰女娲石”，可见这块女娲石，原本是赫若彩绘的红石。那么，落在青埂峰下的这块顽石，经过一僧一道大展幻术变成的“通灵宝玉”，当然是一块鲜明莹洁的红玉。

三、女娲炼石补天的寓意

笔者认为：女娲炼石补天的寓意是清皇宫为皇上选秀女，那“三万六千五百块”顽石就是皇上待选的秀女。女娲弃之不用的顽石听说皇宫里如何繁花似锦，假如能成为皇上的女人，那更是享不尽的荣华富贵。对一个女人来说，做了皇上的妻妾，就是一步登天了，而女人的天的最高处就是皇后。现在，女人的天塌了一个窟窿，就意味着皇后死了，女娲要另选一个女人去堵上那个窟窿。窟窿堵上后，这个堵窟窿的女人就是女人天的最高位置，那就是皇后了。哎呀呀，皇后母仪天下，亿万兆民仰天朝拜：“皇后娘娘千岁千岁千千岁。”那是何等之荣耀！又是多么神圣伟大的事情！可为什么别的女人都能入选，偏偏弃我不用，苍天啊！这是为什么？难道我就那么不堪吗？于是，那块顽石“自怨自叹，日夜悲号惭愧”。

这就是女娲炼石补天的真正寓意。

第三节　程高本中的篡改

程高本的描述：

那道人道：“原来近日风流冤家又将造劫历世，但不知起于何处，落于何方？”那僧道：“此事说来好笑。只因当年这个石头娲皇未用，自己却也落得逍遥自在，各处去游玩。一日来到警幻仙子处，那仙子知他有些来历，因留他在赤霞宫中，名他为赤霞宫神瑛侍者。他却常在西方灵河岸上行走，看见那灵河岸上三生石畔有棵绛珠仙草，十分娇娜可爱，遂日以甘露灌溉，这绛珠草始得久延岁月……”

程高本中说得明明白白，顽石与神瑛侍者合二为一，神瑛侍者成了无材补天的顽石，女人变成了男人。而且，“赤瑕宫”被改为“赤霞宫”，一字之差，谬之千里。瑕：为“玉”也，而“霞”则是彩云，意思完全不同。那么，程高本中为什么将“瑕”改为“霞”？将顽石篡改为神瑛侍者？周汝昌先生曾论述，程高本的续书及改写是有政治目的的。笔者完全同意周老的这一看法。因为，神话故事里的顽石、神瑛侍者和绛珠仙子，隐写着一个惊天的秘密。

那么，顽石美玉到底是谁？她是谁的化身？神瑛侍者贾宝玉隐写的是谁？绛珠仙草林黛玉隐写的又是谁？

笔者经多年悉心研究，得出结论：神瑛侍者贾宝玉就是宝亲王弘历，即乾隆皇帝；绛珠仙草林黛玉就是孝贤纯皇后富察氏；顽石美玉就是林红玉、贾探春、王熙凤、史湘云和香菱，她们身上隐写的是不同时期的乾隆的继皇后乌喇那拉氏。这就是神话故事里的惊天秘密。

《红楼梦》一书隐写的是乾隆皇帝与两位皇后的情史，继皇后乌喇那拉氏是小说的真正主角。

笔者有幸发现了其中的奥妙，列位且听笔者一一道来。

第三章

贾宝玉就是乾隆皇帝

《红楼梦》像一个巨大的迷宫，里面充满了神奇和诱惑。为探求红楼之谜，揭开《红楼梦》的神秘面纱，无数的人几十年如一日地探索、求证，义无反顾，如痴如醉。这就是《红楼梦》的魅力所在，中外文学史上，没有任何一部文学作品能和《红楼梦》相提并论。

笔者认为，要想解开红楼之谜，必须首先确定小说主人公贾宝玉的身份。而要确定宝玉的身份，只能从小说里寻找证据。

小说中宝玉的身份是“活龙”和“凤凰”，这是考证红楼梦的唯一前提。只有将“活龙”和“凤凰”解释清楚，顺着“活龙”和“凤凰”的线索追寻下去，《红楼梦》的谜团才能彻底解开。

第一节　“活龙”和“凤凰”就是乾隆皇帝

一、龙的寓意

龙是中国神话中的一种善变化、能兴云雨、利万物的神异动物，传说能隐能显，春分时登天，秋分时潜渊，又能兴云致雨，为众鳞虫之长，四灵（龙、凤、白虎、玄武［龟］）之首。

“好搜百科”关于龙的寓意中介绍：龙，作为中国人独特的一种文化的凝聚与积淀，已经扎根并深藏于我们每个人的潜意识里头，人们的日常生活、生老病死几乎都有打上龙文化的烙印。龙，在中国和天地、世间万事万物都有联系。龙在中国传统文化中是权势、高贵、尊荣的象征，又是幸运与成功的标志。

龙之所以具有这种文化象征意义，是和传说及神话中龙在天则腾云驾雾、下海则追波逐浪、在人间则呼风唤雨的无比神通有很大的关系。但更重要的是因为龙几千年来常常成为中国奴隶社会、封建社会最高统治者的“独家专利”，是皇权的代名词。龙被视为帝王的化身，除帝后外，其他人不得“僭用”。因此，历代皇帝都自比为“真龙天子”，身体叫“龙体”，穿的衣服叫“龙袍”，坐的椅子叫“龙椅”，乘的车、船叫“龙辇”、“龙舟”，等等。总之，凡是与皇帝生活起居相关的事物均冠“龙”字，以示高高在上的特权。

太和殿是故宫三大殿之一，也是所有宫殿中最豪华、最重要、龙最多的一个殿。太和殿的龙既是皇权的象征，也是突出皇帝至高无上的地位，更代表了太和殿本身无与伦比的政治地位。

二、宝玉是活龙

小说中，宝玉被称为“龙种”、“活龙”。

第九回：宝玉和秦钟到贾府学堂上学，“原来这学中虽都是本族人丁与些亲戚家的子弟，俗语说的好，‘一龙生九种，种种各别。’未免人多了，就有龙蛇混杂，下流人物在内。”［蒙双行夹批：伏一笔。］作者巧借俗语，点出“学中”子弟都是“龙种”，那宝玉也是龙种无疑。批语“伏一笔”点出其中奥秘，所谓“龙种”，就是皇帝的“种”，那学中的一窝子子弟都是皇帝之“种”。

第十九回，宝玉的奶母李嬷嬷去看望宝玉，见宝玉不在家，丫鬟们只顾玩闹，十分看不过。李嬷嬷责怪了几句，“又问道：‘这盖碗里是酥酪，怎不送与我去？我就吃了罢。’说毕，拿匙就吃。”［庚辰双行夹批：写龙钟奶母，便是龙钟奶母。］……“龙钟奶母”就是“龙种”奶母，而“龙种”的奶母，当然是无所畏惧，我行我素了。弘历他爹是雍正皇帝，雍正是龙，弘历当然是“龙种”了。笔者巧用谐音，点出宝玉是龙种。

第二十五回，马道婆和赵姨娘聊天说起贾环，“赵姨娘听说，鼻子里笑了一声，说道：‘罢，罢，再别说起。如今就是个样儿，我们娘儿们跟的上这屋里那一个儿！也不是有了宝玉，竟是得了活龙。他还是小孩子家，长的得人意儿，大人偏疼他些也还罢了。’”［甲戌侧批：赵妪数语，可知玉兄之身份，况在背后之言。]脂批已明确告诉读者宝玉是何身份了。程高本上却把“也不是有了宝玉，竟是得了活龙”这句最重要的话删去了，可见，程高本的出版是个政治阴谋。

第四十三回，王熙凤过生日，宝玉却溜出府去，带着茗烟到水仙庵去上香，“那老姑子见宝玉来了，事出意外，竟象天上掉下个活龙来的一般，忙上来问好，命老道来接马。”

小说中数次点出宝玉是“龙种”、“活龙”，白纸黑字写在书里，这是任何人都无法抹杀的证据。脂砚斋也明确指出：“赵妪数语，可知玉兄之身份。”这已经明白无误地告诉读者宝玉是皇上，这还有疑问吗？令人奇怪的是，那么多研究《红楼梦》的人，为什么对“活龙”一词熟视无睹？为什么没有一个人解释一下“活龙”的含义，却索引出曹天祐、曹頫、洪昇、袁枚等一大堆连边都沾不上的人，硬说这些人就是宝玉。他们能是“活龙”吗？这些人有几个脑袋敢自称“活龙”，那可是谋逆之罪，是要灭九族的！

笔者来解释一下“活龙”的含义：所谓“活龙”，就是活着的龙，《红楼梦》问世时，谁是活着的龙？康熙、雍正都是龙，可惜他们已去世，都是死龙。唯一活着的“龙”就是乾隆皇帝！除乾隆之外，谁还敢称“活龙”？

三、宝玉是“龙头”

第二十二回，贾环的谜语娘娘竟没有猜着，太监说：

“三爷说的这个不通，娘娘也没猜，叫我带回问三爷是个什么。”众人听了，都来看他作的什么，写道是：“大哥有角只八个，二哥有角只两根。大哥只在床上坐，二哥爱在屋上蹲。”[庚辰双行夹批：可发一笑，真环哥之谜。诸卿勿笑，难为了作者摹拟。]

众人看了，大发一笑。贾环只得告诉太监说：“一个枕头，一个兽头。”[庚辰双行夹批：亏他好才情，怎么想来？]

什么是“兽头”？看看太和殿屋檐上的小兽就明白了。

故宫太和殿重脊上最前面的是一个骑着凤凰的仙人，其后是一排小兽，最后面有一个较大的兽头叫“垂兽”。仙人与垂兽之间的小兽统称“走兽”。骑凤仙人后面依次为龙、凤、狮子、天马、海马、狻猊、狎鱼、獬豸、斗牛、行什。“兽头”包括上述十种，其中，“有角只两根”的是“龙头”。

“二哥有角只两根”，“二哥爱在屋上蹲”，指的就是太和殿重脊上的“龙头”。小说中，贾珠是大哥，宝玉是二哥，贾珠是个枕头，只能在床上坐；宝玉是“龙头”，所以在“屋上蹲”。镇守太和殿的“龙头”，除了皇上，还能是谁？脂批夸贾环“好才情”，又云：读者莫笑，“难为了作者摹拟”，实际上是说作者运用巧妙的手段又一次暗示了宝玉的身份。

四、宝玉是“凤凰”

还是第四十三回，宝玉从水仙庵返回家后换上华服，“刚至穿堂那边，只见玉钏儿独坐在廊檐下垂泪，一见他来，便收泪说道：‘凤凰来了，快进去罢。再一会子不来，都反了。’”［庚辰双行夹批：是平常言语，却是无限文章，无限情理。看至后文在细思此言，则可知矣。］……“宝玉忙进厅里，见了贾母王夫人等，众人真如得了凤凰一般。”

凤凰，是中国古代传说中的百鸟之王，按阴阳五行之说，凤色赤，五行属火，是南方七宿朱雀之象。中国民间所说的“四灵”中就有凤凰。《礼运》：龙、凤凰、麒麟、玄武。凤凰也是中国皇权的象征，常和龙一起使用。如：帝王居住的楼阁叫凤阁龙楼；古代帝王登位前所居住的宅第叫凤邸；帝王诏敕用纸叫凤纸；天子的诏书叫凤诏；帝王所乘坐的车驾叫凤驾，等等。凤凰分雄雌，凤为雄，凰为雌；如果使用“凤凰”一词，则“凤”是皇帝，“凰”是皇后；如果使用“龙凤”一词，则龙比作帝王，凤则用于皇后。宝玉被称为“凤凰”，是作者暗示宝玉的身份是皇上。所以，脂批说：虽“是平常言语，却是无限文章，无限情理。看至后文在细思此言，则可知矣”。

既然宝玉是“活龙”、“凤凰”，他的身份就是活着的皇帝，那就是乾隆了。那么，我们顺着这条线索追寻下去，看看小说中还有多少证据能证明宝玉就是乾隆皇帝。

第二节　《红楼梦》中为何处处见“红”

《红楼梦》的最奇特之处，就是处处见红：神瑛侍者的居住地叫“赤瑕宫”，“赤”为“红”也；那“绛珠仙草”也是红色的；主人公贾宝玉的周围充满了以红色为主的色彩气氛与感受，宝玉“衔玉而生”，那块玉是红色的；他小时候住的地方叫“绛芸轩”，在大观园住在“怡红院”里，被人称作“绛洞花主”、“怡红公子”，身上常穿着红色的衣服，作诗写文章顽固地坚持要说“红香绿玉”；小说中恰好有个小名叫“红玉”的姑娘；而“曹雪芹”披阅增删编辑《金陵十二钗》时是在“悼红轩”中；书中所有女子的命运也是“千红一窟”，总之，不仅书名为《红楼梦》，书中内容也处处体现一个“红”字，而所有的“红”字，都与主人公宝玉有关。

《红楼梦》作者为什么对“红”字情有独钟，恐怕不仅是个人对颜色的偏好，而是有着深刻的隐喻和内涵。《红楼梦》中之“红”字，实乃画龙点睛之关键字，理解透彻“红”的内涵，对于正确解读《红楼梦》至关重要。

笔者认为：《红楼梦》中的赤瑕宫、绛云轩、怡红院、红香绿玉等“红”字，都是“弘”的谐音，而“绛珠仙草”、悼红轩，和“红玉”、“千红一窟”的“红”字，则是和“弘”字有关的人。那么，这个“弘”字是指谁呢？指宝亲王弘历也。

其实，作者在小说的第一回神话故事中，已经告诉了读者答案。

一、神瑛侍者就是宝亲王弘历

小说作者在第一回里描绘了一个美丽的神话故事，就是在这个神话故事中，作者透露出重大隐情。

那个思凡下界的赤瑕宫里的神瑛侍者是什么来历？以致作者和批者不敢明言？这个“神瑛侍者”的来头太大了，作者实在承担不起这么大的风险。

我们再看一下那段神话故事：

那僧笑道：“此事说来好笑，竟是千古未闻的罕事。只因西方灵河岸上三生石畔，有绛珠草一株，时有赤瑕宫神瑛侍者，日以甘露灌溉，这绛珠草便得久延岁月。……”

请看脂砚斋的批语：“赤瑕”二字边［甲戌侧批：点“红”字“玉”字二。甲戌眉批：按“瑕”字本注：“玉小赤也，又玉有病也。”以此命名恰极。］点出“红”字和“玉”字，说一块玉不仅小而且是红色的，这是指青埂峰下的那块顽石；另一玉有病也，是指林黛玉，这就把宝玉所佩戴的那块美玉和林黛玉引了起来，并说“以此命名恰极”；在“绛珠”二字边［甲戌侧批：点“红”字。细思“绛珠”二字岂非血泪乎。］也点出“红”字，并说“绛珠”二字是指“血泪”；在“神瑛侍者”处［甲戌侧批：单点“玉”字二］。瑛字的字意是：（1）玉的光彩：玉有瑛华，古籍中“瑛”多作“英”。东晋庾阐《涉江赋》有云：“金沙逐波而吐瑛。”（2）像玉的美石：瑛瑶，琼瑛。梁庾肩吾咏花雪诗曰：“瑞雪坠尧年，因风入绮钱；飞花洒庭树，凝瑛结井泉。”脂批“单点‘玉’字二”的意思是说，前面已点过一次“玉”字，点出了宝玉所佩戴的那块美玉是红色的和林黛玉的名字，而此处的“瑛”字，是第二次点“玉”，当指贾宝玉的名字无疑。

这样，“神瑛侍者”和“绛珠仙子”便和“红玉”联系起来，即宝玉、黛玉背后隐写的是一个名叫“红玉”的人。因“黛玉”只是小名，那么“红玉”也应是小名。果然，第二十七回在“小名红玉”处，有脂批曰：“红切绛珠，玉则直通矣。”这样，一个小名叫“红玉”的人与绛珠（即黛玉）亦勾挂起来。即从另外一面说明：黛玉背后隐写着一个小名叫“红玉”的人。

的确，从小说叙述的表面内容中，确实可以得出上述结论，多年来，大部分阅者和红学界人士均认可这种解释。笔者也认同这种解释，但是这仅是其中的一个奥秘，那一僧一道叙述的这段话中还有另一个重大隐情。

无数阅读者只注意到了作者和批者明点的“红”和“玉”字，却忽略了作者暗点的“历”字。

且看：那僧笑道：“你放心，如今现有一段风流公案正该了结，这一干风流冤家，尚未投胎入世。趁此机会，就将此蠢物夹带于中，使他去经历经历。”那道人道：“原来近日风流冤孽又将造劫历世去不成？……”［蒙侧批：苦恼是“造劫历世”，又不能不“造劫历世”，悲夫！］那僧笑道：“……恰近日这神瑛侍者凡心偶炽，乘此昌明太平朝世，意欲下凡造历幻［甲戌侧批：点“幻”字。］缘，已在警幻［甲戌侧批：又出一警幻，皆大关键处。］仙子案前挂了号。……”

从脂批中看出，作者本不愿点出“历”，因为这样做实在是太危险了，但为使“巨眼识得”，又不得不点出，所以才“苦恼是‘造劫历世’，又不能不‘造劫历世’，悲夫！”脂砚斋唯恐读者不明白作者的意思，特意指出“幻”，意思是说，现在是“梦幻”也，随后又提示“又出一警幻，皆大关键处”。“警幻”就是警醒各位读者，现在是在梦幻里。如果阅者把“红”和“历”连在一起，立刻就明白了作者和批者的真正寓意，“红历”即“弘历”也。

终于大彻大悟，作者和批者数次三番地明点“红”，暗点“历”，就是要告诉各位“看官”：神瑛侍者，就是宝亲王弘历。

《红楼梦》问世二百多年以来，几乎没有人注意到那个“历”字，究其原因，就是无数阅者都被那个“玉”字骗了。“玉”字是为了掩护那个“历”字，但“玉”字本身又隐含深意，和那个“红”字又有极密切的关系。

二、“三生石畔旧精魂”

那僧笑道：“此事说来好笑，竟是千古未闻的罕事。只因西方灵河岸上三生石畔，[甲戌侧批：妙！所谓“三生石上旧精魂”也。]有绛珠草一株……”

三生石是一块状貌奇钦磊落的巨石，在与飞来峰相连接的莲花峰东麓，是杭州“西湖十六遗迹”之一。该石高约10米，宽2米多，峭拔玲珑。石上刻有“三生石”三个碗口大小的篆书及《唐·圆泽和尚·三生石迹》的碑文，记述“三生石”之由来。三生石的三生分别代表“前生”、“今生”和“来生”，上面有今生前世的纠缠！人死后，走过黄泉路，到了奈何桥，就会看到三生石。它一直立在奈何桥边，张望着红尘中那些准备喝孟婆汤、轮回投胎的人们。传说三生石能照出人前世的模样。前世的因，今生的果，宿命轮回，缘起缘灭，都重重地刻在了三生石上。千百年来，它见证了芸芸众生的苦与乐、悲与欢、笑与泪。该了的债，该还的情，三生石前，一笔勾销。

作者用“三生石”来述说宝玉和黛玉前世今生和来世的姻缘，实际上暗示的是乾隆皇帝与富察皇后的生死之恋。

乾隆与富察皇后生前感情甚笃，皇后的去世让乾隆痛不欲生。之后数十年中，乾隆对痛失皇后之悲始终不能释怀。皇后去世十年之际，乾隆又一次来到泰山，他想起富察皇后曾与他同登岱顶却染疾而逝，伤心不已，便写了一首诗，命人制成碑置于碧霞祠西碑亭内：“瞬息十春岩电影，年来忧乐忆从头。谁能石上三生认，且看烟中九点浮。幻矣仙踪谢蓬海，悯哉民瘼指徐州。云巢若问前巡事，泪洒空庭不忍留。”并在结句自注：“岱顶行宫名，戊辰三月孝贤皇后得病实于此。”

且看，乾隆自己以三生石作为肝胆相照的依据，与富察皇后缘定三生。难怪脂砚斋批道：“妙！所谓‘三生石上旧精魂’也。”乾隆就是那三生石畔的旧精魂。

三、“幻”字的出处

乾隆诗：幻矣仙踪谢蓬海，悯哉民瘼指徐州。

幻：空虚的，不真实的。如幻想、幻影、幻境、亦真亦幻、虚幻、梦幻等。

仙踪：仙人的踪迹。这里乾隆把富察皇后比作仙人。

蓬海：指蓬莱仙阁，位于山东蓬莱县城北丹崖山。素有仙境之称，广为流传的“八仙过海”的传说便源于此。蓬莱历史上曾是秦、汉等数代帝王巡游的地方，而且因有海市蜃楼之胜，给世人惟妙惟肖地描绘出一个令人向往的神仙世界，更为她平添了几分神秘色彩，遂被历代文人墨客视为“人间仙境”。

悯：哀怜的意思：如怜悯、悯恤、悯惜等。

民瘼：瘼，疾，疾苦。百姓的疾苦。

乾隆这两句诗的意思是：在东巡徐州悯恤百姓的疾苦期间，富察皇后化作仙人，幻影飞逝于蓬海仙阁，追随八仙而去。

小说中脂批：[点“幻”字]、[又出一警幻，皆大关键处。]，太虚幻境、警幻仙子的“幻”字，皆出自乾隆“幻矣仙踪谢蓬海”之诗句。

四、神话故事的由来

乾隆诗：云巢若问前巡事，泪洒空庭不忍留。

云巢：① 高处的鸟窠。《文选·张协》：“仰倾云巢，俯殚地穴。”吕向注："云巢，高巢也。"宋陆游《秋思》诗之六："露浓乍警云巢鹤，风劲先凋玉井桐。"②隐居修道之处。宋陆游《书怀》诗："青城结云巢，拟住三千年。"宋杨万里《过土笕冈》诗："衰年走尘鞅，何计返云巢。"元虞集《为汪华玉题所藏》诗："云巢幽人爱江渚，抽思挥毫写横素。"乾隆诗中的"云巢"当指仙人修道之处。

这两句诗的意思是：富察皇后仙逝后，幻化成仙人去隐居修道了。那些隐居的仙人们听说了她与乾隆的挚爱真情，纷纷洒泪，不忍再留她，劝她回到乾隆身边。小说里的绛珠仙子随神瑛侍者下界投胎还泪的神话故事，就是乾隆诗境的再现。

"幻矣仙踪谢蓬海"，富察皇后死后，幻化成"绛珠仙子"，终日游离在离恨天、灌愁海之外，并且已在警幻仙子案前挂了号。警幻知她未偿甘露灌溉之恩，故不忍留她，允她随神瑛侍者一起下凡偿还泪债，正是："云巢若问前巡事，泪洒空庭不忍留"啊！

乾隆怀念富察皇后的诗作，足以证明神瑛侍者贾宝玉就是乾隆皇帝，绛珠仙草林黛玉就是富察皇后。

第三节　贾宝玉的生日之谜

小说中描写了很多人过生日的情景，这些人生日的过法，有的热热闹闹、恣意奢华，有的轻描淡写，一笔带过。但无论如何，总是把每个人的生日日期交代得很清楚。如：元春的生日是大年初一，薛宝钗的生日是正月二十一，林黛玉的生日是二月十二，王夫人生日是三月初一，贾琏的生日是三月初九；薛蟠的生日是五月初三；贾母的生日是八月初三；王熙凤的生日是九月二日……奇怪的是，唯独主人公宝玉过生日时，虽用了近两回的篇幅详尽描述，不胜烦琐，但始终没有说出是几月几日，原因何在？

很多人认为，宝玉的生日就是曹雪芹的生日，也有说是曹雪芹的叔叔曹頫的生日，还有说是洪昇的生日，反正就是作者的生日。作者因担心"文字狱"，故采用隐秘的手法，将自己的生日隐写于小说之中。为此，很多人不遗余力地去考证贾宝玉的生日，有四月二十六日芒种节之说，有五月初三之说，等等。笔者很难苟同这样的说法。试想，乾隆年间人口已近三亿，与作者同生日的人会有多少？曹寅不过是个五品官，洪昇只是个剧作家，曹雪芹、曹頫更是无名之辈了（绝无贬低曹公之意），即使把自己的生日明明白白地写进书里，又有谁会注意到你？而且五月初三是康熙年间的废太子胤礽的生日，胤礽的生日都敢明写，何况无名之辈？再说，作者如此挖空心思、大费周章地将自己的生日隐写于小说之中，有多大意义？目的何在？是想说明自己就是宝玉吗？可他们又不是“活龙”。因此，宝玉的生日就是作者的生日在情理上是断然说不通的。

那么，为什么对宝玉的生日要遮遮掩掩？那是因为作者实在不敢冒天下之大不韪，一旦写出宝玉的生日，全天下的人立刻就会明白这个宝玉是何许人也。

一、宝玉的生日就是乾隆皇帝的生日

因为宝玉是皇上，皇上的生日，那是全天下人的节日，妇孺皆知啊！

清朝皇帝的生日称为万寿节；皇太后生日称为圣寿节，而皇后、皇贵妃生日则称为千秋节。清朝皇帝威严之高到了无以复加的地步，凡是与皇上生日相同的人，要么提前两天过生日，要么推后两天，皇上的生日，是全天下独有的。清代皇帝生日寿辰礼仪之烦琐，规模之宏大，是前所未有的。万寿节这天，天下同庆，京师与各直隶省都是要各建道场并诵经祝诵。京中则百官分队而列，望阙叩头。皇帝所到之处，政府职能负责部门要用彩画、布匹、新建筑物等将主要街道包装得绚丽多姿，到处歌舞升平。各地政府的文武百官，要设置香案向京城方向行大礼，祝贺皇上万寿无疆。万寿节期间禁止民间屠宰，官方禁止斩杀刑事犯人，民间禁止穿素色服装，一律必须是鲜艳的服装。上到朝廷下至各地政府前后数日不理关于刑事案件的政务。王公百官还要按制穿官服。除此之外，老百姓若有人此日在皇帝面前，或者在民间死去，也被称为是冲撞了皇帝，因此，百姓们这天若有人死去，必须秘而不宣。当然，老百姓们家人若有人进入监狱，犯罪轻的可以释放，罪行重的可以减免，并且允许探亲。

现在我们可以理解作者不敢明确写出宝玉生日日期的苦衷了吧。

二、“神瑛侍者”下界投胎的季节隐写的是中秋

宝玉的生日真的无迹可寻吗？不是的，作者在第一回中，就已经巧妙地把宝玉的生日日期告诉了读者。

请看第一回：

“一日，炎夏永昼。士隐于书房闲坐，至手倦抛书，伏几少憩，不觉朦胧睡去。梦至一处，不辨是何地方。忽见那厢来了一僧一道，且行且谈。‘……如今现有一段风流公案正该了结，这一干风流冤家，尚未投胎入世。恰近日这神瑛侍者凡心偶炽，乘此昌明太平朝世，意欲下凡造历幻缘，已在警幻仙子案前挂了号。……陪他们去了结此案。’”

这一段描写告诉读者，那“神瑛侍者”要去投胎历世了，而当时正是“炎夏永昼”。

接着，当甄士隐看过那块“通灵宝玉”，正欲跟随道人进入“太虚幻境”时：“忽听一声霹雳，有若山崩地陷。士隐大叫一声，定睛一看，只见烈日炎炎，芭蕉冉冉，所梦之事便忘了对半。”（注：庚辰本为“所梦之事便忘了大半”。）

这里，作者似乎再一次强调了宝玉投胎历世时，是在“烈日炎炎，芭蕉冉冉”的夏季。

小说第六十二回写宝玉过生日时，虽未交代宝玉生日的具体日期，但根据书中的描写，宝玉生日这天，正是芍药花纷纷飘落之时，而芍药花落的时间是农历四月底至五月初之间。看到这里，笔者相信大多数读者都会认为“神瑛侍者”下界投胎的时间是“炎夏永昼”，当时正是“烈日炎炎，芭蕉冉冉”的夏季。因此，宝玉的生日必是夏季无疑。

的确，根据书中的描写，得出这样的结论是理所当然的。但是，笔者经仔细研究脂砚斋的批语，发现这里面大有玄机。我们再来看一下上述描写中，脂砚斋是怎么批示的：

在“一日，炎夏永昼”旁［甲戌侧批：热日无多。］，这里脂砚斋告诉我们，夏天快过去了。接着，在“只见烈日炎炎，芭蕉冉冉，所梦之事便忘了对半”旁边［甲戌侧批：妙极！若记得，便是俗笔了。］”笔者认为：这里脂砚斋是在提醒读者，忘记书中描写的季节。为何？因为作者马上要

引出“中秋”这一关键时刻。

我们接着看：士隐醒来之后，接过奶母抱来的女儿英莲到街上玩耍，只见从那边来了一僧一道，对士隐说了一番“疯话”后离去：

“士隐心中此时自忖：这两个人必有来历，该试一问，如今悔却晚也。

这士隐正痴想，忽见隔壁葫芦庙内寄居的一个穷儒，姓贾名化，表字时飞，别号雨村者走了出来。”

一个关键人物贾雨村出场了，并将引出一个关键的时刻。我们看一下脂砚斋在这段叙述中的批注：在“隔壁”二字边［甲戌侧批：“隔壁”二字极细极险，记清。］“姓贾名化，［甲戌侧批：假话。妙！］表字时飞，［甲戌侧批：实非。妙！］别号雨村［甲戌侧批：雨村者，村言粗语也。言以村粗之言演出一段假话也。］……”脂砚斋明确地告诉我们，这个贾雨村的所言所行“实非”真事，他说的都是假话，作者是用他“言以村粗之言演出一段假话也”。那么，批者为什么在“隔壁”二字边批示“隔壁”二字极细极险，记清？很多人认为，批者是在提示，住在隔壁葫芦庙内的贾雨村是个极其危险的人物。这样理解当然无错，因为贾雨村的确是个危险人物。但是，笔者认为，“隔壁”二字还有一层深意，这两个字和“中秋”有着紧密的联系。“隔壁”二字，应理解为“隔季”。为什么？因为，作者和批者提示我们忘记前面的“烈日炎炎，芭蕉冉冉”的夏季，就是为了引出“中秋”这一关键时刻。

根据书中描写，那士隐见到贾雨村，邀他到家中做客，贾雨村见到士隐家的丫鬟生得眉清目秀，并两次回头张望，因此便想入非非，心生歹念。这一段叙述的是士隐梦醒当日的事情。接下来书中说：

“一日，早又中秋佳节。士隐家宴已毕，乃又另具一席于书房，却自己步月至庙中来邀雨村。”

这“一日”二字，笔者理解为“过了一日”或“隔了一日”。过了一日，就到了中秋节，那士隐做梦的当日应该就是八月十三日，那么，前面所说的“隔壁”必是“隔季”，隔了一个季节也。所以，脂砚斋才说“隔壁”二字极细极险，记清。批者非常清楚，引出“中秋”是极其危险的举动，弄不好将泄露天机，招来杀身之祸。

三、宝玉的生日是八月十三日

为什么引出“中秋”极其危险？因为贾雨村将在中秋赏月诗中透露出主人公贾宝玉的生日日期。一旦这首诗的含义被破解，宝玉的身份将大白于天下。我们先看一下贾雨村的中秋赏月诗：

士隐邀雨村至家中书院，“二人归坐，先是款斟漫饮，次渐谈至兴浓，不觉飞觥限斝起来。当时街坊上家家箫管，户户弦歌，当头一轮明月，飞彩凝辉，二人愈添豪兴，酒到杯干。雨村此时已有七八分酒意，狂兴不禁，乃对月寓怀，口号一绝云：

> 时逢三五便团圆，满把晴光护玉栏。
> 天上一轮才捧出，人间万姓仰头看。”

诗的表面意思是咏月，以“人间万姓仰头看”烘托出十五圆月的皎洁、美丽；通过“仰头看”这一特定动作，写出了“圆月”对百姓的吸引力。对贾雨村的这首诗，一般的解释为：贾雨村有野心，名利之心极重，对现实处境不甘心，不甘久居人下，野心勃勃，他在中秋之夜托物言志，借万众仰看一轮明月来暗寓自己对一举成名天下知的渴望之情。诗的前两句平平，并无特色；后两句却透出气象不凡，抱负不浅。他一旦有出头之日，就要使“人间万姓仰头看”。

根据书中对贾雨村的描写和这首诗的表面含义，确实可以得出上述结论。

霍国玲老师所著《红楼解梦》中论证贾雨村是胤禛化身之一，笔者深表赞同。胤禛实现了他的野心，成为雍正皇帝，的确是“人间万姓仰头看”了。但是，笔者认为：这首咏月诗的真正的深意是：作者借贾雨村的这首诗道出了主人公宝玉的生日日期。

我们看第一句：

1. 时逢三五便团圆［甲戌侧批：是将发之机。］

这一刻将发生什么事情？请看：“时”的谐音是“十”，“十”逢

“三”不就是十三吗？过了八月十三之后才是八月十五，月亮圆了，天下人才得以“团圆”。在此，谐音法再显神威，作者巧妙地透露出“十三”这个重要日子。为什么“十三”这个日子非常重要，因为弘历的诞辰之日是康熙五十年八月十三日（1711 年 9 月 25 日），而雍正继位的时间是康熙六十一年（1722 年）十一月十三日，至此，“时（十）逢三五便团圆”的意思不是很清楚了吗？

2. 满把晴光护玉栏。［甲戌侧批：奸雄心事，不觉露出。］

晴光：晴朗的日光或月光，这里当指月光。清澈的月光洒下，遮护着白玉栏杆。贾雨村吟这首诗时是在士隐家的书院之中，而书中士隐家和街上并无白玉栏杆，那么，“满把晴光护玉栏”指的是哪里？清史档案中的《玉牒》和乾隆时期的《实录》及《圣训》上清楚地写着：“康熙五十年辛卯八月十三日子夜，孝圣宪皇后钮祜禄氏诞乾隆于雍和宫。”雍和宫里才有白玉栏杆。脂批告诉我们：贾雨村——胤禛这个奸雄的心事是，八月十三日子夜，他的第四个儿子宝亲王弘历在雍王府诞生了。

3. 天上一轮才捧出，人间万姓仰头看

这两句诗的表面意思是咏月，但它真正的含义是：胤禛的第四子弘历，一代天子降生了，天下臣民仰慕朝拜。至此，还不清楚吗？作者借贾雨村这首咏月诗，极其巧妙地告诉了读者，贾宝玉的生日就是八月十三日，而这一天，正是宝亲王弘历的诞生之日。

雨村吟罢，士隐听了，大叫：“妙哉！吾每谓兄必非久居人下者，今所吟之句，飞腾之兆已见，不日可接履于云霓之上矣。可贺，可贺！”乃亲斟一斗为贺。［甲戌侧批：这个“斗”字莫作升斗之斗看，可笑。］

脂批是什么意思？为什么这个“斗”字不能作“升斗之斗”看？如果我们了解了弘历的星命就明白脂批的意思了。乾隆的星相是“斗”，即“斗宿”。斗宿又称斗木獬，汉族神话和天文学中的二十八宿之一，北方七宿第一宿。因其星群组合状如斗而得名，古人又称“天庙”，是属于天子的星。天子之星常人是不可轻易冒犯的，故多凶。乾隆是天子之星“斗”，所以，脂砚斋说：“这个‘斗’字莫作升斗之斗看。”

二十八宿是中国古代所创星区划分体系的主要组成部分，古人把沿黄道、赤道附近的星象，划分成二十八个大小不等的部分，每一部分叫作一宿，合称二十八宿，又名二十八舍或二十八星。到了隋唐年间，人们将天象学与命理学相结合，星命学说应运而生，它以“天人合一”思想为理论依据，以星辰变化推断人事吉凶。人们通过观察天空星象的变化，便可推测人间的福祸吉凶，三垣四象、二十八星宿等都是星命推断的依据。

据此，出生于八月十三日的“斗宿”弘历，正是“天上一轮才捧出，人间万姓仰头看”的一代天子乾隆皇帝。

作者和批者深知写出这首诗的利害关系，所以，在这首诗的眉头，脂砚斋道：[甲戌眉批：这首诗非本旨，不过欲出雨村，不得不有者。]脂砚斋故意说这首诗“非本旨”，这简直是欲盖弥彰。写当今天子的情史，咒骂“当今圣上”为“孽根祸胎，混世魔王”、“情种”、“天下第一淫人”，这是多大的罪过？一旦天机泄露，将人头落地，满门抄斩。所以脂砚斋才正话反说，转移阅者的视线。其实，这首诗才是小说的真正“本旨”。

四、“过会的热闹”指中秋庙会

甄士隐梦中醒来后，“又见奶母正抱了英莲走来。士隐见女儿越发生得粉妆玉琢，乖觉可喜，便伸手接来，抱在怀内，斗他顽耍一回，又带至街前，看那过会的热闹。”

这里提到了一个特殊的时间：“过会”。“过会”是什么意思？

过会是汉族民间习俗之一，城隍出巡、庙会等汉族民间节日的一种集体游艺活动。过会主要是在每年的岁时节令进行，比如农历正月初一的春节、正月十五的元宵节、四月的清明节、五月初五的端午节、八月十五的中秋节等。据清富蔡敦崇《燕京岁时记》载：“过会者，乃京师游手扮作开路、中幡、杠箱、官儿、五虎棍、跨鼓、花钹、高跷、秧歌、什不闲、耍坛子、耍狮子之类。如遇城隍出巡及各庙会等，随地演唱，观者如堵，最易生事。”这是北京过会的情况，各地大致相仿。

古时中秋节庙会，是在农历八月十三日至十五日这三天举行，每年中秋节街市都非常繁盛。吆喝声、叫卖声、锣鼓声，声声入耳；耍猴的、玩魔术的、演唱的、测字的……轮番上演，热闹无比。

士隐抱着女儿正“看那过会的热闹”，碰见僧道二人，对他说了一番疯话后离去。接着，贾雨村出场，到士隐家做客。“一日，早又中秋佳节。”据此，作者强调士隐抱着女儿“看那过会的热闹”就是暗指八月十三日的中秋庙会，这一日正是乾隆的生日。

五、书中描写宝玉过生日是障眼法

也许有人会问：根据书中的描写，宝玉生日这天，不是芍药花纷纷飘落的夏季吗？不错，小说写宝玉过生日的过程用了将近两回的篇幅，描写得极其详细。但奇怪的是，脂砚斋在第六十二回宝玉生日当天的叙述中，除了庚辰本上在宝玉“一壁胡思乱想”处的墨批“又下此四字”外，再无其他批语。小说中熙凤、宝钗、贾母等人过生日时，脂砚斋却都有不少批语，为什么主人公宝玉白天过生日时，脂砚斋始终保持沉默？而在“寿怡红群芳开夜宴……”中，却有一句奇怪的批语，我们看一下：

第六十三回，白天，众姐妹为宝玉祝寿，在园子里的红香圃中开怀畅饮，热闹非凡。到了夜间，宝玉觉得仍未尽兴，又邀众姐妹在自己的住处怡红院夜饮，“宝玉只穿着大红棉纱小袄子，下面绿绫弹墨袷裤，散着裤脚，倚着一个各色倒芍药花瓣装的玉色夹纱新枕头，和芳官两个先划拳。当时芳官满口嚷热。”此处，[庚辰双行夹批：余此时亦太热了，恨不得一冷。既冷时思此热，果然一梦矣。]

脂批是什么意思？细思之恍然大悟，原来，批者知道宝玉的生日不是夏季，第六十二回的描写季节是假的，是在梦中过生日，故此在“胡思乱想”边墨批“又下此四字”，意在提醒读者，不要胡思乱想，此处为梦幻也。而怡红院夜饮时借芳官喊热，巧妙地告诉读者，其实这时已经是中秋时节，天气转冷了。在此回的回前总批中，脂砚斋说：[读者当以“三人行必有我师”之说为念，方能领会作者之用意也。戒之！]

作者写宝玉过生日，正是“明修栈道，暗度陈仓”之笔。脂批：“既冷时思此热，果然一梦矣。”意思是，当中秋时节天气转冷时，再回想宝玉生日时的“热”，就会明白，那时宝玉是在梦中过生日啊。

六、“四儿”、“五儿”齐来凑

宝玉生日当天，恰好又是宝琴、平儿、岫烟的生日，众姐妹凑在一起，为四人共同祝寿。“众人都笑：‘寿星全了。’”

但是，还有一个人与宝玉同生日，这个人是“四儿”。

第一十一回：宝玉拿一本书，歪着看了半天，因要茶，抬头只见两个小丫头在地下站着。一个大些儿的生得十分水秀，宝玉便问：“你叫什么名字?”那丫头便说：“叫蕙香。”宝玉便问：“是谁起的?”蕙香道：“我原叫芸香的，是花大姐姐改了蕙香。”宝玉道：“正经该叫‘晦气’罢了，什么蕙香呢!”又问：“你姊妹几个?”蕙香道：“四个。”宝玉道：“你第几?”蕙香道：“第四。”宝玉道：“明儿就叫‘四儿’，不必什么‘蕙香’‘兰气’的。”

四儿这个丫头聪明乖巧、伶俐可人，总是想着法子笼络宝玉。因她也和宝玉是同一天的生日，背地里说了一句“同日生的就是夫妻”，被人举报给王夫人。王夫人勃然大怒，大骂小蹄子勾引坏了宝玉，立即将她撵出大观园，让家人领了回去配人。

这样一来，问题就复杂了，如果说作者写宝玉、宝琴、平儿、岫烟四人同生日，暗示的是这一天是皇四子弘历的生日，似乎也说得通。但偏偏出了“四儿”，也和宝玉同年同月同日生，这样就是五个人同生日了。这到底是怎么回事?

别急，小说中还有一个“五儿”。

第六十回：“原来这柳家的有个女儿，今年才十六岁，虽是厨役之女，却生的人物与平、袭、紫、莺皆类。因他排行第五，所以叫他是五儿”。

前面有个“四儿”这里又出现个“五儿”，这“四儿”和“五儿”是什么意思？我们再看看乾隆的排行，就明白“四儿”、“五儿”的含义了。

史书记载：弘历是胤禛第四子，幼名元寿，实际上他是第五个儿子，皇长子弘晖，第二子弘昐，因早殇而未序齿。所谓序齿，就是按年龄大小的顺序依次排列。这样皇三子弘昀就成了皇二子，皇四子弘时成了皇三子，皇五子弘历成了皇四子。

所以，“四儿”也和宝玉同生日，这样就是五个人同生日，和弘历的真实排行就对上了。作者唯恐读者搞不明白，因此才设计了“五儿”这个人物，意在提醒读者，弘历实际上是第五子。而用“四儿”是在提醒读者，弘历在皇家的家谱《玉牒》中记载为第四子。弘历既是“四儿”，也是“五儿”，这就是“四儿”、“五儿”的深意。

需要说明的是，那么多红学专家考证出四月二十六日芒种节就是宝玉即作者的生日，此说也有道理，因为这个日子的确是一个重要人物的生日，但他不是作者，而是另一个与作者同等重要的人，他是谁呢？第十六章中予以揭示。

如果说，上述的论述不足以证明宝玉就是乾隆，那么，我们再看看小说中对宝玉形象的描写。

第四节　贾宝玉的衣着、面相

小说第三回，林黛玉初进荣国府，贾宝玉首次亮相：

“一语未了，只听外面一阵脚步响，丫鬟进来笑道：‘宝玉来了！’”

黛玉心中正疑惑着：‘这个宝玉，不知是怎生个惫懒人物，懵懂顽童？’倒不见那蠢物也罢了。心中想着，忽见丫鬟话未报完，已进来了一位年轻的公子：头上戴着束发嵌宝紫金冠，齐眉勒着二龙抢珠金抹额，穿一件二色金百蝶穿花大红箭袖，束着五彩丝攒花结长穗宫绦，外罩石青起花八团倭缎排穗褂，登着青缎粉底小朝靴。面若中秋之月，色如春晓之花。鬓若刀裁，眉如墨画，面如桃瓣，目若秋波。虽怒时而若笑，即嗔视而有情。项上金螭璎珞，又有一根五色丝绦，系着一块美玉”。

宝玉亮相了，他的装束是：嵌宝紫金冠、二龙抢珠金抹额、大红箭袖，石青起花的褂子和青缎粉底小朝靴。衣着高贵，色彩华丽，而又不失沉稳。

第八回：宝玉去看望宝钗：“头上戴着累丝嵌宝紫金冠，额上勒着二龙抢珠金抹额，身上穿着秋香色立白狐腋箭袖，腰系五色蝴蝶鸾绦，项上挂著长命锁、记名符，另外有一块落草时衔下来的宝玉”。

紫金冠和金抹额与第三回的一样，身上穿的是“秋香色立白狐腋箭袖”的褂子，与第三回的石青起花的褂子不同。

第十五回，北静王水溶召见宝玉的时候，因为是参加秦可卿的丧仪，故而宝玉的服装不同于常日，只见：“宝玉戴着束发银冠，勒着双龙出海抹额，穿着白蟒箭袖，围着攒珠银带。”

冠是银冠，箭袖是白蟒，腰带是银带，只有抹额没有交代颜色，也应该是白色的吧。

第十九回，宝玉来到袭人家，“穿着大红金蟒狐腋箭袖，外罩石青貂裘排穗褂”。还是箭袖，只是颜色与图案不一样了。

截至第十九回，《红楼梦》四次出现了宝玉的服装，四次出现了箭袖，三次出现双龙抹额，两次出现石青色褂子和紫金冠，一次出现秋香色褂子。这里面有什么玄机呢？笔者分别加以说明。

一、箭袖

箭袖：即箭衣，是古代的一种窄袍服，原为便于射箭，所以称为箭袖。箭袖起源于北方民族，由于地处高寒，袖缘大多宽厚而容易上翻，从而简洁便利，利于骑射和劳作。宝玉所穿箭袖的颜色，一次是白色，两次是大红；两次出现了蟒的图案。蟒是传说中类似于龙的动物，一说似龙而无角，一说似龙而少一爪。民间的说法是，龙五爪，蟒四爪，以爪的多寡作为判断是否为龙的标准。在明代，蟒袍并不在官服之列，只是内监、宰辅蒙恩特赏的赐服。入清以后，限制放宽，上自皇子下至未入流的官员都可以穿了，只是在颜色与蟒的数量上有所区别而已。清朝早期因为主张“不废骑射”，故而箭袖也被当时的男性所喜爱。在《红楼梦》中将以蟒为图案的箭袖设计为宝玉的吉服，是有时代背景的。

箭袖是满族民族传统的象征，清朝《会典》中规定，皇帝、皇后的龙袍，亲王、贝勒、文武官员的蟒袍，都一律带有箭袖。

二、褂子和朝靴

1. 石青色

据《清稗类钞》“服饰类”记载：皇帝衮服，色用石青，绣五爪正面金龙四团，两肩前后各一。其章，左日右月，前后万寿篆文，间以五色云。朝服，色用明黄，唯祀天用蓝，朝日用红，夕月用月白，披领及袖俱石青；常服褂，色用石青。花文随所御，裾左右开。常服带如吉服。

宝玉第一次出场穿着“石青起花八团倭缎排穗褂”，这和皇帝的衮服非常相似。第十九回，宝玉去袭人家之前，参加了宁府举办的看戏与观灯活动，这是一种礼仪活动，因此要穿大红金蟒箭袖与石青貂裘褂。

2. 秋香色

《清史舆服志》二注，皇帝“礼服用黄色秋香色”。这是清廷皇帝专用的颜色，载明于实录，臣民不许僭用。宝玉的秋香色立蟒，就是射龙袍。《清稗类钞·服饰》中记载：“香色，国初为皇太子朝衣服饰，皆用香色，例禁庶人服用。”

“秋香色”三个字，再次印证了宝玉的皇太子和帝王身份。

3. 朝靴

清代男子鞋履，便服以鞋为主，公服才穿靴。靴子的材料多为黑缎，式样初尚方头，后又流行尖头。清代皇帝服饰有朝服、吉服、常服、行服等。皇帝穿朝服则用方头朝靴，朝靴与服色相同，并饰黑色边饰，上面绣有草龙花纹。

4. 玉针蓑和金藤笠

第四十九回，宝玉见下雪了，“欢喜非常，忙唤人起来，盥漱已毕，只穿一件茄色哆罗呢狐皮袄子，罩一件海龙皮小小鹰膀褂，束了腰，披了玉针蓑，戴上金藤笠，登上沙棠屐，忙忙的往芦雪广来”。

据《清史舆服志》一二六二页记载：“皇帝朝冠……夏织玉草或藤竹丝为之”。玉针影射玉草，金藤即指黄藤，正是清朝帝王的衣帽。

三、双龙抹额

抹额，也称额带、发箍、眉勒等，宝玉第一次出场所戴的抹额是金色的，嵌有宝珠，而且绣有二龙抢珠的纹饰。第二次是“勒着双龙出海抹额”。清朝的王冠，有一种在额上有二龙捧珠标志，宝玉的二龙捧珠抹额，影射的是清朝帝王王冠。

注意："二龙抢珠"和"双龙出海"的寓意。

小说中隐写了三位皇帝，即康熙、雍正和乾隆，但康熙只虚点了一下，小说主要围绕乾隆和雍正展开，所以是"二龙抢珠"和"双龙出海"。

四、紫金冠

紫金冠是束发冠的一种，一如舞台上的皇子或者年轻将领所戴的冠。故此，紫金冠又名太子盔，多用于王子及年少的将领。明末熹宗即天启皇帝就喜欢戴这样的冠，明末内监刘若愚在《酌中志》第十九卷中云："凡遇出外游幸，先帝圣驾尚此冠。"宝玉的紫金冠嵌着珠宝，根据明清史料，帝后冠都嵌着珠宝。

戴这样的冠是要束发的，而清人是梳辫子的，怎么可以戴这样的冠呢？换言之，宝玉的紫金冠似乎不符合清朝之礼仪。这就要说到宝玉的辫子了。

五、辫子

在《红楼梦》中，宝玉的辫子是一个引人注目的话题。

第三回，黛玉在见过宝玉以后，贾母让宝玉去见王夫人，过了一会儿，宝玉再次回来时已然换了装束：

"头上周围一转的短发都结成小辫，红丝结束，共攒至顶中胎发，总编一根大辫，黑亮如漆，从头至梢，一串四颗大珠，用金八宝坠角；身上穿着银红撒花半旧大袄，仍旧戴着项圈、宝玉、寄名锁、护身符等物；下面半露松花绿撒花绫裤腿，锦边弹墨袜，厚底大红鞋。"

宝玉换上了银红大袄、松花绿裤子、黑白相间的袜子。因为是家居，不需要多走路，故而鞋也换成了厚底大红鞋。紫金冠不戴了，相应的束发也改为辫子。

清朝成人男性的辫子的编法是，先将头发分出左中右三束，然后将左边一束和中间一束交叉，之后再将右边一束和中间一束交叉，如此反复直至辫梢。其发式是"半剃半留"，于额角引一直线，线前面的头发全部剃光，线后面的头发结为辫子垂于脑后。宝玉的辫子看似与清代的辫子无关，但不可否认的是，他所有的头发最终还是拢在一起垂于脑后，非常类似于清朝的辫子。

还有，宝玉辫子上的“一串四颗大珠，用金八宝坠角”，这一重要饰物暗藏玄机。

根据《清稗类钞》“服饰类”记载：皇帝冬朝冠，熏貂为之，十一月朔至上元，用黑狐，上缀朱纬，顶三层，贯东珠各一，皆承以金龙各四，饰东珠如其数，上衔大珍珠一。夏朝冠，织玉草或藤竹丝为之，缘石青片金二层，里用红片金，或红纱，上缀朱纬，前缀金佛，饰东珠十五，后缀舍林，饰东珠七，顶如冬朝冠。

宝玉辫子的饰物和皇上的朝冠何其相似。

紫金冠虽然是戏装，但毕竟属于男性；宝玉的箭袖是男性的，作者为了避免宝玉的着装写得过于露骨，因此在宝玉第一次出场时的大红箭袖与八团起花的褂子以及衣着的颜色与图案上进行了女性化处理。这样，宝玉的服装便游弋于真与不真之间，戏剧与生活之间，男性与女性之间，使读者分不清宝玉是哪个朝代的人，作者真是煞费苦心啊。然而，无论作者怎样遮掩，怎样苦心孤诣，精心设计，但他在描写宝玉的辫子上却有明显的指向。

六、宝玉的面相

书中描写宝玉“面若中秋之月”，［甲戌眉批：此非套“满月”，盖人生有面扁而青白色者，则皆可谓之秋月也。用“满月”者不知此意。］脂砚斋明确告诉读者，宝玉虽“面若中秋之月”，但不是“满月”。

我们知道，弘历生于八月十三日子夜，当然不是满月之时。

现在，我们再看：这位“头戴嵌宝紫金冠，眉勒二龙抢珠金抹额”；身穿皇帝服装专用色“石青起花八团倭缎排穗褂”，或“秋香色立白狐腋箭袖”；脚蹬“青缎粉底小朝靴”，梳着类似清朝的大辫子，上面缀着皇上朝冠上才有的珠子；“面若中秋之月”又非“满月”；被称为“龙种”、“活龙”的贾宝玉，不正是出生于八月十三日子夜、被雍正秘密立为“太子”，并于雍正十三年继位，成为“真龙天子”乾隆皇帝的宝亲王弘历吗？

第五节　甄宝玉、贾宝玉之谜

第二回，雨村在与冷子兴交谈中道出甄家的宝玉：

“去岁我在金陵，也曾有人荐我到甄府处馆。我进去看其光景，谁知他家那等显贵，却是个富而好礼之家，倒是个难得之馆。但这一个学生，虽是启蒙，却比一个举业的还劳神。说起来更可笑，他说：‘必得两个女儿伴着我读书，我方能认得字，心里也明白，不然我自己心里糊涂。’……”

第五十六回，江南甄家上京进宫朝贺，贾宝玉得知在甄家有一个和他长得一模一样连名字也一样的甄宝玉，回到房中睡午觉时竟然梦见自己到了甄府花园中，见到甄宝玉，甄宝玉竟然说自己梦见贾宝玉……梦中有梦，结果一声“老爷叫宝玉”把两个人都唬出了神。贾宝玉梦见了甄宝玉，梦中的甄宝玉竟也是去找自己这个贾宝玉。

毫无疑问，甄宝玉即真宝玉，贾宝玉即假宝玉，甄、贾宝玉的性情相同，心意相通，相印相照，相辅相成；二人互为影子，相互映照，实为一人。正如脂砚斋所批：[甄家之宝玉乃上半部不写者，故此处极力表明，以遥照贾家之宝玉，凡写贾家之宝玉，则正为真宝玉传影。蒙侧批：灵玉却只一块，而宝玉有两个，情性如一，亦如六耳、悟空之意耶?]

作者写贾宝玉以映照的形式演示甄宝玉，印证甄宝玉的客观真实性。正是“假（贾）作真（甄）时真（甄）亦假（贾），无为有处有还无”。如果我们了解了乾隆的身世之谜，便揭开了蒙在甄、贾宝玉之间的神秘的面纱。

笔者认为：甄宝玉和贾宝玉隐写的是乾隆的身世之谜。

一、乾隆身世之谜

乾隆身世之谜的传播历时已久，乾隆在位时期，民间就已经对他的出生地众说纷纭。这是清朝最有趣、传闻最多的历史疑案。朝野上下、京城内外、官方文献、御制诗文均被搬出来考证，而在清末民初排满情绪的推波助澜下，野史笔记、民间故事、戏曲小说，都在尽情地演绎这段故事。综合所有的正史、野史与传闻，乾隆的身世有如下几种说法：

1. 雍和宫诞生说

《实录》、《圣训》和清代皇室的《玉牒》中记载：康熙五十年辛卯八月十三日（1792 年 9 月 25 日）子时，熹妃钮祜禄氏诞上于雍和宫邸。

2. 秀女生子说

清末历史学者王闿运所著《湘绮楼文集》中的《列女传》部分讲道：乾隆的母亲是热河民间女子，家道平常，没有仆人。她十三四岁时到北京参选了秀女，到雍王府做丫鬟。雍正有一段时间生了重病，她对雍正悉心照料，于是日久生情，女子怀孕，后来于雍和宫产下男孩，取名弘历，就是后来的乾隆皇帝。

3. 草棚生子说

热河都统幕僚冒鹤亭、作家周黎庵、台湾学者庄练（苏同炳）、台湾小说家高阳等人认为：乾隆的母亲是热河行宫的一个宫女李佳氏，名叫李金桂。雍正还是皇子时，随父皇至避暑山庄，与山庄内一位丑陋的李姓宫女即李金桂相恋。第二年，康熙父子又来到山庄，听说这个李金桂已怀上了"龙种"。康熙大为震怒，问道："种玉者何人?"经追问，胤禛承认是自己干的好事。此时这位宫女就要临产，康熙怕家丑外扬，让人将她带入避暑山庄的草棚马厩，在草房里生下了乾隆。

4. 江南女子生子说

民国国务院总理熊希龄与老宫役闲谈中得知：乾隆的母亲是江南女子"傻大姐"，她来到热河后做了胤禛的丫鬟。胤禛随父皇至避暑山庄，与"傻大姐"相恋。第二年，康熙父子又来到山庄，听说这个李姓宫女已怀上了"龙种"。康熙震怒，问道："种玉者何人?"经追问，胤禛承认是自己干的好事。此时"傻大姐"就要临产，康熙怕家丑外扬，让人将她带入山庄草棚马厩，在草房里生下了乾隆。

5. 海宁换子说

浙江海宁县，清朝时属杭州府，是海边一个小县。晚清天嘏所著的《清代外史》中记载：雍亲王和陈阁老两家夫人同年同月同日分别生了孩子，雍亲王让陈家把孩子抱入王府看看。可是，等孩子再送出来时，陈家老小个个目瞪口呆，自家的胖小子竟变成了小丫头，陈家只得忍气吞声。那换入皇宫的胖小子，就是后来的乾隆皇帝。书中还说，乾隆知道自己不是满族人，因此在宫中常常穿汉服，还问身边的宠臣自己是否像个汉人。

清末民初作家许啸天名著《清宫十三朝演义》说：乾隆原是陈阁老的儿子，被雍正的福晋用掉包计换了来。乾隆长大后，从乳母嘴里得知隐情，便借南巡之名，去海宁探望亲生父母，但这时陈阁老夫妇早已去世，乾隆只得到墓前，用黄幔遮着，行了做儿子的大礼。

第五条流传最广，这个传说很早，在乾隆朝中期就有了。

二、《红楼梦》隐写了乾隆的身世之谜的两种传说

《红楼梦》作者将乾隆的身世之谜“海宁换子”和“秀女生子”两种传说，隐写于小说之中。

1. 甄士隐丢失女儿暗喻“海宁换子”

第一回：“……真是闲处光阴易过，倏忽又是元宵佳节矣。士隐命家人霍启（祸起）抱了英莲去看社火花灯，半夜中，霍启因要小解，便将英莲放在一家门槛上坐着。待他小解完了来抱时，那有英莲的踪影？急得霍启直寻了半夜，至天明不见，那霍启也就不敢回来见主人，便逃往他乡去了。那士隐夫妇，见女儿一夜不归，便知有些不妥，再使几人去寻找，回来皆云连音响皆无。夫妻二人，半世只生此女，一旦失落，岂不思想，因此昼夜啼哭，几乎不曾寻死。”

作者写甄士隐丢失女儿，就是暗喻“海宁换子”，只不过把儿子、女儿掉了个。此说有何根据？第二回中脂砚斋给出了明确的答案。

贾雨村考中进士，做了知府，到姑苏城上任。到任伊始，便派人到甄府提亲，送去金银锦缎，以答谢甄家娘子，“令其好生养赡，以待寻访女儿下落。”在这句话旁［甲戌侧批：找前伏后。士隐家一段小枯荣至此结住，所谓真不去假焉来也！］

“真不去假焉来”，脂砚斋告诉我们：丢了一个真的，来了一个假的。而丢了的那个真的，作者把他“安插”在甄士隐的同族、江南的甄家（真

家）里，那个甄宝玉，就是被掉包的儿子，他才是乾隆皇帝的真身，贾府里的“假宝玉”只不过是“真宝玉”的影子。

乾隆二十七年（1762 年）南巡时曾四次将海宁的陈氏隅园作为行宫，并赐名“安澜园”，乾隆皇帝很喜欢该园结构佳妙，回京后就在圆明园四宜书屋左右仿其位置进行改建和增建，园成之后也题名叫“安澜园”。小说中贾宝玉在梦中与甄宝玉在园子里相会，暗示的正是“海宁换子”，江南甄家的园子就是海宁陈氏隅园“安澜园”。

为了“讳知者”，转移读者的视线，作者又设计了“香菱”一角，并让她与“荣国府”挂上了钩。刘心武先生认为，拿香菱和秦可卿相比是暗指两人现在的出身并不是真出身，而是要比现在出身高。第四十八回，薛蟠走后，宝钗让香菱随自己到大观园去住，此处，脂砚斋有一大段批语：［庚辰双行夹批：细想香菱之为人也，根基不让迎、探，容貌不让凤、秦，端雅不让纨、钗，风流不让湘、黛，贤惠不让袭、平，所惜者青年罹祸，命运乖蹇，至为侧室，且虽曾读书，不能与林、湘辈并驰于海棠之社耳。……脂砚斋评。］是的，香菱本来是皇上的女儿，身份极其高贵，却不幸被人掉了包，以至于落得个凄凄惨惨的下场。

香菱具有双重身份，英莲丢失后“士隐家一段小枯荣至此结住”，英莲的使命已经完成了。后来的香菱隐写的是那拉皇后的一部分，后面另有专文论述。香菱的命运是可悲的，终究是“菱花空对雪澌澌”了，那是那拉皇后的遭遇。

作者采用的正是“有隐有见，有正有闰”之笔法，“托言寓意之旨”，将乾隆的身世“海宁换子”之说隐于小说之中。

2. “江南女子生子说”隐写于小说之中

尽管“海宁换子”的说法纯属戏说，但是，乾隆的生母是江南汉姓女子且出身卑微，仍然是一种广为流传的说法。此说亦隐写于《红楼梦》中。

前面说过，贾雨村是胤禛登基前的化身，在第一回里，贾雨村初进甄士隐家，看到士隐家的丫鬟“在那里撷花，生得仪容不俗，眉目清明，虽无十分姿色，却亦有动人之处。雨村不觉看得呆了”。又见那丫鬟两次回头张望，“自为这女子心中有意于他，便狂喜不尽，自为此女子必是个巨眼英雄，风尘中之知己也。”［蒙侧批：在此处已把种点出。］脂批暗示，在此处已把“龙种”宝玉的由来点出。

第二回，贾雨村做了知府，到姑苏城上任。“至次日，早有雨村遣人送了两封银子、四匹锦缎，答谢甄家娘子，又寄一封密书与封肃，转托问甄家娘子要那娇杏（侥幸）作二房。封肃喜得屁滚尿流，巴不得去奉承，便在女儿前一力撺掇成了，乘夜只用一乘小轿，便把娇杏送进去了。”

“却说娇杏这丫鬟，便是那年回顾雨村者。因偶然一顾，便弄出这段事来，亦是自己意料不到之奇缘。谁想他命运两济，［甲戌眉批：好极！与英莲‘有命无运’四字，遥遥相映射。莲，主也；杏，仆也。今莲反无运，而杏则两全，可知世人原在运数，不在眼下之高低也。此则大有深意存焉。］不承望自到雨村身边，只一年便生了一子，又半载，雨村嫡妻忽染疾下世，雨村便将他扶册作正室夫人了。正是：偶因一着错，便为人上人。”

英莲本是皇上之女，却被人掉包，陷入魔窟，真乃“有命无运”；而身为下人的娇杏却偶因两次回首张望，便成为“人上人”，真是命运两济啊。作者把乾隆的两种身世传说巧妙地隐入小说之中，英莲丢失，暗喻“海宁换子”；迎娶娇杏，暗喻“江南秀女生子”，可谓一箭双雕。难怪脂砚斋说：“此则大有深意存焉。”

三、“太祖皇帝仿舜巡”是指乾隆南巡

野史传说乾隆南巡的目的是为探望亲生父母陈世倌夫妇。六次南巡，乾隆帝四次住于陈家安澜园和父母相聚。此说在《红楼梦》中得到印证。

第十六回，熙凤、贾琏和奶母赵嬷嬷谈起当年太祖皇帝仿舜巡的故事时，赵嬷嬷道：“……还有如今现在江南的甄家，［甲戌侧批：甄家正是大关键、大节目，勿作泛泛口头语看。］嗳哟哟，好势派！独他家接驾四次，［庚辰侧批：点正题正文。］……”脂批指出甄家是大关键，并说“点正题正文”，无疑是明示读者，江南的甄家才是贾宝玉——即乾隆的真正之家。甲戌本第十六回回前总批写道：“借省亲事写南巡，出脱心中多少忆昔感今。”此脂批将小说情节与乾隆南巡直接挂钩。

很多人认为，“太祖皇帝仿舜巡”是指圣祖皇帝康熙南巡，甄家四次接驾是指曹家接驾。笔者持不同见解。笔者认为是指乾隆南巡，根据是：

1. “省亲”制度源于乾隆朝

清代乾隆前并无“省亲”制度，直至乾隆即位，才允准分府诸王的母妃在岁时节日出宫与子（诸王、贝勒）相见，“其余仍在宫中”。

小说第十六回借贾琏之口提到：“如今当今贴体万人之心，世上至大莫如‘孝’字，想来父母儿女之性，皆是一理，不是贵贱上分别的。当今自为日夜侍奉太上皇、皇太后，尚不能略尽孝意，因见宫里嫔妃才人等皆是入宫多年，抛离父母音容，岂有不思想之理？在儿女思想父母，是分所应当。想父母在家，若只管思念儿女，竟不能见，倘因此成疾致病，甚至死亡，皆由朕躬禁锢，不能使其遂天伦之愿，亦大伤天和之事。故启奏太上皇、皇太后，每月逢二六日期，准其椒房眷属入宫请候看视。于是太上皇、皇太后大喜，深赞当今至孝纯仁，体天格物。……”

书中明确提到了太上皇和皇太后，清代除了乾隆之外，并无太上皇与皇太后并存的情况，乾隆帝称太上皇也是《红楼梦》成书之后的事。笔者认为：既然省亲制度出于乾隆朝，那么，小说中“元春省亲”和“南巡”的指向已经很明确，这样，使人一眼看去就是乾隆朝，所以，作者才故意提到“太上皇”，目的是混淆小说的年代，和书中开篇的“无朝代可考”相呼应，以避杀身之祸。

2. “仿舜巡”暗透玄机

为避祸，作者故意将乾隆说成是“太祖皇帝”，但是，“仿舜巡”三字却暗透玄机：舜，是中国古代传说中的五帝之一，名重华；生于姚墟，故姚姓，冀州人，都城在蒲阪（今山西永济）。舜为四部落联盟首领，以受尧的“禅让”而称帝于天下，其国号为“有虞”。帝舜、大舜、虞帝舜、舜帝皆虞舜之帝王号，故后世以舜简称之。“仿”字的字义是：效法，照其他的样子做，如：仿效、仿古、仿冒等。小说作者将乾隆的庙号推得很远，但是，将康熙的庙号推得更远，直接推到“舜帝”身上了。“仿舜巡”三字，是在暗示读者，乾隆是效仿圣祖皇帝康熙南巡。

3. 文忠公之嬷

庚辰本第十六回，赵嬷嬷道："阿弥陀佛！原来如此，这样说，咱们家也要预备接咱们大小姐了！"此处有脂批"文忠公之嬷"。此脂批的时间应是乾隆三十五年（1770 年）七月之后。

《清史稿》记载，清代至乾隆朝死后谥号为"文忠"的只有两人：索尼与傅恒。索尼卒于康熙六年（1667 年）四月，而康熙首次南巡的时间是康熙二十三年（1684 年）九月，因此，索尼肯定与《红楼梦》不相干的。傅恒卒于乾隆三十五年（1770 年）七月，所以，此脂批必在傅恒去世之后。脂批说"文忠公"，史实真的有个"文忠公"，可见此脂批不是向壁虚构！

傅恒生于康熙六十一年（1722 年），而康熙帝第六次南巡的时间在康熙四十六年（1707 年）。康熙帝最后一次南巡时，傅恒尚未出生。那么，傅恒的乳母怎么会看到康熙帝南巡？"文忠公之嬷"——傅恒的乳母，只有依附于傅恒家，才有机会看到皇帝南巡的场面。因此，傅恒的乳母能看到的南巡，只能是乾隆年间的乾隆帝南巡。

4. 曲柄七凤金黄伞

第十八回"元春省亲"中写道："……忽见一对红衣太监骑马缓缓的走来，至西街门下了马，将马赶出围模之外，便垂手面西站住。半日又是一对，亦是如此。少时便来了十来对，方闻得隐隐细乐之声。一对对龙旌凤翣，雉羽夔头，又有金销提炉焚着御香；然后一把曲柄七凤金黄伞过来，便是冠袍带履。又有值事太监捧着香珠、绣帕、漱盂、拂尘等类。一队队过完，后面方是八个太监抬着一顶金顶金黄绣凤版舆，缓缓行来。"

在这段描写中，要格外注意仪仗队里的"曲柄七凤金黄伞"。

中国的"曲柄伞盖"可以说古已有之，敦煌莫高窟初唐 323 窟北壁西侧第三组壁画中便清楚绘有"曲柄伞盖"。云南大理石宝山石窟第四世南诏王阁罗凤出巡图，阁罗凤的龙凤宝座背后也有一柄吐蕃王赐给他的"曲柄伞盖"。《晋书》列传第十八《向雄》记载，他升迁秦州刺史，享用赤色旗帜、"曲柄伞盖"、吹鼓手的仪仗。到了清朝，皇家使用的依然是"曲柄伞盖"。

“曲柄七凤黄金伞”出现在乾隆年间。《雍正会典》记载，当时皇贵妃，贵妃所用者为“红缎七凤曲柄伞”，其伞柄是曲柄而非直柄，不过皇贵妃、皇妃使用的伞盖不是“黄金伞”而是“红缎伞”。皇贵妃使用的伞盖改为金黄色，确实是乾隆十年（1745 年）以后的事情。《清高宗实录》记载：乾隆十年（1745 年）二月甲寅，皇帝下令，从今往后将皇贵妃和贵妃仪仗内的红缎曲柄伞改成金黄色的曲柄伞，在妃和嫔的仪仗内添加一把红缎曲柄伞。乾隆这样做是为了提高他所宠爱的慧贤皇贵妃高氏哀荣的举措。慧贤皇贵妃高氏于乾隆十年（1745 年）正月二十五日去世，为表达对高氏的深情厚谊，乾隆下旨将皇贵妃和贵妃仪仗内的红缎曲柄伞改成金黄色的曲柄伞，确保了“金黄色缎曲柄伞”首次出现在慧贤皇贵妃的丧仪的仪仗中。

也有历史专家考证，象征皇室权威的“曲柄七凤金黄伞”，是从乾隆朝十三年（1748 年）改制时才创设的。但在乾隆十年（1745 年）之前，皇帝使用的伞盖，始终是黄金色的。皇上使用的“曲柄金黄伞盖”上面绘的图案是龙，小说表面上用“七凤伞”显示皇妃身份，暗地里又用“金黄伞”来暗示皇后身份，亦真亦假，真真假假，这正是作者的创作风格。

“曲柄七凤金黄伞”，无可争辩地证明元春是乾隆朝的贵妃。小说是借省亲写南巡，表面上写的是元妃，实际上写的是皇帝和皇后。乾隆历次东巡、南巡皆有两位皇后陪伴，使用的当然是“曲柄金黄伞”了。

5. 元旦朝贺

第五十三回，“到了腊月二十九了……次日，由贾母有诰封者，皆按品级着朝服，先坐八人大轿，带领着众人进宫朝贺……”。

关于朝仪“元旦朝贺”典故，故宫博物院授权的“明清五百年——清代宫廷大事表”网站有载：“乾隆三年（1738 年戊午）正月，初行元旦朝贺礼。乾隆帝率王以下文武大臣诣寿康宫庆贺皇太后礼成，再御太和殿受百官之贺，自是每年元旦如此。祈谷于上帝，奉世宗配享。初幸圆明园，奉皇太后居畅春园。”由此可见，“元旦朝贺”是从清朝乾隆三年（1738 年）始才有的，这也足以证明《红楼梦》描写的是乾隆朝的事。

6. 曹家接驾与元春省亲无关

既然省亲制度、曲柄七凤金黄伞和元旦朝贺都始于乾隆朝，而“文忠公”是指乾隆朝的傅恒，那么，《红楼梦》中描写的故事必是乾隆朝的事，“借省亲写南巡”也就与曹家毫无关系。因此，“太祖皇帝仿舜巡”当然是指乾隆南巡。

据此，可以认定，《红楼梦》中的贾宝玉和江南甄家的甄宝玉，就是隐写了乾隆的身世之谜，甄士隐丢失女儿就是“海宁换子说”的翻版。“太祖皇帝仿舜巡”暗喻乾隆借南巡之机，到江南的真家（甄家）探望生身父母；小说中甄家四次接驾，则指乾隆南巡时四次住于陈家安澜园和父母相聚。“甄家”即“真家”暗喻江南甄家是乾隆的真正之家。

当然，据后人考证，“海宁换子”的说法，全是无稽之谈，《红楼梦》的作者抑或就是此说的始作俑者。所谓的陈阁老，也就是陈世倌，乾隆六年（1741 年）担任内阁大学士时间不长，就因起草谕旨出错被革职。当时乾隆骂他：“少才无能，实不称职。”据孟森著《海宁陈家》考证，乾隆南巡第一次、第二次都没有到海宁。第三次到海宁，陈世倌已死。可见乾隆下江南为了看望他的生身父母的传说纯粹是捕风捉影，根本没有根据。陈家乾隆古装像的园子叫“隅园”，因位于城的一隅而得名。乾隆第四次南巡住隅园，同浙江海塘工程有关，所以乾隆将“隅园”改名为“安澜园”。其实，乾隆出生时，雍正的长子、次子虽幼年早死，但第三子弘时已经八岁，另一个妃子又即将临产。且这时雍正才三十四岁，正当壮年，他怎么会在已经有一个八岁儿子的情况下，急急忙忙、偷偷摸摸地用自己的女儿去换陈家的儿子？这从情理上也是说不通的。退一步说，当时雍正并不知道自己将来能否登上皇位，又怎么会知道陈家儿子是有大福之人呢？至于乾隆为什么六下江南，有四次到海宁并住在陈家私人花园，是因为海宁再无适合皇上居住的地方。

然而，《红楼梦》的作者是不会考虑这些问题的，管你是真是假，说出来自会有人相信，假话说多了便成了真话。为了揭穿乾隆这个色鬼的面纱，给你的来历添点作料又何尝不可。

四、乾隆的出生地众说纷纭

关于乾隆的出生地，历史上也众说纷纭。乾隆朝有个官员叫管世铭，是乾隆四十三年（1778 年）的进士，后在军机处当值，做到了军机章京。

他曾写下《扈跸秋狝纪事三十四首》，其中第四首涉及乾隆皇帝的出生地：“庆善祥开华渚虹，降生犹忆旧时宫。年年讳日行香去，狮子园边感圣衷。”该诗后面附有管世铭的原注：“狮子园为皇上降生之地，常于宪庙忌辰临驻。”这个注解的意思是：乾隆皇帝出生在避暑山庄狮子园，所以他常在先帝雍正的忌日到这里住上几日，以示纪念。

对于乾隆出生在避暑山庄的说法，乾隆之子嘉庆的两首诗就可作为直接证据。嘉庆元年（1796 年）八月十三日，嘉庆陪同乾隆帝到避暑山庄并在那里庆贺他的八十六岁寿辰，嘉庆写下一首《万万寿节率王公大臣等行庆贺礼恭记》。诗中有这样两句：“肇建山庄辛卯年，寿同无量庆因缘。”诗后附有嘉庆帝的原注：“康熙辛卯肇建山庄，皇父以是年诞生都福之庭。”一年之后，又逢乾隆寿辰，嘉庆再写《万万寿节率王公大臣等行庆贺礼恭记》诗祝寿：“敬惟皇父以辛卯岁，诞生于山庄都福之庭。”但是，嘉庆十二年（1807 年），嘉庆帝为父亲纂修《实录》和《圣训》时，却发现两部典籍中，皇父乾隆的出生地皆为雍和宫。嘉庆命文华殿大学士刘凤诰仔细调查，刘凤诰考证了乾隆的《御制诗集》，这些诗作和注脚中，乾隆凡是讲到自己出生地点的几处，都清楚地表明是雍和宫。乾隆四十三年（1778 年）新春，乾隆作《新正诣雍和宫礼佛即景志感》诗中有一句“到斯每忆我生初”。乾隆四十四年（1779 年）新春，乾隆作《新正雍和宫瞻礼》诗中有一句：“斋阁东厢胥熟路，忆亲唯念我初生。”“斋阁东厢”指的是雍和宫东书院如意室、平安居、太和斋一带。由此诗可见，乾隆本人不仅承认自己诞生于雍和宫，而且还暗示了自己出生在雍和宫的具体位置。有鉴于此，嘉庆放弃了皇父出生在避暑山庄的说法。

可是，乾隆出生地问题并没有就此画上句号。嘉庆二十五年（1820 年）七月，嘉庆皇帝到避暑山庄举行木兰秋狝，突然死去。在军机大臣以嘉庆名义撰写的遗诏中说，皇父乾隆当年就生在避暑山庄，今天我死在这里，也没什么遗憾了。新继位的道光皇帝发现这一问题后，立即命令以每天六百里加急，将已发往琉球、越南、缅甸等藩属国的嘉庆遗诏从路上追回来。改写后的遗诏，把原来说乾隆生在避暑山庄，很牵强地说成乾隆的画像挂在避暑山庄。

道光为把乾隆生在雍和宫的说法作为结论确定下来，不得不把嘉庆当年说乾隆生在山庄的诗作都改过来。由于嘉庆的诗早已公开流行天下，这样大张旗鼓地修改，结果是越描越黑，使天下的官员百姓对乾隆的出生地问题愈加议论纷纷。

五、乾隆的生母档案记载确有疑点

虽然野史中关于乾隆身世的传说并不可靠，但是关于乾隆的生母，文献与档案上的记载确有疑点。萧奭的《永宪录》卷二记载：

〔雍正元年（1723 年）〕冬十有二月丁卯，午刻上御太和殿。遣使册立中宫那拉氏为皇后。诏告天下，恩赦有差。封年氏为贵妃，李氏为齐妃，钱氏为熹妃，宋氏为裕嫔，耿氏为懋嫔。

清宫档案《雍正朝汉文谕旨汇编》雍正元年（1723 年）记载：

雍正元年（1723 年）二月十四日奉上谕：尊太后圣母谕旨：侧福晋年氏封为贵妃，侧福晋李氏封为齐妃，格格钱氏封为熹妃，格格宋氏封为裕嫔，格格耿氏封为懋嫔。

《清世宗宪皇帝实录》雍正元年（1723 年）二月甲子（十四日）记载：

谕礼部：奉皇太后圣母懿旨：侧妃年氏，封为贵妃；侧妃李氏，封为齐妃；格格钮祜禄氏，封为熹妃；格格宋氏，封为懋嫔；格格耿氏，封为裕嫔。尔部察例具奏。

前两条档案是完全吻合的："封……钱氏为熹妃""钱氏封为熹妃"。而第三条档案则显示："格格钮祜禄氏，封为熹妃"。三条历史档案中存在着矛盾，但可以肯定的是："熹妃钱氏"和"熹妃钮祜禄氏"在同一天奉皇太后的懿旨受封，她们必然是同一个人。按照清宫的规制，册封皇妃不能有重名，不仅同一天不会有，整个清王朝都不可能有两个熹妃。萧奭的《永宪录》与清宫档案《雍正朝汉文谕旨汇编》互为证据，不可能同时出错，更不可能错误相同。这两条档案是最有力的证据，它所提供的信息比任何传闻都更具颠覆性，因为它昭示出的是如下事实：乾隆的母亲姓钱，钱姓起源于中国南方，清朝满族人不可能姓钱，乾隆的母亲是汉族人，乾隆是满汉混血儿。但是，钱氏在《清世宗宪皇帝实录》中为什么变为了钮祜禄氏呢？钱氏家族的后人钱治冰经过考证认为：雍正元年（1723 年）二月十四日册封熹妃钱氏的时候，这个时候雍正还没有秘密立储，弘历这时作为普通皇子，其母亲钱氏和其他普通皇子的母亲一样都是可以保留汉姓的。而到了雍正元年（1723 年）八月十七日，雍正正式设立秘密立储制，并指定弘历为皇太子。也就是说，熹妃钱氏变成熹妃钮祜禄氏就是在雍正秘密立储之时或之后的事了。在这里唯一合理的解释就是：因为皇太子的母亲需要有一个高贵的满族出身，因此必须要将熹妃姓氏篡改为满族贵姓。而钮祜禄氏是满族最高贵的姓氏之一，其先祖额亦都曾帮助努尔哈赤以十三副兵甲起家，是奠定清代开国基业的第一功臣。于是熹妃钱氏便拜额亦都之后四品典仪凌柱为义父，从而便改汉姓钱氏为满姓钮祜禄了。故此，在乾隆朝修订的《清世宗宪皇帝实录》中，钱氏就成了钮祜禄氏，清代皇室的《玉牒》（存于中国第一历史档案馆）中也更详细地表明：世宗宪皇帝（雍正）第四子高宗纯皇帝（乾隆），于康熙五十年辛卯八月十三日（1711 年 9 月 25 日），由孝圣宪皇后钮祜禄氏凌柱之女诞生于雍和宫。

如果乾隆的母亲钮祜禄氏原本姓钱。那么，钱氏是谁？根据钱治冰的最新考证："乾隆之母钱氏（1692－1777 年）是浙江嘉兴钱纶光与其妻陈书（1660－1736 年）之幼女，是刑部尚书钱陈群（1686－1774 年）的妹妹"。钱纶光与其妻陈书均是书画家，钱纶光工诗，擅书法，间写佛像，其妻陈书是康雍间著名花鸟画家，比钱纶光的名气还要大。钱陈群历事康熙、雍正、乾隆三朝，尤得乾隆帝的尊宠，倚为元老儒臣，二人之间除君臣之谊，又是文字知己，乾隆称之为故人 。钱陈群每有诗作进呈，乾隆必亲笔题诗回赠。他致仕后，仍屡次升迁，加尚书衔、太子太保。（详见钱治冰：《关于乾隆生母最新考证的最终结果》）

乾隆的身世的确是一桩历史疑案，皇帝的生母是谁众说纷纭，这不仅在清朝十二帝中是仅有的，在中国历史上也是罕见的。但无论如何，乾隆生母出身卑微应是不争的事实。从种种迹象推断，十三岁的"钱氏熹妃"进入雍亲王府时，只是一个普通的丫头，干些端茶倒水之类的杂活。按照遗传基因学说，夫妻二人的遗传基因相距越远，则后代智力愈优秀，身体愈强壮。基因多样性越强的后代抵抗力越强、身体越健壮、在物种繁衍中优势越大。

乾隆是满汉混血儿，他从父亲雍正身上继承的是满族人强壮身体的基因。乾隆皇帝体格之健壮，寿元之高厚，在中国历代皇帝中绝无仅有。在他以前，五位皇帝平均寿命为五十四岁，而乾隆活到八十九岁，比其祖先的平均年龄高三十五岁。在兄弟当中，乾隆也最为长寿。其他兄弟九人，均与他异母。其中夭折者五，活下来的最长寿者也不过六十岁，独乾隆皇帝一枝独秀。而乾隆母亲“钱氏熹妃”出身于书香门第，其身上完整地保存了汉人的聪明和才智。乾隆帝是我国古代文化史上诗作最多的诗人。他的《御制诗五集》，共41863首。还有他当太子时的诗文集《乐善堂诗文全集》，因他的诗作与《五集》大面积重现，故未再计入。即便如此，诗量可谓诗坛之冠。宋代陆游诗作万首，但与乾隆相比，差距甚远。乾隆的诗作，虽不能算是佳品，但作为一代帝王，能有这样的艺术成果，也的确令人惊叹！乾隆不仅身体强壮，而且智商极高，颇具艺术气质，这不能不说与其父母遗传因素相距很远有极大关系。

乾隆生母钮祜禄氏一生只生了弘历一子，雍正元年（1723年）封为熹妃，雍正八年（1730年）晋熹贵妃。雍正九年（1731年）九月二十九日，雍正帝第一任皇后孝敬宪皇后乌喇那拉氏崩逝，熹贵妃成为雍正朝后宫统摄者。小说中的娇杏嫁给雨村后，“只一年便生了一子，又半载，雨村嫡妻忽染疾下世，雨村便将他扶册作正室夫人了”。这和熹妃钮祜禄氏的经历完全吻合。随着弘历被密立为太子，其母亲的地位也随之提高。乾隆即位后，尊封为崇庆皇太后，移居慈宁宫。真是“偶因一着错，便为人上人”。

乾隆皇帝异常孝顺，钮祜禄氏成为中国历史上最有福气的太后之一，长寿而且境遇顺遂，享尽尊荣富贵。“老来福贵也真侥幸”正是钮祜禄氏的写照，李纨就是那个真“娇杏”。

六、《一捧雪》突出一个“假”字

小说第十八回，元春省亲，在大观园里点了四出戏：第一出《豪宴》[庚辰双行夹批：《一捧雪》中伏贾家之败。]。这出戏出自明末清初戏曲作家李玉的《一捧雪》，取材于明代莫怀古的故事，《豪宴》是《一捧雪》的第五出。这个戏名的意思就是说“一捧雪”是一个玉杯的名称，就是一个像白雪一样的玉器，拿到手里面像一捧雪一样，非常珍贵。“一捧雪”这个重要道具贯穿这出戏的始终，造成了很多人的不幸命运。

《一捧雪》里的《豪宴》写莫怀古因为补官到京城，以世交的关系拜谒严世蕃，闲谈中，严世蕃说自己有字画需要裱糊，莫怀古将自己收留的一个裱糊匠汤勤举荐给了权臣严世蕃。严世蕃在等汤勤出场的时候，又炫耀了一部分古玩，莫怀古均给予了比较高的评价，点出了严世蕃对古玩玉器的喜爱。汤勤上场后，众人在一起饮酒看戏。这里边还有个戏中戏《中山狼》，实际指汤勤是中山狼，得志便疯狂。

《一捧雪》主要讲的是莫怀古两次造假，第一次造假是舍不得将传世玉杯给严世蕃，叫家仆莫成着人仿制，以赝品献给严世蕃。第二次造假是莫府仆人莫成与其主人莫怀古长相极似，愿舍身救主，莫怀古因而得机逃往古北口。戚继光将莫成斩首后，将人头送到京城，但又被汤勤识破。

从基本格局上看，真假问题是《一捧雪》故事的表层矛盾，这和《红楼梦》中的“假作真时真亦假，无为有处有还无”的叠诗是契合的。《红楼梦》作者之所以设计元春点了《豪宴》这出戏，突出的也是一个“假”字。作者在小说中塑造了一个与贾宝玉极其相似的甄宝玉，之后又用《一捧雪》来暗示这个贾宝玉是个冒牌货，那个甄宝玉才是真正的主角。前面论述过，甄宝玉和贾宝玉隐写的是乾隆的身世之谜，作者将乾隆身世的“海宁换子”和“秀女生子”两种传说隐写于小说之中，正是《一捧雪》两次造假在《红楼梦》中的体现。作者唯恐读者看不明白，借元春点戏之机，点出《一捧雪》中的《豪宴》，暗示乾隆是个假皇帝。脂砚斋不失时机地批道：“《一捧雪》中伏贾家之败。”隐喻的是乾隆是个被掉了包的假皇帝，这个“赝品”做了大清的皇帝，大清朝必败无疑。

笔者认为，这就是元春点《豪宴》和脂批“《一捧雪》中伏贾家之败”的真正寓意。

第六节　宝玉“衔玉而生”之谜

书中描写，宝玉“衔玉而生”，那块美玉就是青埂峰下的顽石所化。蔡元培先生认为：那“衔玉而生”的宝玉是指康熙年间的太子胤礽，他生下来不久就被立为太子，故曰“衔玉而生”。那块赤玉就是皇上的玉玺。笔者在前文中已提示过神瑛侍者贾宝玉“衔玉而生”的奥秘，那块美玉是指乌喇那拉氏皇后。关于这个问题，后文中详加论述。此时，先说宝玉“衔玉而生”的另一层隐意。

一、宝玉“衔玉而生”是指弘历的生辰八字

“八字”推命即是以一个人出生时间的年月日时，来推断人生发展的结果。“乾隆八字”深藏于宫中，清亡之后开始整理内阁大库档案，首批向社会公开的珍贵档案之一便是“乾隆八字”。

“乾隆八字”：

辛卯（康熙五十年）

丁酉（八月）

庚午（十三日）

丙子（子时）

批语：“庚金生于仲秋，阳刃之格，金遇旺乡，重重带劫，用火为奇最美，时干透煞，乃为火焰秋金，铸作剑锋之器。格局清奇，生成富贵福禄天然。地支子、午、卯、酉，身居沐浴，最喜逢冲，又美伤官，驾煞反成大格。

书云：子午酉卯成大格，文武经邦，为人聪秀，作事能为。连运行乙未。甲午，癸巳身旺，泄制为奇，俱以为美。此命贵富天然，这是不用说。占得性情异常，聪明秀气出众，为人仁孝，学必文武精微。幼岁总见浮灾，并不妨碍。运交十六岁为之得运，该当身健，诸事遂心，志向更佳。命中看得妻星最贤最能，子息极多，寿元高厚。柱中四正成格祯祥，别的不用问。”

很明显，这个批语是算命先生写的。中国古代的命相之理，有一套固定的推算方法。按命相理论，乾隆八字：天干庚辛丙丁，火炼秋金，是天赋甚厚的强势命运，术语称为“身旺”；地支子午卯酉，局全四正，男命得之，为驷马乘风，主大富贵。

正是由于弘历这与众不同的八字，加之弘历天资聪颖，让康熙帝对他刮目相看，疼爱备至，并作出了将弘历养育宫中的决定。

二、弘历的生辰八字对康熙帝位传承方案的重要影响

康熙皇帝一共有九十七个皇孙，政务缠身的老皇帝只见过不到其中的一半。在康熙众多的孙子中，弘历本来是极不起眼的一个，他在十二岁时才首次谒见康熙。但是就是这第一次见面，便奠定了他日后腾飞的基础。那一年的三月十二日傍晚，康熙皇帝驾临胤禛的赐园圆明园的牡丹台，把酒临风，心情愉快。在父子闲聊之际，胤禛闲闲地提起："您的两个孙子打生下来还没机会见到圣颜呢。"

老皇帝随口答道："好啊！上次我听侍卫说你有个儿子书读得很好，把他们俩叫出来我看看。"

一见到这两个孩子，老皇帝不觉放下了手中的酒杯。

弟弟弘昼没有给皇帝留下太深的印象，但哥哥弘历却让康熙过目难忘。这孩子相当与众不同。他身材颀长，容貌清秀。特别是两只秋水般澄澈的眼睛里流动着不同寻常的灵气与沉静。行礼的时候，皇帝注意到他一举一动既敏捷得体，又不慌不忙，一点儿也没有这个年龄孩子常有的紧张局促，跟在他身后的同岁的弟弟弘昼就明显拘束很多。凭着丰富的阅人经验，老皇帝确信这个孩子与众不同。他慈爱地招招手，让弘历站到自己面前，询问起他的功课，弘历落落大方地背了几段经书，从头到尾清晰地讲解了一遍。

一阵喜悦涌上康熙的心头，他见过的所有孙子当中，这一个无疑是最出色的。过了几天，老皇帝派太监来到圆明园，命雍亲王写下弘历的"八字"，呈皇帝亲阅。

又过了几天，康熙再次驾临圆明园，吃了一顿饭后，宣布了一个不同寻常的决定：要将弘历带回宫中养育。弘历入宫后，在皇祖身边度过了八个月的短暂时光，这中间康熙一再说弘历"福祉深厚"、"福过于予"、"伊命贵重"云云，其根据只能是"乾隆八字"。

康熙皇帝还特意看了弘历生母的面相，说："果是有福之人，有福之人!"

《清高宗实录》卷一说：乾隆继承皇位是"圣祖深爱神知，默定于前；世宗垂裕谷诒，周注于后"。乾隆也说，康熙当时之所以叫出他的生母来

相相面，也是因为起了托付之意："即今仰窥皇祖恩意，似已知予异日可以付托，因欲豫观圣母福相也。"

当年十二月，朝鲜国大臣金演在与清王朝的外事交往中听到了这样的消息：

康熙皇帝病剧，知其不能起，召来阁老马齐，对他说："我的第四子最贤，我死后立为嗣皇。胤禛第二了弘历有英雄气象，必封为太子。"乃以为君臣不易之道，平治天下之要，训诫胤禛。解脱其头项所挂念珠，对胤禛说："此乃顺治皇帝临终时赐朕之物，今我赠尔，有意存焉，尔其知之……"言讫而逝。(《朝鲜李朝实录》)

雍正即位后恪遵康熙遗嘱，于雍正元年（1723年）八月亲御乾清宫，郑重地举行了密立皇储的仪式，他亲书立弘历为皇太子的密旨，封固于铁匣之中，敬藏"正大光明"匾额之上（按：按规定弘历为雍正庶出之子，根本没有资格立为皇储）。

从情理推断，雍正把"乾隆八字"呈康熙参阅时，早已算准"此命富贵天然"。雍邸蓄有星相术士，而雍正本人亦精于此道，具体事例俯仰皆是。

——摘自江梅安的博客《康熙选择胤禛继位的一大内幕》

弘历的生辰八字对康熙胸中帝位传承方案的最终形成有不可估量的重要影响。康熙、雍正父子在弘历"养育宫中"前后必然议论过他的命运，康熙正是出于对雍正的深切了解，所以才有弘历"必封为太子"这样的预断。康熙正是基于弘历"必封为太子"的信心，才在最后一刻决定皇位由雍正继承。

蒙府本第五十四回前有"积德于今到子孙，都中旺族首吾门；可怜立业英雄辈，遗脉谁知祖父恩"之标题诗评，清朝时"都中旺族"只有爱新觉罗家族，先辈的英雄们建功立业，打下江山，如今的遗脉可知先祖的恩德？这个遗脉不是乾隆还能是谁？

三、脂砚斋关于"八字"的批语

小说中，多次出现关于"八字"的批语。

1. 第一回

士隐梦中惊醒后，抱着女儿到街上玩耍，忽见"从那边来了一僧一道，……及至到了他门前，看见士隐抱着英莲，那僧便大哭起来，又向士隐道：'施主，你把这有命无运、累及爹娘之物，抱在怀内作甚？'"［甲戌眉批：八个字屈死多少英雄？屈死多少忠臣孝子？屈死多少仁人志士？屈死多少词客骚人？今又被作者将此一把眼泪洒与闺阁之中，见得裙钗尚遭逢此数，况天下之男子乎？看他所写开卷之第一个女子便用此二语以定终身，则知托言寓意之旨，谁谓独寄兴于一"情"字耶！武侯之三分，武穆之二帝，二贤之恨，及今不尽，况今之草芥乎？家国君父事有大小之殊，其理其运其数则略无差异。知运知数者则必谅而后叹也。］

"有命无运、累及爹娘"八个字，正是指人的生辰八字，脂砚斋发此一大篇感慨：武侯诸葛亮未能一统三分，武穆岳飞未能一雪靖康二帝之耻，均为有命无运矣！"家国君父事有大小之殊，其理其运其数则略无差异。知运知数者则必谅而后叹也。"那么多英雄豪杰、仁人志士、文人墨客都壮志未酬身先死，就是因为"八字"不济、有命无运啊！而弘历何德何能？他轻而易举地坐上皇位，不就是因为生辰八字好吗？脂砚斋这一通感慨，正是对弘历"八字"的评价，为避免过于露骨，故意在"八字"中间加了个"个"字。

2. 第一回

雨村到士隐家做客，"忽听得窗外有女子嗽声，雨村遂起身往窗外一看，原来是一个丫鬟，在那里撷花，生得仪容不俗，眉目清明。"［甲戌侧批：八字足矣。］

那雨村正是雍正的化身，而丫鬟娇杏则是弘历生母的化身，二人此时已命中注定要成为夫妻，因而也注定要生下"八字"极好的未来皇帝乾隆，所以，脂批说"八字足矣"。

3. 第四回

薛姨妈携宝钗、薛蟠入住荣国府，拜见了贾政，"虽然贾政训子有方、治家有法。"［甲戌侧批：八字特洗出政老来，又是作者隐意。］

贾政也是雍正的分身之一，正因为他和钱氏熹妃生下了"八字"极好的弘历，所以，雍正才得以继承皇位。可以说，雍正能当上皇上，很大程度上是弘历的“八字”起了决定性的作用。“八字”让雍正和乾隆显身，这方是“作者隐意”。

4. 第五回

“那宝玉亦在孩提之间，况自天性所禀来的一片愚拙偏僻，视姊妹弟兄皆出一意，并无亲疏远近之别。其中因与黛玉同随贾母一处坐卧，故略比别个姊妹熟惯些。既熟惯，则更觉亲密，既亲密，则不免一时有求全之毁、不虞之隙。”[甲戌侧批：八字定评，有趣。不独黛玉、宝玉二人，亦可为古今天下亲密人当头一喝。甲戌眉批：八字为二玉一生文字之纲。]

宝玉和黛玉前生有缘，今生又聚，是天生注定的一对儿情痴。正如弘历“八字”中“命中看得妻星最贤最能”一样，“木石姻缘”皆前定，分离聚散总因情。“八字”已为宝黛二人定评，“八字”为二玉一生文字之纲也！

5. 第五回

宝玉睡梦中进入“太虚幻境”，先拿了一册“金陵十二钗又副册”来看，看后不解，“遂掷下这个，又去开了‘副册’橱门，拿起一本册来”看，看后仍不解，“便又掷了，再去取‘正册’看”。“宝玉还欲看时，那仙姑知他天分高明，性情颖慧。”[甲戌眉批：通部中笔笔贬宝玉，人人嘲宝玉，语语谤宝玉，今却于警幻意中忽写出此八字来，真是意外之意。此法亦别书中所无。]

乾隆“八字”：“子午酉卯成大格，文武经邦，为人聪秀，作事能为。……此命贵富天然，占得性情异常，聪明秀气出众，……”警幻仙姑乃是那拉皇后的“魂”，当然知道“宝玉”“天分高明，性情颖慧”，生恐他看破谜底，“把仙机泄漏，遂掩了卷册，笑向宝玉道：‘且随我去游玩奇景，何必在此打这闷葫芦！’”而脂砚斋借机又一次点出“八字”，意在提醒读者，“八字”绝非随意之笔，实在是“意外之意”啊！读者须用心体会，方可明白作者和批者之隐意。

6. 第八回

宝钗看了宝玉的“通灵宝玉”，又将自己的项圈解下递与宝玉看。“宝玉看了，也念了两遍，又念自己的两遍，因笑问：‘姐姐这八个字倒真与

我的是一对。'"［甲戌双行夹批：余亦谓是一对，不知干支中四注八字可与卿亦对否?］

乾隆"八字"：天干庚辛丙丁，火炼秋金，地支子午卯酉，局全四正。是天赋甚厚的强势命运，术语称为"身旺"；男命得之，为驷马乘风，主大富贵；"命中看得妻星最贤最能。""宝钗"自以为他有"美玉"，我有"金锁"，天然相配，自成一对，真正是"金玉良缘"。可惜的是，"宝玉"干支中四注"八字"与她并不相配，那"命中看得妻星最贤最能"指的是"林黛玉"而不是她"薛宝钗"。"若说没奇缘，今生偏又遇着他，若说有奇缘，如何心事终须化?"

薛宝钗是那拉皇后的化身之一，脂砚斋在"比通灵金莺微露意"的关键时刻，问宝钗"不知干支中四注八字可与卿亦对否?"笔者代答：不对也！那拉皇后与乾隆的生辰八字正好相克，第十章《命相学在红楼梦中的应用》一文中予以揭示。

小说中还有多处关于"八字"的评语，不一一列举。脂砚斋在看似无关紧要的八个字处加点评语，不断地点出"八字"，意在提醒读者注意"八字"的寓意，从而联想到乾隆的生辰八字，这才是作者和批者的真正目的。

乾隆天生就是帝王之命，他被康熙默定为第三代皇帝，与其生辰八字极佳有很大关系，正所谓"衔玉而生"。

四、贾宝玉之名

小说中，贾家男人的名字都是两个字，如：贾政、贾敬、贾赦、贾珍、贾琏、贾芸、贾蔷等等，唯独贾宝玉的名字是三个字，跟同族的人根本不搭界。第三回，林黛玉说："在家时亦曾听见母亲常说，这位哥哥比我大一岁，小名就唤宝玉"。从黛玉的口中，我们了解到"宝玉"实为小名。第五十二回里作者借麝月之口，向大家说明了宝玉要叫小名的缘由："便是叫名字，从小儿直到如今，都是老太太吩咐过的，你们也知道的，恐怕难养活，巴巴的写了他的小名儿，各处贴着叫万人叫去，为的是好养活。连挑水挑粪花子都叫得，何况我们!"那么，宝玉的大名是什么？书中并没有给出明确的答案。后人根据作者留在字里行间的些微线索，进行了各种各样的猜测，比如有人根据书中第一回所提到的“神瑛侍者”这一称号，认为宝玉应该叫“贾瑛”；也有人根据书中第三回里所写荣国府荣禧堂上的一副对联“座上珠玑昭日月，堂前黼黻焕烟霞”而推出宝玉的名字应该叫“贾玑”，等等。《红楼梦》的作者是一代旷世奇才，书中的每一个名字，每一句诗词都有着特殊的寓意，主人公的名字就更不例外了。为什么作者在书中不使用宝玉的族名或大名，却要用他的小名呢？笔者认为，作者就是要将贾宝玉之名设计得与众不同，借此来显示宝玉的独特身份，以区别于贾府的其他成员，从而引起读者的怀疑。因为宝玉是皇上，本来就与众不同。就像皇上自称“朕”一样，这个字只能属于皇上，其他人谁敢用？

笔者认为，“宝”，指宝亲王；“玉”，一指皇帝之玉玺，二指“龙种”。雍正为皇子时，与乾隆生母“秀女”偷情，秀女怀孕，康熙怒问：“种玉者何人？”宝亲王弘历就是雍正皇帝种下的“玉”。后来宝亲王当了皇帝，故曰宝玉。但这个宝玉是假的，从小就被人掉了包，所以叫贾宝玉。

第七节　“十二干支寓”之谜

第十四回中，作者详尽描述了秦可卿死后的发丧场面和过程，在写到参加送殡的官客姓名职务时，脂砚斋加有大段批语（庚辰本为眉批，甲戌本为回前批，靖藏本为回后批）。我们来看一下这段描述：

原文：

“那时官客送殡的，有镇国公牛清之孙、现袭一等伯牛继宗，理国公柳彪之孙、现袭一等子柳芳，齐国公陈翼之孙、世袭三品威镇将军陈瑞文，治国公马魁之孙、世袭三品威远将军马尚，修国公侯明之孙、世袭一等子侯孝康；缮国公诰命亡故，其孙石光珠守孝不曾来得。［庚辰眉批：牛，丑也。清，属水，子也。柳拆卯字。彪拆虎字，寅字寓焉。陈即辰。翼火为蛇；巳字寓焉。马，午也。魁拆鬼，鬼，金羊，未字寓焉。侯、猴同音，申也。晓鸣，鸡也，酉字寓焉。石即豕，亥字寓焉。其祖曰守业，即守夜也，犬字寓焉。此所谓十二支寓焉。］这六家与荣宁二家，当日所称“八公”的便是。……”

脂砚斋的批语，将作者隐入原文的寓意全部揭示出来，故脂批说“十二干支寓焉”。

笔者经反复研究，斗胆试解“十二支寓”之谜：

十二地支对应十二生肖：子鼠、丑牛、寅虎、卯兔、辰龙、巳蛇、午马、未羊、申猴、酉鸡、戌狗、亥猪。

将六公名号和名字及十二干支重新排列，得出下面的文字：

寅鬼继宗丑也，申辰八公，辛卯、丁酉、庚午、丙子，未镇国、理国、齐国、治国、修国、缮国、瑞文、孝康，亥诰命马尚亡故，戌犬，光珠守夜也。

注释：寅：谐音淫。继宗：即高宗乾隆皇帝，雍正庙号清世宗，乾隆皇帝庙号清高宗，继宗无疑是指高宗。尽管《红楼梦》问世时，乾隆尚健在，并无庙号，但他是继“世宗”之后登上皇位的，他的庙号定是“宗”字辈的。申：谐音生。“八公”喻八字，宝盖头下八个男子，故为八字。镇国、理国、齐国、治国、修国、缮国：暗喻治理、修缮、振起国家。瑞文：祥瑞之文；孝康：孝敬老人，前面加“未”字，意思正好相反。诰命亡故：暗喻哲悯皇贵妃亡故。巳：谐音死；戌狗：十二支中戌的对应关系为：灭也，万物灭尽，暗喻十二钗及“千红一窟”的命运。亥：谐音害；光珠：即光猪。

译文：淫鬼继宗乾隆丑也，生辰八字：辛卯、丁酉、庚午、丙子，未治理、修缮、振起国家，瑞文、孝康，害哲悯皇贵妃马上亡故，“千红一哭”，“万艳同悲”，光猪守夜也。

用通俗的话说，就是：继宗乾隆是个色鬼，丑恶无比，道德败坏，虽然生辰八字是贵富天然、命中看得妻星最贤最能，子息极多，寿元高厚；但还未登基治理、修缮、振兴国家，未来得及发布祥瑞之文和孝敬太后，第一个为他生子的贤惠善良的哲悯皇贵妃就不幸亡故，后宫中的皇后、嫔妃、宫女个个命运悲惨，最后，只剩下他这个“光猪”，孤家寡人，为亡妻守夜也。

十二干支寓是全书的宗旨，道出了《红楼梦》的全部真相。

第八节 “怡红院”是哪里?

霍国玲老师论证怡红院就是弘历少年时期的居所——“长春仙馆”，笔者对此深以为然。

圆明园最初是康熙皇帝赐给皇四子胤禛的花园，圆明园这一名称也是由康熙皇帝命名的。“圆明”是雍正皇帝自皇子时期一直使用的佛号，雍正皇帝崇信佛教，号“圆明居士”，并对佛法有很深的研究，著有《御选语录》19卷和《御制拣魔辨异录》。在康熙四十六年（1707年）时，园已初具规模，康熙皇帝曾多次亲临圆明园游赏。雍正皇帝即位后，拓展原赐园，并在园南增建了正大光明殿和勤政殿以及内阁、六部、军机处诸值房，御以“避喧听政”。乾隆皇帝在位60年，对圆明园岁岁营构，日日修华，浚水移石，费银千万。至乾隆三十五年（1770年），圆明三园的格局基本形成。长春仙馆碧水周绕，岛上有屋有石，景色明丽，屋宇深邃，重檐曲槛，逶迤相接，岸边有曲桥相通，与小说中的“怡红院”非常相似。弘历青少年时期曾在此处居住读书，雍正赐号“长春居士”。

这样一来，小说中的贾宝玉与宝亲王弘历又一次联系起来，作者将“长春仙馆”隐写成“怡红院”绝非偶然，而是利用贾宝玉隐写宝亲王弘历的一种巧妙构想。书中描写宝玉衣着华丽、高贵典雅，身着皇帝、太子专用的石青色和秋香色的衣服，怀中揣着核桃大的金西洋表，屋里摆着金西洋自行船和装着机括的大穿衣镜，墙上挂着西洋油画，经常饮用玫瑰露、葡萄酒……什么人能享用那么多宫中之物、舶来品及贡品？宝玉的吃穿用度不是正符合宝亲王弘历的身份吗？宝玉整日厮混于姐妹丫鬟之中，喜欢亲近女孩，见一个爱一个，被称为“绛洞花王”、“富贵闲人”，正是多情太子弘历的行为；大观园里的生活环境和种种故事，正是风流皇帝乾隆青少年时期在圆明园里的生活写照。

第九节 “二爷”之谜

小说中宝玉被称为宝二爷，另外还有琏二爷、芸二爷、蔷二爷、柳二爷、傅二爷、林二爷等一大堆二爷，这众多的二爷是什么意思？如果把宝玉和弘历联系起来，就真相大白了。

弘历是胤禛第四子（前面说过，实际上是雍正的第五个儿子），幼名“元寿”，但是皇长子弘晖和皇二子弘昀幼年时就去世了，这样，皇三子弘时就成了老大了，而弘历实际上成了老二。康熙皇帝曾对阁老马齐说：“我的第四子最贤，我死后立为嗣皇。胤禛第二子弘历有英雄气象，必封为太子。”且看，康熙就称弘历为胤禛第二子。

《红楼梦》里之所以有众多的二爷，作者的目的就是要让读者对此产生疑问，最终联想到皇四子宝亲王弘历，他是现实中真正的“宝二爷”。

第十节　多少人伺候贾宝玉

宝玉身边的大丫鬟：袭人、晴雯、麝月、秋纹、绮霰、碧痕、茜雪、檀云；小丫鬟：媚人、紫绡、良儿、小红、春燕、芳官、四儿（蕙香）、佳蕙、坠儿、篆儿、春燕、柳五儿、良儿；有名有姓的就有十九个，但有去有来，先后撵出去六个（其中一个死了），调走一个；另有几个不知名的小丫鬟。还有赵嬷嬷等四个奶妈，宋妈等至少十个老嬷嬷；李贵、茗烟、锄药、扫红、墨雨等几个大仆人，园外还有十个小厮及书童。贾宝玉的衣食住行，身边的这一支服务大军则争先恐后地忙碌着。除了皇上、太子，谁家的公子能有这么大排场？宝玉的身份能是曹寅家的什么“曹天祐”，抑或是洪昇吗？

第十一节　“总裁”和“宝皇帝”

一、何为“总裁”？

第二回，冷子兴与贾雨村叙说完宁荣二府的家事之后，雨村提起金陵的“甄家”：“不用远说，只金陵城内，钦差金陵省体仁院总裁［甲戌侧批：此衔无考，亦因寓怀而设，置而勿论。］甄家，……”

此官是作者发明的，如何解释呢？

人称蒋介石（蒋委员长）为“总裁”，乃一国之首；由此也就知道“钦差金陵省体仁院总裁”的含义，乃一国总裁，又称“圣裁”，即皇帝。甄宝玉之父曾任钦差金陵省体仁院总裁。甄宝玉就是贾宝玉，甄家的宝玉是皇帝之子，那贾家的宝玉当然也是皇帝之子了。

二、宝玉被称为“宝皇帝”

第四十六回，贾赦要娶鸳鸯做小老婆，鸳鸯誓死不从，拉着她嫂子到贾母面前哭诉道：

“因为不依，方才大老爷越性说我恋着宝玉，不然要等着往外聘，我到天上，这一辈子也跳不出他的手心去，终久要报仇。我是横了心的，当着众人在这里，我这一辈子莫说是‘宝玉’，便是‘宝金’、‘宝银’、‘宝天王’、‘宝皇帝’，横竖不嫁人就完了！就是老太太逼着我，我一刀子抹死了，也不能从命！……”

在此，作者把宝玉直接与皇帝挂上钩，为掩人耳目，又在“宝皇帝”前面虚陪上“宝金”、“宝银”、“宝天王”，可见作者用心之良苦。宝亲王弘历登基后做了皇帝，当然可以称为“宝皇帝”。

第十二节　阎王也得让三分

一、都判和众鬼为何怕宝玉

第十六回：那秦钟早已魂魄离身，只剩得一口悠悠余气在胸，正见许多鬼判持牌提索来捉他。……秦钟魂魄忽听见“宝玉来了”四字，便忙又央求道：“列位神差，略发慈悲，让我回去，和这一个好朋友说一句话就来的。”众鬼道：“又是什么好朋友？”秦钟道：“不瞒列位，就是荣国公的孙子，小名宝玉。”都判官听了，先就唬慌起来，忙喝骂鬼使道：“我说你们放了他回去走走罢，你们断不依我的话，如今只等他请出个运旺时盛的人来才罢。”众鬼见都判如此，也都忙了手脚，一面又报怨道：“你老人家先是那等雷霆电雹，原来见不得‘宝玉’二字。”[甲戌侧批：调侃“宝玉”二字，极妙！脂砚。] [甲戌眉批：世人见“宝玉”而不动心者为谁?]

为什么“都判”和“众鬼”一见宝玉都忙了手脚，忙把秦钟的魂放回？因为宝玉是皇帝，“八字”极佳，“运旺时盛”，威震四海，“都判”和“众鬼”当然要畏惧三分，忙了手脚。脂砚斋说：“世人见‘宝玉’而不动心者为谁？”意思是说，世人再见到“宝玉”二字，心中还不明白他是谁吗？

二、何为“天下官”？

还是第十六回，众鬼道：“依我们愚见，他是阳，我们是阴，怕他们也无益于我们。”都判道：“放屁！俗语说的好，‘天下官管天下事’，自古人鬼之道却是一般，阴阳并无二理。[庚辰双行夹批：更妙！愈不通愈妙，愈错会意愈奇。脂砚。] 别管他阴也罢，阳也罢，还是把他放回没有错了的。”

“天下官”也是作者发明的，如何解释呢？县官——管一个县的事；州官——管一个州的事；府官——管一个府的事；省官——管一个省的事；督官——管几个省的事；天下官——管全天下的事。什么人能管理全天下的事？只有皇帝。

宝玉就是管理天下的“天下官”——皇帝。

第十三节　双悬日月照乾坤

第四十回，史湘云在金鸳鸯三宣牙牌令时，第一个行令的第一句话就是：双悬日月照乾坤。

这句话出自诗人李白的《上皇西巡南京歌》十首，其第十首云：“剑阁重关蜀北门，上皇归马若云屯。少帝长安开紫极，双悬日月照乾坤。”

李白之诗说的是“两个皇帝”的一则典故，“天宝十五载（756 年）六月已亥，禄山陷京师。七月庚辰，［明皇］次蜀郡。八月癸巳，皇太子即皇帝位于灵武。十二月丁未，上皇天帝至自蜀郡；大赦，以蜀郡为南京”，喻指安史之乱后唐代社会的“二帝”（皇帝、太皇帝）。

小说中，史湘云酒令引用此句，其寓意与李白诗的寓意并不完全相同；《红楼梦》中隐写了三个皇帝，即康熙皇帝、雍正皇帝，这两个皇帝都是配角，主角则是乾隆皇帝。所以，“双悬日月照乾坤”这句诗就不能按那个典故来理解。

“日月”一词除指太阳月亮外，还有一个寓意是喻指帝后。语本《礼记·昏义》：“故天子之与后，犹日之与月。”《史记·魏其武安侯列传论》：“魏其之举以吴楚，武安之贵在日月之际。”《东观汉记·杨赐传》：“今妾媵嬖人阉尹之徒，共专国朝，欺罔日月。”

“双悬日月”寓意是天上有两个太阳两个月亮。笔者认为，两个太阳是暗喻康熙、雍正两个皇帝，两个月亮是指富察皇后和乌喇那拉氏皇后。“乾坤”的词义是：乾：代表男性，这里喻指乾隆；坤：女性或女方的代称，（旧时称戏剧女演员，也叫“坤伶”、“坤角儿”）则是暗喻两位皇后，“照乾坤”是说，康熙雍正这两个太阳照亮了乾隆和两个皇后月亮；因乾隆是书中的主要角色，两个皇后的命运是围绕着乾隆展开的。

第十四节　“太虚幻境”现真身

第五回中，宝玉在秦可卿房中入梦，进入“太虚幻境”：

一、春梦随云散，飞花逐水流

宝玉在梦中欢喜，想道：“这个去处有趣，我就在这里过一生，纵然失了家也愿意，强如天天被父母师傅打呢。”正胡思之间，忽听山后有人作歌曰：

春梦随云散，［甲戌双行夹批：开口拿“春”字，最紧要！］

飞花逐水流。［甲夹批：二句比也。］

寄言众儿女，

何必觅闲愁。［甲夹批：将通部人一喝。］

脂批是什么意思？

我们已经知道，神瑛侍者就是宝亲王弘历，即乾隆皇帝，那么，那棵长在西方灵河岸上三生石畔的绛珠仙草即黛玉又是谁？“西方灵河岸”又是何意？

史书记载：乾隆十三年（1748 年）正月，孝贤纯皇后富察氏随乾隆皇帝首次巡幸齐鲁，在回銮的途中，龙舟在运河上行至山东德州舟次时，富察氏撒手人寰。舟次的解释为：一是船停泊之所，即码头。二是行船途中，船上。据此，富察氏皇后是死于德州的行船上，亦即运河里，仙逝的日期是乾隆十三年（1748 年）三月十一日，难道那棵灵河岸边的绛珠仙草是孝贤纯皇后富察氏？

正是！（注意：“十三”和“三”，后文将详加论证。）

据此，可以认定：“西方灵河”暗喻运河，绛珠仙草林黛玉就是富察皇后的化身。

绛：出自乾隆怀念富察皇后之诗《七月朔日作》“鹊桥节已近，愁望绛河旁。”《七夕感事》：“天不知情海，谁教设绛河。”那绛珠仙子“终日游于离恨天外，饥则食蜜青果为膳，渴则饮灌愁海水为汤”，难道不是富察皇后在天之灵吗？

乾隆十三年（1748 年）三月十一日，正是春暖花开之时，乾隆一生最爱的人孝贤纯皇后富察氏仙逝于运河的龙舟上。

富察皇后死后，乌喇那拉氏晋为皇贵妃，“摄六宫事”，乾隆十五年（1750 年）八月二日，那拉氏成为乾隆的继皇后。但是，由于乾隆皇帝只爱富察皇后一人，在他心目中，任何人都不能取代富察皇后的位置，因此，那拉皇后备受乾隆冷落。在冷漠、屈辱中度过十几年后，那拉皇后终于忍无可忍，在乾隆三十年（1765 年）闰二月，那拉皇后在乾隆第四次南巡期间，与乾隆发生激烈冲突，忤逆皇上和皇太后。乾隆龙颜大怒，派人立即将那拉皇后从水路（运河）送回京城。自此，那拉皇后被打入冷宫，实际上已经被废。一年后，那拉皇后含恨而死。

那拉皇后的好梦也是终结在春季的运河上。一场春梦随云飘散，两位皇后随波逐流。所以，脂砚斋说：“开口拿‘春’字，最紧要！”“二句比也。”又“将通部人一喝”，告诫诸位“看官”儿女，不要再胡乱猜疑，无故觅愁，这才是此书正解。

二、“太虚幻境”是皇上后宫

“太虚幻境”是何去处？此乃皇上后宫也。且看：

宝玉随警幻仙姑“进入二层门内，至两边配殿，皆有匾额对联，一时看不尽许多，惟见有几处写的是：'痴情司'、'结怨司'、'朝啼司'、'夜怨司'、'春感司'、'秋悲司'。”[甲戌侧批：虚陪六个。]

“虚陪六个”是什么意思？难道“六个”是虚数，还有其他“司”不成？正是！

在宝玉的央求下，警幻仙姑又带他进入一司，宝玉“抬头看这司的匾上，乃是'薄命司'”，果然还有其他司。太虚幻境中共有多少司？书中未交代，但却有“金陵十二钗正册”。宝玉不解其意问道：“何为'金陵十二钗正册'？”警幻道：“即贵省中十二冠首女子之册，故为'正册'。”[甲戌侧批：正文题。]

清朝皇帝的后宫分东西六宫，共十二宫。东六宫是景仁、承乾、钟粹、延禧、永和、景阳；西六宫是永寿、翊坤、储秀、启祥、长春、咸福。康熙帝时订成大清后宫的典制：皇后一人，皇贵妃一人，贵妃二人，妃四人，嫔六人，贵人无定数，常在无定数，答应无定数。宫中位号共分为高、中、低三阶，高阶：皇贵妃和贵妃；中阶：妃和嫔；低阶：贵人、常在和答应。其中中阶以上的嫔妃可独自享有一座宫院，至于低阶的妃子，则必须和同为低阶嫔妃的女子同住一座宫室，但通常宠妃会独享一座宫院，而不受宠或低阶的嫔妃，通常会被安排同住在东西十二宫中较冷僻的宫院。史书记载：乾隆帝一生共有皇后2位，孝贤纯皇后和继皇后乌喇那拉氏；皇贵妃3位，贵妃4位，妃9位，嫔7位，贵人12位，常在4位，共41位，这一大群后妃，分居东西十二宫。

三、十二钗是皇上的后妃

书中的金陵十二钗是指皇后、皇贵妃和贵妃，副十二钗是指妃和嫔，又副十二钗则是贵人和常在。

四、“薄命司”的对联

宝玉看那“薄命司”两边对联，写的是：

“春恨秋悲皆自惹，花容月貌为谁妍。宝玉看了，便知[甲戌侧批：“便知”二字是字法，最为紧要之至。]感叹。……”

为何宝玉看到这副对联心中便知呢？“便知”又为何最为紧要之至呢？

新话红楼

如果我们了解了富察皇后和那拉皇后的死期和死因便疑云尽释了。

1. “春恨”之意

关于富察皇后的死因说法颇多。有一种流传颇广的说法是，乾隆皇帝与总管内务府大臣傅恒的夫人私通，皇后积忿于心，于乾隆十三年（1748年）东巡时在德州运河赴水自尽。

《清朝野史大观》是这样记载的：“高宗孝贤皇后，傅文忠公恒之妹也。相传，傅恒夫人与高宗通，后屡反目，高宗积不能平。南巡至直隶境，同宿御舟中，偶论及旧事，后诮让备至，高宗大怒，逼之坠水。还京后，以病殂告，终觉疚心，谥后号孝贤。”

印鸾章先生所著《清鉴纲目》意在“简其撰述，详其考证，成为一衔接《明鉴》之史”。该书卷之七乾隆十三年（1748年），“帝奉皇太后及皇后东巡至德州，皇后崩”这一纲下，列有目云：“是月，帝奉太后及皇后东巡。至曲阜，谒孔林，至泰安，诣岱岳庙，登泰山。三月，驻济南，幸趵突泉，侍太后阅兵，幸历下亭。回銮至德州，帝在舟中夜宴，后在他舟闻之，恐滋事变。后素性严重，虽在行下不忘永巷之规。是日至帝舟，因事进谏，语颇激切。时帝已被酒，怒后，颇加诟谇，后羞忿返，失足蹈水死。帝醒，乃大悔。命庄王、和王奉太后缓程回京，自留德州，亲视殡殓毕，扶榇返京，饰终之典视他后独隆。”

印鸾章所记孝贤之死系在德州进谏乾隆不从，羞愤“失足蹈水死”，不知何据？不过，印鸾章并未提傅恒夫人，这是他的严谨之处。

据《清高宗（乾隆）实录》，三月初八皇帝奉皇太后回銮。是日驻跸高家庄。初九，驻跸王家庄。初十，驻跸桃源站。十一日，“驾至德州登舟。亥刻，皇后崩”。上述记载是可信的。乾隆从登舟到皇后去世，恐怕没有“舟中夜宴”的机会，即使夜宴，弥留之际的皇后也不可能去进谏，然后羞愤而返，失足落水而死。

蔡东藩先生撰写的《清史演义》则绘声绘色地描述了乾隆皇帝如何同傅恒夫人幽会，被皇后窥破，自此皇后见了乾隆帝，不似前日的温柔，乾隆帝也觉暗暗抱愧，少往坤宁宫。昭阳殿里，私恨绵绵……接下去皇后所生之子永琏、永琮接踵夭折，以至皇后病逝。皇后在去世前仍不能原谅皇帝的性情轻浮，且看蔡东藩的描写：甫到德州，皇后已晕了数次，乾隆帝随时慰问，也没有一言相答；到皇太后来视，方模模糊糊地说了“谢恩”两字。临终时，对着乾隆帝，只滴了数点红泪。

台湾作家高阳先生在《乾隆韵事》这部历史小说中对孝贤皇后之死的描写更是离奇。乾隆十三年（1748 年）东巡时，傅夫人带着她和乾隆的私生子、六岁的福康安也别乘一舟，随皇帝御舟而行。不料当皇帝与傅夫人在船中幽会时，竟被皇后撞见。皇后怒责傅夫人，遂与乾隆冲突起来。傅夫人觉得皇后实在太过分了，忍不住哭倒在地。乾隆心如刀绞，想上前相扶，不料皇后也正好走过来，本意是想指着傅夫人训斥她几句，然后赦免了她。而乾隆却误以为她将动手殴辱傅夫人，不由自主地伸手一横，去势太猛，而又适逢其会，“啪”的一声，正好反手一掌，打在皇后脸上。这一刹那间，皇后脸色白得可怕，眼中流露出无可言喻的惊恐；手捂着脸，身子在发抖，是支持不住的样子。皇帝跟傅夫人以及侍立在舱门外的太监全都吓坏了。突然间，只见皇后身子向后一转，脚步踉跄地奔向后舱。等皇帝醒悟过来追上去时，只听“扑通”一声，是重物入水的声音；接着便听见有人在喊：“皇后、皇后！”在乱糟糟的喊叫声中，有人跳入水中去相救了。皇后是救上来了，但已经声断气绝。

高阳先生是在写小说，虚构、演义的成分颇多，此说不足为信。

而《金川纪略》中对孝贤之死是这样记载的：皇七子去世后，皇后悲悼成疾，她告诉乾隆帝，在病中时时梦见碧霞元君在召唤她，她已经许下心愿，病好后定亲往泰山还愿。皇帝学识渊博，知道碧霞元君是传说中泰山的神女。他答应了皇后的要求，同时还告诉她，自己也要亲往碧霞宫拈香，为皇后祈福，日后身体康健，早诞贵子。

乾隆十三年（1748 年）正月，乾隆恭奉皇太后东巡，皇后随驾出巡。三月初，富察氏因爱子夭折，悲悼成疾，加上车马劳顿，遂于济南一病不起。皇帝闻讯，立即决定停止按程赶路，就近在济南府驻跸，以便皇后调养。而皇后不愿因自己而贻误皇帝的国家政务，更不忍心皇太后为自己的病情担忧，故一再促请皇帝旋辔北还。皇帝沉吟良久，命三月初八日回銮。在山东德州舟次，富察氏撒手人寰。

乾隆和孝贤皇后伉俪情深，感情真挚，这一点毋庸置疑。野史中对富察皇后的死因妄加猜测，可信度很低。富察皇后的去世使乾隆痛不欲生，在之后数十年的岁月里，乾隆先后写了一百多首怀念富察皇后的诗，诗中深深表达了乾隆对富察皇后的思念之情，恰如神瑛侍者用甘露浇灌那棵绛珠草。富察皇后在天之灵感激涕零，于是，化作绛珠仙子林黛玉，与神瑛侍者贾宝玉一起重新下界，用一生的眼泪，偿还乾隆皇帝对她的挚爱真情。

自从富察皇后去世之后，济南城成了乾隆永远的伤心地。此后，他在每次东巡或南巡途中，凡是经过济南时都绝对不再入城，在他所作的诗句中，每每可见他难平的憾恨伤痛。而其中最感人的一首便是他第四次南巡时所作的《四依皇祖南巡过济南韵》，诗中更明白地说出他心中难以平愈的伤痛："四度济南不入城，恐防一入百悲生。春三月昔分偏剧，十七年过恨未平。"

挚爱的妻子死于春天，这对乾隆帝的身心无疑是一个巨大打击，因此，乾隆帝才有"十七年过恨未平"的"春恨"啊！

2. 何为"秋悲"？

如果了解了乌喇那拉氏皇后的遭遇，就明白作者的深意了。

乾隆十五年（1750 年）八月初二，乌喇那拉氏晋为皇后。正因为那拉氏坐上了不该坐的位置，才导致她的悲惨结局。乾隆三十一年（1766 年）七月十四日，那拉皇后在万分悲痛中含恨而死。清朝使用农历纪年，七月、八月、九月是秋三月。

那拉皇后死时甚为凄凉，身边一个亲人也没有，是真正的"秋悲"啊！那拉氏皇后的崛起和死亡都是在秋季，秋季是那拉氏皇后悲惨命运的始终。所以是"秋悲"。

"春恨秋悲"都是自己惹的祸，而乾隆身边的那一堆"花容月貌"的嫔妃，是为谁争相怒放的？当然是为皇上所妍。宝玉看了，当然"便知"，因为他就是乾隆皇帝。所以，脂砚斋才说："便知二字，最为紧要之至。"

五、宁荣二公实指康熙

警幻忙携住宝玉的手，向众姊妹道："你等不知原委：今日原欲往荣府去接绛珠，适从宁府所过，偶遇宁荣二公之灵，嘱吾云：'吾家自国朝定鼎以来，功名奕世，富贵传流，虽历百年，奈运终数尽，不可挽回者。故遗之子孙虽多，竟无可以继业。其中惟嫡孙宝玉一人，禀性乖张，生性怪谲，虽聪明灵慧，略可望成，无奈吾家运数合终，恐无人规引入正。幸仙姑偶来，万望先以情欲声色等事警其痴顽，或能使彼跳出迷人圈子，然后入于正路，亦吾兄弟之幸矣。'如此嘱吾，故发慈心，引彼至此。先以彼家上中下三等女子之终身册籍，令彼熟玩，尚未觉悟。故引彼再至此处，令其再历饮馔声色之幻，或冀将来一悟，亦未可知也。"[甲戌侧批：一段叙出宁、荣二公，足见作者深意。]

清朝历史，从天命元年（1616 年）清太祖努尔哈赤称汗并建立后金开始，到康熙六十一年（1722 年）恰是 106 年，而康熙第一次见到弘历时是在康熙六十一年（1722 年）初，之后弘历被康熙收养在宫中，康熙对弘历寄予厚望，希望他能传承帝业，这与宁荣二公对警幻之嘱正好相符。可见，宁荣二公正是康熙的化身。警幻所言，正是圣祖康熙对弘历的殷切希望，故"以情欲声色等事警其痴顽，或能使彼跳出迷人圈子，然后入于正路"，方能继承大统。

除宁荣二公外，书中贾母的身份之一是康熙的化身，另一身份是皇太后。贾母视宝玉为心头肉，百般疼爱、呵护，这与康熙对弘历的慈爱之心完全一致。

康熙六十一年（1722 年）夏，弘历随祖父康熙到承德避暑山庄生活了五个多月，其间祖孙两人几乎天天在一起，形影不离。康熙在自己平时批阅奏章和召见官员的"万壑松风"殿旁，特辟三间小殿，取名"鉴始斋"，赐给弘历作书房读书之用。"万壑松风"处于避暑山庄的南边，环境安静幽雅，各殿之间有游廊相连接，很是方便。从此后，只要康熙有空儿，就会过来看看弘历读书如何，碰到弘历不懂的，就给他亲自讲解；弘历看书累了，也会跑到隔壁殿里去找爷爷，康熙批阅奏章的时候，小弘历就在旁边磨墨写字。老皇帝时常站起来，走到孙子身边，手把手教他写字。甚至接见大臣讨论军国大事，康熙也特批弘历可以留在身边。弘历此时总是懂事地"屏息而侍"，乖乖待在一旁，听大人讲话。甚至康熙吃饭的时候，都把弘历带上，祖孙俩坐在一桌，康熙还亲自给弘历夹菜，"曲承含饴，依膝之欢"，可见康熙对这个孙子的宠爱之深。

有一次，康熙在殿里写字，弘历在旁边偷偷地看，康熙见他看得专注，便问他："你喜欢我的书法吗?"弘历点点头，康熙大喜，当即便把自己写的几个横幅送给他。后来，只要弘历在旁边，康熙写了字必定会送他几幅。弘历拿回去给父亲胤禛看，胤禛让他好好保管，"宝而藏之"。

乖巧的孙子给康熙一生中的最后岁月带来了巨大的欢乐，短短半年之中，祖孙俩建立起了深厚的感情。

夏天的一个中午，康熙见避暑山庄湖里莲花盛开，煞是美丽，便令人驾御舟去湖中观赏。舟行到晴碧亭的时候，康熙看到弘历在湖边山上玩耍，便喊他的名字。弘历远远望见御舟驶来，听到爷爷在舟上叫他，就满心欢喜地跑下山来。老皇帝见了，生怕孙子跌倒，急忙跑到船头，朝弘历大喊："慢点跑，别摔了!"祖父焦急的声音深深印在弘历的脑海里，六十年后还在御制诗《晴碧亭忆旧》中提及此事。

弘历上船后，康熙抚着弘历的肩膀，指着湖中的莲花问他，可学过周敦颐的《爱莲说》?弘历便把《爱莲说》背了一遍。康熙大喜，问他可知道其中的含义，弘历又说了一通"出淤泥而不染"的道理，洋洋洒洒，融会贯通，康熙不由得龙颜大悦，直夸这个孙子真是聪明异常。

在这半年之中，弘历的体育天分也给康熙留下了深刻的印象。虽然弘历才十二岁，但是他反应之敏捷、举止之精确，非常人可比，康熙夸他"此子神速过于余"。康熙亲自教弘历射箭，弘历也真争气，首次习射就连中五矢，康熙喜出望外，赐给他一件黄马褂。"或命步射，以示群臣，持满连中，皇祖必为之色动。"(《避暑山庄纪恩堂记》)

弘历初次练习用火枪，教师把一只羊捆在百步之外，他初次试射，就"一发毙羊"。康熙十分高兴。

据《啸亭杂录》记载：八月之初，秋高马肥，祖父带着孙子开始行围打猎。在永安莽喀围场，康熙用火枪击中一熊，大熊倒地良久，毫无动静，康熙以为熊已经毫无威胁，遂命弘历上前补射一箭，以让这个孩子博得"初围获熊"的美名。弘历上马之后，不知为何，迟迟不动。康熙心中有些不高兴，本来这个孩子一直胆子很大，今天见到熊之后怎么害怕起来?康熙在马上高喊："弘历，怎么不进?"

弘历这才像醒过神来，催马欲进。不料此时那倒地的大熊忽然一个翻身，直立起来，嘴里发出一声怒吼，直奔弘历的坐骑扑来。众人一刹那间都惊呆了，只有康熙反应及时，举枪便射，子弹从熊耳射入，大熊如同半堵墙一样应声仆地。所有人都惊出一身冷汗。

这件事给康熙留下了极深的印象。似乎冥冥中有天意，保佑这个不同寻常的孙子。晚上回到帐中，他对随驾的和妃说："弘历这孩子的命真是贵重！如果他早一点催马过去，熊起马惊，不知道会出多大的事啊！这孩子将来福气比我还大啊！"

康熙对弘历的感情，在《红楼梦》里，通过贾母对宝玉的溺爱恰如其分地表现出来。

六、谁是天下第一淫人？

红楼十二曲歌毕，警幻送宝玉至一香闺绣阁之中。警幻道："……吾所爱汝者，乃天下古今第一淫人也。"［甲戌侧批：多大胆量敢作如此之文！甲戌眉批：绛芸轩中诸事情景由此而生。］

书中谁是天下第一淫人？宝玉也。而宝玉是乾隆皇帝之化身，那乾隆正是天下第一淫人。乾隆皇帝被称为"风流天子"，一生中不知与多少女子有染？真正是"世之好淫者，不过悦容貌，喜歌舞，调笑无厌，云雨无时，恨不能尽天下之美女供我片时之趣兴"。所以脂批道："说得恳切恰当之至！"然而，敢骂当今圣上"为天下第一淫人"，着实是吃了熊心豹子胆了，连脂砚斋也惊呼："多大胆量敢作如此之文！"

七、何为龙？何为云？何为雨？

"却说秦氏正在房外嘱咐小丫头们好生看着猫儿狗儿打架，忽听宝玉在梦中唤他的小名，［甲戌侧批：云龙作雨，不知何为龙，何为云，何为雨。］……"皇上为"真龙天子"，皇上正与爱妃行"云雨"之欢哪。这里，脂砚斋又一次明确地告诉读者，宝玉就是皇上。

作者采用时空大转换的写作手法，让乾隆皇帝回到少年时代，在虚幻的空间里使弘历的身份显形，正所谓"草蛇灰线、空谷传声"之妙法。脂砚斋唯恐读者不解其中味，总在关键的地方予以点拨。

千古奇文，精妙绝伦，神也。

第十五节　贾宝玉为何厌恶仕宦道路

《红楼梦》问世以来，多少读者试图对贾宝玉这一人物进行总体把握或者特征把握，然而又几乎有着同样的困惑，就像脂砚斋所说："宝玉之发言，每每令人不解，宝玉之情性，件件令人可笑。"无论从哪一角度哪一层面上进行剖析，都难以把握。他是"囫囵不解之人，是囫囵不解中实可解，可解中又说不出理数之人"。是难以用正邪新旧美丑等字眼妄加论断之人，是一个用社会学的方式始终拆不清的人。很多人认为：贾宝玉是一个"时代的怪胎"。

而正统的红学界对贾宝玉的评价几乎是一致的：贾宝玉不读四书五经，不学八股文，厌恶仕途经济，成天在女孩堆里混，与草木星云说话，感叹花石命运，吝啬一茶一纸，却愿撕扇摔瓷作乐，不愿会见达官贵人，却与戏子、侠士等社会边缘人物为伍。他厌恶仕宦道路，尖锐地讽刺那些热衷功名的人是"沽名钓誉之徒"、"国贼禄鬼之流"；宝钗、湘云等人劝他留心于"仕途经济学问"，遭到他的申斥，被他骂为"混账话"。他一反男尊女卑的封建道德观念，说："女儿是水做的骨肉，男子是泥做的骨肉。我见了女儿便清爽，见了男子便觉浊臭逼人！"他嘲笑道学所鼓吹的"文死谏、武死战"的所谓"大丈夫名节"是"胡闹"，是"沽名钓誉"。贾宝玉这些"偏僻"、"乖张"、"大逆不道"的言行，正是表现了对孔孟之道的大胆挑战与批判。而"哪管世人诽谤"，则更是对他那种傲岸倔强的叛逆性格的颂扬。

人们之所以对宝玉的性格品性作出如此评价，是因为不知宝玉是何许人也。如果我们把宝玉与弘历联系起来，就会明白宝玉的种种怪癖的行为了。

小说中有两首描写贾宝玉的《西江月》词，其中第二首中"可怜辜负好韶光，于国于家无望"一句，已经透露出宝玉的身份。在封建帝王统治的社会里，能使这个国家无望的人只能是皇上，其他任何王侯、将相、达官贵族之子，其不学无术、不求上进、辜负大好的时光，只能使自己的家族无望，与国家毫无关系。况且，谁敢说自己的儿子"潦倒不通世务，愚顽怕读文章"，"行为偏僻性乖张"，"可怜辜负好韶光"，那这个国家就没有希望了？那是谋死，是要被灭九族的。“于国于家无望”，明白无误的告诉读者，宝玉就是储君——皇太子。

从雍正登基之时，弘历就已经成为太子的第一人选，这是不争的事实。雍正元年（1723 年）正月十一，雍正皇帝即位后首次前往天坛举行祈谷大典。回宫后，雍正把弘历召到养心殿，赐给他一块肉，让他吃掉，此外没再说一句话。弘历默默吃掉这块肉，味道十分鲜美，不过分辨不出是什么肉。乖巧的他吃完肉后，也没有多说话，就退了出来。不过此事给了他极深的印象。天资聪颖的弘历，明白了皇阿玛的用心。因为在此之前，不论什么事，父亲对他和弟弟弘昼都是同等对待，而这次只独独召见他一人，并且是在刚刚从天坛回来之后，显然是有深意的。

是年十一月十三日是康熙帝周年忌辰，雍正帝并不亲至清东陵景陵致祭，而是派年仅 13 岁的弘历代其前往。这是一个意味深长之举：在位皇帝特遣未来的皇帝向升天的皇帝致祭，奏告王朝百年大计已定，储位已有所属，并祈求先帝在天之灵的佑护。雍正二年（1724 年）底，康熙帝“再期忌辰”，弘历第二次“祭景陵”。

弘历智商极高，绝顶聪明，他从父亲的几次行为中已经知道自己被父亲默定为太子了。所以，他已经不需要像一些胸怀野心的人那样，一心攻读圣贤书，走仕途经济的道路，以求取功名、光宗耀祖。只要他没有忤逆不道的重大失德行为，他就可以顺利地登上皇帝的宝座，权倾天下，威震四海。到那时，才是他一展宏图、大显身手的时候。而且他的父辈们，因为争夺皇位继承人而上演的一幕幕惨剧，对少年的弘历也有着极深的影响。

康熙四十七年（1708 年），胤礽首次被废太子，引起众位阿哥对太子位置的觊觎，“九子夺嫡”成为康熙晚年的一件极为痛心的事件。当时在世的十二位成年阿哥都有谋求储位的愿望，包括已被废黜的胤礽。只不过有些人野心小，有的觉得自己没戏，就打消了这个念头。真正要争夺皇位的只有皇长子胤禔、皇次子（废太子）胤礽、皇三子胤祉、皇四子胤禛、皇八子胤禩和皇十四子胤禵。皇九子胤禟、皇十子胤䄉是老八同党，助老八争位，但他们自己并无野心；皇十三子胤祥助老四胤禛，他自己也无意争位。而五阿哥胤祺、七阿哥胤祐、十二阿哥胤祹深知皇位轮不到自己，也无此奢望，便只安稳地当着亲王。后来，老大胤禔因野心太过暴露，遭康熙帝终生圈禁；老二胤礽被康熙帝两次废黜，第二次废黜后将其终生圈禁并昭告天下，说不再立他，也不许任何人再举荐他为太子；老三看到老大、老二的前车之鉴，不敢再蹚这趟浑水，主动退出。实际的竞争者只剩老四胤禛、老八胤禩和老十四胤禵。最后，老四胤禛胜出，即雍正皇帝。

胤禛成为最后的赢家，一个显著的特点就是他善于掩饰自己对储位的希冀，外弛内张，处处流露出一种恬淡出世的思想。表面上借此告诉世人，自己只想做一个与世无争的皇子，不愿过问政事，其实不过以此掩盖内心的真实想法罢了。把弘历引荐给康熙，看似无心之举，其实是胤禛精心谋划的一着妙棋。只不过康熙没有觉察出来，因为让孙子见见爷爷，自然是情理之中的事情。

父辈们为争夺皇位，互相倾轧、骨肉相残的种种行为，不可能不影响到弘历，而且登基后的雍正也会把自己成功的经验传达给下一代的继位者。所以，弘历深谙其道，故此才会有潇洒自如、“胜似闲庭信步”的表现。

弘历是雍正十一年（1733 年）被封为和硕宝亲王并开始参与一些政事，雍正交他办理的一些事情，他都完成得很好，雍正甚为满意。小说中的贾琏可以看作弘历青年时期的化身，贾政及贾母交办他的事情，他都办理得很好，亦受到贾政和贾母的夸奖。在此之前，弘历的确是一个“富贵闲人”，只能在脂粉堆里厮混，做个“绛洞花王”。小说中，贾政狠揍宝玉，这只不过是生活里的一个小插曲。我们小时候谁没挨过父亲的揍？更何况是皇家太子。弘历小时候再聪明，也有孩童的顽皮之时，父亲的严厉不过是希望儿子不要辜负了圣祖的厚望。

小说第三十二回：贾雨村来了，宝玉道：“罢，罢！我也不过俗中又俗的一个俗人罢了，并不愿同这些人来往！”湘云笑道：“还是这个情性不改。如今大了，你就不愿读书、去考举人进士的，也该常常的会会这些为官做宰的人们，谈谈讲讲些仕途经济的学问，也好将来应酬世务，日后也有个朋友。没见你成年家只在我们队里搅些什么！”宝玉听了道：“姑娘请别的姊妹屋里坐坐，我这里仔细污了你知经济学问的。”袭人道：“云姑娘快别说这话。上回也是宝姑娘也说过一回，他也不管人脸上过的去过不去，他就咳了一声，拿起脚来走了。……”

小说中的这段描写暗喻的是，弘历的侧福晋们撺掇弘历去讨好雍正，结交一些外臣，以便为争夺皇位打些基础。但弘历早已知道他已经是太子了，这些“妇人之见”只能坏了他的大事。极力讨好雍正会使雍正觉得他野心太大，想早点登基；而结交外臣，更会引起雍正的疑心，此乃大忌也。他的伯父胤礽的教训已深深印在弘历的心里。所以，湘云、宝钗才会遭到宝玉的痛斥。如果小说里的这些描述是暗喻弘历登基之后的事情，那更会遭到严斥。因为这是后宫干政，宝玉就是皇上，皇上要怎么做，用不着后宫的嫔妃们教他。而宝玉对那些热衷功名、追求仕途经济的人的嘲讽，则是乾隆皇帝对那些碌碌无为的庸臣的斥责。乾隆在位期间，多少个能臣干将遭到乾隆皇帝的申饬，就连纪晓岚、刘墉、陈世倌这类的朝廷重臣，也被乾隆骂得狗血喷头，最后罢官的罢官，革职的革职，发配的发配，没几个好下场的。

小说中的贾宝玉并非碌碌无为之辈，第十七回“大观园试才题对额”时，宝玉所题对额，每每突发奇想，新雅别致，众清客皆甘拜下风。当然，清客们不乏拍贾政马屁之嫌，但宝玉确有奇情歪才。贾政虽表面上申饬宝玉，其实内心是欢喜的，严父慈母是古之正理，父亲对儿子就算慈爱、赞赏也不能表现出来。最后的结果是，宝玉所题对额诗词被全部采纳。元春只对其中的一两处稍作修改，而将“红香绿玉”，改为“怡红快绿”亦有极深的含义。

综上所述，贾宝玉就是乾隆皇帝，书中所隐含的证据足够多了。

“神瑛侍者”思凡下界投胎于雍亲王府，名曰弘历。因其生辰八字极佳，颇受爷爷康熙帝的欣赏，被雍正秘密立为太子，最后成为乾隆皇帝。书中的宝玉神采飘逸，秀色夺人，极具闺阁风貌，表里都透着脂粉气，整天不习文也不习武，“周旋在姐妹中表及待儿之间”，其实他是个“孽根祸胎，混世魔王”，“顽劣异常，内帏厮混”，“放荡驰纵，最不喜务业”的“富贵闲人”，最多算是个“情痴情种”。这一切，其实是作者对乾隆的嘲讽：“天下无能第一，古今不肖无双”；“潦倒不通世务，愚顽怕读文章”，整天在脂粉堆里厮混，不过是个“绛洞花王”，“纵然生得好皮囊，腹内原来草莽”；他根本不配做皇帝，最终只能是“可怜辜负好韶光，于国于家无望”。

当然，这只是《红楼梦》作者对乾隆皇帝的看法，乾隆皇帝的功过是非，历史早已作出公正的评价。

贾宝玉之所以行为怪癖，异于常人，因为他是皇上，本来就异于常人。他这“囫囵不解之人”，又是“囫囵不解中实可解，”关键是看你如何去解。

参考资料：

1. 郭成康：《乾隆正传》。
2. 《清圣祖实录》《乐善堂全集定本》《清高宗实录》。
3. 《乾隆御制诗初集》。
4. 高阳：《乾隆韵事》。
5. 江梅安：《康熙选择胤禛继位的一大内幕》。
6. 完颜亮 ：《康熙的大墙》。
7. 好搜百科：乾隆身世之谜。
8. 王彬：《迟疑于宝玉的年龄与服饰之间》。
9. 《宝黛之家》新浪博客。
10. 霍国玲：《红楼解梦》。
11. 朱光东新浪博客：《敦诚、敦敏关于曹雪芹的诗矛盾重重》。
12. 童力群：《〈红楼梦〉不仅仅是隐秘曹家历史的小说》。
13. 好搜百科：《龙的寓意》。

第四章

林黛玉、薛宝钗、元春均是两位皇后的分身

《红楼梦》作者将富察皇后和那拉皇后的出身、品行、才情、情感和结局分别隐写在林黛玉、薛宝钗、贾元春、林红玉、贾探春、王熙凤和史湘云身上。本文先说薛宝钗、林黛玉和贾元春，此三人是小说中的关键人物。

第一节 “宝钗和黛玉”你中有我、我中有你

脂砚斋的批语说：“庚辰：钗玉名虽两个，人却一身，此幻笔也。……”又说：“钗、玉二人形景较诸人皆近，二人之远，实相近之至也。至颦儿于宝玉似近之至矣，却远之至也”，“钗与玉远中近，颦与玉近中远，是要紧两大股，不可粗心看过。”乍看起来，脂砚斋的批语相互矛盾，一会儿说两人是一人，一会儿又说还是两个人，只不过一个离宝玉似近而实远，另一个似远而实近。但细心品味，则明白了脂批的意思。宝钗、黛玉正是一张牌的正反两面，两人既是富察皇后的分身，又是那拉皇后的分身，正是你中有我、我中有你，这才是“书中正眼”。

作者将两位皇后的“形”和“情”分别隐写在黛玉、宝钗身上，而将两位皇后的真实身份隐写在元春身上。

第二节 薛宝钗是两位皇后的“形”

薛宝钗的性格既复杂又丰富，具有两面性。对于薛宝钗这一人物形象，历来有不同的看法。有的尊薛而抑林，有的则尊林而抑薛。历代所引

邹弢与其友许伯谦因争论激烈而“几挥老拳”的故事，就是一典型事例。即使到今天，仍然有不同看法。有人认为林黛玉尖酸刻薄，心胸狭窄，爱使小性儿，而宝钗端庄稳重，温柔敦厚，豁达大度。有人则认为，宝钗性冷无情，虚伪奸险，是个“女曹操”。同一人物形象，竟然有截然相反的看法，一则固然有仁者见仁、智者见智的原因，但根本原因是她俩身上分别隐写着两个人。

作者塑造薛宝钗这个形像，绝非要写出一个沽名钓誉的国贼禄鬼和八面玲珑的势力小人，更不是要塑造一个虚伪奸隐的“女曹操”，甚至也不只是塑造一个标准的封建淑女形象；他在薛宝钗这个形象中，隐写的是乾隆皇帝的两位皇后的生平，而这两位皇后的品性大不相同。

我们分头道来，先说宝钗身上的富察皇后。

一、宝钗身上的富察皇后

1. 薛宝钗家族隐写的是富察氏的家族

“护官符”最后一句“丰年好大雪（薛），珍珠如土金如铁”说的便是薛家，意为薛家财力雄厚，视珍珠如土，黄金似铁。那么，除皇家之外，谁家能有如此财力？于是，脂砚斋批道：“甲戌侧批：紫薇舍人薛公之后，现领内府帑银行商，共八房分。”

笔者试解如下：

(1) 薛公为薛宝钗的父亲，被称为紫薇舍人。

“紫薇”是指紫薇星垣，古人将天上的星宿分为三垣二十八宿。三垣是指太微星垣、紫薇星垣和天市星垣，紫薇星垣在三垣中位居中垣，因此，历史上将皇宫称之为紫微宫或中宫，紫薇舍人即是中宫舍人。“舍人”之职始于秦代，沿袭历代，均系皇帝亲信属官，即是皇帝的贴身秘书。中书舍人的职名始于梁朝，史书上说舍人在朝廷能左右形势，撰拟诏令、参与机密、权力甚重。隋代设省，唐代沿袭，始有元代开设行省，自有现代的省级行政区划。舍人之职在隋唐时称衔有所改变，仍由文学资望者充任。唐开元元年（713 年）改中书省称紫薇省，紫薇舍人的称衔由此而来。至明清两代在内阁中也设有中书舍人一职，然属于内阁管理的（书记类）

官员，权位大为下降，若是南书房行走，那是朝野吃香的皇帝亲信。中央政府中的书记类官员在清代也称之为章京（系满语音译，军职多称章京，后来，在军机处和总理衙门办理文书事务的官员均称章京）。书中说薛父是紫薇舍人，其实是章京类的官员。

（2）现领内府帑银行商：紫薇舍人薛公，领内务府帑银，户部挂名的皇商。

（3）共八房分：喻清王朝的八旗制度。

薛父的官职乃是作者虚取其名，实取古义，以烘托薛家“丰年好大雪，珍珠如土金如铁”的显赫，表明薛父颇有权势且文化素养很高，并说明薛氏拥有旗籍。

（4）富察氏是名门淑媛

再来看富察氏：

孝贤纯皇后富察氏，生于康熙五十一年（1712 年）二月二十二日，满洲镶黄旗。

满洲镶黄旗为八旗中的上三旗，由皇帝亲统，地位很高，在清代皇后中，真正出身于满洲镶黄旗的并不多。孝贤皇后不仅旗籍高，而且出身于名门宦家，世代簪缨。富察氏为满洲八大姓之一，从太祖到世宗时期，富察氏家族人才济济，名臣辈出，为大清多建功勋。早在努尔哈赤时期，她的祖先旺吉努就率族众归附了后金，在统一东北、创建帝国的多年征战中，屡建战功。她的曾祖父哈什屯是清朝开国功臣，在太宗朝以军功官至礼部副理事官，至顺治年间，累官至内大臣，加太子太保。她的祖父米思翰在康熙年间担任议政大臣，当过 7 年的户部尚书，掌管国家的财政大权，曾经大力支持康熙帝的撤藩政策，深受康熙帝的器重。哈什屯和米思翰均于乾隆十三年（1748 年）五月被追赠为一等承恩公。孝贤皇后的父亲李荣保是米思翰的第四子，官至察哈尔总管。她的伯父马齐在康、雍、乾三朝任保和殿大学士达 23 年之久，时间之长，在有清一代都是罕见的。她的另一位伯父马武任过都统、领侍卫内大臣，官居一品，位极人臣，多年报效朝廷，深受皇帝的倚重，被雍正称为“圣眷最渥之人”。时人记载：“明（明珠）、索（索额图）既败后，公（马齐）同其弟太尉公武（马武），权重一时，时谚云‘二马吃尽天下草’”。

"丰年好大雪（薛），珍珠如土金如铁"的薛家，正是暗喻富察氏家族。

2. 宝钗品貌双全，清新淡雅

薛宝钗一出场，作者就描写了她的品格和美貌。她穿着"不见奢华，惟觉淡雅"；她"品格端方，容貌美丽"；"罕言寡语，人谓装愚；随分从时，自云守拙。"第五回中写道："宝钗，生得肌骨莹润，举止娴雅。唇不点而红，眉不画而翠，脸若银盆，眼如水杏。又品格端方，容貌丰美，人多谓黛玉所不及。"作者通过一而再、再而三的描写，道出了宝钗原是一个素性淡泊、深具老庄气质的女子。宝钗从小便不喜簪花抹粉，不爱富丽闲妆，只偏好一种"清水出芙蓉，天然去雕饰"的美（见甲戌本第二十八回侧批）。小说第七回，薛姨妈说："宝丫头古怪着呢，她从不爱这些花儿粉儿的。"脂砚斋随即批云："'古怪'二字，正是宝卿身份。"（甲戌本第七回侧批）。宝钗的居所蘅芜苑，正名"蘅芷清芬"。"清芬"二字，恰如其分描画出宝钗的此种身份！

再看富察皇后：

郎士宁为富察氏所绘的油画大像存留至今。从画像上我们可以看到，她皮肤白皙，目光清澈，算不上妖艳夺目的国色天香，可称得上平正端凝的中上之姿。画像上的她神态温婉平和，毫无张扬骄矜之气，显示出她良好的风度和修养。乾隆的诗中多次由衷赞美和怀念富察氏姿容"窈窕"，这在其后妃中是绝无仅有的，足见其风姿绰约。

史书中关于富察氏的生平细节记载很少。因为体例所限，《清史稿》只为她留出了数百字的位置。幸运的是，就在这寥寥无几的刻板文字当中，我们依然能读出她的特别：

孝贤皇后出身于一个累世高官的家庭，从小就接受良好的正统教育，娴于礼法，深明大义，并有较高的文化修养，加之天生的端庄文静，可以说是一位标准的名门淑女、大家闺秀。富察氏虽出身名门望族，但并不是骄奢任性的女子，从来不爱在自己的脸上精耕细作，也厌恶金银珠宝之类的华丽恶俗，相反，她生性节俭，不喜奢华，平时在宫中的装饰打扮用品不是金玉珠翠，而是简简单单的通草绒花。成为皇后后仍然如此。《清史稿》说，皇后母仪天下十三载，平居恭俭，不过以通草绒花为饰，不御珠翠。

乾隆九年（1744年），蚕坛建成，富察氏带领妃嫔命妇大行亲蚕之礼，祭祀先蚕嫘（léi）祖，并当众演习养蚕织丝之术。后来蚕丝多了，富察氏不忍心遗弃，下令把它染上色彩，织成御衣，亲自进献给皇帝。乾隆穿惯了锦衣玉裘，见到这件略显粗糙的丝织御衣，竟感到格外亲切，除对皇后大加褒扬外，还下令大小臣工崇俭去奢，并在祭祀登朝时多次穿用。

作为一个有深度的男人，乾隆对女人的要求当然不仅是外表，他更在乎的是内涵和性格。乾隆诗歌中对富察皇后有"绝伦轶巾帼"的褒扬。"绝伦"表示同类中独一无二的无可比拟者。在乾隆帝心中，富察皇后是他的知音，因此他在诗中一再提到二人彼此相知亲密的情形：如"愁喜惟予共，寒暄无刻忘"、"山亭水榭间，并辇同舟所"、"一日不见如三月"、"深情赢得梦魂牵"、"忆昔室家赋琴瑟"等不一而足。

小说第三十七回，薛宝钗的《咏白海棠》诗，以花写人，反映出富察皇后的稳重、端庄、淡雅、宁静、以清洁自诩的内心世界。

珍重芳姿昼掩门，自携手瓮灌苔盆。
胭脂洗出秋阶影，冰雪招来露砌魂。
淡极始知花更艳，愁多焉得玉无痕。
欲偿白帝宜清洁，不语婷婷日又昏。

薛宝钗笔下的白海棠是端庄矜持、稳重和平的淑女化身，也是她理想中的自我形象。"胭脂洗出秋阶影，冰雪招来露砌魂"，海棠色白，洗掉涂抹的胭脂而现出精魂如冰雪般洁白的本色，这正是富察皇后性爱雅淡，不爱艳妆的真实写照。"白帝"即西方白帝白招拒，是神化传说中的五天帝之一。在此，是暗指乾隆皇帝。"欲偿白帝宜清洁，不语婷婷日又昏"一句的意思是说：白海棠愿以其清洁之身回报皇帝，她亭亭玉立，默然不语，迎来了又一个黄昏。这实际上是富察皇后的内心独白和真实写照。"不语"一词可见宝钗的稳重，"宜清洁"之语更是她自信的心理状态。在"欲偿白帝宜清洁"句边，[庚辰双行夹批：看他收到自己身上来，是何等身份。]脂批点出了宝钗的身份，李纨评此诗第一，就是因为"这诗有身份"。

3. 宝钗曾备选秀女

小说作者和批者之所以暗示薛家拥有旗籍，是为宝钗具备参选秀女的资格作了铺垫，此乃破解宝钗备选秀女之谜的重要参考。

薛父是个政治素养和文化素养都很高的儒商，是个随分入时、远见卓识的知识型人物，富有政治目光。他和李纨的父亲李守中同为学者型官僚，然而在观念上却有所不同。薛父不像李纨之父，一反“女子无才便是德”的理念，他深知教育意义重大，教育是人生的基础，也是其他各项投资的前提和基础。清朝的选秀不同于历代的选美，选秀虽将德才貌作为选秀的必要条件，但是重门第强血统搞联姻，实质上是在搞政治秀。薛父自知虽是皇商拥有旗籍，但在血亲上和政治上与皇亲国戚不可同日而语，他的职位和家庭也毫无政治优势可言。薛父对儿子薛蟠深感失望，酷爱宝钗，第四回言道：“当日有他父亲在日，酷爱此女，令其读书识字，较之乃兄竟高过十倍。”

薛父富有理智，将宝钗看成是振兴门庭的希望，他了解女儿的资质天赋，刻意地悉心培育女儿，令其读书识字，在宝钗身上倾注了无数心血，为宝钗入选秀女得以进入中宫夯实了基础。

富察皇后正是在一次选秀女中脱颖而出的。

在雍正五年（1727 年）的选秀女中，16 岁的富察氏一眼就被雍正帝选中。雍正帝决定将这位名门之女指婚给早已秘定为皇储的皇四子弘历为嫡福晋。雍正帝以其独有的犀利眼光似乎已经看出了这位端庄秀美文静的少女，具备成为大清一代贤后的素质。这年的七月十八日，雍正帝在紫禁城西二所（弘历即位后改名为重华宫）为皇四子弘历和富察氏举行了隆重的结婚典礼。

4. 宝钗为人正派，品行端正

宝钗是一个心地善良，乐于助人，知书达理，品行端正，遇善不欺，逢恶不怕的人。

薛宝钗性格中具有很多美好的品格。比如，她处事周到，办事公平，关心人，体贴人，帮助人。一次，袭人想央求湘云替她做点针线活儿，宝钗知道后，马上对她讲明史湘云“在家里一点做不得主”，“做活做到三更天”，“一来了就说累得慌”的苦衷，责怪袭人“怎么一时半刻不会体贴人”，并主动接去了要湘云做的活计。还有一次，湘云要开社做东，宝钗因怕她花费引起她婶娘抱怨，便资助她办了螃蟹宴。因此这位心直口快、性情豪爽的湘云小姐，曾经真心地这样称赞宝钗：“这些姐妹们，再没有一个比宝姐姐好的，可惜我们不是一个娘养的……我但凡有这样一个亲姐姐，就是没了父母，也是没妨碍的。”对于寄人篱下的林黛玉，家境贫寒的邢岫烟，宝钗也都给过帮助。即使对大观园的丫头婆子，她也能体贴她们的起早睡晚，终年辛苦的处境，为她们筹划一点额外的进益。而对于被人瞧不起的赵姨娘等人，宝钗也未表现出冷淡和鄙视的神色，因而她得到了贾府上下一致的拥护，就连丫鬟、嬷嬷也愿意和她交往。贾母夸她“稳重和平”；从不称赞别人的赵姨娘也说她“展洋大方”，就连小丫头们也多和她亲近。

宝钗的行为准则正是富察皇后的真实写照。

富察氏绝非一个平凡的女子，她是草丛中的玫瑰，鸡群中的凤凰，她的出类拔萃一目了然。正像乾隆的八字所说，“占得妻星最贤最能”，乾隆确实是古往今来难得的幸运之人。在门第、外表和性格这三大因素中，富察氏最为突出的就是性格。富察氏是一位既聪明透顶，又天真烂漫，既精明过人，又大气温柔，既识大体，又重小节，既善解人意，又有原则，既含蓄婉约，又可以笑唾檀郎的女人。在乾隆忙于政务时，她以自己的精明管理后宫，安排照顾皇子的生活和教育，让他不致分心；在乾隆遇到困扰情绪烦躁之际，她如同一朵解语花，迅速读懂他的内心，能给他极大的安慰，让他的心境迅速走出阴郁；当乾隆心情极佳，精力无处发泄时，她又能陪他纵情玩乐，陪他在围场纵马奔弛，甚至偶尔也一试挽弓射箭。

孝贤皇后办事很有条理，主持后宫不偏不妒，对待太监宫女宽和仁慈，还把乾隆各位妃子所生的子女都视为己出，因而深得其他妃嫔的敬重，后宫上下都盛赞她的美德。最能体现出皇后贤惠的，就要数她对待皇太后的态度了。众所周知，太后出身卑贱，一开始不过是个粗使丫头，年纪虽长，仍然终日大说大笑，不改本色。而皇后出身名门，知书识礼，一举一动都透出骨子里的高雅。这婆媳俩气质风度迥异，按理说相处起来有点难度。可是皇后从心里把婆婆当成妈，关心照顾得无微不至。正因为太后出身低微，所以她在太后面前特别注重礼貌，遇到太后吃饭更衣，她都亲自照顾，不让别的宫女插手。太后微有不适，她彻夜不眠，在跟前伺候。想不到大家闺秀出身的皇后能吃得了这份苦，后宫上下对此都十分佩服。因此，婆媳关系处得异常融洽，老太太一日也离不了媳妇在跟前。乾隆是个大孝子，对母亲的孝顺到了无以复加的地步。乾隆对孝贤皇后最满意的地方就是她非常孝敬自己的生母崇庆皇太后，这一点确实给了他极大的安慰。《清宫词》甚至载“孝贤皇后事孝圣皇后最得欢心，高宗称其淑德为古今贤后，故侍遇后族宠贵无比……圣心眷注亦古今所罕见也”。大意是孝贤皇后侍奉皇太后最得欢心，乾隆称她的美德堪比古今的贤后。

由此，乾隆对孝贤皇后十分感激，也更加爱护和敬重。有这样的贤后与和谐的宫闱环境，乾隆毫无内顾之忧，可以专心地处理国家大事。乾隆认为这一切都是孝贤皇后的功劳，对她十分感激，把她视为难得的贤内助。乾隆曾赞孝贤皇后：“历观古之贤后，盖实无以加兹。”同时他把他治国的功劳也分给皇后一份：“朕躬揽万几，勤劳宵旰，宫闱内政，全资孝贤皇后综理。皇后上侍圣母皇太后，承欢朝夕，纯孝性成。而治事精详，轻重得体。自妃嫔以至宫人，无不奉法感恩，心悦诚服。十余年来，朕之得以专心国事，有余暇以从容册府者，皇后之助也。”

薛宝钗的出身、容貌、品行的大部分是富察皇后的写照。正如脂砚斋所说，[甲戌双行夹批：这方是宝卿正传。与前写黛玉之传一齐参看，各极其妙，各不相犯，使其人难其左右于毫末。甲戌眉批：画神鬼易，画人物难。写宝卿正是写人之笔，若与黛玉并写更难。今作者写得一毫难处不见，且得二人真体实传，非神助而何?]

乾隆八字中“命中看得妻星最贤最能”，富察皇后是乾隆一生中至死难忘的唯一一个真心爱过的女人。乾隆不仅命中注定与皇权有缘，还命中注定有一位最贤德的妻子。

二、宝钗身上的乌喇那拉氏皇后

宝钗性格的另一面则是隐写那拉氏皇后。

在薛宝钗的性格中，确实有虚伪和矫情的一面，她的性格中一个突出的特点，就是很世故，喜欢讨好人和奉承人。贾母要给她做生日，问她爱听什么戏，爱吃什么东西。她深知老年人喜欢热闹戏文，爱吃甜烂食物，就按贾母平时的爱好回答。她还当着面奉承过贾母，说：“我来了这么几年，留神看起来，凤丫头凭她怎么巧，也巧不过老太太去。”结果是贾母夸奖她：“提起姊妹”，“从我们家四个女孩儿算起，全不如宝丫头。”在贾府这个派系复杂、矛盾重重的大家族中，她一方面抱取“事不关己不开口，一问摇头三不知”的明哲保身的处世哲学；另一方面，她又极有心机：水亭扑蝶，虽然她目的是让小红、坠儿以为她没有听见那些私情话，并非有意嫁祸林黛玉，但仍可以看出她的心机。

宝钗善于处理人际关系，和各方面的人保持着一种亲切自然、合宜得体的关系。正如脂评所说：“待人接物不亲不疏，不远不近，可厌之人未见冷淡之态，形诸声色；可喜之人亦未见醴密之情，形诸声色。”而在这种貌似不偏不倚的处世态度中，她特别注意揣摩和迎合贾府统治者的心意，以博取他们的好感。

“寿怡红群芳开夜宴”那一回，写宝钗掣得的酒令牙签上画着牡丹，上有一句唐诗：“任是无情也动人”。金钏儿投井自杀后，王夫人心里不安。她安慰王夫人说：金钏不会自杀；如果真是自杀，也不过是个糊涂人，死了也不为可惜，多赏几两银子就是了。王夫人说，不好把准备给林黛玉做生日的衣服拿来给死者装裹，怕黛玉忌讳，薛宝钗就自动地把自己新做的衣服拿出来交给王夫人。还有，第六十七回，薛姨妈对宝钗提起尤三姐自刎之事，宝钗竟毫不在意，说道：“俗语说的好，‘天有不测风云，人有旦夕祸福’。这也是他们前生命定。前日妈妈为他救了哥哥，商量着替他料理，如今已经死的死了，走的走了，依我说，也只好由他罢了。妈妈也不必为他们伤感了。倒是自从哥哥打江南回来了一二十日，贩了来的货物，想来也该发完了。那同伴去的伙计们辛辛苦苦的，回来几个月了，妈妈和哥哥商议商议，也该请一请，酬谢酬谢才是。别叫人家看着无理似的。”

这几处描写，不但看出宝钗是如何讨好王夫人，而且还显示出这个貌似贤惠温良的宝钗是怎样的冷酷无情。

有人认为薛宝钗的一切活动都是有意识、有计划地争夺宝玉，这种看法是有道理的，因为那是那拉氏皇后的行为。薛宝钗的颇有心机，而且做得又是那样浑然不觉，那样如鱼得水，这是乌喇那拉氏成为皇后之前的伪装表现。

第三节　乌喇那拉氏的真性情隐写在林黛玉身上

一、黛玉身上的乌喇那拉氏

小说作者为避免将两位皇后的性情、能力写得过于露骨，所以将黛玉和宝钗两人的性格互换。宝钗的大部分性格是写富察皇后，而将那拉皇后的真性情隐写在黛玉身上。

林黛玉因父母早丧，寄居贾府，孤苦伶仃。环境的龌龊势利，使黛玉“自矜自重，小心戒备”，为保持自己纯洁的个性，她始终“孤高自许，目下无尘”。黛玉有一张伶牙俐齿的厉害之“嘴”。宝玉的奶妈李嬷嬷说：“真真这林姐儿，说出一句话来，比刀子还利害。”黛玉的“厉害之嘴”和熙凤何其相似；薛宝钗说：“更有颦儿这促狭嘴，他用‘春秋’的法子、把市俗粗话撮其要、删其繁、比方出来，一句是一句。”黛玉常以“比刀子还利害”的语言，回击自认为别人是对她的挑衅。在这里，“惟恐被人耻笑去了”的自尊，已经变成了“惟恐被人小看了他去”的自卫。说话“刻薄”、“小心眼”，是黛玉性格的主要特点。

脂砚斋道：“今又到颦儿一段，却又将阿颦天性从骨中一写，方知亦系颦儿正传。”所谓“天性”，就是指这种偏执得令别人有点受不了的自尊。最受不得别人伤害的黛玉，却最肆无忌惮地伤害着别人。然而这位贵族小姐却万万没有想到，冲着周瑞家的这个奴仆发泄，显然是有失身份的表现，她想得到的却恰恰是失掉的，这个细节无疑是黛玉性格底色的点睛之笔，所以脂砚斋才郑重指出“从骨中一写”。

黛玉对宝玉的爱是真心的，但她又极爱吃醋，见不得宝玉对其他女孩子的亲近之情。而贾宝玉对纯真圣洁的少女有一种泛爱，对才貌双全的薛宝钗、史湘云，更有着明显的感情波澜，这使林黛玉无法容忍，常常莫名其妙地冲宝玉发脾气：“我很知道你心里有‘妹妹’，但只是见了‘姐姐’，就把‘妹妹’给忘了。”林黛玉的真性情，就是乌喇那拉氏品性的真实写照，而见一个爱一个的宝玉，则是乾隆皇帝的写真。

二、乌喇那拉氏的生平

乌喇那拉氏生于康熙五十七年（1718 年）二月初十，比乾隆小 7 岁。父亲是满洲佐领讷尔布，官居四品。乌喇那拉氏在雍正年间入侍弘历于潜邸，被封为侧福晋。之后不久，她的父母就相继离世，这和黛玉的遭遇是一样的。乌喇那拉氏一直被乾隆忽略、冷落，就连纯妃、嘉嫔等人在乾隆心目中的地位也远远超过了乌喇那拉氏，纯妃接连生育皇三子、皇六子以及嘉嫔接连生育皇四子、皇八子，就反映出这一点。

但那拉氏颇有心机，极力讨好皇太后，即乾隆的生母钮祜禄氏，太后亦称和那拉氏特别投缘。在太后的关照下，乾隆登基之初，乌喇那拉氏被封为娴妃。从封号可见，乌喇那拉氏是个安静、优雅的女人。她明白自己在乾隆心目中的地位，因此在初入后宫时十分小心谨慎，表现得淑慎贤明，夙娴礼教。

《清实录》里的册文记载：“朕惟教始宫闱，式重柔嘉之范，德昭珩佩；聿资翊赞之功，锡以纶言，光兹懿典。尔庶妃那拉氏，持躬淑慎，赋性安和，早著令仪，每恪恭而奉职；勤修内则，恒谦顺以居心。兹仰承皇太后慈谕，以册印封尔为娴妃。尔其祗膺巽命，荷庆泽于方来，懋赞坤仪，衍鸿休于有永。钦哉。”

那拉氏在乾隆十年（1745 年）十一月被册封为贵妃。册文曰：“朕惟化起璇闺，克佐肃雝之范，劳襄椒掖，聿彰淑慎之声，爰考彝章，式颁纶綍。咨尔娴妃那拉氏，性生婉顺，质赋柔嘉；秉德罔愆，协珩璜之矩度；服勤有素。膺褕翟之光荣。兹仰承皇太后慈谕，以册宝封尔为贵妃。尔其益懋温恭，尚祗承夫休命，弥怀谦抑，庶永集乎繁禧。钦哉。”

这两份册文里均提到“兹仰承皇太后慈谕”，足见太后对那拉氏的呵护、提携。乾隆是个大孝子，尽管他不喜欢那拉氏，但太后懿旨也不得不遵从。尽管如此，那拉氏仍然没有得到皇上的宠爱，她被册封皇后之前一直没有生育，就是一个例证。后宫中的妃嫔，如果没有生下一男半女，就连“母以子贵”的幻想也破灭了。

如果那拉氏能像薛宝钗那样一直温良恭谨，她的结局也许不会那么惨。可惜的是，她的天性和林黛玉一样，表面温顺、内心刻薄，小心眼，妒忌心、自尊心极强，她是不甘久居于他人之下的；那拉氏的性格决定了她必然要反抗，尽自己的一切努力去争取改变自己的命运。可是，她忘了最重要的一点，她面对的对手是皇上，因此，也就注定了她的悲剧命运。

第四节　林黛玉隐写主要是富察皇后

一、林黛玉的身份是皇后

脂砚斋说："黛玉为正十二钗之冠，反用暗笔。"十二钗暗喻皇上的嫔妃，那么"正十二钗之冠"当然就是皇后了。

第二十三回，元春命宝玉和众姐妹搬进大观园里住，"贾政遣人来回贾母说：'二月二十二日子好，哥儿、姐儿们好搬进去的。这几日内遣人进去分派收拾。'"为什么二月二十二日是好日子？因为这一日是富察皇后的生日。所以，在二月二十二日这一天，林黛玉住进了潇湘馆，"登时园内花招绣带，柳拂香风，不似前番那等寂寞了。"

潇湘馆初名"有凤来仪"，宝玉为"有凤来仪"题诗中有"秀玉初成实，堪宜待凤凰"之句。作者在书中不仅点出富察皇后的生日，还借宝玉之诗，明确指出住在潇湘馆里的人是"凤凰"，暗示黛玉的身份是皇后。第二十六回，"宝玉顺着脚一径来至一个院门前，只见凤尾森森，龙吟细细。举目望门上一看，只见匾上写着'潇湘馆'三字。"

富察氏生于康熙五十一年（1712 年）二月二十二日，生肖：龙，乾隆十三年（1748 年）八月晋为皇后。所以，潇湘馆是"凤尾森森，龙吟细细"，这八个字进一步证明黛玉就是富察皇后。

潇湘馆"依山傍水"、"翠竹遮映"，满眼绿色，"桃杏树"一株也没有，不见一点红色，这正是富察皇后不喜奢华、天生清新淡雅的象征。

第三十七回："秋爽斋偶结海棠社，蘅芜院夜拟菊花题"一回中，大观园中姐妹起了诗社，众女儿各起别号，黛玉诗号为"潇湘妃子"，这个雅号是探春给她取的。第三十七回，探春说："当日娥皇、女英洒泪在竹上成斑，故今斑竹又名湘妃竹。如今她住的是潇湘馆，她又爱哭，将来她想林姐夫，那些竹子也是要变成斑竹的。以后都叫她作潇湘妃子就完了。”而黛玉也很喜欢这个雅号，欣然接受。作者这样安排，其实大有深意。“潇湘妃子”是古代传说中舜妃娥皇、女英，也叫湘妃。娥皇、女英，又称皇英。长曰娥皇，次曰女英，是中国古代汉族神话传说中帝尧的两个女儿，姐妹同嫁帝舜为妻。舜父顽，母嚣，弟劣，曾多次欲置舜于死地，终因娥皇女英之助而脱险。舜继尧位，娥皇女英为其妃，后舜至南方巡视，死于苍梧。二妃往寻，得知舜帝已死，埋在九嶷山下，抱竹痛哭，泪染青竹，泪尽而死，因称“潇湘竹”或“湘妃竹”。《红楼梦》作者将林黛玉的雅号命为“潇湘妃子”，不仅仅是因为黛玉爱哭，更重要的是借“潇湘妃子”这一诗号，暗示黛玉是帝王之妃。而富察皇后的确做过皇上之妃。

二、林黛玉的才情恰如富察皇后

林黛玉之美，不仅表现在容貌上，还表现在她才学横溢和浓郁的诗人气质。作者笔下的林黛玉，是一个诗化了的才女，她有多方面的才能：

1. 博览群书，学识渊博

黛玉爱读书，不但读《四书》，而且喜读角本杂剧《西厢记》《牡丹亭》《桃花扇》等；对于李、杜、王、孟以及李商隐、陆游等人的作品，不仅熟读成诵，且有研究体会，单从林黛玉给香菱讲评诗歌创作的奥秘中就可以看出她才学非凡。《红楼梦》里这一段林黛玉给香菱讲诗的文字，历来很受人重视，并且时常被人引用。

2. 诗思敏捷，出口成章

黛玉的诗作新颖别致、风流飘逸，在大观园里是无人能出其右的。诗社每次赛诗，她的诗作往往为众人所推崇，因而不断夺魁。她有极其敏锐的感受力、丰富奇特的想象力以及融情于景的浸透力；即使一草一木、一山一石等极平凡的事物，她只要一触到，立即就产生丰富的想象，新奇的构思和独特的感受和见解。尤其可贵的是，她能将自己的灵魂融进客观景物，通过咏物抒发自己的痛苦的灵魂和悲剧命运。例如她的《白海棠》

诗，既写尽了海棠的神韵，亦倾诉了她少女的钟情。尤其是“娇羞默默同谁诉”一句，最为传神。

3. 富察皇后才情横溢

富察氏后人玄海的回忆录有如此描述：忽一日，雍亲王（雍正）突然来访。李荣保和夫人，小女（富察氏）回避不及，赶紧施礼请安。雍亲王环视书房，只见格为整洁俭朴，满桌皆是抄经文。信手拿起一张看罢，脱口称赞此字写得精楷，笔力刚劲。他说：“此笔锋大有欧阳询之韵，柳公权之骨。是出自谁笔?”李荣保指着格格说：“是拙女习字。”雍亲王再看站在夫人旁边之女富察氏，雍容华贵，一身威仪。雍亲王点着头问：“格格，今年几岁，从师傅何人?”格格一一作答。雍亲王回过头问李荣保：“福敏，是康熙三十六年（1697年）进士，选庶吉士吗?”李荣保答：“是。现散取在家，他又是我族兄，故此请教本族子侄授业。”雍亲王笑容满面，又问格格，读什么书，格格对答如流，声如学簧，谈吐大方。雍亲王大喜，便向李荣保说让格格当面写来。李荣保说：“您雍亲王乃书法大家，连皇上都赞亲王之楷笔，此童雅幼笔怎敢在亲王面前献丑。”雍亲王说：“你乃富察家贤人，怎么也俗套起来了。”只见格格略加思索，提笔敬录圣祖康熙一首五言绝句，《古北口》：“断山逾古北，石壁开峻远。形胜固难凭，在德不在险。”雍亲王站在旁边见格格挥笔娴熟，字字流畅，结构严整，连声说好。于是问格格可能解圣祖诗意。格格说：“师傅已讲过，自己才知道‘在德不在险’一句，是出自《史记·孙子吴起列传》。长城虽险固，没有德政，没有明政，再好天险也是挡不住我满族巴图鲁。只有事理洞明，修仁、修德、修明，才能治理天下。”雍亲王点头夸赞格格的聪明。雍亲王回府后，嫡福晋乌拉纳喇氏过来与他说话。这时三阿哥弘时、四阿哥弘历、五阿哥弘昼也过来请安。雍亲王便把刚才李荣保之女敬录圣祖康熙的字幅拿出来让三位阿哥看，对他们说：“此字乃是一位九岁的格格所写，你们如不用心上进，可连女童都不如了。”然后又问了问学习之事，让他们退下。

从玄海的描述中，我们可以窥见富察氏年少时是一个聪明过人、才情横溢的姑娘，难怪雍亲王如此喜欢她。

关于那拉皇后的才情能力，将在后文中“王熙凤就是那拉皇后”一文中论证。

第五节　林黛玉的悲情隐写两位皇后的遭遇

如果说薛宝钗和林黛玉的性格是两位皇后的“形”，那么，林黛玉的情感则是两位皇后的“情”。

在通篇《红楼梦》中，作者对林黛玉的外在美描写并未花费太多笔墨。然而就是那着墨不多的描写却给人留下了极其美丽的形象。我们可从开篇的“绛珠仙草”得“受天地之精华，复得甘露滋养，遂脱了草木之胎，换得人形”，从这些句中体会到“仙草化身”一种超凡脱俗、得天地精华的清秀非凡之美。

林黛玉是个内慧外秀、楚楚动人、惹人怜爱、多愁善感的女性。她天生丽质，气质优雅绝俗，“心较比干多一窍，病如西子胜三分”。

一、林黛玉的悲情暗喻两位皇后的不幸

小说中的林黛玉有着父母双亡、寄人篱下的不幸遭遇，处在“一年三百六十日，风刀霜剑严相逼”的贾府的恶劣环境中，黛玉的生活正如探春所说，外头看着光鲜，其实十分难熬。

其实，林黛玉的遭遇隐写的是两位皇后的境遇。

1. 富察皇后的不幸

富察皇后虽贵为皇后，表面上风光无限，但她却是个不幸的女人。尽管乾隆和她恩爱有加，然而，“天道忌全”，特别完美的事物，总有特别不完美的一面相随。富察氏一生中生了 4 个孩子，其中 3 个早亡。

雍正六年（1728 年），富察氏为弘历生了他的皇长女，可惜的是，这个女孩只活了十四个月。虽然那是一个婴儿死亡率极高的时代，但此事还是给弘历夫妇十分沉重的打击。令人庆幸的是，富察氏此时已经再次怀孕，对下一个孩子的期盼冲淡了夫妇二人的悲伤。

雍正八年（1730 年）六月二十六日，弘历的嫡长子出生。这是一件

特大喜事，连雍正皇帝都为之喜形于色，亲自赐名为永琏。琏者，宗庙之器也。古代祭祀时盛黍稷的尊贵器皿，夏朝叫“瑚”，殷朝叫“琏”。但在敏感的弘历看来，这显然暗寓承继宗庙之意。随着永琏一天天长大，他的聪明可爱也越来越引人注目，才三四岁弘历就开始教他读书识字，他居然过目不忘，不到五岁，就认识了数百个字。乾隆后来说，这个孩子“为人聪明贵重，气宇不凡”。于是弘历在乾隆元年（1736 年）遵照雍正帝首创的秘密立储的方法，把永琏密定为皇太子，把谕旨用一个精致的匣子锁起来，放到乾清官“正大光明”匾的后面。未想到刚过了两年多，永琏就因“偶感风寒”，一病不起，竟于乾隆三年（1738 年）十月十二日夭亡，年仅 9 岁。

第一个女儿去世时，乾隆和富察氏虽然悲痛，却并不致命。这个儿子的去世，却几乎摧垮了富察氏。她大病一场，体重骤减，几天之内，形销骨立。乾隆十分担心，天天过来探视。然而富察氏的与众不同就在此时显露出来，在皇帝面前，她从不流露内心的悲伤，反而没话找话，和皇帝聊东聊西，以减轻皇帝内心的痛苦。为了不让皇太后担心，刚刚能下床，她就一如往日，日日到皇太后处问安。体力刚刚恢复，她又担当起管理后宫的大任。

痛失爱子，乾隆伤心极了，他把密定谕旨公布于众，谕曰：“永琏乃皇后所生，朕之嫡子，聪明贵重，气宇不凡。皇考命名，隐示承宗器之意。朕御极后，恪守成式，亲书密旨，召诸大臣藏于乾清宫‘正大光明’匾后，是虽未册立，已命为皇太子矣。今既薨逝，一切典礼用皇太子仪注行。”旋册赠皇太子，谥号端慧 。

按皇太子之礼为永琏隆重举丧，乾隆多次亲临祭奠。

雍正九年（1731 年）五月二十四日，富察氏又生下了皇三女，这位固伦和敬公主算是长寿，直到乾隆五十七年（1792 年）六月二十八日去世，活了 62 岁。也算是间接弥补了富察皇后失去皇长女和皇二子的伤痛。

在经受七年折磨之后，上天终于再次降恩。乾隆十一年（1746 年）四月，已经 35 岁的富察皇后生下了皇七子永琮，即悼敏皇子。

永琮出生当天正逢亢旱之后大沛甘霖，又值“佛诞”（佛家指农历四月初八为佛生日）这吉祥的日子，乾隆大喜过望，作诗一首《浴佛日复雨因题》：

九龙喷水梵函传，疑似今思信有焉。
已看黍田沾沃若，更欣树壁庆居然。
人情静验成和豫，天意钦承倍惕乾。
额手但知丰是瑞，颙祈岁岁结为缘。

写毕，怕别人不懂，乾隆又在前两句诗下面加了“是日中宫有弄璋之喜”这样的注释。“弄璋”典出《诗经》：“乃生男子，载寝之床，载衣之裳，载弄之璋”，于是后人把生男孩文雅地称“弄璋”。佛诞日民间有结缘之俗，乾隆祈盼年年浴佛日能结喜缘。第二年佛诞，永琮周岁，天不负乾隆所望，绵绵细雨再次降临，乾隆叠去岁韵再赋诗一首：

廉纤夜雨枕边传，天眷常承独厚焉。
饶有对时增惕若，那无抚节庆油然。
醉盘嘉祉徵图箓，佛钵良因自竺乾。
（自注：去岁中宫生子，今日适逢周醉。）
恰忆去年得句日，果然岁岁结为缘。

从这两首诗看，乾隆这时的心情好极了。虽然此时乾隆已经有了好几个儿子，他对永琮仍然爱如珍宝，也许是做父亲的偏心，他觉得这个孩子是他所有孩子中最漂亮、最可爱、最聪明的一个，“性成夙慧，歧嶷表异，出自正嫡，聪颖殊常。”他已把承继大统的希望完全寄托在富察皇后这个嫡出的婴儿身上。

灿烂的笑容又一次出现在富察氏脸上。这个孩子所得到的关心照顾，可谓无以复加。富察皇后几乎把全部心血都放在他身上，日日不离。但永琮未满两岁，又因出痘（天花）于乾隆十二年（1747 年）腊月二十九日身亡。这一年除夕，当千家万户沉浸在辞旧迎新的欢乐之中时，皇宫里却一片死寂。时隔 15 年后好容易孕育的一个儿子却又一次的夭折，使本来美满的婚姻在反复失去爱子的打击下，蒙上一层悲哀的色彩，富察皇后遭此重创，悲痛欲绝，终至一病不起。

一次次的丧子之痛，恰如风刀霜剑，割裂了富察皇后的心，她无法理解上天为什么会一而再、再而三地给她以如此残酷的打击。

黛玉在《秋窗夜雨夕》中写道：

抱得秋情不忍眠，自向秋屏移泪烛；
泪烛摇摇入短檠，牵愁照恨动离情。
连宵脉脉复飕飕，灯前似伴离人泣。

这分明是富察皇后对逝去的儿子的思念之情。在《葬花吟》中黛玉这样写道：

三月香巢已垒成，梁间燕子太无情！
明年花发虽可啄，却不道人去梁空巢也倾。

黛玉是在葬花时吟出这首《葬花吟》，诗中却突然扯出梁间燕子，这似乎和葬花没什么关系。上句说“梁间燕子太无情”，可下句却说“人去梁空巢也倾”，而不是“燕去梁空巢也倾”。可见，黛玉说的燕子只是一个比喻，那梁间燕子指的是人。那么，谁是那个梁间燕子？

富察皇后的最后一个儿子永琮，出生于乾隆十一年（1746年）四月初八，在永琮降生前，富察皇后在春天三月里已经为自己的宝贝儿子垒成了温暖的窝巢，那“梁间燕子”就是永琮。可惜的是，永琮未满两岁就夭折了，梁间燕子无情地飞走了。明年还有花发的时候吗？最后一个儿子的逝去，终于彻底摧垮了富察皇后，真的是“人去梁空巢也倾”！这在乾隆写的怀念富察皇后的诗《仲夏御园间咏》中得到印证：“巢梁乳燕呼儿切，濩水文鸳命侣频。揽结寻常怡性处，云何长遣两眉颦。”

“濩水文鸳命侣频”的意思是：两个寄予厚望的儿子，像屋檐之水一样，屡次无情地流走了。富察皇后之所以双眉常皱，泪水横流，是因为

"巢梁乳燕呼儿切"啊！且看，乾隆把自己的儿子比作"巢梁乳燕"，黛玉之所以说"人去梁空巢也倾"，是因为她就是富察皇后。小说中宝玉称黛玉为"颦颦"，正是出自乾隆诗"云何长遣两眉颦"；"两眉颦"，岂不就是"颦颦"。乾隆诗再次证明林黛玉就是富察皇后。

小说中黛玉两次葬花，暗喻的正是富察皇后两次葬子。

黛玉还写道：

尔今死去侬收葬，未卜侬身何日丧？
侬今葬花人笑痴，他年葬侬知是谁？
试看春残花渐落，便是红颜老死时。

黛玉的《葬花吟》其实就是富察皇后的"葬子吟"，接连的丧子之痛，摧残着富察皇后的身心。传统社会中，女人幸福与否，一半决定于她有没有儿子。在母以子贵的皇家，没有儿子传承帝业，这对身为皇后的母亲来说是多么大的悲哀。黛玉终日以泪洗面，悲吟："尔今死去侬收葬，未卜侬身何日丧？侬今葬花人笑痴，他年葬侬知是谁？"这其实是富察皇后的切肤之痛啊！

2. 那拉皇后的悲情也在黛玉身上体现

关于乌喇那拉氏，史书上记载极少，那拉皇后被打入冷宫后，乾隆几乎抹掉了清史里所有关于那拉皇后的记载。网上有一个署名"笔盈盈的花儿"（估计是个女孩子）写了一篇文章，现摘录如下："雍正十一年（1733年），宝亲王弘历再度请旨雍正，拾府内包衣高氏为侧福晋，这已经是他第三次就高氏之事向雍正请旨了。雍正十年（1732年）的时侯，弘历就已经闹过一回了，雍正没有同意，事情不了了之。这次，雍正依旧不想理会弘历那茬儿，但弘历锲而不舍，父子俩闹得是不大开心。

大臣对弘历的做法颇有微词，要知道，风流多情对于一个储君来说可不是什么优点啊。雍正为了弘历的名声着想，决定在这一年中选的秀女中为弘历挑选一个出身于满洲大姓的侧福晋，一来是转移大臣们对弘历和高氏的关注和非议，二来是用这个女子来分高氏的宠。

这个满洲大姓的女子，出身既不能高得压制嫡福晋富察氏，又不能低了让人看笑话。于是，出身于满洲镶蓝旗，但父亲却只是一个小官的乌喇那拉氏就进入了雍正的视线，倒霉的雀屏中选了。要不然，就依着讷尔布的官位，乌喇那拉氏是绝对不会被指给弘历的。就算指婚，也应该是像珂里叶特氏那样，指为格格，而不会一上来就是侧福晋。

笔者认为，那拉氏应当是雍正、乾隆父子妥协的一个结果，高氏被册封为侧福晋，但弘历必须接受雍正指给他的另外一个满族女子作为侧福晋。但乾隆打心眼里不喜欢这个父亲硬塞给他的“偏房”，所以，那拉氏自进入弘历的潜邸后，一直受到冷落。那拉氏很清楚自己在乾隆心目中的地位，因此，战战兢兢地在弘历的后宫生活了十多年。

林黛玉的悲情，有一部分是写那拉皇后的。

小说中的林黛玉用诗词来宣泄自己的离情别绪。她所写的多是些哀伤的诗句，想到的往往是死、老、分散、衰败，这其实是那拉皇后的悲情再现。

黛玉的“菊花诗”中：“满纸自怜题素怨，片言谁解诉秋心?”“孤标傲世偕谁隐，一样花开为底迟”等句，更写出了那拉皇后的孤傲品格和痛苦灵魂。“一年三百六十日，风刀霜剑严相逼”，是那拉皇后对长期摧残着她的冷酷无情的现实无声的控诉。

二、黛玉对宝玉的真情恰是富察皇后对乾隆的挚爱

1. 绝世情痴

林黛玉也有着青春少女的活泼热情，并非终日都沉溺在哀愁之中。她在贾府十分孤立无援，唯一的知己是贾宝玉。对贾宝玉的爱情，是她的生命之火，一旦失去这爱情，生命也就终结了。

林黛玉的精神之美，强烈地体现在她对贾宝玉的爱情之中。这种爱情最根本的特点，是建立在互相了解、思想一致基础之上的，表现得非常纯真、深挚、坚贞。林黛玉本是一个“情痴”、“情种”，她为爱情而生，又为爱情而死，爱情是她的生命所系。她对贾宝玉爱得真诚，爱得执着，始终如一，至死不渝。

尽管乾隆对富察皇后的感情是真挚的，这一点毋庸置疑，但他却是一个风流天子，常常拈花惹草，处处“遗情施爱”。不过，对乾隆来说，“野花不如家花香”，富察皇后才是乾隆唯一真心爱过的女人。乾隆在当皇子时，就已经娶了福晋、侧福晋、格格等十人。做了皇帝之后，又纳了不少妃嫔。在乾隆的众多后妃中，孝贤皇后是和乾隆感情最好的，备受乾隆宠爱。

小说中的黛玉对宝玉关怀备至，她为宝玉精心绣制的荷包，宝玉视为珍品，一直藏于衣内。乾隆有次秋季去关外对皇后谈起关外旧俗，提及祖上刚刚创建帝业的时候，衣物的装饰都是用鹿尾绒毛搓成线缝在袖口，而不是像现在皇宫中那样用金线银线精工细绣而成。乾隆当时不过是随口说说而已，但孝贤皇后却将乾隆的一席话深深记在心里，后来还特地做了一个用鹿尾绒毛搓成线缝制而成的燧囊献给乾隆，以示不忘满洲本色。乾隆非常珍爱孝贤皇后亲手缝制的燧囊，一直带在身边。

除了生性节俭之外，孝贤皇后对乾隆感情至深，爱护有加。对皇帝的生活起居，更是关怀备至，事必躬亲。一次，乾隆帝患上了严重的疖疮，经过多方医治，才渐渐初愈了，但御医一再叮嘱将养百日之后才能完全康复。皇后听说后，就搬到了乾隆寝宫的外屋居住，精心服侍了乾隆一百多天，直到看到乾隆确实康复如初，才搬回到自己的寝宫居住。

这一情景隐写于《红楼梦》第二十五回中：“宝玉的脸被贾环故意烫了，左边脸上烫了一溜燎泡出来，幸而眼睛竟没动。……”黛玉知道后，十分心疼，“便赶着来瞧，只见宝玉正拿镜子照呢，左边脸上满满的敷了一脸的药。林黛玉只当烫的十分利害，忙上来问怎么烫了，要瞧瞧。宝玉见他来了，忙把脸遮着，摇手叫他出去，不肯叫他看……知道他的癖性喜洁，见不得这些东西。林黛玉自己也知道自己也有这件癖性，知道宝玉的心内怕他嫌脏，因笑道：‘我瞧瞧烫了那里了，有什么遮着藏着的。’一面说，一面就凑上来，强搬着脖子瞧了一瞧，问他疼的怎么样。宝玉道：‘也不很疼，养一两日就好了。’”此处有脂批曰：［写林黛玉文字，此等方是正经笔墨。故二人文字虽多，如此等暗伏淡写处亦不少，观者实实看不出者。］［二人纯用体贴功夫。］［将二人一并，真真写他二人之心玲珑七窍。］可见，小说中的这一细节描写，正是乾隆帝患疖疮，富察皇后对他精心照顾的情景再现。帝后二人之心“玲珑七窍”，“纯用体贴功夫”。

富察皇后一直为乾隆皇帝分忧解劳，夫妻俩休戚与共、同甘共辛。譬如，乾隆在国事中最关心的事务之一便是全国各地降雨的情况。当时最了解皇帝心事的人，莫过于皇后。膜旱而同忧，雨雪而同喜。乾隆在《雨二首》的注文中特别提到这一情形：“忆十三年来，朕无日不以雨暘系念，先皇后实同此欣戚也。今晨观德殿奠酒，若常此时遇雨，应解愁而相慰，兹岂可复得耶？兴言及此，泪欲沾襟。”

2. 龄官画蔷

第三十回：

“宝玉只听有人哽噎之声，心中疑惑，便站住细听，果然架下那边有人。如今五月之际，那蔷薇正是花叶茂盛之际，宝玉便悄悄的隔着篱笆洞儿一看，只见一个女孩子蹲在花下，手里拿着根绾头的簪子在地下抠土，一面悄悄的流泪。……宝玉早又不忍弃他而去，只管痴看。只见他虽然用金簪划地，并不是掘土埋花，竟是向土上画字。宝玉用眼随着簪子的起落，一直一画一点一勾的看了去，数一数，十八笔。自己又在手心里用指头按着他方才下笔的规矩写了，猜是个什么字。写成一想，原来就是个蔷薇花的‘蔷’字”。

蔷，简体笔画：14 笔，繁体笔画：19 笔。显然，龄官画的“十八”笔并不是“蔷”字，那么，这个“十八”笔到底是什么意思？

龄官是贾家买来唱戏扮小旦的。这又是个长得很像林妹妹的女子，在宝玉眼中，她“眉蹙春山，眼颦秋水，面薄腰纤，袅袅婷婷，大有林黛玉之态，戏又唱得极好”。第三十六回中描述她总爱生病，而且还咳嗽出两口血来，可见连“病”都和林妹妹病得一样。作者塑造龄官是为了映衬黛玉，可以说，没有龄官，黛玉的形象是不完整的。龄官有着黛玉的气质，她在主子面前毫不妥协的倔强，烦躁时以雀自喻自怜的敏感，孤独时“蔷薇花下画蔷”的痴情，都与黛玉何其相似。

黛玉是富察皇后的化身，那么这个“长得很像林妹妹的”龄官，则是富察皇后的一个影子。既然龄官画的“十八”笔不是“蔷”字，那么，这个“十八”必然和富察皇后有关。史书记载：雍正五年（1727

年）七月十八日，雍正帝在紫禁城西二所（弘历即位后改名为重华宫）为皇四子弘历和富察氏举行了隆重的结婚典礼。龄官画了几千个“十八”笔，暗示的正是“十八日”，这是富察氏一生中最为重大的日子，她成为弘历的嫡福晋，后来又成为大清朝的国母——皇后。靖藏本回前批：［无限文字，痴情画蔷，可知前缘有定，非人力强求。］弘历生辰八字中“命中看得妻星最贤最能”，富察氏的星相恰好是“星”，这真是“前缘有定，非人力强求”啊！

蔷薇花的“蔷”字如何解？——“蔷薇花”出现在怡红院周围。怡红院中满架蔷薇、宝相等植物，怡红院后院有“篱笆上的蔷薇花、月季花、宝相、金银藤等”。第五十六回，李纨笑道：“怡红院别说别的，单只说春夏天一季玫瑰花，共下多少花？还有一带篱笆上蔷薇、月季、宝相、金银藤，单这没要紧的草花干了，卖到茶叶铺药铺去，也值几个钱。”因此，“蔷”字指向怡红院，贾蔷（蔷薇花）代表怡红公子贾宝玉。“痴及局外”的是宝玉，作者借贾蔷写的是局外的宝玉。龄官对贾蔷的痴情，就是黛玉对宝玉的痴情，也就是富察氏对乾隆的痴情。龄官流着眼泪画下的几千个“十八”笔，暗示的是“十八日”她与弘历结为百年之好，表达的正是富察皇后对乾隆的一片深情。

不幸的是，嫁给了皇上，就如同那笼中之鸟，正如龄官所言：“你们家把好好的人弄了来，关在这牢坑里学这个劳什子还不算，你这会子又弄个雀儿来，也偏生干这个。你分明是弄了他来打趣形容我们，还问我好不好。”皇妃们生活在高墙之内，就像“笼中鸟”一样，失去自由。“鸟笼”比喻皇宫；“笼中鸟”比喻皇上的后妃。

但无论如何，乾隆与富察皇后感情深厚，互敬互爱是不争的事实。他俩结发22年，如同两棵相互依靠交织成长的大树，彼此早已长成了对方的一部分。登基之后，进入后宫的年轻妃子越来越多，在皇后进入中年的同时，她们如同一朵朵含露的花朵，竞相绽放。然而皇后的魅力，随着时间的流逝而日益增加，因为这种魅力源于内心，就像一坛芬芳的酒，岁月越老，就越醇香。富察氏是皇帝永远的大后方、大本营，永远的温柔港湾。随着岁月流逝，皇帝越来越觉得皇后的娴静、温柔、持重，不急不躁，像一块贴身的玉石，时刻调适着他的政治体温。共同生活的时间越久，他们相处得越谐和，越能读懂对方的每一个细微的表情和动作，知道彼此的内心需要。正是因为有她在，乾隆才能精力充沛地处理国务，把大清推到一个前所未有的强盛时期。

那拉皇后对乾隆的情感隐写于熙凤、湘云和宝钗身上，后文再论。

第六节　元春隐写两个皇后的身份

如果说薛宝钗、林黛玉是富察皇后和那拉皇后的青少年时期的形象，那么，元春则隐写着乾隆登基后两位皇后的真实身份。

第十八回，元春省亲，在大观园内将宝玉所题“红香绿玉”改为“怡红快绿”，又命宝玉等人作诗。宝玉诗中又用“绿玉”字，宝钗提醒他改为“绿蜡”，宝玉感激宝钗，说：以后就叫你老师，不叫姐姐了。宝钗道：“谁是你姐姐？那上头穿黄袍的才是你姐姐，你又认我这姐姐来了。”清朝时，只有皇上和皇后才能穿黄袍，作者借宝钗之口，点出元春的身份，穿黄袍的岂不是皇后。

元春游园结束后说：“此中‘潇湘馆’、‘蘅芜院’二处，我所极爱，次之‘怡红院’、‘浣葛山庄’，此四大处，必得别有章句题咏方妙。”元春为什么说“潇湘馆”和“蘅芜苑”是她的极爱呢？因为居住在“潇湘馆”的林黛玉是富察皇后的化身，“蘅芜苑”住的是薛宝钗，她的身份之一是乌喇那拉氏皇后，而元春隐写的是这两位皇后的真实身份，所以，“潇湘馆”和“蘅芜苑”才是元春的极爱。

一、元妃身份之一是富察皇后

元春又称元妃。据鄂州大学文法学院副教授童力群先生考证：清代，元妃是太子的原配嫡福晋。当弘历被立为太子时，富察氏被立为太子的嫡福晋。因此，富察皇后曾是名副其实的元妃！（清代有半数的皇后没当过元妃）。童教授认为：元春的主要原型是乾隆皇帝的富察皇后，这和笔者的看法不谋而合。笔者认为：元春的身份之一是富察皇后。

元春因“贤孝才德”选入宫中，起初充任女史，不久封为凤藻宫尚书，加封贤德妃。富察皇后因其娴静温柔、体贴贤孝而深受乾隆爱戴，乾隆曾赞其："历观古之贤后，盖实无以加兹。"富察皇后去世后，乾隆亲定大行皇后谥号为"孝贤"，清代实无先例。并指出这是因为"从来知臣者莫如君，知子者莫如父，则知妻者莫如夫。朕昨赋皇后挽诗。有圣慈深忆孝。宫壶尽称贤之句。思惟孝贤二字之嘉名。实该皇后一生之淑德"，自己如此做"非私恩爱偏"。

二、"元妃省亲"道出两位皇后的真实身份

1. 先皇后身份显形

第十七回：大观园落成，贾政和众清客游园。众人都道："要如此方是。虽然贵妃崇尚节俭，天性恶繁悦朴，［庚辰侧批：写出贾妃身分天性。］然今日之尊，礼仪如此，不为过也。"崇尚节俭、厌恶奢华正是富察皇后的品性，脂批"写出贾妃身分天性"，道出元春的真实身份。

第十八回元春省亲的场面描写透露出元春的真实身份，这等场面，这等气派，完全是皇后驾到。

"那版舆抬进大门、入仪门往东去，到一所院落门前，有执拂太监跪请下舆更衣。于是抬舆入门，太监等散去，只有昭容、彩嫔等引领元春下舆。只见院内各色花灯闪灼，皆系纱绫扎成，精致非常。上面有一匾灯，写着'体仁沐德'四字。"此处有个"德"字，可以令人想到德州。元春刚进园，"忽又见执拂太监跪请登舟"。此外又有个"舟"字，可以令人联想到德州之舟。富察皇后正是死于德州之舟上。

"那贾妃在轿内看此园内外如此豪华，因默默叹息奢华过费。"又写元春"再四叮咛：'……倘明岁天恩仍许归省，万不可如此奢华糜费了！'"

这正是富察皇后，喜淡雅、戒奢华是富察皇后的一贯行为。

2. 继皇后紧随其后

"此时自己回想当初在大荒山中，青埂峰下，那等凄凉寂寞；若不亏癞僧、跛道二人携来到此，又安能得见这般世面。本欲作一篇《灯月赋》、《省亲颂》，以志今日之事，但又恐入了别书的俗套。按此时之景，即作一赋一赞，也不能形容得尽其妙；即不作赋赞，其豪华富丽，观者诸公亦可

想而知矣。所以倒是省了这工夫纸墨，且说正经的为是。”［庚辰双行夹批：自“此时”以下皆石头之语，真是千奇百怪之文。］这是在写那拉皇后。

脂批明示，这一段话是青埂峰顽石的内心独白，笔者在第二章里论述青埂峰下的顽石是个女人，在这里得到证实。元春就是“癞僧、跛道二人携来到此”的那块顽石，她的身份之一是那拉皇后。富察皇后死后，那拉皇后登上皇后宝座，母仪天下，所到之处，所有臣民皆跪拜迎送，何等辉煌。此时此刻，回想起当年在弘历宫中备受冷落的时光，感慨万分。正像那青埂峰下被弃之不用的顽石，若不是被僧道二仙师化成美玉，“夹带于中”，投胎到弘历宫中，如何会有今天这般光景。

3. 真情流露

元春在归省之日向贾母、王夫人含泪倾诉：“田舍之家，虽齑盐布帛，终能聚天伦之乐。今虽富贵已极，骨肉各方，然终无意趣！”又说：“当日既送我到那不得见人的去处，好容易今日回家娘儿们一会……一会子我去了，又不知多早晚才来！”

这是那拉皇后真实的生活经历。

那拉皇后获得的尊贵地位闪耀着夺目的光彩，她享受的富贵使醉心名利的人头晕目眩。虽然如此，她和元春一样居住的皇宫是一个“不得见人的去处”，她在皇帝之家备受冷落，既受集权的管辖也无丝毫人身自由，满腔都是难以言状的辛酸，其显赫声势下掩盖的是一颗忧郁凄寂的心。

作者在元妃省亲之前借贾琏之口道出一大段皇上的自述：“父母儿女之性，皆是一理”，“骨肉私情”乃“天伦中之至性”，然“宫里嫔妃才人等皆入宫多年。抛离父母音容，岂有不思想之理？儿女思念父母，父母在家只管思念儿女，竟不能见”，“因此成疾致病，甚至死亡，皆由朕躬禁锢，不能使其遂天伦之愿，亦大伤天和之事！”……作者的这段控诉，既是对当时妃嫔们的总况的概写，也适用于那拉皇后，或者说，那拉皇后正是她们中的一个具体典型。因为这段概述，等于间接地写出了那拉皇后那常年苦苦思念、心事重重、满腹愁闷、身心交瘁乃至“成疾致病”的情境，这是她那二十多年禁宫生活的必然结果，由此种下了最后导致她歇斯底里发疯的病根。

4. 戏中之秘

元春在大观园点了四出戏，其中第二出《乞巧》。

《乞巧》是清初剧作家洪昇的代表作《长生殿》中的第二十二出，也叫《密誓》，写七月七日，杨玉环与李隆基在双星之下设誓："愿生生世世共为夫妻，永不相离。"《红楼梦》作者以《长生殿》中杨贵妃比元妃，暗示元妃也有一段与之相同的生死爱情，这与富察皇后与乾隆皇帝的生死之恋正好吻合。富察皇后和乾隆皇帝情深义厚，可以与杨玉环和唐明皇相比。富察皇后与乾隆皇帝结发二十二年，本来"在天愿作比翼鸟，在地愿为连理枝"的恩爱夫妻，在乾隆十三年（1748 年）三月时好梦戛然而止，乾隆为此痛断肝肠。

《长生殿》中《乞巧》之后紧接着就是《惊变》："渔阳鼙鼓动地来，惊破霓裳羽衣曲"。唐明皇避兵去蜀，行至马嵬坡，军士哗变，唐明皇被迫赐白绫与贵妃。杨玉环断肠痛杀："唉！罢、罢、罢，这一株梨树，是我杨玉环结束之处了。"从腰间取下白练，拜介："臣妾杨玉环，叩谢圣恩。从此再不得相见了！"贵妃自缢于梨树。唐明皇吩咐将钗盒与贵妃一起，埋好记明，这就是《埋玉》。

脂批："《长生殿》中伏元妃之死"很容易使人产生两个误解：一是由《乞巧》一折而变成了整本《长生殿》，于是令人以为元妃之死全然跟杨贵妃一样：也是因突然爆发战乱和兵变，皇上携元妃仓皇出走，途中迫于兵谏或大臣凌逼，元妃亦同样被活活勒死或吊死；二是既然"伏元妃之死"，那么她必是猝然暴亡。

其实，所谓"伏"，仅仅是隐寓或暗示情节发展或人物结局的一种文学手法，其具体的方法之一，便是运用隐喻或借喻，《乞巧》之伏用的便是"喻"法。而"喻"的前提是：首先喻体与本体必须是两种截然不同的人、事、物；其次两者之间有某一点或一些相同或相近之处。设若两者完全相同，这叫重复，便不称其为"喻"。

笔者认为，脂批"《长生殿》中伏元妃之死"有双重含义：一是富察皇后虽然和乾隆情深义厚，但她却命运不济、屡遭不幸。在接连丧子、身心备受打击的情况下，又遭宫中嫔妃争夺皇位继承人的明争暗斗，身心皆碎，万念俱灰，以致一命呜呼。二是那拉皇后对乾隆也是一往情深，但她无法容忍乾隆的移情别恋，以致在乾隆第四次南巡期间积怨爆发，与乾隆发生激烈冲突，最后也像杨玉环一样，悲惨地死去。

三、元春判词及元春之死

在所有关于“金陵十二钗”的判词中，应该说贾元春的判词是最明确、清晰而完整的。这是因为贾元春身在皇宫，是贾府一位非常重要而又难以细细加以描写的人物，因此，元春的判词几乎涵盖了她的一生，非常具体，当然也包括了她的死亡方式。

元春的真实命运，前八十回里，作者交代得很清楚。她被归入太虚幻境中的“薄命司”，寓意境遇凄惨。第五回中“金陵十二钗正册”里有一幅象征元春命运的画。画上有一张弓，弓上挂着香橼。其判词是：

二十年来辨是非，榴花开处照宫闱。
三春争及初春景，虎兕相逢大梦归。

弓乃“宫闱”之“宫”的谐音，香橼谐“元春”的元字。香橼是柑的一种，外表有耀眼的黄色光泽，闻着很香，可供玩赏，但其果肉苦涩。宫中香橼乃元春宫廷生活的写照。《红楼梦》人物中，短命的都有令人信服的原因，唯独元春青春早卒的原因不明不白，这本身就足以引人深思。如果我们把元春与富察氏和乌喇那拉氏两位皇后联系起来，就不难理解元春判词的含义了。

1. 二十年来辨是非

这一句是说两位皇后，她们入宫二十多年来，对宫中的明争暗斗、尔虞我诈、是是非非已经看得一清二楚了。

2. 榴花开处照宫闱

这句是说富察皇后。所谓“榴花”，石榴花也，榴花似火，故用“照”

字。以石榴花所开之处使宫闱生色，喻元春被选入凤藻宫加封贤德妃。《北史》记载：北齐安德王高延宗称帝，把赵郡李祖收的女儿纳为妃子。后来皇帝到李宅摆宴席，妃子的母亲宋氏送上一对石榴，取石榴多子的意思，表示祝贺。富察皇后恰恰是多子女的皇后，她一共生了两个儿子、两个女儿。清朝从皇太极到乾隆这五代皇帝的后妃嫔共计85人。其中没生育的有18人，生一个子或女的有40人，生两个子女的有9人，生三个子女的有10人，生四个子女的有5人，生六个子女的有3人。可见，富察皇后多子女非“虚话”，是名副其实的“榴花开处照宫闱”，但不幸的是，她的两儿一女先后夭折。

3. 三春争及初春景

很多人认为“三春”暗指迎春、探春、惜春；“初春”，指元春；“争及”，为“怎及”。意思是元春的三个妹妹都不及她荣华富贵。也有人认为“三春”指春天的三个月。

对此，笔者有不同理解，笔者认为：元春判词中的“三春”应该理解为“春三”，即春天的三月。富察皇后死于乾隆十三年（1748年）三月十一日，乾隆怀念富察皇后的诗里有“春三月昔分偏剧”之句，故此处的“三春”应为“春三”。“初春”是暗喻富察氏被册封为皇后时的情景。春天的三月是富察皇后的死期，富察皇后死了，乌喇那拉氏才有机会当上皇后。在这一句旁有脂批［甲夹批：显极］，意思是，此时那拉氏的地位显赫至极。但是，你这春三之后的继皇后怎么能和“初春”的富察皇后相比呢？

4. 虎兕相逢大梦归

虎既是猛虎，兕是中国古代传说中类似犀牛的母兽！虎兕这两种凶猛的动物相遇，恶斗是不可避免的。大梦归即表示生命的结束！虎兕相逢大梦归，表意是：当虎、兕两种猛兽相逢决斗时，也是元春生命的终结！暗示元春死于两派政治势力的恶斗之中。

笔者认为：“虎兕相逢”是指乾隆后宫中为争夺皇位继承人的明争暗斗。在每个封建皇朝内部，后宫斗争历来十分尖锐激烈，只是正史对皇家的这类“家丑”，从来讳莫如深，不肯轻易外扬。为了争得帝王的恩宠，那些嫔妃们面临着极为残酷的竞争，处于争宠斗争中的失败者，命运往往极其悲惨，而赢的竞争者，则用心险恶、手段毒辣。历史上的吕后残害戚夫人、武则天陷害王皇后和萧淑妃等，其手段之残忍令人发指。又因为封建皇朝的政治是家族化了的政治，封建皇族是政治化了的家族，因此这类宫闱斗争，并非一般的争风吃醋，往往带有政治色彩或政治背景，从而这些后妃们的宠辱荣毁，每每含有政治因素在内。

乾隆与富察皇后感情最好，这在后宫中众人皆知。如果富察皇后的儿子永琏或永琮健在，那么，帝位无疑会传给嫡子，其他嫔妃也就不会有觊觎皇位的野心了。在端慧皇太子永琏薨后，乾隆从未考虑过立庶子为太子，而是一心盼望嫡子出生以继承大统。故而永琮出世后，尚在襁褓之中就被乾隆帝视为皇位继承人，虽然没有亲书秘旨，但人们普遍认定，这个孩子将来毫无疑问会成为大清国继承人。但是，富察皇后偏偏命运不济，两个儿子均不幸夭折；特别是永琮死时，富察皇后已37岁，在当时那个时代已经是人到中年了，很难再有儿子了。而此时，其他嫔妃们特别是乌喇那拉氏却暗中窃喜，蠢蠢欲动，她们每一个人都希望有朝一日自己的儿子能登上皇位，而这些嫔妃的亲属们又与当朝的许多大臣紧密地联系在一起。于是，一场争夺皇位继承人的明争暗斗便不可避免了。我们可以从富察皇后死后不久，乾隆奉太后钮祜禄氏懿旨，晋封贵妃乌喇那拉氏为皇贵妃，“摄六宫事”之举中，窥测到后宫中争夺皇位继承人的蛛丝马迹。

乌喇那拉氏本无子嗣，经常被皇帝忽略、冷落，但乌喇那拉氏颇有心计，极力讨好太后，正是由于太后的好感，她才得到娴妃的封号。在册封乌喇那拉氏为皇贵妃后不久，乾隆就写下“六宫从此添新庆，翻惹无端意惘然”的诗句，又自注道：“遵皇太后懿旨册封摄六宫事皇贵妃礼既成，回忆往事，辄益惘然。”（《御制诗二集 卷九》）

可见皇帝对此很不情愿。一年多后（乾隆十五年）乾隆又在太后的敦促下，册封33岁的乌喇那拉氏为皇后，实际上皇帝对此更不情愿，因为在他的心目中没有一个人能取代自己的结发妻子富察氏。无奈，乾隆是个大孝子，母命难违，只得违心从命了。

据此可知，富察皇后在接连丧子、身心备受打击的情况下，又遭宫中嫔妃争夺皇位继承人的明争暗斗，身心皆碎，万念俱灰，以致一命呜呼。正是“虎兕相逢大梦归”。

此外，此句的另一个寓意是：“虎”指乾隆，“兕”则指那拉皇后，伴君如伴虎，那拉皇后这只母兽，本不是良善之辈，但她不自量力，焉能斗得过乾隆这只猛虎，所以，才“大梦归”啊！

四、元春之曲道出两位皇后的结局

《恨无常》

喜荣华正好，恨无常又到。眼睁睁，把万事全抛。荡悠悠，把芳魂消耗。望家乡，路远山高。故向爹娘梦里相寻告：儿命已入黄泉，天伦呵，须要退步抽身早！

1. 喜荣华正好

这句是说富察氏和那拉氏都被册封为皇后，尊贵显赫，风光无限，荣华一时。

2. 恨无常又到

无常是佛家语言，原指人世一切即生即灭、变化无常，后俗传为地狱里索命的小鬼。这里的意思就是说，两位皇后在她们正享荣华富贵的时候被一场意外夺去了性命。

3. 眼睁睁，把万事全抛

这句是说那拉皇后，对被打入冷宫、病入膏肓的那拉皇后来说，死期已近，还有什么放不下的；什么荣华富贵，什么千秋帝业，一切皆是过眼云烟。

4. 荡悠悠，把芳魂消耗

这句是说富察皇后，她是在德州运河的龙舟上燃尽了生命中的最后一丝“灯油”，河水荡悠悠，芳魂亦难留。

5. 望家乡，路远山高

两位皇后的姓氏都是满族八大姓之一，富察氏属满洲镶黄旗，以地名为姓氏，祖籍东北辽宁、吉林。乌喇那拉氏属满洲镶蓝旗，被册封为皇后后被抬入正黄旗，世居今吉林省永吉县乌拉街至辉发河口松花江流域、拉发河流域，以及吉林市至双阳县境。两位皇后的家乡距离京城当然是路远山高了。

6. 故向爹娘梦里相寻告：儿命已入黄泉，天伦呵，须要退步抽身早！

最后两句，是写元春以托梦的形式向爹娘哭诉；这里暗喻那拉皇后告诫亲人们以她自己的含恨而死作为前车之鉴，赶快远离皇宫，远离官场；因为她的遭难，必将牵连到她的亲人们，所以，亲人们“须要退步抽身早！”脂砚斋也惊呼：[甲夹批：悲险之至！]

那拉皇后对亲人的担心不是没有道理，她的家族于乾隆十三年（1748年）由满洲镶蓝旗抬入满洲正黄旗。乾隆十五年（1750年）八月十五谕曰：“皇后之父讷尔布追封为一等公。遣官致祭，造坟立碑如例，妻封为公妻一品夫人。以其孙讷苏肯袭一等侯。”讷苏肯是那拉皇后的侄子，此时那拉皇后之父兄已经不在人世了，所以由皇后的侄子袭了爵。乾隆十三年（1748年）七月那拉氏册封为皇贵妃“摄六宫事”，乾隆赐给那拉皇贵妃的侄子讷苏肯官房一所。当那拉皇后被打入冷宫后，讷苏肯也“以罪”被削侯爵，他的承恩侯生活也到此为止。之后，讷苏肯被降为蓝翎侍卫，乾隆赐给他的官房也被收回。那拉皇后的家族也于乾隆三十一年（1766年）被降回原旗，更加悲惨的是还由世管佐领降为公中佐领，由九额驸扎兰泰管理，之后世袭的佐领也没有了。本来她家族的一切都是因为乌喇那拉氏是皇后带来的，既然皇后被废，所有的一切都化为乌有。

由此可知，作者以元春之死，暗示了两位皇后的命运，让人们从贾府盛衰遭遇，看到了它背后皇宫内部各派势力之间不择手段地争权夺利的肮脏勾当。探春所说“咱们倒是一家子亲骨肉呢，一个个不象乌眼鸡，恨不得你吃了我，我吃了你”的话意味深长，发人深省。

参考资料：

1. 徐易：《乾隆富察氏 伉俪情深》。
2. 童力群：《〈红楼梦〉不仅仅是隐秘曹家历史的小说》。
3. 陈靖宇：《大清后宫秘史》。
4. 好搜百科：《孝贤纯皇后》。
5. 好搜百科：《乾隆与富察氏间的生死恋》。
6. 好搜百科：《长生殿》的介绍。
7. 刘心武先生有关《红楼梦》的考证文章。
8. 好搜百科：《乾隆的后妃疑案》。
9. 月光森林博客：《第六章元春“大梦归”：析“虎兕相逢”》。

第五章

“三春”与“三秋”之谜

《红楼梦》一书虽然读起来显得章法凌乱、颇为费解，但是，如果你仔细研读脂砚斋的批语，就会发现小说中有一条明显的主线，那就是“三春”和“三秋”。只有解开了“三春”和“三秋”之谜，富察皇后和那拉皇后的真形才能显现出来。

小说第一回，在贾雨村所作中秋咏月诗旁，脂砚斋批道：［用中秋诗起，用中秋诗收，又用起诗社于秋日。所叹者三春也，却用三秋作关键。］

根据脂批，“三秋”当指小说中的三个中秋节。第一个中秋节，贾雨村中秋咏月，引出了整个故事的开端；第二个中秋节，海棠诗社成立，贾母大观园两宴，鲜花着锦之盛；第三个中秋节，品笛凄凉，联诗寂寞，悲剧气氛已占上峰。

“三秋”既然指三个中秋节，那么“三春”指什么？还有，“三春”有什么可叹的？“三秋”为什么是“三春”的关键？

第一节　“三春”的真正寓意

一、对于“三春”，红学界有多种解释

1. “三春”指人名

有些人认为，“三春”是指人名，即贾府的元春、迎春、探春、惜春。

小说中多次提到“三春”：第十三回中，秦可卿托梦于王熙凤有两句诗：“三春去后诸芳尽，各自须寻各自门”。对此，一般认为三春指的是

“元春、迎春、惜春”，说是“三春”事了之后，贾家便开始废败，大家树倒猢狲散。

第五回元春、惜春的判词以及曲子里都曾经说到“三春”。元春判词“三春争及初春景”；惜春判词“勘破三春景不长”；惜春曲子里有“将那三春看破”之语。还有宝琴在《西江月》中的“三春事业付东风，明月梅花一梦”，等等。

对于“三春争及初春景”的解释，普遍认为是迎春、探春、惜春三姐妹怎么能够有大姐元春的风光和富贵呢？这里的三春指的是迎春、探春和惜春。而所谓“勘破三春景不长”，意思是惜春看到了三位姐姐元春、迎春和探春好景不长的悲惨未来，这里说的“三春”是指元春、迎春和探春。至于“将那三春看破”，本来就是红楼梦曲子里进一步阐释“勘破三春景不长”的，所指应该是一样的，都是指的惜春的三位姐姐元春、迎春和探春。

但是，元春、迎春、探春、惜春按谐音法应为“原应叹息”，这四个女孩儿的命运都是“应该叹息”的，脂批为什么说所叹“三春”而不是所叹“四春”？所以，以“四春”姐妹的人名论“三春”则断然说不通。

2. “三春”的另一种解释是指季节

“三春”的另一种解释是指春天的三个月“初春、仲春、季春”，即整个春季。从这种理解出发，也就是说当百花开放、争艳的盛春过后，大观园中的“群芳”、“千红”、“万艳”也将全部凋谢、零落，暗示了这些女儿的悲惨结局。

3. “三春”即指贾府的三次春节

“三春”还有一种解释，即指贾府的三次春节——元宵节。这三次佳节透露了贾府由盛到衰的信息。

二、笔者对“三春”的理解

笔者认为，“三春”在不同的地方，表达的含义不同。

1. 上文中，笔者已论述过，元春判词里的“三春”应该理解为“春三”，即春天的三月。为什么?

史书记载：孝贤纯皇后富察氏死于乾隆十三年（1748 年）三月十一日。春天的三月是富察皇后的死期，对乾隆来说是永远悲哀的日子，这在乾隆第四次南巡期间写下的怀念富察皇后的诗中得到印证：“四度济南不入城，恐防一入百悲生。春三月昔分偏剧，十七年过恨未平。”

一代贤后逝于春天的三月，“春三”才是真正所应叹息的日子。

“*三春争及初春景*”：“初春”是暗喻富察氏被册封为皇后时的情景。富察皇后在春天的三月死了，乌喇那拉氏才有机会当上皇后，但是，你这春三之后的继皇后怎么能和“初春”的富察皇后相比呢?

富察皇后的去世，使乾隆万念俱灰，在他眼里，身边的众多嫔妃和万千佳丽都无法和富察皇后相提并论，乾隆的心里只有富察皇后一人。乾隆在怀念富察皇后的诗里曾说：“九御咸备位，对之吁若空。”意思是三宫六院，嫔妃齐备，可是面对她们，如同一片虚空。

2. “*三春去后诸芳尽*”，这里的“三春”暗指乾隆最爱的三个女人都过早地离他而去。

（1）哲悯皇贵妃 富察氏（？—1735 年），佐领翁国图之女，初入侍潜邸，雍正六年（1728 年）生皇长子永璜，九年生皇二女。她是第一个给乾隆帝生育子女的女人，很可能是乾隆帝第一个女人。雍正十三年（1735 年）七月三日乾隆即位前夕薨逝，年龄在 25 岁以下。乾隆元年（1736 年）追封为哲妃，十年（1745 年）正月谕旨：“大阿哥生母哲妃，著封皇贵妃。”四月谥：哲悯皇贵妃，葬于乾隆裕陵地宫。小说中花袭人就是哲悯皇贵妃的化身。

（2）慧贤皇贵妃 高氏（？—1745 年），大学士高斌之女，原为包衣，后抬入满洲镶黄旗。嘉庆二十三年（1818 年）正月，命玉牒内改书为高佳氏。初为潜邸侧福晋，乾隆二年（1737 年）册为贵妃，乾隆十年（1745 年）正月二十六日病逝，年龄在 35 岁以下，无子嗣。葬于乾隆裕陵地宫，谥号：慧贤。小说中的秦可卿就是高佳氏的化身。

（3）孝贤纯皇后富察氏，乾隆十三年（1748 年）三月十一日，乾隆东巡途中，在德州崩逝，终年三十七岁。谥号为：孝贤诚正敦穆仁惠徽恭康顺辅天昌圣纯皇后，葬乾隆裕陵。小说中的林黛玉就是富察皇后的化身。

史书记载：乾隆的后宫中光是有贵人以上名分的嫔妃就有37名，更不用说还有因为品级太低而无法统计具体人数的那些常在和答应们。但是，乾隆一生真正爱过的女人只有3个，那就是孝贤纯皇后富察氏、慧贤皇贵妃高氏和哲悯皇贵妃富察氏。乾隆只给这3个故去的女人写过怀念之诗，其中给富察皇后写的诗最多，有100多首，可见，富察皇后是乾隆的最爱。

由于慧贤皇贵妃仙逝之日为填仓日，此后数年，乾隆皇帝都在填仓日时作诗中，追忆过去表达哀思。填仓日诗共8首，现摘录几首涉及孝贤纯皇后和哲悯皇贵妃的诗。

乾隆十四年（1749年）：填仓日

已是伤神日，尤然韶景春，三年才过忌，周岁又思人。

悲喜何曾定，平生难具陈，无心饶苑卉，特地更怀新。

（纯皇自注：圆明园内韶景轩，慧贤皇贵妃所居也，妃以丙寅年填仓日仙逝，绕逾三年，而孝贤皇后天游，又将浃岁遇节，兴悲亦情之，不能已也）纯皇即乾隆。

乾隆十五年（1750年）：填仓日

五辛盘已撤，十字饼初尝，节物排年纪，风光此日良，

占农真得吉，从俗亦何妨，积润塍鳞叠，成波沼镜张，

从新春婉娩，忆旧景彷徨，更切怀贤匹，无何逮小祥。

（纯皇自注：慧贤皇贵妃于此日仙逝已五阅岁矣，而孝贤皇后二周年将次又及，抚景追昔不禁神伤。）

乾隆十六年（1751年）：填仓日作

俗节重填仓，此日宜晴和，朝来风日佳，所喜占得禾，

青齐经数程，气象异昔过，转旋赖天佑，振救之吏宜，

遂使三年间，元气复万家，烟村惜年芳，灯事今夕罗，
便于占民风，姑驰金吾呵，戚戚忆昔人，鹊华况嵯峨，
寻思事固然，旧绪徒延俄，达者戒一往，毋为感慨多。

（纯皇自注：忆慧贤皇贵妃以乙丑是日薨逝，而孝贤皇后又以戊辰春月东巡至济南抱病仙逝，三年之间两失故侣，触绪伤怀何能已已。）

乾隆十七年（1752 年）：填仓日题

焰灺春镫雪扫花，六街人尚恋年华；
昔传端识今堪例，闹后从看静可佳；
十字云腴谩说饼，一杯露馥且分茶；
拈毫即景艰成句，惭愧词臣颂八义。

（乾隆自注：此年冬，慧贤皇贵妃、哲悯皇贵妃随孝贤皇后一同入葬裕陵。）

除了填仓日诗外，乾隆还有感戴慧贤皇贵妃、哲悯皇贵妃并提及的作品，如：

乾隆十三年（1748 年）：奉移孝贤皇后梓宫于静安庄凄然神伤拉泪赋此

凤幰平明将奉移，欲留不住我心悲。
幽宫闕殿仍同叙，旧感新愁并一时。
廿载恩情惟梦会，千秋懿德尽人知。
重垣纵复如中禁，肠断荒郊朔籁吹。

（乾隆自注：慧贤皇贵妃、哲悯皇贵妃旧安别殿，是日均令祔于皇后之旁，如昔日也。）

乾隆十七年（1752 年）：

十月二十七日永安孝贤皇后于万年吉地宫，以慧贤、哲悯二皇贵妃附，皆少时相从者。既感逝存、更参梦幻，命笔成什以志一时

鳳翣龙輴何事尔，贯鱼故剑适相从。

可知此别非常别，谩道无逢会有逢。

芦殿惊心陈白日，葭涂举目惨寒冬。

百年等是行云寄，廿载凭参流水踪。

乾隆诗注中多次提到慧贤、哲悯二皇贵妃“皆少时相从者”，与富察皇后情深义厚，故“令祔于皇后之旁，如昔日也”。乾隆每忆起三人，“既感逝存、更参梦幻”，“欲留不住我心悲”。乾隆将此三人葬在裕陵地宫，是希望自己百年之后，这三个温柔贤惠的女人依然陪伴着自己，他期待“来世”还能和她们相会。

据此，笔者认为：秦可卿对熙凤梦中相告：“三春去后诸芳尽，各自须寻各自门。”这里的“三春”，是指富察皇后、慧贤皇贵妃和哲悯皇贵妃，此三人仙逝而去，使乾隆的情感陷入一片空白。

所以，秦可卿才告诫熙凤：“万不可忘了那‘盛筵必散’的俗语。此时若不早为后虑，临期只恐后悔无益了。”其实，可卿是在暗示熙凤，千万别去皇上面前争宠，那只能是自寻烦恼，自掘坟墓。所谓“登高必跌重”。

这里，需要说明一下，葬入乾隆裕陵地宫的还有两位：一位是嘉庆皇帝的生母魏佳氏（就是《还珠格格》中的令妃娘娘），乾隆三十年（1765年）那拉氏被废后晋升为皇贵妃，代行皇后职权。乾隆四十年（1775年）正月二十九日崩，年四十九岁。嘉庆皇帝即位后，追谥为孝仪纯皇后。魏佳氏死时《红楼梦》已基本成型，所以“三春”应该不包括她。

还有一贵妃金氏，乾隆二十年（1755年）正月十六日去世后，追谥：淑嘉皇贵妃，也葬入裕陵地宫。金氏也是乾隆早期的一位妃嫔，老实本分，生活平静得就像从地下渗出的泉水，既没有惊涛骇浪，也没有激情澎湃。金氏知道自己在乾隆心目中的地位，从没有过什么奢望，高氏和皇后富察氏的相继去世导致乾隆情感失控，嘉妃金氏几乎都是在独守孤灯中度过的。她所表现出来的淡泊，是出于理智，是理念对情感的压抑。长期的抑郁使得刚到中年的她在乾隆二十年（1755年）撒手而去，那一年她的儿子皇四子永珹十六岁，皇八子永璇九岁，皇十一子永瑆才三岁。嘉妃金氏去世后，乾隆深感愧对于她，追封其为皇贵妃，灵柩葬入裕陵地宫，金氏家族被抬入满洲正黄旗，赐姓金佳。嘉贵妃金氏在死后备享哀荣，这是乾隆对在他身边默默奉献了二十多年的嘉妃金氏的一种补偿吧。故此，嘉贵妃金氏也不在“三春”之列。

3. “勘破三春景不长”，“将那三春看破”，“三春事业付东风”，也应理解为“春三”，即春天的三月。但是，这里的“春三”不是指富察皇后之死，而是指那拉皇后在春天的三月里，由于“南直召祸”，而被乾隆打入冷宫。“春三”之后，那拉皇后的“事业”付之东流，乾隆的其他妃嫔看到那拉皇后惨痛的下场，更加诚惶诚恐，不敢越雷池一步。

第二节　“三秋”为何是关键?

脂批说“所叹者三春也，却用三秋作关键”。为何“三秋”是关键?三秋中的诗在叙述因果。从贾雨村《中秋咏月诗》《中秋对月诗》和《中秋对联》到《菊花咏》《螃蟹咏》再到《中秋三十五韵》是诉说着因为谁，发生了什么事，结果怎么样。

笔者认为：书中的三个中秋节，暗含几个神秘数字，“十三”，“三”和“三五”，这几个神秘数字透露出三个重要的日子，与神秘数字“十二”息息相关。

一、第一个中秋节，贾雨村两诗一联之秘密

1. 中秋咏月诗隐写乾隆皇帝的诞生日

笔者在第三章“贾宝玉就是乾隆皇帝”一文中已论述过，作者借贾雨村的咏月诗，道出了书中主人公宝玉——乾隆的生日：

时逢三五便团圆，满把晴光护玉栏。
天上一轮才捧出，人间万姓仰头看。

“时逢三”谐音为：十逢三。十逢三是十三，这是第一个十三。宝亲

王弘历出生于八月十三日，“天上一轮才捧出，人间万姓仰头看。”那轮皎洁的月亮，正是乾隆皇帝，“一代天子”诞生了，人间万姓仰天朝拜。

2. 五言律诗道出乾隆生母的秘密

很多人对贾雨村这个人物有很深的误解，因为他一出现，就给人一副权奸之相：“那甄家丫鬟撷了花，方欲走时，猛抬头见窗内有人，敝巾旧服，虽是贫窘，然生得腰圆背厚，面阔口方，更兼剑眉星眼，直鼻权腮。”作者描写的贾雨村是个落魄书生形象，然而又不甘久居人下，好像日后必有一番大作为。脂批道：[甲戌侧批：是莽操遗容。]此人性格豪爽，举止不同凡俗，但却藏着一颗寻找机会飞黄腾达的野心。不错，此人的确不同凡俗，因为他是登基前的胤禛，即雍正皇帝的化身。

雨村在中秋月夜所吟的五言律诗，道出了弘历生母的秘密。

雨村自那日见了甄家之婢曾回顾他两次，自为是个知己，便时刻放在心上。今又正值中秋，不免对月有怀，因而口占五言一律云：

未卜三生愿，频添一段愁。
闷来时敛额，行去几回头。
自顾风前影，谁堪月下俦？
蟾光如有意，先上玉人楼。

诗的表面含义是：还不知道自己的三生之缘吉凶如何，却平添了一份忧愁；烦闷时凝眉细思，那个几次回头张望的姑娘；看着自己在风中的影子形单影只，谁又能够和我在月下结为伴侣？月光如懂得我的心意，就先照进那位美女的闺房传达我的情意吧。

对贾雨村这首诗的内涵有多种解释，笔者的理解是：

贾雨村是胤禛的化身，这首五言律诗道出了乾隆生母的秘密。笔者论述过，小说中隐写了乾隆的身世之谜，贾雨村迎娶娇杏，暗喻乾隆身世之谜“秀女生子说”。贾雨村为什么平添了一份忧愁？就是因为他在甄士隐家偶遇娇杏，娇杏两次回头张望，雨村便觉得娇杏对自己有意，因此时刻挂在心上。后来，他做官后果然迎娶了娇杏，那娇杏也真是侥幸，“只一年便生了一子，又半载，雨村嫡妻忽染疾下世，雨村便将他扶册作正室夫人了。正是：偶因一着错，便为人上人。”那娇杏正是乾隆生母熹妃的化身，因为熹妃在辛卯年丁酉月庚午日丙子时生下了弘历——这个天生就是帝王之命的儿子，所以，胤禛才得以实现自己的雄心壮志，登上了皇位；身份低微的熹妃才成了“气昂昂，头戴簪缨，光灿灿，胸悬金印，威赫赫，爵禄高登”的太后钮祜禄氏，得以终养天年，享尽荣华富贵。

3. 中秋咏月诗道出胤禛的雄心得以实现

雨村的中秋咏月诗，不仅隐写了乾隆的生日，而且也道出了胤禛的登基日。康熙六十一年（1722 年）十一月十三日，康熙皇帝在北京畅春园驾崩，同日，胤禛继位，成为饱受争议的雍正皇帝。康熙死亡，雍正继位的日子都是十三日。

“天上一轮才捧出，人间万姓仰头看。”胤禛实现了他的政治抱负，在“十三”这个佛家的吉祥之日，登上皇位，天下朝贺，万民称颂。雍正以钢筋铁腕之手段、肝脑涂地之勤奋，挽狂澜于既倒，拯救了大清的危局。

4. 对联暗喻雍正为乾隆选择的两位皇后

贾雨村吟罢五言律诗，“因又思及平生抱负，苦未逢时，乃又搔首对天长叹，复高吟一联曰：玉在匮中求善价，钗于奁内待时飞。”

这副对联的意思是：美玉放在贵重物品的箱子里以求得一个好价钱，金钗存于梳妆用品的镜箱里等待机会腾飞。这两句对联是说林黛玉和薛宝钗，因雨村表字“时飞”，因此有人认为该联伏下了宝钗与贾雨村的姻缘。

笔者认为：小说中的林黛玉与薛宝钗先后来到贾府，都与贾雨村有关。而富察氏和乌喇那拉氏由雍正亲自册封的弘历的嫡福晋和侧福晋，富察氏和那拉氏日后先后成为皇后，与雍正有着密切的关系。“好风凭借力，送我上青云”，正是富察氏和那拉氏凭借雍正和太后的“好风”，先后登上皇后宝座的经历。然两位皇后命运多舛，最终都以悲惨的结局收场。

小说在第一个中秋节，已为书中主人公的命运埋下伏笔，而主人公的命运都与“十三”、“三”和“三五”有关。

二、第二个中秋节，“十三元”韵显真情

第三十七回写道：“贾政又点了学差，择于八月二十日起身。是日拜过宗祠及贾母起身，宝玉诸子弟等送至洒泪亭。”贾政出门后，宝玉与众姐妹结诗社，众人拟以白海棠作诗。

迎春道：“既如此，待我限韵。”说着，走到书架前抽出一本诗来，随手一揭，这首竟是一首七言律，递与众人看了，都该作七言律。迎春掩了诗，又向一个小丫头道：“你随口说一个字来。”那丫头正倚门立着，便说了个“门”字。迎春笑道：“就是门字韵，‘十三元’了。头一个韵定要这‘门’字。”说着，又要了韵牌匣子过来，抽出“十三元”一屉，又命那小丫头随手拿四块。那丫头便拿了“盆”“魂”“痕”“昏”四块来。宝玉道：“这‘盆’‘门’两个字不大好作呢！”

注意：这里两次出现了“十三元”，这两个“十三”是什么日子？

1. 第一个“十三”，暗喻雍正暴亡、乾隆登基

雍正十三年（1735 年）八月二十三日，雍正皇帝在圆明园暴亡。

宝玉在贾政出门后，在园子里玩了两天之后，与众姐妹结成诗社。次日刘姥姥进大观园，临走的前一天晚上熙凤说女儿病了，刘姥姥说：“‘或是遇见什么神了。依我说，给他瞧瞧祟书本子，仔细撞客着了。’一语提醒了凤姐儿，便叫平儿拿出《玉匣记》着彩明来念。彩明翻了一回念道：‘八月二十五日，病者在东南方得遇花神。用五色纸钱四十张，向东南方四十步送之，大吉。’”刘姥姥在大观园里已住了两夜，熙凤的女儿是在八月二十五日即当天晚上在园子里着凉病倒了，据此推算，宝玉和众姐妹结诗社的日子就是八月二十三日。

作者以好几回的篇幅写中秋诗社咏海棠诗，作《菊花咏》，吃螃蟹，作《螃蟹咏》，贾母夜宴，刘姥姥与众姐妹行酒令等行为，暗喻雍正暴亡，天下欢庆。

小说中巧妙地透露出这种信息。第四十一回，刘姥姥带着“板儿”与贾母等人行酒令，从席上下来后，奶妈抱着熙凤的女儿过来，“那大姐儿因抱着一个大柚子玩的，忽见板儿抱着一个佛手，便也要佛手。［庚辰双

行夹批：小儿常情遂成千里伏线。］丫鬟哄他取去，大姐儿等不得，便哭了。众人忙把柚子与了板儿，［蒙侧批：伏线千里。］将板儿的佛手哄过来与他才罢。那板儿因顽了半日佛手，此刻又两手抓着些果子吃，又忽见这柚子又香又圆，更觉好顽，且当球踢着玩去，也就不要佛手了。”［庚辰双行夹批：柚子即今香团之属也，应与缘通。佛手者，正指迷津者也。以小儿之戏暗透前回通部脉络，隐隐约约，毫无一丝漏泄，岂独为刘姥姥之俚言博笑而有此一大回文字哉?］

脂批说：“柚子即今香团之属也，应与缘通。佛手者，正指迷津者也。”雍正信佛是众所周知的事，作者借“板儿”“不要佛手了”，暗喻雍正即使拉住佛的手，也挽救不了自己必死的命运。野史传说雍正被吕四娘砍了头，雍正身首两异，只好做了个金头下葬。这种传说被作者巧妙地写进小说里，那“板儿”拿着柚子当球踢，暗示柚子就是雍正的头。所以，脂批说：“以小儿之戏暗透前回通部脉络，隐隐约约，毫无一丝漏泄。”

当然，野史的传说纯属胡说八道。关于雍正皇帝之死，笔者想多说几句。

雍正皇帝死得十分突然，无论是他的妃嫔、皇子，还是身边最得宠的大臣都没有丝毫心理上的准备。所以，后人都对雍正的死因妄加猜测，众说纷纭。

第一种说法是清朝官方文书中记载的“正常死亡说”。

《雍正朝起居注》记述：雍正十三年（1735 年）“八月二十一日，上不豫，仍办事如常。二十二日，上不豫，子宝亲王、和亲王朝夕侍侧。戌时，上疾大渐，召诸王、内大臣及大学士至寝宫，授受遗诏。二十三日子时龙驭上宾。大学士宣读朱笔谕旨，宝亲王即位。二十三日晨奉大行皇帝黄舆返大内，申刻大殓。”这是最早的记载，后来的《雍正朝实录》与《乾隆朝实录》以及《清史稿》都源此说，所记相同，即雍正帝是正常病死的。但后来许多人对此提出疑问：雍正帝从得病到死亡，仅历时三天?怎么死得这么快速而又突然，莫非其中别有隐情。

第二种说法是民间流传极广的“吕四娘刺杀说”，但细考史实，此说是难以成立的。

第三种说法是近代学者杨启樵先生参阅清宫留存史料，分析研究，认为雍正是因服饵丹药，中毒死亡的。《红楼梦》中的贾敬亦是雍正的化身之一，他一味好道，在都外玄真观修炼，烧丹炼汞，别的事一概不管，放纵家人胡作非为。后因吃秘制的丹砂烧胀而死，死时腹中坚硬如铁，面皮嘴唇烧得紫绛皱裂，这和雍正的死因和死时的症状是一致的。

雍正一直崇尚方术、迷信占卜，晚年更到处延访修炼之士、寻求长生不死之药。雍正十三年（1735 年）八月二十一日发病时，养在宫中的两个炼丹道士张太虚与王定乾邀功心切，向雍正进呈他们炼的丹药，没想到雍正吃了很快就“龙驭上宾”了。雍正死后的第二天，嗣皇帝乾隆就在百忙中突然下了一道谕旨，将宫中的道士统统驱逐出宫“各回本籍”，并要他们严守宫中机密与雍正死况，否则格杀勿论。从这些异常举措中，可以窥视到雍正死亡原因的一些蛛丝马迹。

满清野史对雍正的评价多为负面，究其原因，是因为雍正上台之后严厉惩治腐败官员，清理亏空，追缴各级官员拖欠的官银，甚至连同胞兄弟、皇亲国戚也不放过。雍正既不容忍“贪”，又不容忍“懒”，两手抓，两手硬。他首先诛杀贪官，保持高压，让官员们听到“钱”字就发抖。在对贪官执行死刑时，常组织官员到场观摩，他认为现场警示教育，比让官员学习《论语》管用得多。与此同时，雍正奖掖勤能、责罚庸懒，逼迫官员改变作风，不换脑筋就换人。于是，官场风气迅速扭转，号称“雍正一朝，无官不清”。他推行的“摊丁入亩”、“废除贱籍”、“火耗归公”等制度，极大地减轻了百姓的负担，提高了汉人的地位，折损了满洲旗人和各级官员的利益。所以野史多把雍正描写为残忍冷酷的暴君。但实际上，雍正非常勤于政事，自诩“以勤先天下”、“朝乾夕惕”。平日除却睡觉，其余大部分时间都在批阅奏折。他每天睡眠不超过 4 小时，在位期间每年唯有自己生日当天才会休息一天，其余每天都挑烛工作至凌晨一两点。他一生中在大臣的奏折中总共批阅超过千万字，是全部《资治通鉴》字数的 3 倍，过度劳累加之误服丹药致死的说法甚为可信。

康熙末年，国库亏空严重，库银只有八百万两左右，到雍正末年，国库银两就增至六千余万两，上升了近十倍，由此可见雍正勤于政事的重大成果。

雍正皇帝执政以来，励精图治，力求改革，整顿吏治，清理钱粮，摊丁入地，扩大垦田，火耗归公，以银养廉，创设军机处，革除旗主，平定青海，安定西藏，改土归流，等等，促进了生产发展，经济繁荣，国库充盈，政局稳定，边疆巩固，统一增强，设置驻藏大臣，为乾隆创建“大清全盛之势”，创造了极为有利的条件。雍正是一位具有开拓精神，有作为、有政绩的皇帝。

霍国玲老师论证宝玉与众姐妹作《螃蟹咏》是在骂横行霸道的雍正帝，笔者赞同霍老师的观点。当然，作者借书中人物骂雍正，表达的是作者本人痛恨雍正的感情，并非书中主人公的真情实意，也不是真实的历史情况。

宝玉所作的《访菊》诗中有“冷吟不尽兴悠悠”、“休负今朝挂杖头”之句，乾隆的登基大典是在雍正十三年（1735 年）九月初三，但实际上，从雍正死亡的那一刻起，他已成为新一代的“天子”。《雍正朝起居注》记述：二十三日子时龙驭上宾。大学士宣读朱笔谕旨，宝亲王即位。虽然皇阿玛去世，使乾隆伤感不已，然“冷吟”之后是“兴悠悠”，因为，他已经登上权力的顶峰，所以要“休负今朝挂杖头”。挂杖头，语用《世说新语》阮修“以百钱挂杖头，至店，便独醉酣畅”事。宝玉诗中的“挂杖头”是兴致很高的意思。雍正一死，弘历就成了当今天子——皇上，当然兴致很高。

2. 第二个“十三”暗喻的是富察氏被册封为皇后

林黛玉在《咏菊》一诗中有“无赖诗魔昏晓侵”之句，意思是说诗歌创作的冲动从早到晚地侵扰着她，令她兴奋不已。结果，林黛玉的《咏菊》诗被评为第一。

在雍正去世的当夜（雍正十三年（1735 年）八月己丑），乾隆奉懿旨册封富察氏为皇后，“无赖诗魔昏晓侵”，暗喻的是富察氏被册封为皇后时的激动心情。

为什么在雍正去世的当夜，富察氏被册封为皇后？

雍正的突然死亡，使后宫乱成一团，雍正的妃嫔们个个惊恐万状，失魂落魄。这时，急需一位有主见有能力的人来主持后宫。大学士宣读雍正朱笔谕旨：宝亲王弘历即位，弘历生母钮祜禄氏实际上已经是皇太后了。钮祜禄氏也非等闲之辈，她意识到，当务之急是稳定后宫。于是，太后立即懿旨，着富察氏即刻晋为皇后，统领后宫。在这危急关头，太后力挺富察氏，可见富察皇后的能力和人品非常人可比。

乾隆二年（1737 年）十二月初四，富察氏正式行册立礼。

故此，第二个中秋节两次提到“十三元”韵，暗喻的是雍正暴亡、乾隆登基；富察氏被册封为皇后。这是巧合吗？非也！接下来的中秋里，神秘数字还将出现。

三、第三个中秋节，隐写富察皇后死期、那拉氏崛起

1. 湘黛联诗“十三元”韵

第七十六回，黛玉和湘云中秋月下联诗：

只见天上一轮皓月，池中一轮水月，上下争辉，如置身于晶宫鲛室之内。黛玉笑道：“咱两个都爱五言，就还是五言排律罢。”湘云道：“限何韵？”黛玉笑道：“咱们数这个栏杆的直棍，这头到那头为止。他是第几根就用第几韵。若十六根，便是‘一先’起。这可新鲜？”湘云笑道：“这倒别致。”于是二人起身，便从头数至尽头，止得十三根。湘云道：“偏又是‘十三元’了。这韵少，作排律只怕牵强不能押韵呢。……”

这是第四个“十三”，这个“十三”则是隐写黛玉即富察皇后的死期。

小说前八十回并没有写到黛玉之死，但是，第十八回元春省亲时，在大观园内点了四出戏，其中第四出是《离魂》。［庚辰双行夹批：《牡丹亭》中伏黛玉死。］

《牡丹亭》原著中没有《离魂》，脂砚斋提到的《离魂》是《牡丹亭》的昆曲演出本，这一出在《牡丹亭》原著中是第二十出，写丽娘去世，所以脂砚斋说“伏黛玉之死”。

《离魂》第四出中有唱词道：

人到中秋不自由
奴命不中孤月照
残生今夜雨中休
恨匆匆
萍踪浪影
风剪了玉芙蓉

刘心武先生认为，《离魂》最后两句说水里面的荷花，就是在影射林黛玉最后是沉湖仙逝，从而最终含恨“冷月葬花魂”。

富察皇后恰恰死于运河水面的龙舟上，与《离魂》中“萍踪浪影，风剪了玉芙蓉”是一致的。

2. 黛玉的死期

关于黛玉的死期，很多红学家认为黛玉是偿还“泪债”、泪尽而亡的，死亡时间是在春末，其证据就是黛玉的诗作《葬花吟》和《桃花行》，诗曰：“试看春残花渐落，便是红颜老死时；一朝春尽红颜老，花落人亡两不知。”“泪眼观花泪易干，泪干春尽花憔悴，……一声杜宇春归尽，寂寞帘栊空月痕。”

周汝昌先生在《冷月寒塘赋宓妃》一文中详细论证了黛玉的死因、时间和地点，他认为：黛玉亡逝是因泪枯，遂自尽，死亡之日应为第七十六回所写的第十五年中秋夜的第二年的中秋夜，地点即与湘云中秋联句的那一处皓皞清波、寒塘冷月之地。其力证就是黛玉和湘云中秋夜的联句诗：

“渐闻语笑寂，空剩雪霜痕；阶露团朝菌，庭烟敛夕棔；秋湍泻石髓，风叶聚云根。宝婺情孤洁，银蟾气吐吞；药经灵兔捣，人向广寒奔；犯斗邀牛女，乘槎待帝孙。虚盈轮莫定，晦朔魄空存；壶漏声将涸，窗灯焰已昏；寒塘渡鹤影，冷月葬花魂！”

周汝昌先生结合“药经灵兔捣，人向广寒奔”两句诗文，进一步论证了黛玉之泪尽而逝，除了患病、受诬、悲伤等原因之外，应是“误吞灵药”，始如嫦娥之奔向月宫——即在中秋月夜，自投于寒塘而命尽，做了“水中月”的湘娥，正所谓“一代倾城逐浪花”。

笔者赞同第一种观点，即黛玉死于春季，死因是偿还“泪债”、泪尽而亡。根据是：黛玉的主要身份是富察皇后，而富察皇后的死亡日子是：乾隆十三年（1748 年）三月十一日，正是春季。作者描写黛玉“偿还泪债”、“泪尽而亡”，是在暗写富察皇后屡遭丧子之痛，“泪尽而亡”，同时也暗喻富察皇后对乾隆皇帝数十年如一日的思念之情感激涕零，因此化身“林黛玉”下界，以泪水偿还乾隆的“情债”。

因此，第四个“十三”，暗示的是富察皇后死于乾隆十三年（1748 年）

三月十一日。

既然富察皇后死于乾隆十三年（1748 年），那么，黛玉和湘云联诗的中秋夜必是乾隆十二年（1747 年）的中秋，第二年的春三月，则是黛玉的死期，亦即富察皇后的死亡之日。而富察皇后是死于德州运河的龙舟之上，这和周汝昌先生所说的黛玉做了“水中月”的湘娥是一致的。

3. “芙蓉之神”正是“花魂”

小说作者把黛玉之死隐写到晴雯身上。

晴雯是黛玉的影子，她不仅眉眼像黛玉，连脾气性格也像黛玉。周汝昌先生认为晴雯并非病死，而是在池中自尽，这与黛玉之死非常相似。第七十八回，宝玉在园中池边，忆起晴雯，伤感不已：

“猛然见池上芙蓉，想起小鬟说晴雯作了芙蓉之神，不觉又喜欢起来，乃看着芙蓉嗟叹了一会。忽又想起死后并未到灵前一祭，如今何不在芙蓉前一祭，岂不尽了礼，比俗人去灵前祭吊又更觉别致”。

因而作了一大篇诔文挽词，弃泪而悼。

晴雯之死，实际上暗示了黛玉之死，宝玉这篇诔文，实为悼念黛玉而作，而黛玉隐写的正是富察皇后。

我们再看看富察皇后死后，乾隆所作的祭文：“……尚忆宫廷相对之日，适当慧贤定谥之初，后忽哽咽以陈词，朕为欷吁而悚听。谓两言之征信，传奕禩以流芳。念百行以孝为先，而四德唯贤兼备。倘易名于他日，期纪实于生平。岂知畴昔所云，果作后来之谶。在皇后贻芬图史，洵乎克践前言；乃朕今稽古典章，竟亦如酬夙诺。兴怀及此，悲恸如何？”

宝玉悼晴雯之诔文，难道不是乾隆悼念富察皇后之祭文吗？

小说中描写晴雯是在重病与忧愤交迫中死去的。最初的病源是在一个寒冷的夜里想吓唬外出的麝月，于是单衣出门感染风寒。拖延了很久才勉强治愈，却落下了病根。后来由于率真张扬和“风流灵巧招人怨”为上下所不容，旧病复发之际，又在构陷和谗言中含恨被逐出贾府，得不到亲人关爱，最终凄惨离世，死后被焚化，连棺椁都没有。看她的症状，应该是死于伤风后恶化导致的肺结核，也就是王夫人所说的“女儿痨”。不知周汝昌先生认为晴雯并非病死，而是在池中自尽是何依据？

但小说中写金钏受辱，投井而死隐射的则是林黛玉的命运，王夫人觉得林黛玉风流，不像薛宝钗那样稳重。金钏有很多地方又与晴雯非常相似。金钏对宝玉说："你忙什么！'金簪子掉在井里头，有你的只是有你的'。"意思是黛玉是宝玉的，别人无可奈何。金钏跳井正应了"金簪子掉在井里头"。

金钏投井而死暗喻的是富察皇后死于水里。

这样一来，答案就有了：金钏 = 晴雯，晴雯 = 黛玉，黛玉 = 富察皇后，作者为了把富察皇后之死隐写入小说中，真是煞费苦心。先写金钏投井而死，宝玉在熙凤生日当日出城到水仙庵焚香祭奠，"含泪施了半礼"，并无一句祭言，茗烟机灵，道出宝玉的心声。再写晴雯病死，宝玉于园中池边作一大篇芙蓉诔，弃泪哀悼，"黛玉听了，忡然变色，心中虽有无限的狐疑乱拟，外面却不肯露出，反连忙含笑点头称妙"。

第六十三回"寿怡红群芳开夜宴"，黛玉抽到的签是芙蓉，可见，宝玉悼晴雯之芙蓉诔实为黛玉而作。脂批说得非常明白：[一篇诔文总因此二句而有，又当知虽晴雯而又实诔黛玉也。奇幻至此！若云必因晴雯诔，则呆之至矣。][庚辰双行夹批：慧心人可为一哭。观此句便知诔文实不为晴雯而作也。]

至于黛玉之死，前八十回并未提及，实为不写之写，因为作者已经写出了黛玉的死因、死期和死地。死因是丧子之伤加之"虎兕相逢"，因而"大梦归"；死期是第三个中秋节的第二年的春三月，死地是水里。

4. 妙玉续联"十三韵"

黛玉和湘云联到"寒塘渡鹤影，冷月葬花魂"时被妙玉打断，妙玉接着续联：

香篆销金鼎，脂冰腻玉盆。箫增嫠妇泣，衾倩侍儿温。
空帐悬文凤，闲屏掩彩鸳。露浓苔更滑，霜重竹难扪。
犹步萦纡沼，还登寂历原。石奇神鬼搏，木怪虎狼蹲。
赑屃朝光透，罘罳晓露屯。振林千树鸟，啼谷一声猿。
歧熟焉忘径，泉知不问源。钟鸣栊翠寺，鸡唱稻香村。
有兴悲何继，无愁意岂烦。芳情只自遣，雅趣向谁言。
彻旦休云倦，烹茶更细论。

黛玉和湘云联诗是“十三元”韵，妙玉的续联恰好也是“十三韵”，这是第五个“十三”。这个“十三”又暗示什么？

富察皇后死后，乌喇那拉氏于乾隆十三年（1748年）七月晋为皇贵妃、“摄六宫事”，这就是妙玉续联“十三韵”的真正寓意。

第三节　神秘数字之间的关系

一、神秘数字“十三”和“三五”的关系

通过对“三春”和“三秋”的分析，我们可以清楚地看到，小说中的“三春”和“三秋”中所隐含的神秘数字：“十三”和“三五”。

“十三”是道家的一个顶级数字。

佛教里的“十三”是大吉数，代表功德圆满。雍正信佛，他和乾隆的一生的确是神秘莫测，冥冥之中，那“十三”和“三五”始终相伴。

我们已经知道“十三”的寓意，那么，“三五”又是什么意思？

三五一十五，这谁都知道，黛玉、湘云中秋联诗头一句就是：“三五中秋夕”，我们可以把“三五”理解为八月十五的中秋节，但是“十五”又有什么确切的含义？

富察皇后被册封为皇后的日子是雍正十三年（1735年）八月二十三日，而乌喇那拉氏由皇贵妃册为皇后的日子是乾隆十五年（1750年）八月初二，恰好也是八月，历史上，农历八月称为仲秋、中秋、桂秋、正秋等。据此，笔者认为：“三五”是暗喻乌喇那拉氏被册封为皇后的日子。

其实，小说第一回，贾雨村咏月诗的第一句“时（十）逢三五便团圆”，就已经把康雍乾三帝和两位皇后的命运紧紧地连在一起了。

康熙帝死于“十三”日，雍正帝继位于“十三”日，死于雍正“十三”年，乾隆生于“十三”日，继位于雍正“十三”年，富察氏于雍正“十三”年八月册封为皇后，于乾隆“十三”年“三”月病逝；乌喇那拉氏于乾隆“十三”年七月晋封皇贵妃，行使皇后职权；并于乾隆“十五”年八月正式登上皇后之位。

“时（十）逢三五便团圆”，祖孙三代在“十三”、“三五”的神秘数

新话红楼

字中得以团圆。难道这一切是上帝安排的吗？

二、神秘数字“十三”和“二十二”的关系

第七十六回，当黛玉和湘云联诗到二十二韵“寒塘渡鹤影，冷月葬花魂”时，妙玉却在这夜深人静时突然诡异地出现在黛玉、湘云面前并打断其联诗。妙玉不让她们两个继续往下联的理由是：“有几句虽好，只是过于颓败凄楚，此亦关人之气数而有，所以我出来止住。”此话什么意思？到“二十二”停住是谁的颓败气数？

富察皇后与乾隆皇帝结发二十二年，本来是“在天愿作比翼鸟，在地愿为连理枝”的恩爱夫妻，在二十二年时好梦戛然而止，不正是“颓败凄楚”吗？乾隆怀念富察皇后的诗中写道：“素心二十二年存，属纩何须握手言。诗谶自尤临祖道，梦祥翻恨始添盆。锦衾角枕惟增怨，落叶哀蝉非所论。追忆袆衣陈画鹞，悲生痛定尚销魂。”黛玉和湘云联诗到“二十二韵”时正是富察皇后的颓败气数，所以妙玉才出来止住。但“恨无常又到”，死神来了，谁能阻挡？

黛玉和湘云联诗用“十三元”韵，在二十二韵时止住，妙玉又续“十三韵”，正是暗指乾隆和富察皇后结发二十二年，在乾隆十三年（1748年）三月，“死神”无情地夺走了富察皇后的生命。富察皇后死后，那拉氏才有机会登上皇后之位。这就是妙玉把“中秋夜联诗”题为《右中秋夜大观园即景联句三十五韵》的真正含义。

此外，黛玉和湘云联诗在“二十二”韵时止住，还有一层深意：两人联诗二十二韵共四十四句，富察皇后死期是乾隆十三年（1748 年），那拉皇后死期是乾隆三十一年（1766 年），“十三”加“三十一”正好等于“四十四”，这还是巧合吗？如果仅仅一、二处能对得上，可以说是巧合，但是，“三春”和“三秋”中的所有的神秘数字都和雍正、乾隆、富察皇后和那拉皇后有关，难道都是巧合吗？

肯定不是，《红楼梦》中的每一个细节都是作者的精心设计，绝无巧合之说。

三、神秘数字“十三”和“十二”的关系

除了神秘数字“十三”之外，《红楼梦》中还有很多“十二”的神秘数字。不仅有金陵正十二钗、副十二钗、又副十二钗；大荒山中石头高十二丈；贾家原籍十二房，王家十二房；而且黛玉生日是十二日，花袭人的生日也是十二日；《菊花咏》有十二首；宝钗的冷香丸由春季白牡丹花、夏季白荷花、秋季白芙蓉花、冬季白梅花各花蕊十二两和雨露霜雪的十二钱及十二钱黄柏汤送服；还有“红楼十二官”，十二官的小名儿分别是文官、宝官、玉官、龄官、药官、藕官、蕊官、茄官、芳官、葵官、豆官、艾官。还有小沙弥和小道士也是各十二个。

我们已经知道，小说中的神秘数字“十三”都是雍正、乾隆和两位皇后的重要日子，那么，“十三“和”“十二”又是什么关系？笔者认为：小说中的神秘数字“十二”，均是指皇上后宫十二宫中的女人，第七回脂批已给出明确答案：［甲戌侧批：凡用“十二”字样，皆照应十二钗。］“十二钗”暗示皇上的妃嫔，其命运是“千红一窟（哭）”、“万艳同杯（悲）”。

中国古代将女孩12岁称为“金钗之年”，但是，千万别进皇宫。只要进了皇宫，不管你是“金钗”还是“银钗”，最终的命运都是一样的。宝钗的“冷香丸”就暗示了这一点，因为“冷香丸”全是用“白花”做成的，按照中国的传统风俗，白花象征着死亡，常用“白花”以表示悼念。小说中无论是“十二钗”还是“十二官”最终都是命运多舛，如柳絮随风荡；似飞花逐水流。佛教中对于轮回的解释称作十二因缘论，那些皇宫的女孩子的命运，正应了佛教的十二因缘论。

《易经》中“十二辟卦”是根本，“十二辟卦”之说渊源很远。据悉在干宝注《周礼》所引《归藏》文字中，即有十二辟卦之说。十二辟卦，也叫十二消息卦，“十二消息卦”即被视为由“乾”、“坤”二卦各爻的“消”、“息”变化而来的。“辟”是君主的意思，这里取其主宰之义。用十二个卦配十二个月，每一卦为一月之主，是谓“十二辟卦”即十二月卦。这十二卦是：复、临、泰、大壮、夬、乾、姤、遯、否、观、剥、坤。配以地支排序之月份，就是：复主十一（子）月，临主十二（丑）月，泰

主正（寅）月，大壮主二（卯）月，夬主三（辰）月，乾主四（巳）月，姤主五（午）月，遯主六（未）月，否主七（申）月，观主八（酉）月，剥主九（戌）月，坤主十（亥）月。“十二辟卦”即是全部都集中在“乾”“坤”为上下卦的“乾坤区”内。

《红楼梦》中的神秘数字“十二”，即源于“十二辟卦”，以“乾”暗示乾隆，以“坤”暗示乾隆身边的女人。

因此，《红楼梦》中的神秘数字“十二”，是皇宫中的女人悲惨命运的真实写照。

第四节　“中秋联诗”暗喻乾隆两位皇后的命运结局

黛玉和湘云的中秋联句紧接着抄检大观园之后，很多人认为作者是借此明写贾府的衰颓景象。“贾母看时，宝钗姊妹二人不在坐内，知他们家去圆月去了，且李纨凤姐二人又病着，少了四个人，便觉冷清了好些。”[庚辰双行夹批：不想这次中秋反写得十分凄楚。]酒宴上，大家都是故作精神，强颜欢笑，贾母为此长叹。宝玉因晴雯病重而离席，探春因近日家事而烦恼；桂花荫里却发出的一缕十分凄凉的笛声。贾府里已现一派衰败的景象。在这“社也散了，诗也不做了”的情况下，黛玉“对景感怀”、“倚栏垂泪”，湘云前来相慰，深夜里硬拉她到水边联句，其寂寞情景可想而知。据此，普遍认为此回已暗示出贾府日后被抄家，树倒猢狲散的结局。

由于受程高本的误导，很多人都认为贾府的最后结局是被抄家，宝玉出家，小说是曹家家史的写照。而对黛玉、宝钗、熙凤以及众姐妹的命运结局也有不同的猜测。

笔者认为，《红楼梦》前八十回是小说的完整版本，根本没有贾府被抄家之说。七十五回、七十六回写第三次中秋节之所以透出悲凉的气氛，实际上是作者暗示乾隆的两位皇后的命运结局。富察皇后死期将至，那拉皇后最终也会“金钗雪里埋”。黛玉和湘云的联诗中已经透露出这样的信息。

诗的开头，写“撒天箕斗灿，匝地管弦繁”，“几处狂飞盏，谁家不启轩”，“轻寒风剪剪，良夜景暄暄”，“蜡烛辉琼宴，觥筹乱绮园”，“晴光摇院宇，素彩接乾坤”等景象，这几句诗出自乾隆怀念富察皇后之诗《中秋漫赋》：“水轮依旧照珠轩，素彩寒光净可扪。万里阴晴如有约，一天风露总无痕。关情最是团栾节，即景偏伤黯淡魂。急管繁弦同赏处，常年乐事不堪论。”每年的中秋节乾隆和富察皇后都是在“急管繁弦”的热闹中度过的，“良夜景暄暄”、“匝地管弦繁”、“蜡烛辉琼宴，觥筹乱绮园”，都是往年乾隆与富察皇后在一起的情景再现。

一、中秋联诗诠释

1. （黛玉）“三五中秋夕，”（湘云）“清游拟上元。”

上元：原意指元宵节，阴历正月十五。道教的“三元说”，正月十五日为上元节，七月十五日（有的地方是十四日）为中元节，十月十五日为下元节。但是，中国文化博大精深，上元的含义还有其他几种：

（1）古代神话传说中的仙女名，即“上元夫人”。唐王勃《七夕赋》：“上元锦书传宝字，王母琼箱荐金约。”唐李白《古风》之四三：“西海宴王母，北宫邀上元。”

（2）指上天、太空。唐《南至日隔仗望含元殿香炉诗》：“抗殿疏元首，高高接上元。”

（3）指帝王。明张居正《寿严少师三十韵》：“握斗调元化，持衡佐上元。”

笔者认为：“三五中秋夕，清游拟上元。”是指富察皇后死后，那拉氏于乾隆十五年（1750年）八月二日被册封为皇后。“三五”，是指乾隆十五年；“上元”，是指乾隆，意思是，乌喇那拉氏在乾隆十五年（1750年）中秋之月做了乾隆的皇后。

2. （湘云）撒天箕斗灿，（黛玉）匝地管弦繁

箕斗，南箕北斗，星宿名，是泛指。匝地：遍地。管弦繁：管乐器和弦乐器，这里指乐声。“匝地管弦繁”出自乾隆诗《中秋漫赋》：“急管繁弦同赏处”，意思是说，往年都是在一片欢闹的乐声中，和富察皇后一同赏月。

3. （湘云）晴光摇院宇，（黛玉）素彩接乾坤

晴光：晴朗的日光或月光，这里当指月光。素彩：白色的光彩，指月

光。乾坤：一般代表天地，阴阳。乾：代表天，阳。坤：代表地，阴。“素彩”：暗喻富察皇后，一生不喜奢华，唯爱淡雅。“乾坤”暗喻乾隆和富察皇后。这两句出自乾隆诗《中秋漫赋》：“水轮依旧照珠轩，素彩寒光净可扪。”

水轮：本意指以水流为动力的排灌用的龙骨车，这里代指月亮。珠轩：珠饰的窗户。唐董思恭《咏月》：“玉户照罗帏，珠轩明绮障。”扪：抚持，抚摸，“王冰注”：“扪，摸也，以手循摸也。”寒光：清冷的月光。素彩和寒光本意都指月光，故乾隆诗中的“素彩”，也是指富察皇后。这两句诗的意思是：月亮依旧照进珠饰的窗户里，那清冷的月光如同富察皇后一样，轻轻地将我抚摸。

黛玉说的“*素彩接乾坤*”，暗示的正是富察皇后始终和乾隆紧紧连在一起。

4.（黛玉）赏罚无宾主，（湘云）吟诗序仲昆

上句仍说行酒令。无，不分。昆仲：是称呼别人兄弟的敬词，昆：古义为哥哥，胞兄；仲：则是弟弟的意思。昆仲：兄和弟，比喻亲密友好。另外，古代用伯、仲、叔、季，用以表示老大、老二、老三、老幺这种排行。诗中的“序仲昆”之意是，兄弟姐妹之间要分出高下，评定优劣。

这两句诗表达的意思是：富察氏和那拉氏两位皇后在酒席上不分宾主，但是，富察氏是先皇后，是老大，那拉氏是继皇后，为老二也。此外，两人在才能德行上也能分出高下，乾隆以及后人心目中对二人的优劣也作出了评价。

5.（黛玉）宝婺情孤洁，（湘云）银蟾气吐吞

宝婺：即婺女星，常借指女神。唐王勃《梓州郪县兜率寺浮图碑》：“仙娥去月，旅方镜而忘归；宝婺辞星，攀圆珰而未返。”唐李商隐《七夕偶题》诗：“宝婺摇珠佩，常娥照玉轮。”婺女星是女神，所以说“情孤洁”。

银蟾：即月亮，银，就是月亮是银色的，里面有蟾在那儿吐气。在汉族神话中月宫有一只三条腿的蟾蜍，即癞蛤蟆，所以后人也把月宫叫蟾宫。古代汉族人民认为金蟾是吉祥之物，可以招财致富。这两句的表面意思是：婺女星高贵孤洁、清朗明净，月亮蟾吐气吞、光彩焕发。

有人认为："银蟾气吐吞"是说贾雨村，雨村的《中秋对月有怀口占一律》中有"蟾光如有意，先上玉人楼"句，因此说雨村是癞蛤蟆而用"气吐吞"。

但笔者认为：这两句诗是指富察氏和乌喇那拉氏两位皇后，"宝婺情孤洁"是指那拉皇后，性情高傲，孤独圣洁；而"银蟾气吐吞"则指富察皇后，安静吉祥，光彩焕发。

6.（湘云）药经灵兔捣，（黛玉）人向广寒奔

传说月中有白兔捣药，嫦娥偷吃不死药而奔月。月宫叫广寒宫。程高本"经"作"催"。

小说中的黛玉："态生两靥（yè）之愁，娇袭一身之病。泪光点点，娇喘微微。闲静似姣花照水，行动似弱柳扶风。心较比干多一窍，病如西子胜三分。"黛玉身体虚弱，每日与药为伍，这恰是富察皇后的写照。接连的丧子之痛，使富察氏身心备受打击，身体每况愈下。永琏的去世，几乎摧垮了富察氏。她大病一场，几天之内，形销骨立，虽经太医百般医治，勉强恢复，但已元气大伤。而永琮的去世，则彻底摧毁了富察皇后，她已灵魂出窍，任何灵丹妙药都已无法挽救她的生命。"药经灵兔捣，人向广寒奔"，描写的正是富察皇后，她的死期已经不远，即将奔向天宫，去做绛珠仙子了。

7.（黛玉）犯斗邀牛女，（湘云）乘槎待帝孙

犯斗：神话传说天河通海，有个住在海边的人，见年年八月海上木筏按期往来，便带粮乘筏，泛游至天河，见到牛郎织女，后以"犯斗"指登天。出处是东晋张华所著的《博物志》：海上客乘槎游仙回来后，曾问方士严君平。严君平说："某年月日，客星犯牵牛宿。"一算，正是他到天河的时候。

牛女：按星宿学讲，牛：指牛宿，又称牵牛星；女：指女宿，也叫"女"、"须女"、"婺女"。这两颗星都是古代汉族神话传说中的二十八宿之一。

邀：见面。"槎"就是木筏子；"乘槎"：过去认为天上有天河，所以

槎也可以在天河里面运行。

帝孙：织女星叫作帝孙，也叫天孙。

这两句的表面意思是，坐上木筏子驶向天河，等待和织女星相会。

但是，把“犯斗”两字拆开来看，意思就不同了。犯：侵也，侵犯、触犯、冒犯之意；斗：一是指的北斗星。北斗星绕北极旋转，隐含着“帝王居中”的概念；二是指二十八宿的“斗宿”，乾隆的星相恰好是“斗”。“斗宿”属于天子的星，天子之星常人是不可轻易冒犯的，故多凶。

“犯斗邀牛女”，此句诗意在模糊当中表达出很强的一种紧张的气氛。笔者的理解是：女是指乌喇那拉氏皇后，斗：是指乾隆皇帝，“犯斗”是冒犯圣上的意思。虽然那拉氏贵为皇后，可称“婺女星”，但这个“婺女星”也太牛了，竟敢冒犯“斗宿”，岂能有好结果。那拉皇后正是因为冒犯了乾隆皇帝而被打入冷宫的。

“乘槎待帝孙”：“帝孙”指“织女星”，但也可以理解为指皇帝的孙子。刘心武先生认为“帝孙”是指康熙的嫡孙弘晳，而笔者认为是指弘历。这句的意思是，“织女星”富察皇后因与皇帝的孙子弘历情深义厚，所以在天河里乘着槎子等待与牛郎星乾隆团聚。

乾隆怀念富察皇后诗《七夕感事》中有“拟向天孙问，白云千万重”之句，与“乘槎待帝孙”遥遥相对。

高鹗、程伟元的续书中，将“待”字改为“访”。一待一访，意思就完全不一样了。所以，要想真的读懂《红楼梦》，必须抛开程高本。

8.（湘云）寒塘渡鹤影，（黛玉）冷月葬花魂

“寒塘渡鹤影”句取意于唐杜甫《和裴迪登新津寺寄王侍郎》诗：“蝉声集古寺，鸟影度寒塘。”及宋苏轼《后赤壁赋》“适有孤鹤，横江东来”一段。

“寒塘渡鹤影”：有两层含义，一是富察皇后在春三月死于运河之上；二是说那拉皇后，她在闰二月清明节时节因冒犯乾隆，被乾隆从水路遣送回京。两位皇后的好梦都是终结在运河之上，三月和闰二月清明时节天气还很凉，那运河之水岂不是“寒塘”；富察皇后命丧运河之上，那拉皇后孤身随船远去，正是“渡鹤影”。

“冷月葬花魂”：是说富察皇后，“冷月”是指出生于八月十三日的乾隆，“花魂”则指富察皇后，是“冷月”乾隆含悲忍痛，埋葬了“花魂”富察皇后。

9. 空帐悬文凤，闲屏掩彩鸳

妙玉的续诗中暗喻那拉皇后的结局不妙。

“空帐悬文凤”：“凤”字的寓意是皇后，“文”的字义里有温和的含义：文火；文静；文雅等。“文凤”是指文静清雅的富察皇后。“空帐”：是说富察皇后死了，床头帐幔岂不成了“空帐”，但她阴魂不散，其影像依然悬立在那里。

“空帐悬文凤”出自乾隆悼念富察皇后之诗。富察皇后百日忌辰，乾隆写了《教潘岳悼亡诗体即用其韵》，诗中有：“嗟哉长春宫，遗像空悬壁”之句。

长春宫是富察皇后生前的寝宫。富察氏去世后，乾隆下令保留长春宫富察皇后居住时的原陈设，凡是她使用过的奁具、衣物等，全都保留，一切按原样摆放，并将富察皇后生前用的东珠顶冠和东珠朝珠供奉在长春宫，还将富察皇后的画像也供在那里。每年的腊月二十五日和忌辰时，乾隆帝都亲临凭吊。这种陈设和做法保留了40多年，直到乾隆六十年（1795年）才下令撤掉，允许其他后妃们居住。深爱的皇后已经离去，自己再也无法享受她的温存和体贴了，伤感的乾隆对此有着太多的不甘心。他无法阻止富察皇后离去的脚步，就只能保留她活着时使用的一些物品，企望以物代人，使自己的哀思有寄托之处，企望让她的影子永远留在自己的身边。

由此可见，“空帐悬文凤”，暗指富察皇后是确切无疑的。

“闲屏掩彩鸳”是说那拉皇后，她一直不招乾隆待见，岂不成了“闲屏”，然富察皇后一死，这只“彩鸳”掩不住了，终于腾飞了。

10. 石奇神鬼搏，木怪虎狼蹲

石头形状奇特，好像神鬼在搏斗；树木长得怪异，仿佛蹲着的虎狼野兽。

那拉氏虽然当上了皇后，但并不是件值得庆幸的事，今后的日子里，到处是“石奇神鬼搏，木怪虎狼蹲”，前景不妙啊！

11. 有兴悲何继，无愁意岂烦

表面是说有兴致时悲伤怎会继续？没有忧愁时心里又怎会烦恼？实际上是说，那拉氏当了皇后可谓兴致极高，但令人悲哀的正是这个“继后”，忧愁烦恼将伴随其一生。

12. 芳情只自遣，雅趣向谁言

遣：排遣，寻找寄托。乾隆并不欣赏这个继皇后，美好情怀只自己消遣罢了，风雅意趣又向谁去说？

二、中秋联诗是全书的点睛之笔

黛玉和湘云的中秋联诗是全书的点睛之笔，暗示了富察皇后和那拉皇后的最终命运。正是“用中秋诗起，用中秋诗收，又用起诗社于秋日。所叹者三春也，却用三秋作关键。”

“时（十）逢三五便团圆”，生于八月十三日、在雍正十三年（1735年）登基的乾隆，多么希望在雍正十三年（1735年）八月被册为皇后的富察氏，能和在乾隆十五年（1750年）八月被册为皇后的乌喇那拉氏一样，长久地在他身边相伴；或者那拉皇后能像富察皇后那样贤德，才真的是“时（十）逢三五便团圆”了，那该多么美好。

可惜：事难遂人愿，福高祸相伴；天公不作美，好事终难全。

参考资料：

1. 好搜百科：《雍正皇帝》。
2. 好搜百科：《乾隆皇帝》。
3. 好搜百科：《乾隆继皇后乌喇那拉氏》。
4. 好搜百科：《孝贤纯皇后》。
5. 蔡义江：《红楼梦诗词曲赋评注》。
6. 杜甫：《和裴迪登新津寺寄王侍郎》、苏轼《后赤壁赋》。
7. 《中华诗词大辞典》。
8. 好搜百科：《十二辟卦》。

第六章

红玉、熙凤、探春、湘云和香菱隐写不同时期乌喇那拉氏皇后

《红楼梦》的主角是乌喇那拉氏皇后，作者要将那拉皇后的一生遭遇在小说中体现出来，但又不能按照事情本来的发展顺序去写，更不能将那拉皇后的一生写在一个人身上，那样岂不是一目了然了。谁都知道，乾隆年间文字狱的可怕后果，小说作者承担的风险之大可想而知。因此，作者不得不采用特殊的写作手法，将富察皇后和那拉皇后品行、悲情以及与乾隆的情感关系隐写于薛宝钗和林黛玉两个人身上，而将乌喇那拉氏的各个时期的形象分别隐写于林红玉、王熙凤、贾探春、史湘云和香菱等人身上，此乃“两山对峙、烘云托月”之笔法。小说最大的特点是，对乾隆、富察皇后和那拉皇后的少年时期、青年时期和中年时期不是按时间顺序去写，而是同时写出，而这就是“一喉二歌”、“一手两书”之妙法。

我们先来看一下林红玉、王熙凤、贾探春和史湘云四人的性格比较：颇有心计、极善攀附；伶牙俐齿、能言善辩；精明强干、倔强自尊；志气高远、不卑不亢；心思通达、深有主见是这四人的共同特点。因此，红玉、熙凤、探春和湘云性情相同，实为一人，她们分别是乌喇那拉氏皇后不同时期的形象。

第一节　林红玉是乌喇那拉氏初入弘历潜邸时的形象

《红楼梦》中除了处处见“红”外，作者似乎对“玉”字也情有独钟。书中很多人的名字都有“玉”字，如：宝玉、黛玉、妙玉、红玉、白

玉钏、蒋玉菡、茗玉、玉官等。然而，作者似乎并不喜欢这个“玉”字。

第十八回，大观园建成，元妃进园游幸，将原来宝玉所拟匾额“红香绿玉”，改为“怡红快绿”，宝玉对此则浑然不觉，奉命作诗时，在“怡红院”一首中，草稿里仍有“绿玉春犹卷”字样；偏薛宝钗心眼儿细，急忙悄推宝玉提醒他：元妃因不喜“红香绿玉”四字，才改成“怡红快绿”，你这会子偏用“绿玉”二字，岂不是“有意和他争驰了？”又教给宝玉，用唐钱翊的“冷烛无烟绿蜡干”典，以“绿蜡”来取代“绿玉”。这一情节，历来论家都认为是刻画薛宝钗性格思想的重要笔墨，有关分析屡见不鲜。但现在要问：元春为什么不喜欢“玉”字？她的爱弟名字里分明就有“玉”字，按说她对“玉”字是不该反感的。难道作者写元妃改匾，仅是表现她偶然不喜，并无深意吗？难道这一细节，仅是为了用以去刻画薛宝钗吗？当然不是，这里面大有文章。

我们必须了解了那块化成“通灵宝玉”的顽石的隐意，才能真正理解“玉”字的深意，才能真正读懂《红楼梦》。

一、顽石美玉是谁？

1. 顽石的投胎

小说的开篇交代得很清楚，是一僧一道二仙师施展幻术，将那块顽石变成了一块美玉，并镌上“通灵宝玉”四字，而甄士隐梦中的僧道所叙述的神话故事里，道出了石头的投胎过程：

士隐“梦至一处，不辨是何地方。忽见那厢来了一僧一道，[甲戌侧批：是方从青埂峰袖石而来也，接得无痕。]且行且谈。”脂批明示，僧道二人是“从青埂峰袖石而来”，袖里的那块石，就是变成美玉的石头。“道人问道：‘你携了这蠢物，意欲何往？’那僧笑道：‘你放心，如今现有一段风流公案正该了结，这一干风流冤家，尚未投胎入世。趁此机会，就将此蠢物夹带于中，使他去经历经历。’”僧人所携“蠢物”就是那块美玉，它将在“神瑛侍者”和“绛珠仙子”下界时被夹带于中一并去投胎。投胎时赤条条的，如何夹带？只好含在“神瑛侍者”的嘴里。

2. 择个绝世情痴作主人

我们已经知道，青埂峰下女娲弃之不用的顽石是个女人，她听那僧道讲起红尘中即皇宫里的荣华富贵，艳羡不已，央求二仙师带她下界去享受几年；僧道苦劝不住，便大展幻术，将其化作一块红色的美玉。然后对那石头说："携你到那昌明隆盛之邦，[甲戌侧批：伏长安人都。] 诗礼簪缨之族，[甲戌侧批：伏荣国府。] 花柳繁华地，[甲戌侧批：伏大观园。] 温柔富贵乡 [甲戌侧批：伏紫芸轩。] 去安身乐业。" [甲戌侧批：何不再添一句"择个绝世情痴作主人"?] 石头听了，喜不能禁，乃问："不知赐了弟子那几件奇处，又不知携了弟子到何地方？望乞明示，使弟子不惑。" 那僧笑道："你且莫问，日后自然明白的。" 说着，便袖了这石。" 飘然而去，将那化成美玉的石头含在神瑛侍者嘴里，一并投胎去了。

根据脂批，那块化成美玉的顽石随神瑛侍者投胎到荣国府、大观园和紫芸轩安身乐业，紫芸轩即绛芸轩，这是宝玉的住处。那么，脂批中"择个绝世情痴作主人"一语是什么意思？很多人认为"情僧"指宝玉，"翠黛"、"情痴"是指黛玉。这固然不错，列藏本六十四回回目后的题诗：深闺有奇女，绝世空珠翠。情痴苦泪多，未惜颜憔悴。哀哉千秋魂，薄命无二致。嗟彼桑间人，好丑非其类。但是，"情痴"并非专指黛玉，宝玉也是一个"情痴"，甲戌本凡例末尾诗："漫言红袖啼痕重，更有情痴抱恨长。" 诗中的"情痴"就是指宝玉。如果说"情痴"专指黛玉，那么，脂批"择个绝世情痴作主人"一语就说不通，紫芸轩和大观园里的主人是贾宝玉，黛玉怎么成了主人了？既然那个顽石是女人，所以，"择个绝世情痴作主人"必是指宝玉。而宝玉就是弘历即乾隆皇帝，那么，那个顽石美玉是谁？

第十八回，元春省亲时，有一段石头的自语："此时自己回想当初在大荒山中，青埂峰下，那等凄凉寂寞；若不亏癞僧、跛道二人携来到此，又安能得见这般世面。……" [庚辰双行夹批：自"此时"以下皆石头自语。……] 这里，作者和批者已经明确告诉读者，元春就是那青埂峰下的顽石。但是，那顽石已化成美玉投胎到了宝玉的府中，并且择宝玉这个"绝世情痴作主人"，这似乎又不是元春。

第八回：宝玉从薛姨妈家吃酒后回到“绛芸轩”，袭人服侍他睡下，“袭人伸手从他项上摘下那通灵玉来，用自己的手帕包好，塞在褥下，次日带时便冰不着脖子。[甲戌双行夹批：试问石兄：此一渥，比青埂峰下松风明月如何?]”

第十七回：大观园落成，贾政邀众清客一同游览，“忽又见前面又露出一所院落来，(指怡红院)［庚辰眉批：问卿此居比大荒山若何?］……贾政说着，引人进入房内（宝玉的房间）。只见这几间房内收拾的与别处不同，竟分不出间隔来的”。［庚辰侧批：特为青埂峰下凄凉与别处不同耳。]”

“绛云轩”和“怡红院”的主人都是宝玉，这几处脂批似乎都是在说宝玉，所以很多人认为宝玉就是青埂峰下的顽石。

脂批似乎前后矛盾，前面好像说宝玉是顽石，后面又明确说元春是顽石，这到底是怎么回事？笔者也曾为此而困惑。经多年的认真研究，笔者终于明白了顽石美玉的寓意。

3. “顽石美玉”是多重隐喻法

顽石美玉先是林红玉，后是薛宝钗和王熙凤，最后落在元春身上，顽石隐喻的是乌喇那拉氏皇后。林红玉、王熙凤、薛宝钗和元春都是那拉氏。我们先说林红玉。小说中的林红玉出场不多，但她却是作者精心设计的一个重要人物。

林红玉正式亮相后的一段话道出了作者的深意。

第二十四回，“宝玉要吃茶，一连叫了两三声，方见两三个老嬷嬷走进来。宝玉见了他们，连忙摇手儿说：‘罢，罢，不用你们了。’老婆子们只得退出。宝玉见没丫头们，只得自己下来，拿了碗向茶壶去倒茶。只听背后说道：‘二爷仔细烫了手，让我们来倒’。”［庚辰侧批：神龙变化之文，人岂能测?]

红玉正式亮相了，出场方式与王熙凤何其相似，她的性格特征非常鲜明，给人以深刻的印象，难怪脂砚斋说：“神龙变化之文，人岂能测?”

“宝玉倒唬了一跳，问：‘你在那里的？忽然来了，唬我一跳。’那丫头一面递茶，一面回说：‘我在后院子里，才从里间的后门进来，难道二爷就没听见脚步响?’宝玉一面吃茶，一面仔细打量那丫头：穿着几件半新不旧的衣裳，倒是一头黑鬒鬒的头发，挽着个鬏，容长脸面，细巧身材，却十分俏丽干净。宝玉看了，便笑问道：‘你也是我这屋里的人么?’那丫头道：‘是的。’宝玉道：‘既是这屋里的，我怎么不认得?’那丫头听说，便冷笑了一声道：‘认不得的也多，岂只我一个。从来我又不递茶递水，拿东拿西，眼见的事一点儿不作，那里认得呢。’宝玉道：‘你为什么不作那眼见的事?’那丫头道：‘这话我也难说’。……”

原来，这丫头红玉一直就是宝玉身边的人：“只因‘玉’字犯了林黛玉、宝玉，便都把这个字隐起来，便都叫他‘小红’。原是荣国府中世代的旧仆，他父母现在收管各处房田事务。”

小红是“荣国府中世代的旧仆”，可见，宝玉住在荣国府的“绛芸轩”时红玉就在他身边。第八回脂批“试问石兄：此一渥，比青埂峰下松风明月如何?”实际上是指隐藏在宝玉背后的红玉。

“这红玉年方十六岁，因分人在大观园的时节，把他便分在怡红院中，倒也清幽雅静。不想后来命人进来居住，偏生这一所儿又被宝玉占了”。由此可知，在宝玉还未搬进大观园时，红玉就已经在怡红院了，贾政游览大观园看到怡红院时，脂批“问卿此居比大荒山若何?”“特为青埂峰下凄凉与别处不同耳。”也是针对红玉说的。在她出场这前，作者已经埋下伏笔。

红玉因讨好宝玉遭秋纹等一顿数落，“心内早灰了一半。正闷闷的，忽然听见老嬷嬷说起贾芸来，不觉心中一动，便闷闷的回至房中，睡在床上暗暗盘算，……心神恍惚，情思缠绵，忽朦胧睡去，遇见贾芸要拉他，却回身一跑，被门槛绊了一跤，唬醒过来，方知是梦。因此翻来复去，一夜无眠”。[蒙回前总批：有缘的，推不开；如心的，死不改。纵然是，通灵神玉也遭尘败。梦里徘徊，醒后疑猜，时时底上心来。怕人窥破笑盈腮，独自无言偷打噜。这的是，前生造定今生债。]

注意：“梦里徘徊，醒后疑猜”，“通灵神玉也遭尘败”，这分明已告诉读者，红玉就是那块“通灵宝玉”。据此，可以认定，那青埂峰下的顽石就是红玉。

第二十四回：“这小红本姓林，小名红玉，”[庚辰双行夹批：“红”字切“绛珠”，“玉”字则直通矣。]很多人根据这句脂批，认为林红玉就是林黛玉，笔者不这么看。其实，林红玉是那拉皇后初入弘历潜邸时的形象。作者之所以将林黛玉、林红玉此二人的命名安排如此相似，是暗示两人的身份相同，一个是先皇后，一个是继皇后。

宝玉之所以不认识红玉，是因为她一直受到众多的大丫鬟的压制，正如脂砚斋所言："红玉在怡红院为诸环所掩，亦可谓生不遇时，但看后四章供阿凤驱使可知。"这正是乌喇那拉氏初入弘历潜邸时的境况。

二、红玉的性格

红玉的种种言行证明她绝非等闲之辈。

1. 颇有心计，极善攀附

书中描写："这红玉虽然是个不谙事的丫头，却因他有三分容貌，心内着实妄想痴心的往上攀高"。她先是攀附贾宝玉，趁没有人的时候主动上来递茶倒水："每每的要在宝玉面前现弄现弄。只是宝玉身边一干人，都是伶牙利爪的，那里插的下手去"。遭到秋纹、碧痕等人的奚落后仍不死心，耐心寻找机会。遇到贾芸后，她觉得机会来了，大胆地通过自己的努力来寻找自己的归宿。小红第一次见到贾芸，先是"抽身躲了回去"，直到听焙茗说是"廊上的二爷"，才知他是本家爷们，这一次就"下死眼""钉了两眼"。贾芸走凤姐门路，想谋一点工程上的差使，与小红碰面。小红虽不敢直言，但却敢眉来眼去，传递心事。

2. 伶牙俐齿，能言善辩

红玉嘴巧有口才，心巧有机谋。小红在怡红院闲逛久了，众丫头群起责难她不干正事，小红口齿伶俐，一一应付，不卑不亢，软中带硬，最后晴雯以大压小小红才不言语了。凤姐交代小红办事，小红办完回来向凤姐汇报，看见李纨在，就为了让王熙凤增光，也为了显示自己的才能，所以汇报时满嘴是我们奶奶、这里奶奶、五奶奶、舅奶奶，一大堆奶奶的话，竟如大珠小珠落玉盘，连李纨都弄不清楚这样四五门子的复杂关系，但小红却说得干净利落。加上她记性又好，一口气说出四五档子的事，竟没有一点驳杂。王熙凤夸她："林之孝两口子，都是锥子扎不出一声儿来的。

我成日家说，他们倒是配就了的一对儿：一个‘天聋’，一个‘地哑’。那里承望养出这么个伶俐丫头来。”

3. 天资坚韧，志气高远

凤姐要红玉当自己的丫鬟，问她愿意不愿意，她笑着说：“愿意不愿意我不敢说，只是跟着奶奶我们也学些眉眼高低，出入上下，大小的事也得见识见识。”只此一句就流露出了她的心志。

她敢于和黛玉、宝玉相提并论，并且不受地位、礼教的束缚，敢于追求自己的幸福，通过手帕引起贾芸对她的注意。她对坠儿说：“千里搭长棚，没有不散的宴席。”一个地位微卑的丫鬟能说出这样的话，足见其有思想、有远见。

三、红玉一厢情愿

红玉对贾芸一见钟情，便丢下红罗帕向贾芸暗示自己的情感。而贾芸是宝玉的分身，两人实际上是一个人，都是弘历的化身。红玉对贾芸的感情只是单相思，贾芸并未理会她，脂批证明了这一点：[红玉一腔委屈怨愤，系身在怡红不能遂志，看官勿错认为芸儿害相思也。] 乌喇那拉氏嫁给弘历为侧福晋是雍正做的主，弘历并不喜欢那拉氏，这和红玉的单相思是一致的。

尽管弘历不喜欢那拉氏，但是，那拉氏毕竟是他的侧福晋，生活在一起，少不了也会留意她，这在小说中也得到体现：

“宝玉昨儿见了红玉，也就留了心。若要直点名唤他来使用，一则怕袭人等寒心；二则又不知红玉是何等行为，若好还罢了，若不好起来，那时倒不好退送的。因此心下闷闷的，早起来也不梳洗，只坐着出神。一时下了窗子，隔着纱屉子，向外看的真切，只见好几个丫头在那里扫地，都擦胭抹粉，簪花插柳的，独不见昨儿那一个。宝玉便靸了鞋晃出了房门，只装着看花儿，这里瞧瞧，那里望望，一抬头，只见西南角上游廊底下栏杆上似有一个人倚在那里，却恨面前有一株海棠花遮着，看不真切。[甲戌双行夹批：余所谓此书之妙皆从诗词句中翻出者，皆系此等笔墨也。试问观者，此非“隔花人远天涯近”乎？可知上几回非余妄拟也。] 只得又转了一步，仔细一看，可不是昨儿那个丫头在那里出神。待要迎上去，又不好去的。正想着，忽见碧痕来催他洗脸，只得进去了”。

书中这段宝玉内心活动的描写，道出了弘历奉父命娶了那拉氏后的心情：若要和她亲近，又恐其他福晋寒心，且又不知那拉氏“是何等行为，若好还罢了，若不好起来”，那时该如何是好？因此，才瞻前顾后，欲看又看不真切，“待要迎上去，又不好去的”，真是“隔花人远天涯近”啊！

四、绛芸轩的含义

宝玉在荣国府的住处叫“绛芸轩”，此乃暗指弘历潜邸重华宫，弘历和富察氏的婚礼就在此处举行。绛：指绛珠草林黛玉。芸：即指贾芸，他和贾宝玉实为一人。贾芸“认得许多花儿匠”，又是负责种树的总监工，暗喻神瑛侍者以甘露浇灌绛珠仙草。贾芸被称为芸二爷，和宝二爷相合。

五、红玉是那拉氏的初期形象

红玉的种种表现，是乌喇那拉氏初为弘历侧福晋的真实写照。脂批云：“争夺者同来一看”，“争名夺利者齐来一哭”，是在评价那拉皇后。

林红玉是林之孝的女儿，林之孝是贾府里的大管家，虽说是奴才辈的，但在贾府中也是有地位的。而乌喇那拉氏的父亲是满洲佐领讷尔布，官也不大，仅是个四品官。乌喇那拉氏是在雍正十一年（1733 年）之后被指给弘历的，此时的乌喇那拉氏虚岁正好十六岁，是应选秀女的花样年华，这和红玉入大观园时的年龄是一致的。

第二十六回：“红玉刚走至蜂腰桥门前，只见那边坠儿引着贾芸来了。那贾芸一面走，一面拿眼把红玉一溜；那红玉只装着和坠儿说话，也把眼去一溜贾芸：四目恰相对时，红玉不觉脸红了，［甲戌双行夹批：看官至此，须掩卷细想上三十回中篇篇句句点“红”字处，可与此处想如何?］一扭身往蘅芜苑去了”。前三十回处处点红字，就是要点出红玉，看官至此应该明白了。其实，何止是前三十回，在八十回《石头记》中，隐藏着无数个“红”字和“玉”字。作者之所以在书中千百遍地呼唤“红玉”的名字，目的是为了纪念那拉皇后，因为红玉就是那拉皇后。

六、宝玉并不喜欢“红玉”

被女娲弃之青埂峰下的顽石“红玉”终于如愿以偿，住进了繁花似锦的大观园，成了怡红院里的一个不起眼的丫鬟。宝玉佩戴的那块“通灵宝玉”，暗喻的正是林红玉。可惜的是，宝玉并不喜欢这块“红玉”。

第三回，宝玉第一次见到黛玉时问道：妹妹身上可有玉否？黛玉说：“我没有那个。想来那玉是一件罕物，岂能人人有的。”宝玉听了，登时发作起痴狂病来，摘下那玉，就狠命摔去，[甲戌侧批：试问石兄：此一摔，比在青埂峰下萧然坦卧何如?] 骂道：“什么罕物，连人之高低不择，还说‘通灵’不‘通灵’呢！我也不要这劳什子了！”吓的众人一拥争去拾玉。

1. “石兄”是谁?

脂批中的“石兄”是指谁？很多人认为，“石兄”是指贾宝玉，既然如此，宝玉为什么要摔自己？笔者说那块美玉是指林红玉和王熙凤，即那拉氏皇后，那么，脂批为什么称它为“石兄”？

其实这个问题很好理解，因为作者写的是皇上和皇后的情史，当然不能秉笔直书，因此，玩儿了一个小小的花招，故意将“女子”称为“石兄”，以避人耳目。

小说中的脂批也称宝玉为“石兄”，这又是什么意思？殊不知，石头有两块，一个是青埂峰下女娲弃之不用的石头，另一石头则是西方灵河岸边的三生石，宝玉是“三生石上旧精魂”，故亦称“石头”，此“石头”非彼“石头”也。

在小说中，脂砚斋的很多批语中都有“石兄”的称呼，凡称青埂峰下的顽石为“石兄”时，均指那拉皇后，而称宝玉为“石兄”时，则指“三生石”的石头，即乾隆皇帝。有时，脂批也称作者为“石兄”或“石头”，此意则是暗示此书的原始作者是那拉皇后，她是口述者，在向别人讲述自己的遭遇（关于此问题，后面有专文论述）。

2. 宝玉摔的是青埂峰下的“石兄”

脂批“试问石兄：此一摔，比在青埂峰下萧然坦卧何如?”意思是说，青埂峰下的顽石哭着喊着要来皇宫中投胎，化成红玉贴在未来的皇上身边，享受几年荣华富贵；可偏偏人家不喜欢你，这狠命的一摔，你感觉如何？还不如当初在青埂峰下坦然安卧哪。

第五十七回，紫鹃逗宝玉，说黛玉要回苏州老家去，“宝玉听了，便如头顶上响了一个焦雷一般。”登时“眼也直了，手脚也冷了，话也不说了，李妈妈掐着也不疼了，已死了大半个了！”林之孝家的人来看宝玉，“宝玉听了一个‘林’字，便满床闹起来说：‘了不得了，林家的人接他们来了，快打出去罢！’贾母听了，也忙说：‘打出去罢。’又忙安慰说：‘那不是林家的人。林家的人都死绝了，没人来接他的，你只放心罢。’宝玉哭道：‘凭他是谁，除了林妹妹，都不许姓林的！’”

作者通过宝玉之口告诉读者，尽管林红玉和林黛玉名字极为相似，但宝玉只在乎林黛玉，“除了林妹妹，都不许姓林的！”正是宝玉对林红玉的鲜明的态度。

其实这一切，作者隐写的是乾隆皇帝对乌喇那拉氏皇后的态度。小说作者塑造林红玉这个形象，是为了交代乌喇那拉氏成为弘历侧福晋的过程和那拉氏受弘历冷遇的境况。

宝玉摔玉的行为，已经告诉读者，那块美玉，是僧道“夹带于中”即塞到他嘴里一并来投胎的，那玉虽是个宝物，但却是个身外之物，他并不喜欢这块玉。无奈贾母、王夫人及全家都视那块“玉”为宝玉的命根子，他也只好屈从了。而乌喇那拉氏是雍正硬塞给弘历的，为此，弘历极为不满，一开始就有抵触情绪。无奈，“胳膊扭不过大腿”，只好接受了，就像宝玉不得不戴上他那块玉那样。因为有富察氏和高氏的存在，乾隆打心眼里不喜欢这个号称满清“第一美人”、品行上虚情假意、表里不一的那拉氏。自始至终，那拉氏一直都是个挡箭牌一般地虚存在弘历的潜邸里。

贾宝玉狠命摔玉、砸玉的行为，暗喻的正是乾隆对那拉皇后的情感。

第二节　林红玉就是王熙凤

很多人认为红玉是一个有思想、有远见、有能力的了不起的丫鬟，的确如此，因为她就是王熙凤。

一、王熙凤的来历

第一回，甄士隐梦中听到一僧一道携了那“蠢物”随神瑛侍者和绛珠仙子去投胎：那僧道：“正合吾意，你且同我到警幻仙子宫中，将蠢物交割清楚，待这一干风流孽鬼下世已完，你我再去。”那僧说得很清楚，是要将那“蠢物”带到“警幻仙子”宫中登记挂号。

第二回，冷子兴向贾雨村介绍王熙凤时说道：“贾琏……娶的就是政老爹夫人王氏之内侄女，……谁知自娶了他令夫人之后，倒上下无一人不称颂他夫人的，琏爷倒退了一射之地。说模样又极标致，言谈又爽利，心机又极深细，竟是个男人万不及一的。”［甲戌眉批：非警幻案下而来为谁?］在此，脂砚斋告诉我们，那王熙凤就是从警幻案下而来的，她就是在警幻仙子案下挂了号的“蠢物”，也就是那块化成红色美玉的顽石。

二、你也玉、我也玉

第二十七回中，作者终于借王熙凤之口，道明了“红玉”的深意：

熙凤见到宝玉房内的红玉，问道：“‘你十几岁了?’红玉道：‘十七岁了。’又问名字，红玉道：‘原叫红玉的，因为重了宝二爷，如今只叫红儿了。’

“凤姐听说将眉一皱，把头一回，说道：‘讨人嫌的很！［庚辰侧批：又一下针。］得了玉的益似的，你也玉，我也玉。’”

熙凤的话和脂批“又一下针”是什么意思？笔者认为，这里面暗含着两大玄机：

玄机之一：批者是要借凤姐这根针“扎”醒读者：“玉”字其实是个障眼法，神话故事中的那个不起眼的“造劫历世”的“历”字才是作者想要表达的关键所在，脂批提醒读者不要被书中的“玉”字骗了。

玄机之二：作者通过熙凤之口告诉读者：“你也玉，我也玉。”你也玉，是指黛玉，我也玉，则是指熙凤。

三、香玉和红玉

黛玉是香玉，元春省亲时将宝玉所题的“红香绿玉”，抹掉了“香玉”

二字，并不是元春不喜欢“玉”字，而是作者在提醒读者，那个黛玉其实是香玉。第十九回，“宝玉只闻得一股幽香，却是从黛玉袖中发出，闻之令人醉魂酥骨。宝玉一把便将黛玉的袖子拉住，要瞧笼着何物。黛玉笑道：‘冬寒十月，谁带什么香呢。’宝玉笑道：‘既然如此，这香是从那里来的？’黛玉道：‘连我也不知道。’这段描述告诉我们，黛玉身上天生就有一股奇香，因此，黛玉就是香玉。为哄黛玉开心，宝玉瞎编了一个小老鼠偷香芋的故事讲给黛玉听，末了说：“小耗子现形笑道：‘我说你们没见世面，只认得这果子是香芋，却不知盐课林老爷的小姐才是真正的香玉呢。’”［庚辰双行夹批：前有“试才题对额”，故紧接此一篇无稽乱话，前无则可，此无则不可，盖前系宝玉之懒为者，此系宝玉不得不为者。世人诽谤无碍，奖誉不必。］

脂批说“此系宝玉不得不为者”，实际上是在告诉读者，黛玉是香玉，而王熙凤才是宝玉身上所戴的那块被“夹带其中”投胎而来的美玉，即“红玉”。因为宝玉和黛玉的名字里都有“玉”字，很容易与宝玉所戴的“玉”混淆。所以，批者提示读者，香玉是黛玉，暗喻富察皇后，美玉即“红玉”是“熙凤”，暗喻那拉氏皇后。小说中，两者从未互换过。

四、“玉”字的象征

宝玉之宝，指宝亲王；宝玉之“玉”，是指皇帝的玉玺。玉玺是御玺的俗称，专业的称谓是宝玺。宝玺者何？天子所佩曰玺，臣下所佩曰印。

黛玉、红玉之“玉”：是指皇后的“凤印”。凤印：只有皇后才能掌管，代表了天下国母的身份，也是至高无上的皇后权力；皇后有了凤印才能执掌后宫，约束妃嫔。唐宣宗以前，只有皇后有册、有宝和有印，妃子有册、有印但无宝，嫔以下则只有册。皇后的册、印和宝是金制的，妃子的印金制、册镀金银，嫔册银制。清朝的皇后实际上没有凤印，皇后册封只有金册和金宝。黛玉、红玉之“玉”是暗示皇后的金册和金宝，统驭六宫，行使皇后的权力。

林红玉的性格和王熙凤何其相似，她被王熙凤收为丫鬟后就再没露面，因为她的使命已经完成了，红玉和熙凤合二为一了。

第三节　王熙凤是那拉氏成为皇后之后的形象

一、王熙凤的出场方式

第三回写熙凤的出场方式，真是与众不同：黛玉刚进贾府，正和贾母等谈论着自己的体弱多病和吃药等事，“一语未了，只听后院中有人笑声，说：‘我来迟了，不曾迎接远客！’黛玉纳罕道：‘这些人个个皆敛声屏气，恭肃严整如此，这来者系谁，这样放诞无礼?’”来者是谁，作者没有马上交代。但这一声正好像戏曲舞台上角色还未出场，先从后台送出一声响亮的“马门腔”，一下子就把来者的三魂六魄给拘定了，真所谓“未写其形，先使闻声”。熙凤还未亮相，就先声夺人，通过她的笑语声，传出了她的内在之神。在贾府这样严肃的氛围里，王熙凤可以这样说话，足见她在贾府的位高权重。

接着，作者浓墨重彩地描写了王熙凤的出场：“这个人打扮与众姑娘不同，彩绣辉煌。恍若神妃仙子：头上戴着金丝八宝攒珠髻，绾着朝阳五凤挂珠钗；项上戴着赤金盘螭璎珞圈；裙边系着豆绿宫绦双比目鱼玫瑰佩；身上穿着缕金百蝶穿花大红洋缎窄裉袄，外罩五彩刻丝石青银鼠褂，下着翡翠撒花洋绉裙。一双丹凤三角眼，两弯柳叶吊梢眉，身量苗条，体格风骚，粉面含春威不露，丹唇未启笑先闻。”

看那熙凤的描述：“恍若神妃仙子”，“绾着朝阳五凤挂珠钗”，装扮既富丽尊贵，又气势非凡。

在这段描写中尤其值得注意的是“朝阳五凤挂珠钗”，这是作者为人物身份、个性乃至命运定格的重要首饰，也是王熙凤的专用首饰；《红楼梦》里没有任何女性跟王熙凤戴同样的凤钗，连贵为皇妃的贾元春都没戴过。通常女性凤钗是一只凤口衔珠串，王熙凤的凤钗是五凤形，凤口各衔珠串，钗的名字叫“朝阳五凤挂珠钗”。

五凤：谓凤凰五至。古以凤凰至为祥瑞之兆。班固的《两都赋序》：“神雀五凤，甘露黄龙之瑞，以为年纪。”李善注引应劭曰：“先者凤凰五至，因以改元。”唐李颀《王母歌》：“红霞白日俨不动，七龙五凤纷相迎。”

凤跟“朝阳”关联，更不简单，《诗经·大雅·卷阿》：“凤凰鸣矣，于彼高冈。梧桐生矣，于彼朝阳。”凤鸣朝阳常被看作是稀世之瑞。

二、凤鸟的含义

《山海经·南次三经》：“丹穴之山……有鸟焉。其状如鸡，五彩为文，名曰凤凰，首文曰德，翼文曰义，背文曰礼，膺文曰仁，腹文曰信。是鸟也，饮食自然，自歌自舞，见则天下安宁。”

将王熙凤的判词描述与《山海经·南次三经》的引文对照，便知王熙凤是只凤鸟。判词中说熙凤“凡鸟偏从末世来”，“凡鸟”合起来是“凤”字（繁体：鳳），点其名。《世说新语·简傲》说：曹魏末年吕安有一次访问嵇（jī）康，嵇康不在家，他哥哥请客人到屋里坐，吕安不入，在门上写了一个“凤”字去了。嵇康的哥哥很高兴，以为客人说他是神鸟。其实吕安嘲笑他是凡鸟。这里反过来就“凡鸟”说“凤”，目的是为了隐晦一些。

中国语言博大精深，古代许多词意都发生了很大变化，像偏意复词，古今异意。但凡龙凤出现时，则龙是雄凤为雌，若凤凰同出代表异性，则凤雄凰雌。既然帝王们称龙比龙，作为对应，帝后妃嫔们就开始称凤比凤了。帝王服“龙衮”，帝后便戴“凤冠”；帝王住“龙邸”，帝后便居“凤楼”；帝王有“龙火衣”，帝后便有“凤头鞋”，等等。这样一对应，凤便有了一个大的变化：即由“阳”转“阴”，整体上趋于“雌性化”了。因为，帝王们绝大多数都是男的，手中又掌握着至高无上、威力无边的权力，加上龙由于集合对象的广泛，身上已集纳和具备了众多“阳物”的特性，其呼风唤雨的威力、飞举变化的能量，也和属“阳”的男性相吻合；而凤由于其外表美丽，更和喜好打扮得花枝招展的属“阴”的女性相接近。

皇上为龙，皇后、皇贵妃为凤。作者把熙凤比作“凤鸟”，和她头上的“朝阳五凤挂珠钗”联系起来，其寓意就是熙凤的身份是跟“真龙天子”相配的，主宰后宫中一切。故宫为什么前三殿图案以龙为主，后三宫凤凰逐渐增多？因为前三殿是皇帝处理政事的地方，以龙为主，显示皇帝是龙的化身；后三宫以凤为主，显示皇后是凤的化身。既然荣国府就是皇上的后宫，那么，“凤鸟”王熙凤无疑就是皇后了。

三、王熙凤能力超群

小说中的王熙凤文化不高，好像不识几个字，这似乎与那拉皇后不符，但实际上，作者将那拉皇后的才情写在了薛宝钗身上。宝钗博学多才，琴棋书画、诗词歌赋无一不晓，各地风土，处世之万般皆通，就连医药之理也略知一二，因此宝玉常常为之赞叹。她的艺术造诣很深，大观园里是有口皆碑的，诗才敏捷，常常独占鳌头，足可与黛玉相媲美。

王熙凤是贾府的实际大管家，深得贾母的喜爱。她高踞在荣府几百口人的管家宝座上，口才与威势是她谄上欺下的武器，攫取权力与窃积财富是她的目的。她非常善于察言观色，辨风测向，常常是对方还没有说出口呢，她已经猜到了；对方刚说呢，她已经办了，小说中这种例子是很多的。可以说，如果把贾府中长幼、尊卑、亲疏、嫡庶、主奴等错综复杂的人际关系比作一张网的话，那么王熙凤这个人物就处在一个相对中心的位置上。从而突出了这一人物形象的独特性，她要同各种各样的人物打交道，所谓上有三层公婆，中有无数叔嫂妯娌兄弟姐妹以至姨娘婢妾，下层有一大群管家陪房奴仆丫鬟小厮，等等。

王熙凤同贾府中任何一个人物或者联结、或者矛盾、或者联结又矛盾的关系，其实都是皇宫中各种社会关系的反映。因为在中国封建的宗法社会里，家国是同构的，历来一脉相通，家是国的一种简化的形式。

乌喇那拉氏是乾隆皇帝的第二任皇后，贵为国母，执掌凤印，统驭六宫，母仪天下。首先，作为人妻，她要相夫教子，恪尽妻子之责；其次，她要以身作则，统率后宫，为皇帝处理好后院；最后，作为第一夫人，母仪天下者，还要辅佐皇帝，把握好国事与家事之间的微妙平衡。在这样一个充满竞争的女人的世界里，没有足够的能力，是很难胜任这一角色的。

四、王熙凤出身恰如那拉皇后

王熙凤出身于“东海缺少白玉床，龙王请来金陵王”的金陵王家。作为四大家族之一，富可敌国。贾、史二家皆为官家，而王家与薛家则是商家，尤其是王家从事国际贸易并负责一部分外交的工作。第十六回，熙凤说："那时我爷爷单管各国进贡朝贺的事，凡有的外国人来，都是我们养活。粤、闽、滇、浙所有的洋船货物都是我们家的"，甚至接驾之事"我们王府也预备过一次"。而宝玉的舅舅王子腾当过京营节度使（第二回），后来还不断升官，由九省统制（第四回）升至九省检点（第五十三回）。王子腾和王熙凤的关系小说中没有明写，有人猜测熙凤是王子腾的女儿，也有说是王子腾是熙凤的叔叔。

乌喇那拉氏原是辉发纳喇氏的家族，她是辉发贝勒王机砮的后代，出身满洲大族。其祖先辉发部族与叶赫部争斗兵败，余部归属于叶赫，叶赫灭了又归附努尔哈赤。那拉氏家族在她晋为皇贵妃后于乾隆十三年（1748年）由满洲镶蓝旗抬入满洲镶黄旗，其父佐领讷尔布被追封为一等承恩公，那拉皇后的侄子讷苏肯袭一等承恩侯。

那拉氏家族因她的崛起而飞黄腾达，一时富甲天下，权势熏天。

五、王熙凤与那拉皇后的性格比较

《红楼梦》问世以来，在红学史上，对王熙凤的各种评语也是非常多的，认为她是"治世之能臣，乱世之奸雄"，把王熙凤叫作"女曹操"，称之为"胭脂虎"，就是母老虎。王昆仑先生曾有一名名言，就是"恨凤姐，骂凤姐，不见凤姐想凤姐"。这恐怕是每一个《红楼梦》读者都会有的一种感受。

小说中的王熙凤泼辣张狂，口齿伶俐，攻于心计，善于阿谀奉承，见风使舵，喜欢使权弄势，炫耀特权。她是贾府实际的权威人物，这种特殊的地位和身份，使她与贾府的主仆上下、男女老少、各色人等，发生广泛的错综复杂的关系。她能在规模庞大严整、事务繁冗复杂的荣国府取得当家管事、威令众人的地位，是与她的高出众人的才干分不开的。她虽然文化不高，却有主见、有胆识，的确是贾府乃至贾、王、史、薛四大家族中鲜有的人物。

王熙凤具有独到的权术机变，她凭着自己的才智与心机，在各种矛盾之中始终把握最有利于自己的环节，见风使舵，多方应付。她处在各种矛盾冲突的旋涡中心，其性格也就从四面八方得到映照。

王熙凤之所以能在贾府中呼风唤雨，其中很重要的一个原因是有贾母这个靠山。贾母是荣宁二府中辈分最高的老祖宗，熙凤很会讨好老太太，老太太和这个孙子媳妇之间关系十分融洽，王熙凤也深得老太太的欢心。第三回“金陵城起复贾雨村，荣国府收养林黛玉”中，贾母向黛玉介绍熙凤时，笑道：“你不认得他，他是我们这里有名的一个泼皮破落户儿，南省俗谓作‘辣子’，你只叫他‘凤辣子’就是了。”【甲戌侧批：阿凤笑声进来，老太君打诨，虽是空口传声，却是补出一向晨昏起居，阿凤于太君处承欢应候一刻不可少之人，看官勿以闲文淡文也。】由此可见，熙凤在贾母心中的位置多么重要，贾母一直偏爱凤姐，“泼皮破落户”讲个笑话，常常让老祖宗开心半天。笔者认为，书中王熙凤与贾母之间的关系实际上隐写了那拉氏与皇太后之间的关系。

史书中关于乌喇那拉氏的记载很少，但是，乌喇那拉氏和太后特别投缘，深得太后的欢心，这一点是确凿无疑的。很多史学家认为，乌喇那拉氏之所以被册为皇后，是孝圣宪皇后（当时的皇太后）和乾隆权衡各种政治势力之后的决定：皇后必须出自满洲上三旗——这是政治上的必需条件，当时乌喇那拉氏虽是满洲镶蓝旗出身，但毕竟也是满洲大族，并且在后宫中有相当的资历和位分，所以当时符合皇后标准的只有乌喇那拉氏一人，特别是乌喇那拉氏是雍正指婚的侧福晋，这一点决定了她优于所有同时期的嫔妃。这在皇太后命乾隆立乌喇那拉氏为皇后的懿旨中说得非常清楚：

“皇后母仪天下，犹天地之相成，日月之继照。皇帝春秋鼎盛，内治需人。娴贵妃那拉氏，系皇考向日所赐侧室妃，人亦端庄惠下。应效法圣祖成规，即以娴贵妃那拉氏继体坤宁，予心乃慰。即皇帝心有不忍，亦应于皇帝四十岁大庆之先。时已过二十七月之期矣，举行吉礼，佳儿佳妇，行礼慈宁，始惬予怀也。钦此。”

本来在乾隆眼里最不起眼、最不受宠的乌喇那拉氏能获得太后的好感，并在太后的极力保举下得到娴妃的封号，之后又晋升为贵妃、皇贵妃、“摄六宫事”，直至被册为继皇后，足见她心机之深，其见风使舵、寻找靠山的本领和王熙凤如出一辙。

小说第十三、十四回，王熙凤协理宁国府暗喻的正是那拉氏在富察皇后仙逝后晋封为皇贵妃，“摄六宫事”的情景，在小说的描述中，生动刻画出那拉皇后的女中豪杰形象。

第十三回，秦可卿临死前托梦给熙凤：

平儿已睡熟了。凤姐方觉星眼微蒙，恍惚只见秦氏从外走来，含笑说道："婶婶，你是个脂粉队里的英雄，［甲戌侧批：称得起。］连那些束带顶冠的男子也不能过你。""眼见不日又有一件非常喜事，真是烈火烹油、鲜花着锦之盛。"凤姐忙问："有何喜事？"秦氏道："天机不可泄漏。"这一段说的是富察皇后死期将近，乌喇那拉氏的机会来了。

但是，秦可卿告诫熙凤："要知道，也不过是瞬息的繁华，一时的欢乐，万不可忘了那'盛筵必散'的俗语。"又说"你如何连两句俗语也不晓得？常言'月满则亏，水满则溢'；又道是'登高必跌重'。如今我们家赫赫扬扬，已将百载，一日倘或乐极悲生，若应了那句'树倒猢狲散'的俗语，岂不虚称了一世诗书旧族了！"

可卿说"我们家赫赫扬扬，已将百载"，是指大清入关后的顺治帝至雍正帝的在位时间，共92年（顺治帝在位时间十八年，康熙帝在位时间六十一年，雍正帝在位时间十三年），所以可卿说"已将百载"。最后，可卿对熙凤说："只是我与婶子好了一场，临别赠你两句话，须要记着：三春去后诸芳尽，各自须寻各自门。"前文已论述过，这个"三春"的意思是，乾隆所爱的三个女人，即哲悯皇贵妃、慧贤皇贵妃和富察皇后去世后，乾隆对所有的嫔妃都不会再真心相爱，所以，各位嫔妃们要为自己早谋后路，以备不测。可惜，乌喇那拉氏没有看清这一点，在她看来，富察皇后一死，自己的机会终于来了。

小说作者通过王熙凤，将那拉皇后的性格、心机恰如其分地表现出来。王熙凤"弄权铁槛寺"、"毒设相思局"、"赚取尤二姐"、"大闹宁国府"、"弄小巧用借剑杀人"等故事，生动地再现了那拉皇后主持后宫时行事专横、恩威并施、逞威弄权、滥施刑罚、见风使舵、机变谋略、残忍阴毒的真实表现。王熙凤的"杀伐决断"表现的是那拉皇后阳而威的一面，而王熙凤的心机谋略则表现了那拉皇后阴而狠的一面。

六、王熙凤过生日隐写那拉氏被册封为皇后

1. 王熙凤的生日

第四十三回，九月初二是王熙凤的生日，贾母决定给王熙凤过生日。

“贾母又向王夫人笑道：‘我打发人请你来，不为别的。初二是凤丫头的生日，上两年我原早想替他做生日，偏到跟前有大事，就混过去了。今年人又齐全，料着又没事，咱们大家好生乐一日。’”

王熙凤真的是派头不小，竟然由贾母带头，要贾府上上下下都来凑钱，给熙凤过生日，这不仅给足了王熙凤面子，也极大地巩固了王熙凤的地位。于是，贾府上下闻风而动，纷纷解囊，置酒席、请戏班，好不热闹。

贾母给王熙凤过生日暗喻钮祜禄氏督促乾隆册封乌喇那拉氏为皇后。富察皇后死后不久，乾隆奉太后钮祜禄氏懿旨，于乾隆十三年（1748 年）七月初一晋封贵妃乌喇那拉氏为皇贵妃，“摄六宫事”；两年后，在太后的一再督促下，乾隆皇帝只得勉从懿旨，于乾隆十五年（1750 年）八月初二，册立那拉氏皇贵妃为皇后。这和贾母所说的：“上两年我原早想替他做生日，偏到跟前有大事，就混过去了”正好吻合。为避免将册封那拉皇后的日子写得过于露骨，作者有意将日期推后了一个月。

在熙凤生日的酒宴上，“贾母说今日不比往日，定要叫凤姐痛乐一日。贾母不时吩咐尤氏等：‘让凤丫头坐在上面，你们好生替我待东，难为他一年到头辛苦。’尤氏答应了，又笑回说道：‘他坐不惯首席，坐在上头横不是竖不是的，酒也不肯吃。’”

熙凤的确坐不惯首席，因为她是那拉皇后的化身。乌喇那拉氏自进入弘历潜邸后，名分低微，哪里轮得到她坐首席；晋为皇后，首次坐上首席，当然会感到有些不自在。

2. 为什么骂“世人”？

酒宴前，李纨的一席话引出了事端：

李纨说：“今儿是正经社日，可别忘了，宝玉也不来，想必他只图热闹，把清雅就丢开了。”[庚辰双行夹批：此独宝玉乎？亦骂世人。余亦为宝玉忘了，不然何不来耶？]

宝玉不来，与“世人”何干？为什么要骂世人？如果把王熙凤与乌喇那拉氏联系起来就明白作者和脂批的意思了。册封皇后是要昭告天下的，天下臣民要上表称颂，举国欢庆。富察皇后阴魂未散，举国上下又为新皇后举杯庆贺，不应该痛骂一番吗？富察皇后一生不御珠翠，力戒奢华，恰如宝钗“不见奢华，惟觉淡雅”，可谓是“清雅”。小说第一回写道：那绛珠仙子因受神瑛侍者甘露浇灌之惠，“只因尚未酬报灌溉之德，故其五内便郁结着一段缠绵不尽之意。[蒙侧批：点题处，清雅。]”脂批告诉我们，那绛珠仙子林黛玉就是“清雅”，而林黛玉正是富察皇后的化身，“清雅”正是指富察皇后。李纨说宝玉“只图热闹，把清雅就丢开了”，暗喻“世人”“遇见新人忘旧人”。

3. 宝玉在熙凤生日时的表现

脂批说：“余亦为宝玉忘了，不然何不来耶？”宝玉因何不来？难道真的把“清雅”丢开了？非也，世人可能真的是忘了“清雅”，唯独宝玉没有忘。

在熙凤生日的整个过程中，表现最不正常的就是贾宝玉。按小说中的描写，宝玉和凤姐的关系是极好的，凤姐对宝玉疼爱有加，宝玉也很维护凤姐，在很多场合表现得很听凤姐的话。姐弟二人相处得非常和睦。按理说，凤姐过生日，而且好几年没有好好过，贾母亲自张罗，宝玉断然没有掉链子的道理。但是正在凤姐生日当天，众人都忙着给熙凤祝寿，他却和茗烟备好马匹，一早出门了，并且撒谎说北静王的爱妾没了，他要去安慰北静王。这一日还有什么事情比凤姐过生日更重要的？

宝玉显然心中有一件极其重要的事情。只见他遍体纯素，带着茗烟骑马出城，来到水仙庵。水仙庵的老姑子为宝玉准备了祭奠用品，宝玉和茗烟到了后园中，就在井台上，将香炉放下。“宝玉掏出香来焚上，含泪施了半礼，[庚辰双行夹批：奇文。只云“施半礼”，终不知为何事也。]回身命收了去。”茗烟机灵，明白宝玉的心事，“忙爬下磕了几个头，口内祝道：‘我茗烟跟二爷这几年，二爷的心事，我没有不知道的，只有今儿这一祭祀没有告诉我，我也不敢问。只是这受祭的阴魂虽不知名姓，想来自然是那人间有一、天上无双，极聪明极俊雅的一位姐姐妹妹了。二爷心事不能出口，让我代祝：若芳魂有感，香魄多情，虽然阴阳间隔，既是知己之间，时常来望候二爷，未尝不可。你在阴间保佑二爷来生也变个女孩儿，和你们一处相伴，再不可又托生这须眉浊物了。'说毕，又磕几个头，才爬起来。”

4. 宝玉祭奠的是谁？

宝玉祭奠的是谁？书中并未交代。宝玉回去后见到玉钏，“陪笑道：‘你猜我往那里去了？’玉钏儿不答，只管擦泪。”作者到此时还未点破谜底，悬疑尚存。直到凤姐和贾琏大闹起来，平儿受尽委屈，在怡红院理妆，宝玉感慨平儿的不易，才想到：今日是金钏儿的生日，故一日不乐。到此时，读者才恍然大悟，金钏的生日也是九月二日，难怪玉钏这一日要垂泪。宝玉祭奠的原来是金钏。前文论述过，金钏＝晴雯，晴雯＝黛玉，黛玉＝富察皇后，宝玉祭奠金钏，隐喻的是乾隆皇帝祭奠富察皇后。

5. 宝玉的行为，是乾隆在册封那拉皇后时的表现

小说中描写王熙凤过生日，暗喻的是乌喇那拉氏被册封为皇后的日子，而贾宝玉在熙凤生日当天的行为，则是乾隆在册封那拉皇后时的表现。

乾隆在册立那拉氏皇后之前特地前往东直门外静安庄（富察皇后死后初时葬地）向富察皇后焚香祭酒，作诗一首，禀告此事。自作序曰：“恭奉皇太后懿旨以中宫久虚宜行册封之礼，岁月既易，吉庆骈临，勉遵慈谕，益睠芳踪，将颁明诏，奠以申怀。”他在诗中说与先皇后举案齐眉，白头偕老是自己的夙愿，续弦这事是怎么发生的呢，必定要有人孝顺太后，下率六宫，这是一个要缺，不容虚置。又说“六宫此日添新庆，翻惹无端忆惘然”。

据此，在册封那拉皇后的日子里，世人可能真的是“把清雅丢开了”，唯独宝玉——乾隆皇帝没有丢开。

因宝玉是皇上，故祭奠金钏时“含泪施了半礼”。脂批云：“只云“施半礼”，终不知为何事也。”此乃正话反说，脂砚斋当然知道宝玉为何施半礼。在茗烟代宝玉念的一大段祝词旁，脂砚斋有大段夹批：［忽插入茗烟一偏流言，粗看则小儿戏语，亦甚无味。细玩则大有深意，试思宝玉之为人岂不应有一极伶俐乖巧之小童哉？此一祝亦如《西厢记》

中双文降香，第三炷则不语，红娘则代祝数语，直将双文心事道破。此处若写宝玉一祝，则成何文字？若不祝则成一哑谜，如何散场？故写茗烟一戏直戏入宝玉心中，又发出前文，又可收后文，……这方是作者真意。]

《西厢记》里的莺莺又叫双文，莺莺月夜烧香，丫鬟红娘代祝数语，道破莺莺心事。脂砚斋以此比喻茗烟代宝玉祝词，道破宝玉心事，并提示此举“大有深意”。作者借宝玉在王熙凤过生日之时祭奠金钏之事，暗喻乾隆在册封乌喇那拉氏为皇后时去祭奠富察皇后，故此，脂批说“这方是作者真意”。

小说中熙凤被称为“二奶奶”，暗示那拉氏为继皇后。

七、王熙凤对贾琏的爱隐写那拉皇后对乾隆的情感

小说中的贾琏也是弘历的化身之一，宝玉是弘历少年时期的化身，而贾琏则是弘历青年时期的化身，宝玉和贾琏实为一人。

熙凤尽管八面玲珑，心机缜密，妒忌心强，行事专横，泼辣狠毒，但她对丈夫贾琏的爱是很深的。

1. 夫妻生活和谐

初期的王熙凤和贾琏的夫妻生活，是很和谐的。小说第七回写周瑞家的送宫花，是正午时候去的，正好碰上王熙凤和贾琏在“恩爱云雨”。这说明小两口很恩爱，即便已经有了女儿巧姐，但还和处于蜜月期一样亲热，足以见出王熙凤对贾琏的爱意了。

2. 王熙凤很在乎贾琏

第十三回这样写道，林黛玉的父亲林如海病危，贾琏奉贾母之命护送林黛玉去探望：“话说凤姐儿自贾琏送黛玉往扬州去后，心中实在无趣，每到晚间，不过同平儿说笑一回，就胡乱睡了。这日夜间，正和平儿灯下拥炉倦绣，早命浓熏绣被，二人睡下，屈指算行程该到何处。不知不觉已交三鼓，平儿已睡熟了。”熙凤因心中挂念贾琏，睡觉也不得安生。

第十四回，贾琏送林黛玉途中，小厮昭儿回来报信：“凤姐见昭儿回

来，因当着人未及细问贾琏，心中自是记挂。待要回去，争奈事情繁杂，一时去了，恐有延迟失误，惹人笑话。少不得耐到晚上回来，又叫进昭儿来，细问一路平安。连夜打点大毛衣服，和平儿亲自检点收拾，再细细追想所需何物，一并包裹交给昭儿。又细细儿的吩咐昭儿：'在外好生小心些伏侍，别惹你二爷生气。时常劝他少喝酒，别勾引他认得混账老婆，——我知道了，回来打折了你的腿！'"

这两段描写，已经把王熙凤对丈夫贾琏的关爱表现得淋漓尽致了。

3. 王熙凤痛恨婚外情

贾瑞企图勾引王熙凤，王熙凤十分反感，并这样说："这才是'知人知面不知心'呢。那里有这样禽兽的人？他果如此，几时叫他死在我手里，他才知道我的手段！"

这话虽然狠毒了些，但也正好说明王熙凤对于"不忠"的疾恶如仇。而这种感情，既是平日修养所致，也是真爱贾琏的一种表现。

4. 王熙凤希望贾琏学好

说实话，王熙凤对贾琏还是比较了解的，但是由于对他的爱，她是竭尽全力想管好贾琏，让丈夫走正道，做一个爱妻子爱女儿的好丈夫的。且看第二十一回王熙凤的表现：

"凤姐见了贾琏，忽然想起来，便问平儿：'前日拿出去的东西，都收进来了没有？'平儿道：'收进来了。'凤姐道：'少什么不少？'平儿道：'细细查了，没少一件儿。'凤姐又道：'可多什么？'平儿笑道：'不少就罢了，那里还有多出来的分儿？'凤姐又笑道：'这半个月难保干净，或者有相厚的丢下的东西：戒指、汗巾、香袋儿，再至于头发、指甲都是东西。'一席话，说的贾琏脸都黄了，在凤姐身背后，只望着平儿杀鸡儿抹脖子的使眼色儿。"

5. 王熙凤的"醋意"是因爱而生

书中熙凤对贾琏的醋意比比皆是。第二十一回，贾琏说："他防我像防贼似的，只许他同男人说话，不许我和女人说话。我和女人略近些，他就疑惑；他不论小叔子、侄儿，大的小的，说说笑笑，就不怕我吃醋了？

以后我也不许他见人！”可见王熙凤对贾琏的管制之严。其实这也怪不到王熙凤，贾琏就是那样的人，照平儿的话说就是：“他醋你使得，你醋他使不得。他原行的正走的正，你行动便有个坏心。连我也不放心，别说他了。”第六十五回，贾琏的心腹小厮对尤二姐说：“人家是醋罐子，他是醋缸醋瓮。凡丫头们二爷多看一眼，他有本事当着爷打个烂羊头。虽然平姑娘在屋里，大约一年二年之间两个有一次到一处，他还要口里掂十个过子呢，气的平姑娘性子发了，哭闹一阵，说：‘又不是我自己寻来的，你又浪着劝我，我原不依，你反说我反了，这会子又这样。’他一般的也罢了，倒央告平姑娘。”

可见王熙凤对贾琏外遇醋意之盛不同常人。王熙凤这般吃醋，只是因为一个“爱”字，一个女人，只有爱一个男人，她才会为了那个男人而吃醋，要是王熙凤对贾琏没有爱，我管你在外怎么拈花惹草，只要不给我惹麻烦，只要别侵犯我的权利就好。鲍二家的说的要害凤姐，那自不可轻饶，而平儿作为凤姐的心腹也算是知音，还是名正言顺的通房大丫头，贾琏是可以和平儿发生性关系的，而王熙凤却没有那个度量。足见王熙凤的“爱”之深了。

6. 王熙凤因爱生恨

王熙凤在得知贾琏偷娶尤二姐之后，痛下杀手，折磨死了尤二姐，而且肆意报复贾琏，唆使心腹报官状告贾琏。这些表面上看很毒辣、但从王熙凤的角度看，那是一个曾经深爱丈夫的妻子对于丈夫失望之后的一种报复。唯其真爱深爱，也才大仇大恨，这不过是一种变相的发泄而已。

此外，书中熙凤对宝玉的关怀也是无微不至，疼爱有加，处处体现出一个“爱”字。

7. 那拉皇后对乾隆的感情至深

我们再看看乌喇那拉氏皇后对乾隆的感情：

乾隆十五年（1750 年）八月初二，乌喇那拉氏被册立为皇后，这一年，她虚岁三十三岁。乾隆皇帝颁诏天下，褒誉她：“孝谨性成，温恭夙著”。这八字评语，说明那拉氏平日行为谨慎，对皇帝温顺体贴。乾隆历次南巡，那拉氏皆伴驾随行。这是乌喇那拉氏“贤良”的一面。

在那拉氏成为皇后初期，乾隆与她的感情仍是比较淡漠的，具体体现在乾隆仍经常作诗怀念富察皇后，比如在他四十岁生日那天，大家都在为“中宫初正名偕位，万寿齐朝衣与冠”而庆贺，乾隆却“有忆那忘桃花节，无言闲倚柱风寒”。在那拉皇后陪同他去真定行宫时，乾隆也想起旧人：“劝餐非昔侣，举案是新缘”，并自注：丙寅年来此孝贤皇后相随。

乾隆对那拉皇后的态度发生转变是在乾隆十六年（1751 年），那年三月十一日，是孝贤皇后三周年忌日，正赶上首次南巡江浙，乾隆与那拉皇后奉皇太后驻跸杭州圣因寺行宫，皇帝在悼念孝贤皇后的一首诗中，无意地流露出对那拉皇后的内疚：

独旦歌来三忌周，心惊岁月信如流。
断魂恰值清明节，饮恨难忘齐鲁游。
岂必新琴终不及，究输旧剑久相投。
圣湖桃柳方明媚，怪底今朝只益愁。

这首诗中的“新琴”指那拉皇后，“旧剑”指孝贤皇后。

经过反思，乾隆领悟到并不是那拉皇后不如富察皇后，而是因为自己与富察感情太深才疏远她。既然那拉皇后没什么过错，就不该受到过分的冷落。于是他便开始培养与那拉皇后之间的感情。

乾隆十七年（1752 年）四月二十五日，乌喇那拉氏皇后诞育了皇十二子永璂，这时乾隆的心情自然是很高兴的，不仅在上谕中批复“又皇后已生皇子。一切顺适吉祥”，又为此写诗庆贺：

视朝旋跸诣畅春园问安遂至昆明湖上寓目怀欣因诗言志 视朝已备仪，弄璋重协庆。

注：适中宫诞生皇子

天恩时雨旸，慈寿宁温清。
迩来称顺适，欣承惟益敬。
湖上景愈佳，山水含明净。
柳浪更荷风，云飞而川泳。
味道茂体物，惜阴励勤政。

那一年，乌喇那拉氏皇后已经虚岁三十五岁了，是清朝后妃中生育年龄最晚的。乾隆十八年（1753 年）六月二十三日，那拉皇后又生育皇五女，二十年（1755 年）四月二十二殇。乾隆二十年（1755 年）又生下皇十三子永璟，永璟也是个短命的皇子，乾隆二十二年（1757 年）丁丑七月二十四日子时殇，年仅三岁。随葬端慧皇太子园寝。无嗣。

清史中关于那拉皇后随乾隆出巡的记录：乾隆十八年（1753 年）九月，皇帝侍奉太后巡行热河及木兰，中间曾有谕曰：皇后至盘山，海望不必随往。著舒赫德为领侍卫内大臣，管理内务府大臣事务、随往。

壬申，谕曰：尚书舒赫德、差往江南。仍著阿里衮、为领侍卫内大臣。随护皇后前往盘山。

此时乾隆在木兰围猎，那拉皇后刚刚生完皇五女三个月，应该是去盘山行宫休养身体去了。

史书上还有一段乾隆让皇后为其改衣服的记录：乾隆二十三年（1758 年）三月十五日，乾隆在从泰陵回京的路上，胡世杰传旨："袍子领子小些！到家里着皇后放样。巡幸褂抬肩转身最小，亦着放样。"（《穿戴档》）此时的皇后即那拉氏皇后。乾隆亲切地称宫里为家里，并且让皇后参与为他改衣服。

这些都表明乾隆与那拉皇后此时夫妻感情生活相当融洽。当时的那拉氏皇恩优渥，备受宠幸。

但是这种和谐只是昙花一现，从乾隆十六年（1751 年）他试图和皇后培养感情到乾隆二十年（1755 年）永璟的降生，短短不到四年的时光之后，乌喇那拉氏就再没有生育。在永璟出生前的几个月，忻贵妃戴佳氏为乾隆生下了皇六女，这是一个乌喇那拉氏被人分宠的信号。那拉氏从专房之宠变成与其他妃嫔分宠。

显然乾隆已经开始移情别恋了，当然不仅仅是戴佳氏，还有令妃魏佳氏，魏佳氏的第一个孩子皇七女只比永璟晚出生半年，所以说，在永璟还没出生的时候，皇帝的宠爱已经转移到戴佳氏和魏佳氏身上，乌喇那拉氏已经失宠了。之后魏佳氏基本垄断了乾隆的所有子嗣，除了戴佳氏又生过一个孩子以外，到魏佳氏去世，她一共给乾隆生了六个孩子，这等宠爱根本不是乌喇那拉氏皇后所能企及的。

第四节　贾探春是那拉皇后的又一个分身

“探春远嫁”是红学界比较一致的看法，但笔者持不同看法。笔者认为，探春是那拉皇后的又一个分身，作者塑造探春这个人物，是为了进一步明确王熙凤的身份。小说中的贾琏的身份并不明确，冷子兴演说荣国府时，曾这样说贾琏：“这位琏爷身上现捐的是个同知，也是不肯读书，于世路上好机变，言谈去的，所以如今只在乃叔政老爷家住着，帮助料理家务。”清朝的地方机构是省、府、县三级。府的最高长官就是知府，同知为知府的副职，正五品。这样一来，读者就很难将王熙凤与皇后挂起钩来。所以，探春的身份就非常重要了。

一、“末世”之喻

探春判词中有“才自精明志自高，生于末世运偏消”之句，而熙凤的判词“凡鸟偏从末世来”，“末世”一词，将两个人紧紧连在一起。请注意：小说中所有的“钗”们，只有探春和熙凤的判词中使用了“末世”一词，“末世”之说正是指时运不佳的那拉皇后。

二、探春的性格

探春精明能干，有心机，能决断，才情高，有抱负，是个具有政治家风范的小姐。探春有一句名言：“我但凡是个男人，可以出得去，我必早走了，立一番事业，那时自有我一番道理。偏我是个女孩儿家，一句多话都没有我乱说的。……”这和“治世之能臣，乱世之奸雄”、“女曹操”、

“脂粉里的英雄”的王熙凤是一致的。

探春的文才虽不及宝钗和黛玉，但也能应付过去，她的辩论的口才，她的果断的性格和善于察言观色、极力讨好王夫人和贾母，是她最突出的表现。

探春知道自己是赵姨娘生的，这是个天大的弱点，在贾府这样一个大家族里庶出即意味着低人一等。她也看清了贾府的整个形势，知道贾府有一个中心：贾母、王夫人。只要讨好这两个人便能依附权势。第四十六回“鸳鸯女誓绝鸳鸯偶”里，贾赦要娶鸳鸯，鸳鸯誓死不从。贾母得知消息后，将一腔怒火撒向王夫人，众人吓得都躲出去了。只有“探春是有心的人”，“想王夫人虽有委屈，如何敢辩；薛姨妈也是亲姊妹，自然也不好辩的；宝钗也不便为姨母辩；李纨、凤姐、宝玉一概不敢辩；这正用着女孩儿之时，迎春老实，惜春小，因此窗外听了一听，便走进来陪笑向贾母道：‘这事与太太何干？老太太想一想，也有大伯子要收屋里的人，小婶子如何知道？’犹未说完，贾母笑道：‘可是我老糊涂了！姨太太别笑话我。你这个姐姐他极孝顺我，不像我那大太太一味怕老爷，婆婆跟前不过应景儿。可是委屈了他。’”

探春的一句话为王夫人解了围，申了冤，博得王夫人的欢心。她尽力讨好王夫人，还表现在：第五十五回，赵姨娘的兄弟赵国基亡故，质问探春：“如今你舅舅死了，你多给了二三十两银子，难道太太就不依你？”探春没听完，早已经气得脸白气噎，一面哭一面问道：“谁是我舅舅？我舅舅年下才升了九省检点，哪里又跑出一个舅舅来？……”这里探春口里的舅舅，其实是王夫人的兄弟，与贾探春没有任何血缘关系，但因为是贾府的体面亲戚，所以讲究“体面”的贾探春自然只认这个是舅舅，赵姨娘的兄弟赵国基虽是探春的亲舅舅，但他不过是个奴才，在贾探春心里深以为耻。

探春在贾母面前也表现得极为孝顺。第七十六回，“凸碧堂品笛感凄清”，贾府已显出一派悲凉的气氛。尤氏为逗贾母开心，给贾母讲笑话，贾母却浑然睡去。“尤氏方住了，忙和王夫人轻轻的请醒。王夫人等笑道：‘夜已四更了，风露也大，请老太太安歇罢。明日再赏十六，也不辜负这月色。’贾母道：‘那里就四更了？’王夫人笑道：‘实已四更，他们姊妹们熬不过，都去睡了。’贾母听说，细看了一看，果然都散了，只有探春在此”。

由此可见，探春在贾母面前是如何的恭敬、孝顺。

黛玉说探春是个“最是心里有算计的”“乖人”，的确不假。

三、探春的才情

第五十六回：敏探春兴利除宿弊 时宝钗小惠全大体，一个“敏”字，完全写出探春之才干。脂批：“探春看得透、拿得定、说得出、办得来，是有才干者。”

探春有极强的理财、治家能力。第五十五回，凤姐因病“不能理事”，实际上是作者有意让她退场。书中描写的熙凤协理宁国府，探春治理大观园隐写的都是那拉皇后管理后宫之史实。第十三回，熙凤想到的宁府的五大弊端“此五件实是宁国府中风俗”，脂批云：[甲戌眉批：旧族后辈受此五病者颇多，余家更甚。三十年前事见书于三十年后，令余悲痛血泪盈面。][庚辰眉批：读五件事未完，余不禁失声大哭，三十年前作书人在何处耶?] 由此可见，“王熙凤协理宁国府”隐写的是那拉氏治理后宫之史实，如果治理大观园还写凤姐，知情者岂不是一目了然了。所以，作者才塑造了探春这个角色。

于是，受王夫人之托，探春偕李纨、宝钗共同理家，用下人们的话来说，则是“倒了一个巡海夜叉，又添了三个镇山太岁”。

探春理家遇到的第一个问题，就是那些管家媳妇们对她的轻视甚至故意刁难，如吴新登的老婆就是一个代表。聪明的探春当然意识到问题的敏感，立刻制止了李纨的赏银四十两的表态，责令吴新登家的说出以往的成例，而吴新登家的却回答说“忘了”，要现去查旧账。探春笑道：“你办事办老了的，还记不得，倒来难我们。你素日回你二奶奶也现查去?”……一通不软不硬、绵里藏针的妙语，把个吴新登家的说得“满面通红，忙转身出来”。几件事过手，人们才觉得探春的精细处不让王熙凤，再没有人敢小瞧探春了。

作者写探春实际上是进一步展示王熙凤的治事才干，探春和薛宝钗、李纨的“铁三角”组合被下人喻为三个“镇山太岁”，也是在贾府中具备慧眼及勇气的女性。前文说过，宝钗的性格中有一部分是写那拉皇后的，此处的探春和宝钗实际上都是那拉皇后，而李纨是太后钮祜禄氏即乾隆生母的化身，“三个镇山太岁”暗喻的是那拉皇后在太后的支持下治理后宫之事。

四、探春和宝玉的关系

探春和宝玉是夫妻关系，何以见得？且看书中证据：

1. 芭蕉树下隐其身

第一回，甄士隐梦中见僧道二仙携了顽石去投胎，士隐梦中惊醒：但见烈日炎炎，芭蕉冉冉。

宝玉在大观园的住处怡红院种植了两种植物，一是海棠花，是红色的，二是芭蕉，绿色的。在第十七回“大观园试才题对额”中，在宝玉的住处怡红院，有一个清客题“崇光泛彩”，出处是苏轼《海棠》诗：“东风袅袅泛崇光，香雾空濛月转廊。”但是，“崇光泛彩”只说了海棠，漏了芭蕉，所以宝玉用“红香绿玉”，两者兼顾。

第三十七回，探春发起结诗社，宝玉和众姐妹一齐响应。黛玉提议每人起个别号。探春笑道：“我就是‘秋爽居士’罢。”宝玉道：“居士，主人到底不恰，且又瘰赘。这里梧桐芭蕉尽有，或指梧桐芭蕉起个倒好。”探春笑道：“有了，我最喜芭蕉，就称‘蕉下客’罢。”众人都道别致有趣。

石头投胎时是“烈日炎炎，芭蕉冉冉”，烈日又称红日，芭蕉为绿色。所以，怡红院种植的是红海棠和绿芭蕉。

怡红院隐写的是长春仙馆，是弘历少年时期读书的地方。雍正七年（1729 年），雍正皇帝赐长春仙馆作为弘历和富察氏夫妇在圆明园的居处。乾隆继位后，将长春仙馆赐予富察皇后。因此，怡红院的“红”字，即指弘历的“弘”，也指绛珠草的绛。怡红院的红海棠是指小红，即林红玉；芭蕉是指“蕉下客”探春，与“怡红快绿”的“绿”字相呼应。芭蕉之下有个“客”，此客探春也。红海棠、绿芭蕉都是乌喇那拉氏，她始终都在宝玉身边。作者用意之深，令人惊叹不已！

一个芭蕉，将探春和宝玉紧紧连在一起。

2. "秋爽居士"泄天机

探春先说自己叫"秋爽居士"，这"秋爽居士"也大有来头。乾隆为亲王时曾号称"长春居士"，此别号的由来是：雍正十一年（1733 年）四月初一日，雍正皇帝在宫中大办法会，召集全国道行高深的僧侣参加，亲自开坛讲说佛法，并收亲王、大臣、僧侣等 14 人为徒，合称十四大门徒。其中包括宝亲王弘历，雍正赐号"长春居士"。一个"长春居士"，一个"秋爽居士"真是绝配。那拉氏是在秋天被册封为皇后的，可谓"秋爽"。也许，探春"秋爽居士"的别号过于露骨了，才换成了"蕉下客"。

3. 石榴树下显真情

第二十七回，探春见到宝玉，亲切地叫道："宝哥哥，身上好？我整整三天没见了。"宝玉笑道："妹妹身上好？我前儿还在大嫂子跟前问你呢。"探春道："哥哥往这里来，我和你说话。"宝玉听说，便跟了他来到一棵石榴树下。

请注意：这石榴树下寓意深刻。还记得元春的判词吗？"榴花开处照宫闱"，这榴花就是石榴花，探春拉宝玉到石榴树下说悄悄话，其寓意还不明白吗？"宝哥哥，身上好？我整整三天没见了。"说得多么亲切，真是"一日不见，如隔三秋"啊！再听听探春给宝玉做鞋的那段对话："我还像上回的鞋作一双你穿，比那一双还加工夫，如何呢？"宝玉道：你给我做鞋，赵姨娘都挑理了，说环儿的鞋搭拉袜搭拉的，也没人给做。探春听了，登时拉下脸来："这话糊涂到什么田地！怎么我是该作鞋的人么？环儿难道没有分例的，没有人的？一般的衣裳是衣裳，鞋袜是鞋袜，丫头老婆一屋子，怎么抱怨这些话！给谁听呢！我不过是闲着没事儿，作一双半双，爱给那个哥哥兄弟，随我的心。谁敢管我不成！"这分明是说，我只是环儿的姐姐，不是环儿的老婆，犯不着给他做鞋。至于我给宝哥哥做鞋，那是我爱给他做。这哪里是妹妹和哥哥的对话，分明是夫妻之间的真情显露。

宝钗见他二人说话时间长了，笑道："说完了，来罢。显见的是哥哥妹妹了，丢下别人，且说梯己去。我们听一句儿就使不得了！"何为梯己？

词意为：亲近的；贴心的梯己人，梯己话；亦指私下里、私有的财物。那探春和宝玉“丢下别人，且说梯己去。我们听一句儿就使不得了！”两人是什么关系还不明白吗？

4. “瑶池仙品”明身份

第六十三回，宝玉过生日，怡红院开夜宴，众人占花名取乐。探春占到的是“瑶池仙品”，诗云“日边红杏倚云栽”。签上还注云：“得此签者，必得贵婿。”众人笑道：“我们家已有了个王妃，难道你也是王妃不成。”

很多人认为，探春的花签暗示她将远嫁到海外，做了海外的王妃。但笔者有不同看法：“我们家已有了个王妃”是指元春，前文论述过，元春隐写两位皇后，此处暗指富察皇后，她曾经是宝亲王弘历的嫡福晋，是正宗的王妃；“难道你也是王妃不成”则是指探春——即乌喇那拉氏也将成为乾隆的皇贵妃，并最终成为皇后。

探春为赵姨娘所生，在贾府这样的大家族里侧室生的女儿和正室所出的是完全不一样的。正像王熙凤说的：“只可惜她命薄，没托生在太太肚里。”“如今有一种轻狂人，先有打听姑娘是正出还是庶出，多有为庶出不要的。”虽然探春的吃穿用住和迎春、惜春一样，但是以探春的精明当然明白自己的身份和地位。

探春为“侧出”，暗喻的是乌喇那拉氏为继皇后，当然不能和先皇后富察氏相提并论。

五、探春的不孝

小说中，探春的母亲赵姨娘是贾政之妾，是探春和贾环的生母。因是偏房，她备受王夫人、凤姐等的欺辱，连亲生儿女也不把她当母亲看。很多人会把探春对她们冷淡归于母子二人不自爱或者下贱。确实，赵姨娘母子心术不正、人格卑下，做的很多事为人不齿，甚至阴暗狠毒。因为嫉恨宝玉，她背地里花钱请巫婆，企图用巫蛊之术整死王熙凤和贾宝玉。因此有人认为，碰上这样一个母亲，即使女儿探春一心想孝顺她，亲近她，也实在是强人所难。

笔者认为：赵姨娘和马道婆阴谋对宝玉和熙凤下手，隐写的是后宫中争夺皇位继承人的阴谋、暗斗。在中国社会历朝历代，这种宫廷内斗屡见不鲜。

但是，作为一个母亲，赵姨娘其实是很爱探春的，但几乎母女每次见面都热脸对冷屁股，赵姨娘是多么的伤心无奈。

探春终于大义灭亲了。袭人的妈死了赏了四十两，赵国基是探春的亲舅舅，她只给了二十两，赵姨娘忍无可忍，跟她吵了起来，探春干脆连亲舅舅都不认了。“谁是我舅舅？我舅舅年下才升了九省检点，哪里又跑出个舅舅来？我倒素习按理尊敬，越发敬出这些亲戚来。”这一段描写，展示了探春的内心是多么的无情，为了攀上王夫人的高枝，连自己的亲舅舅也不认了。

探春又说：“……何苦来，谁不知道我是姨娘养的，必要过两三个月寻出由头来，彻底来翻腾一阵，生怕人不知道，故意的表白表白。也不知是谁给谁没脸？”探春一门心思地想抹掉姨娘生的痕迹，在她心里，宁愿去认王夫人做母亲，也不愿承认是赵姨娘身上掉下来的一块肉。

小说中几乎看不到探春是如何规劝母亲，教导弱弟的，只能看到她是如何埋怨他们的，探春内心可能爱着母亲弟弟，但从她言行里体会不出对他们一丝暖意。探春的不孝淹没了她的诸多美好的品性。

探春讨好巴结王夫人，隐写的是那拉氏登上皇后之位前的表现。探春的不孝，隐写的是那拉氏成为皇后之后对皇太后的不孝。在下面贾母对湘云的态度一文中详加解释。

第五节　史湘云是那拉皇后形象的补充

黛玉、宝钗和湘云是《红楼梦》中的三大女主角，一般认为，史湘云是女三号。史湘云是金陵十二钗之一，四大家族史家的千金，贾母的内侄孙女，贾府通称史大姑娘。

笔者认为，作者塑造湘云这一形象，是对熙凤、探春形象的补充，也就是间接地描述熙凤和探春所未涉及的那拉皇后的其他方面。第二十二回，畸笏叟的批语云：“湘云探春二卿，正‘事无不可对人言’芳性。”意思是湘云和探春的性情一样，暗示两个人实际上是一个人。

一、湘云的身世

史湘云的家族是：“阿房宫，三百里，住不下金陵一个史。”［甲戌侧批：保龄侯尚书令史公之后，房分共十八。都中现住者十房，原籍现居八房。］

湘云是保龄侯尚书令史公之后。保龄侯史公：生长女贾母、长子史氏；保龄侯长子，生三子：长子、史湘云之父，次子保龄侯史鼐，三子忠靖侯史鼎。也就是说，贾母是史湘云的姑奶奶。

金陵：指大清发源地。“原籍现居八房”，暗喻清朝八旗制度。因此，史湘云是满清大族之后。

湘云判词：“富贵又何为，襁褓之间父母违。”是说她自幼父母双亡，史湘云从小失去了父母，由叔叔婶婶抚养，因而“金陵世勋史侯家”的富贵对她来说是没有什么实际用处。

史湘云的身世与那拉皇后相同。现存的史料显示，乌喇那拉氏出身于满洲大族，在晋为皇后之前，她的父母均已离世。乾隆十五年（1750 年）八月十五谕曰：“……皇后之父讷尔布、追封为一等公。遣官致祭。造坟立碑如例。妻封为公妻一品夫人。以其孙讷苏肯袭一等侯。”这说明那拉皇后是嫡出，并且皇后的父兄此时已经不在人世了，所以皇后的侄子袭了爵。笔者判断，那拉氏被指婚给弘历后不久，她的父母就相继去世了。湘云判词里“襁褓之间父母违”是一种比喻，暗示那拉氏很小的时候她的父母就离她而去。

二、湘云的性情

史湘云很少和别人提及过自己的身世并为此难过流泪，尽管她自幼父母双亡，寄人篱下，身世比林黛玉还悲苦三分，但她从没像林黛玉那样整日悲悲戚戚的。每次来贾府时也不忘带点小礼物给丫头小姐们，上上下下的关系显得很融洽，处处洋溢着“烹羊宰牛且为乐，会须一饮三百杯”的畅快。这和那拉氏极为要强又会做人的性格是相符的。

湘云的性格中有很多地方与王熙凤相同。

1. 闪亮登场

史湘云在第二十回里突然出现，她一上场就给人以天真烂漫、心直口快的感觉。宝玉正和宝钗玩笑，忽见人说，史大姑娘来了。宝玉听说她来了，抬身就走。宝玉和宝钗一起到了贾母那里，就只见史湘云在大声说笑。湘云的出场方式和王熙凤何其相似。

这个一出场就大笑大说的美丽姑娘何许人也？之前并没有一段文字很明确地加以说明，似乎这个人根本用不着介绍。从后文的插叙中可知，湘云在贾府出入的时间比黛玉和宝钗要早得多，甚至从小就是贾府中的常客，贾府上上下下的人们对她都熟，甚至可以说是滥熟。

在贾府随时可以听到湘云朗朗的话语、无邪的笑声，更有言谐语趣。如行酒令："这鸭头不是那丫头，这头上哪有桂花油？"说不尽的俏皮，一时令人倾倒。熙凤何尝不是笑话频出，妙语连珠，这一点两人又契合。

2. 脂粉英雄

第五回湘云的曲文云："幸生来英豪阔大宽宏量，从未将儿女私情略萦心上，好一似霁月光风耀玉堂。"史湘云身为女子却有男儿的疏朗与开阔胸怀，她不为女儿的皮囊所累，于妩媚中沾染了一些风流倜傥的男儿气概。黛玉说湘云像个"小骚鞑子"，就是假小子。人说湘云是"巾帼而须眉"，是说她身上有一股"男儿气"。湘云在穿着上总是喜欢男装。第三十一回，她穿上宝玉的衣服，贾母望过去，以为就是宝玉，直招呼，说快过来，仔细那上头挂的灯穗子招下灰来迷了眼，她只是笑，不过去。还有一次下大雪，她的打扮就与众不同：身穿里外烧的大褂子，头上戴着大红猩猩昭君套，又围着大貂鼠风领。黛玉笑她道："你瞧，孙行者来了。他一般的拿着雪褂子，故意妆出个小骚鞑子的样儿来。"众人也笑道："偏他只爱打扮成个小子的样儿，原比他打扮女儿更俏丽了些。"

熙凤"是脂粉里的英雄"，探春也有男儿的豪气，而湘云处处"巾帼不让须眉"，三人如此相似，这是作者的深刻用意。

3. 尖酸刻薄

对史湘云的评价，普遍认为她：乐观直爽、善良细心、豪气豁达。

的确，表面看来，湘云似乎没有真正发过什么愁，她一天到晚总是嘻嘻哈哈，对生活兴味盎然，充满热情。她是一个极爱说话的人，是“话口袋子”，对人对事都表现出热情，这一点又和熙凤挂起钩来。香菱要学诗，不敢啰唆宝钗，向湘云请教，她“越发高兴了，没昼没夜，高谈阔论起来”。为此，宝钗批评她“不守本分”，“不像个女孩儿家”。

但湘云真是表里如一，心直口快，说话不防头儿吗？笔者看未必，在我看来，湘云的这些表面性格中隐藏着极强的心机和妒忌心。从史湘云在贾府中游刃有余、上上下下齐声夸赞这一点，就说明史湘云的城府心计绝不输于黛玉和宝钗。湘云的尖酸刻薄直接冲着黛玉，每次都夹枪带棍地攻击黛玉，很多时候，她和黛玉有一种针锋相对之势。

第二十回，湘云一出场就和黛玉针锋相对。宝玉和黛玉正说话，只见湘云走来，笑道：“二哥哥，林姐姐，你们天天一处顽，我好容易来了，也不理我一理儿。”黛玉笑道：“偏是咬舌子爱说话，连个‘二’哥哥也叫不出来，只是‘爱’哥哥‘爱’哥哥的。回来赶围棋儿，又该你闹‘幺爱三四五’了。”……史湘云道：“他再不放人一点儿，专挑人的不好。你自己便比世人好，也不犯着见一个打趣一个。指出一个人来，你敢挑他，我就伏你。”黛玉忙问是谁。湘云道：“你敢挑宝姐姐的短处，就算你是好的。我算不如你，他怎么不及你呢。”黛玉听了，冷笑道：“我当是谁，原来是他！我那里敢挑他呢。”宝玉不等说完，忙用话岔开。湘云笑道：“这一辈子我自然比不上你。我只保佑着明儿得一个咬舌的林姐夫，时时刻刻你可听‘爱’‘厄’去。阿弥陀佛，那才现在我眼里！”说的众人一笑，湘云忙回身跑了。

说实话，黛玉说湘云“偏是咬舌子爱说话”，不过是句玩笑话，并非嘲讽，可湘云的回敬却充满火药味。

第二十二回，为宝钗庆生日看戏时，熙凤指着戏台上的一个小旦说：“这孩子打扮起来活像一个人。”众人都知道，凤姐指的是黛玉，就怕得罪她，便不肯说出来，湘云却直言不讳地说：“我知道，像林姐姐。”为此她不仅得罪了黛玉，而且还与宝玉发生了矛盾。若说她直爽，倒不如说她刻意为之更准确。

第四十九回，宝玉和姑娘们等烧鹿肉吃。黛玉笑道：“那里找这一群花子去！罢了，罢了，今日芦雪广遭劫，生生被云丫头作践了。我为芦雪广一大哭！”湘云冷笑道：“你知道什么！‘是真名士自风流’，你们都是假清高，最可厌的。我们这会子腥膻大吃大嚼，回来却是锦心绣口。”

（第四十九回和第五十回的赏雪、烤鹿肉的描写中，隐含着极为重要的秘密，后文中予以揭晓。）

在大观园中，敢于和黛玉直接叫板的只有湘云一人。问题是，湘云为什么总爱和黛玉较劲儿？

我们知道，黛玉是富察皇后的化身，作者塑造湘云这个角色，是对熙凤、探春形象的补充，为的是更加全面地展示那拉皇后的形象。在王熙凤身上，作者表现的是那拉皇后霸道阴狠、处事果断和八面玲珑的一面；在探春身上，强调的是那拉氏的身份，嫁入皇家为“王妃”，明写探春不孝，暗示的是那拉皇后对太后的不孝；而在湘云身上，作者刻意表现的是那拉氏对富察皇后的妒忌和尖酸刻薄。

三、湘云的服饰

第四十九回，描写湘云的服饰处，“只见他里头穿着一件半新的靠色三镶领袖秋香色盘金五色绣龙窄褃小袖掩衿银鼠短袄，里面短短的一件水红装缎狐肷褶子，腰里紧紧束着一条蝴蝶结子长穗五色宫绦。”

还是第四十九回，“一时史湘云来了，穿着贾母与他的一件貂鼠脑袋面子大毛黑灰鼠里子里外发烧大褂子，头上带着一顶挖云鹅黄片金里大红猩猩毡昭君套，又围着大貂鼠风领”。

请看湘云服饰的颜色——秋香色、鹅黄色。第一章里论述过，鹅黄色是皇帝的专用色，秋香色是《大清会典》中规定皇贵妃以下，除了皇子，不许任何人穿戴的服色！而“盘金五色绣龙”更不简单，什么人敢穿这样的衣服？湘云却敢身穿“秋香色盘金五色绣龙”衣裳，“头上带着一顶挖云鹅黄片金里大红猩猩毡昭君套”，这足以说明湘云的身份就是皇贵妃和皇后。

四、湘云和宝玉是夫妻

湘云来到贾府，住进大观园，对黛玉和宝钗构成了极大威胁，湘云喜欢宝玉，宝玉对湘云也格外关心。因此，很多人认为，湘云是黛玉和宝钗的有力竞争者。

其实，湘云和宝玉本来就是夫妻，这在小说里有明显的体现。

1. 第二十回，湘云首次亮相就先去找宝玉，一见宝玉就说："二哥哥，林姐姐，你们天天一处顽，我好容易来了，也不理我一理儿。"从这句话里就可以看出，湘云和宝玉极为熟悉，两人从小就在一起，感情是很深的。"我好容易来了，也不理我一理儿。"湘云希望理她一理儿的人当然是指宝玉。而宝玉又是什么态度呢？他听说湘云来了，抬身就走，何曾见过宝玉这般急切，足见湘云在宝玉心中的位置。

2. 第三十一回，湘云再次来了，开口就问："宝玉哥哥不在家么？"宝钗早已觉出湘云对宝玉情有独钟，因此笑道："他再不想着别人，只想宝兄弟，两个人好憨的。这可见还没改了淘气。"贾母道："如今你们大了，别提小名儿了。"贾母之语，足以证明湘云从小就和宝玉一起长大。如果说这只能证明两人的关系很亲密，并不能证明他俩就是夫妻，那么，第二十一回中的描写表达的意思就再明显不过了。

3. 史湘云跑了出来，怕林黛玉赶上，宝玉在后忙说："仔细绊跌了！那里就赶上了？"看，宝玉对湘云何等关切。林黛玉赶到门前，被宝玉叉手在门框上拦住，笑劝道："饶他这一遭罢。"怕湘云吃亏，拼命护着，这又是何等体贴。林黛玉搬着手说道："我若饶过云儿，再不活着！"湘云见宝玉拦住门，料黛玉不能出来，便立住脚笑道："好姐姐，饶我这一遭罢。"［庚辰双行夹批：写得湘云与宝玉又亲厚之极，却不见疏远黛玉，是何情思耶？］这一段描写，虽是孩提之间的玩闹，但作者就是要通过这些小儿情景，"写得湘云与宝玉又亲厚之极"以透露宝玉和湘云的关系，"却不见疏远黛玉"，是何情思？因为黛玉是嫡福晋富察氏，湘云是侧福晋那拉氏，二人都是弘历之妻。

恰值宝钗来在湘云身后，也笑道："我劝你两个看宝兄弟分上，都丢开手罢。"［庚辰双行夹批：好极，妙极！玉、颦、云三人已难解难分，插入宝钗云"我劝你两个看宝玉兄弟分上"，话只一句，便将四人一齐笼住，不知孰远孰近，孰亲孰疏，真好文字！］黛玉道："我不依。你们是一气的，都戏弄我不成！"宝玉劝道："谁敢打趣你！你不打趣他，他焉敢说你？"四人正难分解，［庚辰双行夹批：好！前三人，今忽四人，俱是书中正眼，不可少矣。〕……

宝钗一句话，应该是将玉、颦、云三人笼住，为什么却是将四人一起笼住？因为宝钗和湘云都是那拉氏的化身，实为一人，所以才“一齐笼住”。脂批已经暗示了这一点：“前三人，今忽四人，俱是书中正眼，不可少矣。”四人实际上是三人，此是书中正眼，万不可忽视。“不知孰远孰近，孰亲孰疏”？当然是宝玉和黛玉亲近，和湘云疏远，因为宝黛湘的关系就是乾隆与富察氏和那拉氏的关系。

书中的这段描写，揭示的是宝玉（弘历）和湘云（那拉氏）的关系，并不是宝玉（弘历）真的爱湘云（那拉氏），黛（富察氏）湘（那拉氏）二人虽都为宝玉（弘历）妻妾，然宝玉（弘历）只爱黛玉（富察氏）一人也。脂批再次暗示了几人之间的微妙关系。

4. 还是第二十一回：“晚上，湘云仍往黛玉房中安歇。宝玉送他二人到房，那天已二更多时，袭人来催了几次，方回自己房中来睡。次日天明时，便披衣靸鞋往黛玉房中来”。如此挂念，真是一刻也离不开。

黛玉和湘云起床洗漱，“湘云洗了面，翠缕便拿残水要泼，宝玉道：‘站着，我趁势洗了就完了，省得又过去费事。’说着便走过来，弯腰洗了两把。紫鹃递过香皂去，宝玉道：‘这盆里的就不少，不用搓了。’再洗了两把，便要手巾”。看那宝玉，竟然用湘云洗过的残水洗了两把，若不是夫妻关系，焉能如此？〔脂批云：“妙在两把”，“在怡红何其费事多多。”“冷眼人旁点，一丝不漏。”〕进一步揭示了湘云与宝玉的关系。

5. 第二十九回：贾府诸人到清虚观打醮，张道士送了一盒礼品，里面有个赤金点翠的麒麟，宝钗说：“史大妹妹有一个，比这个小些。”宝玉听见史湘云有这件东西，自己便将那麒麟忙拿起来揣在怀里。一面心里又想到怕人看见他听见史湘云有了，他就留这件，因此手里揣着，却拿眼睛瞟人。只见众人都倒不大理论，惟有林黛玉瞅着他点头儿，似有赞叹之意。宝玉不觉心里没好意思起来，又掏了出来，向黛玉笑道：“这个东西倒好顽，我替你留着，到了家穿上你带。”林黛玉将头一扭，说道：“我不希罕。”宝玉笑道：“你果然不希罕，我少不得就拿着。”说着又揣了起来。

这一段的描写的含义再明显不过了：宝玉听说史大妹妹有一个麒麟，于是想把这个麒麟给湘云留着，又怕别人看见，所以“拿眼睛瞟人”，偏偏黛玉眼尖，可巧就看见了，还冲他点头。宝玉十分尴尬，少不了解释一番，明明是想替湘云留着，却偏说替黛玉留着。可黛玉早知宝玉是何意，偏不领情，宝玉只好又揣起来。

6. 第三十六回：湘云家人打发人来接她回去，湘云本不愿回去，委屈得满眼含泪。众人将她送至二门前，独“宝玉还要往外送”，湘云难舍难分，回身又叫宝玉到跟前和他说悄悄话，宝玉连连答应了。

此处可以看出湘云对宝玉感情至深。作者故意将湘云描绘成有说话“咬舌”的毛病，把“二哥哥”叫作“爱哥哥”，实际上是暗示湘云真的很爱宝玉。

7. 湘云和宝玉的特殊关系还表现在两人闹别扭的时候。第二十二回，看戏时，湘云说台上的小戏子像林黛玉，“宝玉听了，忙把湘云瞅了一眼，使个眼色。晚间，湘云更衣时，便命翠缕把衣包打开收拾，都包了起来。翠缕道：‘忙什么，等去的日子再包不迟。’湘云道：‘明儿一早就走。在这里作什么？看人家的鼻子眼睛，什么意思！’宝玉听了这话，忙赶近前拉他说道：‘好妹妹，你错怪了我。林妹妹是个多心的人。别人分明知道，不肯说出来，也皆因怕他恼。谁知你不防头就说了出来，他岂不恼你。我是怕你得罪了他，所以才使眼色。你这会子恼我，不但辜负了我，而且反倒委曲了我。若是别人，那怕他得罪了十个人，与我何干呢。’”宝玉说得多恳切，因为你湘云不是别人呀，所以我才提醒你。

湘云摔手道：“你那花言巧语别哄我。我也原不如你林妹妹，别人说他，拿他取笑都使得，只我说了就有不是。我原不配说他。他是小姐主子，我是奴才丫头，得罪了他，使不得！”是啊，你就是不如“林妹妹”呀，人家是嫡福晋，你是侧福晋，原不配说她的。

宝玉急得说道：“我倒是为你，反为出不是来了。我要有外心，立刻就化成灰，叫万人践踹！”[庚辰双行夹批：千古未闻之誓，恳切尽情。宝玉此刻之心为如何？] 为辩明自己的心意，看把宝玉急的。真是“千古未闻之誓，恳切尽情”呀。

湘云道：“大正月里，少信嘴胡说。[庚辰侧批：回护石兄。] 这些没要紧的恶誓，散话，歪话，说给那些小性儿，行动爱恼的人，会辖治你的人 [庚辰侧批：此人为谁？] 听去！别叫我啐你。”说着，一径至贾母里间，忿忿的躺着去了。湘云也心疼宝玉啊，那些恶誓、歪话说给林妹妹听去吧。

可林妹妹也不理解宝玉，少不得也和宝玉大吵一顿，宝玉真是风箱里的耗子，两头受气，“因此越想越无趣。再细想来，目下不过这两个人，尚未应酬妥协，将来犹欲为何？”因此大喊：“赤条条来去无牵挂”，委屈得放声大哭。脂批道：［看他只这一笔，写得宝玉又如何用心于世道。言闺中红粉尚不能周全，何碌碌偕欲治世待人接物哉？视闺中自然如儿戏，视世道如虎狼矣，谁云不然？］

作者之所以进行如此生动的描述，目的就是揭示湘云、黛玉和宝玉的特殊关系。老婆多了麻烦多，眼下这两个已让宝玉（乾隆）头痛不已，乾隆身边那几十个妃嫔他又该如何应付？的确，富察氏和那拉氏是乾隆的“冤家”，死死地纠缠着他的一生。

8. 第三十二回，湘云劝宝玉“你就不愿读书去考举人进士的，也该常常的会会这些为官做宰的人们，谈谈讲讲些仕途经济的学问，也好将来应酬世务，日后也有个朋友。”从湘云的这段话中，足以看出她的心机之深。

有人认为，湘云说这些话，恰恰说明她的天真烂漫。她总与宝钗同住，劝宝玉的那些话，一定是受宝钗的影响，绝对不是湘云自己的思想，只不过是鹦鹉学舌罢了。殊不知，宝钗和湘云是同一人，都是乌喇那拉氏的化身。笔者论述过，湘云和宝钗劝宝玉“走仕途之路”，暗喻的是，弘历的侧福晋们撺掇弘历去讨好雍正，结交一些外臣，以便为争夺皇位打些基础。但弘历早已知晓他已经是太子了，这些个“妇人之见”只能坏了他的大事。因此，宝玉听了立刻下了“逐客令”：“请姑娘到别处坐吧，仔细我这里脏了你和你的仕途经济学问。”

以上的例子，足以证明湘云和宝玉是夫妻关系，他二人的关系隐写的就是乾隆和乌喇那拉氏的关系。

五、贾母对湘云的态度

史湘云早就知道有贾母这个姑奶奶的，对贾府的情况也了如指掌，她知道要改变自己在贾家的地位就必须仰仗这位老姑奶奶。

但是，贾母对这个内侄孙女的态度却颇为奇特。湘云出场后，和众姐妹们相处甚欢，唯独贾母对她的到来未显示出什么热情。尽管湘云在叔叔家处境艰难，手头也比较拮据，但贾母从未给她什么特殊的照顾。相反，在湘云难得到贾府来一趟的日子里，贾母对她也表现得相当冷淡。第三十一回，湘云又一次来到贾府。刚见面，贾母问道："今儿还是住着，还是家去呢?"周奶娘笑道："老太太没有看见衣服都带了来，可不住两天?"贾母听了，竟没有任何反应，看来贾母并不希望湘云住下，足见贾母对湘云的冷淡。

第三十六回，湘云家里打发人来接她，"宝玉林黛玉听说，忙站起来让坐。史湘云也不坐，宝林两个只得送他至前面。那史湘云只是眼泪汪汪的，见有他家人在跟前，又不敢十分委曲。少时薛宝钗赶来，愈觉缱绻难舍。还是宝钗心内明白，他家人若回去告诉了他婶娘，待他家去又恐受气，因此倒催他走了。众人送至二门前，宝玉还要往外送，倒是湘云拦住了。一时，回身又叫宝玉到跟前，悄悄的嘱道：'便是老太太想不起我来，你时常提着打发人接我去。'宝玉连连答应了"。

这段描写，直接道出了贾母对湘云的态度。湘云并不想走，贾母却不加挽留，湘云想再来时，却要宝玉时常提着打发人去接，原因何在？就是因为"老太太想不起我来"。

问题是，一向喜爱女孩儿的贾母为何对湘云这般冷淡？有人认为：贾母是担心湘云与宝玉过于亲热，搅了宝玉和黛玉的"木石姻缘"，因此才对她故意冷淡。当湘云家有人给她提亲，湘云似乎名花有主时，贾母对她的态度也亲热起来。这种分析似乎很有道理。

但是，我们现代人用当今的婚姻观念来分析清朝时期的人物难免有失偏颇。我们现在是一夫一妻制，而那时是一夫多妻制，普通人家也可一妻多妾，王公贵族家更是妻妾成群，更不用说皇上了。像小说中的"木石前盟"和"金玉良缘"，贾母、王夫人等大可不必为此伤脑筋，两个人同时娶回家不就皆大欢喜了。而皇上要娶谁就更简单了，不需要到哪个民政部门去办结婚证，一个口谕，那女子家就得敲锣打鼓、欢天喜地地把那美人乖乖送上门来。所以，"木石前盟"和"金玉良缘"的结果，绝不是红学界解释的那样。

笔者认为：贾母对湘云的态度，实际上隐写的是乾隆的母亲、太后钮祜禄氏对那拉皇后的态度。上文中，笔者已经提到，探春的不孝隐写的是那拉氏皇后对太后的不孝。探春生母赵姨娘在贾府里的地位很低，赵姨娘即使对探春的不孝深感愤怒，读者也会认为是母亲对女儿的不满。因此，作者才塑造了湘云这个形象，以贾母对湘云的态度，来表现太后对那拉皇后的态度。

那拉氏晋封为皇后之后，对皇太后的服侍、孝敬远不如富察皇后那样尽心尽力，皇太后也逐渐意识到这个继皇后比先前那个富察皇后差远了，因此，对那拉氏的态度也逐渐冷淡了。乾隆后来对那拉氏越来越疏远，这也是其中重要的原因之一。特别是南巡期间，那拉皇后愤然断发，也是在诅咒皇太后，可想皇太后会作何感想？回宫后，皇太后立即下懿旨将魏佳氏晋皇贵妃，代行皇后职权，可见太后对那拉皇后也寒透心了。当乾隆将那拉氏打入冷宫后，皇太后没有出面制止，甚至没有给那拉皇后说过一句好话，否则，乾隆是不会对那拉氏那样狠毒的。乾隆是个大孝子，如果太后极力维护那拉氏，乾隆是不敢不遵从的，那拉皇后的下场也不会那么惨。

六、卫若兰何许人也?

湘云有个金麒麟，宝玉把张道士送的金麒麟藏起来，是为了送给史湘云，这段描写暗示金麒麟与宝玉和湘云有关。

根据小说中的描写，宝玉只在乎“木石前盟”，厌恶“金玉良缘”，连睡梦中都喊：“和尚道士的话如何信得？什么是金玉良缘？我偏说木石姻缘！”如果没有高鹗续写的后四十回的话，读者肯定会认为宝玉和黛玉最后会喜结良缘，宝钗则无缘和宝玉共度一生。但是，小说隐写的是乾隆和两位皇后的情史，实际上，那拉氏也嫁给了乾隆，如果读者产生误解，认为宝钗没有和宝玉结为夫妻，岂不是曲解了作者的本意。所以，作者才设计了湘云这一角色，并用金麒麟代替宝钗的金锁。

第三十一回“因麒麟伏白首双星”，暗示湘云最后和一个贵族公子卫若兰结为夫妻。脂砚斋道：“金玉姻缘”已定，又写一金麒麟，是间色法也。何颦儿为其所感？”所谓间色法，就是绘画中的中间色调，用以强调主色调。此法太深奥了，不仅“颦儿为其所感”，所有的读书人都为其所惑。

白首双星：白首者，一阴一阳。阴阳本是一体，阴不离阳，阳不离阴，永不分离，谓之双星白首。白首：白头到老之意；双星：很多人认为是牵牛、织女星的别称，故七夕又称双星节。牛郎织女最终分隔两岸，一年一见，虽是情真意切，但最终是天各一方。笔者认为，双星是指北斗星和婺女星，这和湘黛联诗中的“犯斗邀牛女”的意思是一致的。作者用白首双星，暗示湘云的婚姻结局不妙。

第三十一回：湘云和丫鬟翠缕由于看见贾府大观园中一棵石榴树而引发了“雌雄”、“阴阳”之论，偏巧这时宝玉失落的金麒麟恰巧被湘云拾到，翠缕说：“可分出阴阳来了！”作者借这些细节暗示这个金麒麟与湘云和宝玉的婚姻有关。

湘云曲中有“厮配得才貌仙郎，博得个地久天长”之句，第三十一回回末评注［庚辰：后数十回若兰在射圃所佩之麒麟正此麒麟也。提纲伏于此回中，所谓“草蛇灰线，在千里之外”。］

根据脂批，史湘云后来和一个颇有侠气的贵族公子卫若兰结婚，婚后生活还比较美满。但好景不长，不久夫妻离散，她因而寂寞憔悴。

卫若兰曾出现于第十四回，这个“卫若兰”是何许人也？笔者曰：大有来头。

脂批云：“若兰在射圃所佩之麒麟正此麒麟。”脂批道破天机。

射圃：习射之场。出自：《续资治通鉴·元顺帝至正七年》：“十月、辛卯，开东华射圃。”

笔者认为：射圃是指清代皇家猎苑木兰围场。从康熙二十年（1681年）至嘉庆二十五年（1820年）140年间，康熙、乾隆、嘉庆先后来围场举行“木兰秋狝”达105次之多。雍正即位后虽然没有到过围场，但他遗嘱：“后世子孙，当遵皇考所行，习武木兰，毋忘家法。”乾隆在位期间，经常去木兰围场围猎，那拉皇后临死前，乾隆还在木兰围场狩猎游乐。

若：字义除如果，假如外，还指“若木”。若木：古代神话中的树名。“若木”后面加个“兰”字，岂不就是木兰？

卫，谐音围，卫若兰，不就是木兰围场嘛！谁在木兰围场打猎？是乾隆也！“若兰在射圃所佩之麒麟正此麒麟”的寓意不是昭然若揭了吗？

作者为了把那拉氏和乾隆的关系交代清楚，又不露马脚，设置了层层迷宫，费了多少心思，真是用心良苦啊。而脂砚斋生怕读者陷入迷魂阵中，每逢关键时刻即以指点迷津，作者和批者真是煞费苦心也！

“厮配得才貌仙郎，博得个地久天长。”后面还有话哪：“终久是云散高唐，水涸湘江。这是尘寰中消长数应当，何必枉悲伤！”再想想那拉皇后的遭遇，史湘云是那拉皇后的分身之一，还有疑问吗？

七、憨湘云醉卧芍药裀

史湘云的经典事迹有：拾到金麒麟，海棠诗夺魁，烤鹿肉割腥啖膻，芦雪庵联诗夺魁；醉眠芍药裀；中秋联诗等。湘云的每件事情，都与那拉皇后密切相关。第七十六回以黛玉和湘云作中秋联诗，寓意就是两位皇后的最终结局。

小说中对湘云最精彩的描写，是第六十二回：“憨湘云醉卧芍药裀”：

“正说着，只见一个小丫头笑嘻嘻的走来，说：‘姑娘们快瞧云姑娘，吃醉了图凉快，在山子石后头一块青石板磴上睡着了。’众人听说，都笑道：‘快别吵嚷。’说着，都走来看时，果见湘云卧于山石僻处一个石磴子上，业经香梦沈酣，四面芍药花飞了一身，满头脸衣襟上皆是红香散乱；手中的扇子在地下，也半被落花埋了，一群蜜蜂蝴蝶闹穰穰的围着；又用鲛帕包了一包芍药花瓣枕着。众人看了，又是爱，又是笑，忙上来推唤搀扶。湘云口内犹作睡语说酒令，嘟嘟囔囔说：‘泉香而酒冽，玉盏盛来琥珀光，直饮到梅梢月上，醉扶归，却为宜会亲友。’”

湘云醉卧芍药裀，好一幅美人“海棠春睡”图，然这一描写中暗藏着一个惊天秘密，第七章中详加解释。

第六节　香菱隐写那拉氏与乾隆感情最好的一段时光

一、香菱嫁给了皇上

香菱是甄士隐的女儿甄英莲，谐音：真应怜。英莲丢失后，脂批道：

“士隐家一段小枯荣至此结住”，意思是英莲的使命已完成。她被拐子拐走后，被卖给了薛家，改名香菱。长大之后出场的香菱隐写的则是那拉氏的一部分。香菱嫁给薛蟠为妾，薛蟠家族是“皇商”，谐音“皇上”。香菱为薛蟠偏房，暗示那拉氏的身份是继皇后。

作者之所以又塑造了香菱这个人物，就是进一步明确那拉氏所嫁之人是皇上。小说中红玉的作用是为了说明熙凤就是青埂峰下的顽石，化成红玉贴在宝玉身边。熙凤的身份是凤凰，但是贾琏的身份不明确，读者很难将熙凤和皇后联系起来，所以作者将那拉氏嫁给皇子弘历隐写在探春身上。但是，探春将来是“王妃”，读者又会认为探春是远嫁海外，于是就有了湘云将和卫若兰“白首双星”。作者唯恐读者还不明白，最后，干脆用香菱直接告诉读者，香菱嫁给了皇上。

第六十二回，香菱和芳官、蕊官、藕官、荳官、小螺等四五个姑娘，坐在花草堆中斗草。这一个说：“我有观音柳。”那一个说：“我有罗汉松。”那一个又说：“我有君子竹。”……众人没了，香菱便说：“我有夫妻蕙。”荳官说：“从没听见有个夫妻蕙。”香菱道：“一箭一花为兰，一箭数花为蕙。凡蕙有两枝，上下结花者为兄弟蕙，有并头结花者为夫妻蕙。我这枝并头的，怎么不是。”

香菱说“我有夫妻蕙”，怡红院夜饮时香菱抽到的签是并蒂花，诗云：连理枝头花正开，表明香菱正处于“联春绕瑞”夫妻恩爱的美好时光里。

“连理枝头花正开”，出自宋代朱淑贞《落花》诗：“连理枝头花正开，妒花风雨便相催。愿教青帝长为主，莫遣纷纷落萃苔。”

香菱隐写的是那拉皇后与乾隆感情最好的那一段。那拉氏晋封为皇后之后，曾与乾隆有过短暂的幸福时光，乾隆十七年（1752 年），那拉氏生皇十二子永璂，乾隆十八年（1753 年）六月二十三生皇五女，乾隆二十年（1755 年）又生皇十三子永璟，四年连生三个孩子这表明此时的那拉皇后备受乾隆的宠爱。

“宝玉见他们斗草，也寻了些花草来凑戏，忽见众人跑了，只剩了香菱一个低头弄裙，因问：‘怎么散了？’香菱便说：‘我有一枝夫妻蕙，他们不知道，反说我诌，因此闹起来，把我的新裙子也脏了。’宝玉笑道：‘你有夫妻蕙，我这里倒有一枝并蒂菱。’口内说，手内却真个拈着一枝并蒂菱花，又拈了那枝夫妻蕙在手内”。

香菱是“根并荷花一茎香”，宝玉手里拿着“一枝并蒂菱花”，点明“并蒂菱花”就是香菱；香菱的“夫妻蕙”，就是“夫妻会”，宝玉赶来凑热闹，又说：你有夫妻蕙，我有并蒂菱，暗示宝玉和香菱本是夫妻关系。

香菱道：“什么夫妻不夫妻，并蒂不并蒂，你瞧瞧这裙子。”宝玉方低头一瞧，便嗳呀了一声，说：“怎么就拖在泥里了？可惜这石榴红绫最不经染。”香菱的石榴裙和元春“榴花开处照宫闱”及探春“石榴树下”巧妙地连在一起。

宝玉见香菱的裙子湿了，特意把袭人新做的一条裙子拿来给香菱换上，足见宝玉对香菱是多么关爱。小说中的这段描述，隐写的就是那拉皇后曾与乾隆真心相爱的真相。

二、妒花风雨便相催

香菱花签诗句“连理枝头花正开”只起着歇后语的作用，朱淑贞《落花》诗后一句“妒花风雨便相催”道出了真相。香菱嫁给薛蟠后好景不长，薛蟠后来娶了夏金桂。夏金桂极为嫉妒香菱，不仅将她的名字改为秋菱，还使香菱备受折磨。香菱的境况正是那拉氏的遭遇。那拉氏和乾隆的美好时光也很短暂，她还未生下永璟，乾隆的其他妃嫔就来与她争宠了。在永璟出生前的几个月，忻贵妃戴佳氏为乾隆生下了皇六女，令妃魏佳氏的第一个孩子皇七女只比永璟晚出生半年。小说中的夏金桂代表的就是戴佳氏和魏佳氏。乌喇那拉氏渐渐失宠，乾隆开始移情别恋，他的注意力已经转移到戴佳氏和魏佳氏身上，那拉氏重新陷入孤独、冷漠之中。小说巧妙地暗示了这一点。

香菱刚换上袭人的裙子，看见：

“宝玉蹲在地下，将方才的夫妻蕙与并蒂菱用树枝儿抠了一个坑，先抓些落花来铺垫了，将这菱蕙安放好，又将些落花来掩了，方撮土掩埋平服。香菱拉他的手，笑道：‘这又叫做什么？怪道人人说你惯会鬼鬼祟祟使人肉麻的事。你瞧瞧，你这手弄的泥乌苔滑的，还不快洗去。’宝玉笑着，方起身走了去洗手，香菱也自走开”。

宝玉亲手将夫妻蕙和并蒂菱埋了，暗喻那拉皇后与乾隆的这段真挚感情很快就将被乾隆亲手埋葬。香菱斗草时说："并头结花者为夫妻蕙。"荳官笑道："依你说，若两枝背面开的，就是仇人蕙了。"荳官之言，暗示的正是那拉氏最后和乾隆成了仇人。

作者为了将乌喇那拉氏的经历交代清楚又不露马脚，真是绞尽脑汁，大费周折。小说中的红玉、熙凤、探春、湘云和香菱以及麝月，各有各的作用，几个人看似毫不相干，其实是暗线相连，环环相扣，读者须剥丝抽茧，寻迹追源，方能看穿其中之奥秘。

第七节　红玉、熙凤、探春、湘云和宝钗之间的纽带

综上所述，林红玉、王熙凤、贾探春、史湘云、香菱以及薛宝钗等几个人，隐写的都是乌喇那拉氏不同时期的形象，这几个人看似没有关联，其实她们之间有巧妙的纽带进行相连。

林红玉：就是青埂峰下化成红玉的顽石，王熙凤是"从警幻案下所来"，"你也玉，我也玉"，把红玉和熙凤联系起来。

熙凤是"凡鸟偏从末世来"，探春是"生于末世运偏消"。

熙凤的家族是："东海缺少白玉床，龙王来请金陵王"。

湘云的家族是："阿房宫，三百里，住不下金陵一个史"。

小说作者文采飞扬，惜墨如金，如是描写两个人，绝不会使用同一个词，在如此重要的地方，两次出现"末世"和"金陵"，寓意深刻，绝非偶然。"末世"一词将熙凤和探春连在一起，"金陵"一词，又将湘云与熙凤连在一起。

探春画"大海中的孤船"，湘云曲中有"水涸湘江"一词，"大海"和"湘江"将探春和湘云连在一起。

宝钗有金锁、熙凤有金项圈、湘云有金麒麟，"金锁"、"金项圈"和"金麒麟"将宝钗、熙凤和湘云连在一起。

元春"榴花开处照宫闱"；探春、宝玉在石榴树下话衷肠；史湘云和翠缕石榴树下论阴阳；"呆香菱情解石榴裙"；"石榴"是多重暗喻法，"石榴"将元春、探春、湘云和香菱紧紧连在一起。

"红玉"、"末世"、"金陵"、"水"、"饰物"和"石榴"是几人之间

的联系纽带。由此可见，红玉、熙凤、探春、湘云、香菱和宝钗实为一人，都是那拉皇后不同时期的化身。

参考资料：

1. 赫舍里：《大清最为悲惨的女人——乾隆继后乌喇那拉氏》。
2. 好搜百科：历史上的乾隆继皇后乌喇那拉氏。
3. 《清鉴辑览》。
4. 风之子：《王熙凤爱贾琏吗?》。
5. 乾隆：《御制诗二集》。

第七章

王熙凤、贾探春和史湘云的结局隐写那拉皇后的悲惨命运

王熙凤、贾探春和史湘云的判词，就是那拉皇后的悲惨结局！

前文中，笔者多次提到那拉皇后因为冒犯了乾隆皇帝而被打入冷宫，这究竟是怎么回事？这段史实在小说中是如何体现的？和探春、熙凤及湘云又有什么关系？

第一节　乾隆将那拉皇后打入冷宫的历史真相

我们先来看一下史书记载：

乾隆三十年（1765 年）正月十六日，乾隆奉皇太后钮祜禄氏从北京出发，开始了第四次南巡。当时已经失宠十年的那拉皇后陪同乾隆皇帝南巡，随驾的还有乾隆的令贵妃魏佳氏、庆贵妃陆氏、容妃和卓氏等人。南巡初期，一切都很正常，闰二月十八日，他们来到杭州，在风景秀丽的“蕉石鸣琴”进早膳时，乾隆还赏赐给那拉皇后许多膳品，但到了当天晚上进晚膳时，那拉皇后就不见了，陪着皇帝进晚膳的只有令贵妃魏佳氏、庆贵妃陆氏、容妃和卓氏，此后，那拉皇后再也没有露过面。后来才知道，在闰二月十八日那天，乾隆派额驸福隆安把那拉皇后由水路送回京师。

那么那拉皇后到底做了什么事，让乾隆立即把她送回京师？事后只听说那拉皇后忽然自己剪发，惹怒皇上。在满族的习俗里剪头发是最忌讳的，只有在皇太后、皇帝驾崩时，皇后才能剪发。当时的皇太后、皇帝都还健在，那拉皇后却突然剪发，无疑与诅咒他们一样。当时的一些传闻说，皇后随驾

南巡，触犯了龙颜，只得削发为尼，出家到杭州寺庵之中。

乾隆是中国历史上著名的风流天子，他模仿祖父康熙不断南巡，目的之一是贪恋江南美景，又可趁机寻花问柳。据说，他南巡时就曾在清江浦得到一个叫昭容的女伶，带在身边，后来又特命用锦车送回扬州，还赐给她玉如意、粉盝、金瓶、绿玉簪、赤瑛、玉杯、珠串等。还有一个女伶名叫雪如，也是美貌多姿，乾隆南巡时又看上她，加入行幄，颇受眷顾。事后，雪如特地在上衣肩头绣上一条小团龙，并且对人说，乾隆皇帝曾经用手抚摩过她的肩膀，因此特绣小龙，以示宠异。乾隆的这些风流韵事在《红楼梦》中均有体现。

据有的史书记载，那拉皇后随乾隆南巡来到杭州后，乾隆曾深夜换上便服登岸游玩。皇后再三苦劝，甚至哭着劝谏，乾隆不仅不听，反而对那拉皇后严加斥责。那拉皇后终于彻底绝望了，一气之下剪掉头发，要出家当尼姑。第二天，乾隆说皇后精神不正常，派人将她送回京师。

乌喇那拉氏出身满洲，在宫中生活了三十多年，什么是国家大忌，她会不知道吗？究竟受了什么重大刺激，会把这位温顺懂礼的皇后逼到不顾触犯国俗大忌，甚至发疯的地步？野史中的传说不能说是空穴来风、无中生有。乾隆在南巡杭州期间经常微服私游、纵情声色，乌喇那拉氏苦谏无效反而备受折辱，一气之下自行剪发，这种说法是有根据的。《清鉴辑览》也持相同观点：“帝在杭州，尝深夜微服登岸游，后为谏止，至于泪下。”这些并非空穴来风，但是，这不过是皇后断发的导火索，真正的积怨是她在乾隆心里永远都不是皇后。其一，乌喇那拉氏所生皇十二子永璂，一直没有像富察氏所生的永琏、永琮那样被乾隆秘密立为储君，这让她感到焦虑和不安。其二，富察皇后去世后，乾隆始终念念不忘。十七年前，富察皇后陪同乾隆东巡时，在济南一病不起，后死于德州。此后，乾隆每次途经济南时，总是避开这座“伤心城市”，绕城而行。据史书所载，乾隆不入济南城次数共八次，事见《御制诗五集 卷三》所载：戊辰春初次东巡驻跸济南，孝贤皇后于此遘疾，遂至不起。嗣后自辛未逮今甲辰凡八度经过皆弗入城。

第四次南巡期间，又一次路过济南，乾隆忆起富察皇后，伤感不已，为此专门为富察氏作了一首诗：“四度济南不入城，恐防一入百悲生。春三月昔分偏剧，十七年过恨未平。”正是这首饱含对富察氏苦苦相思的抒情诗句，深深刺痛了乾隆身旁的乌喇那拉氏那颗极其要强的心。接下来的“断发”，不过是乌喇那拉氏在情感绝望中一次歇斯底里的爆发。

第二节　作者用史笔，将历史巧妙还原

乾隆与那拉皇后决裂这一史实，在《红楼梦》一书中通过各种隐晦、巧妙的写作手法，完整地体现出来。

一、梦中夺锦

第七十二回，贾母生日的第二天，王熙凤做了一个“夺锦”的梦。王熙凤对自己的陪房旺儿家的说：“昨晚上忽然作了一个梦，说来也可笑，梦见一个人，虽然面善，却又不知名姓，找我。问他作什么，他说娘娘打发他来要一百匹锦。我问他是那一位娘娘，他说的又不是咱们家的娘娘。我就不肯给他，他就上来夺。正夺着，就醒了。”旺儿家的笑道：“这是奶奶的日间操心，常应候宫里的事。”

对王熙凤梦中“夺锦”的暗示和含义有不少解释，最多的解释是认为这个故事暗示元春在宫里的地位岌岌可危。笔者认为这个解释是最贴近事实的，因为王熙凤和元春的化身之一都是那拉氏皇后，“梦见一个人，虽然面善，却又不知名姓”，是奉旨来查抄那拉皇后寝宫的大臣或太监。脂批：[庚辰双行夹批：是以前授方相之旧，数十年后矣。]可见，“夺锦”之人是作者和批者当年极熟悉之人，数十年后此人尚健在。

“我问他是那一位娘娘，他说的又不是咱们家的娘娘。”暗示那拉氏将被皇贵妃魏佳氏取代。

“夺锦”之梦发生在第四次南巡之前，暗示那拉皇后将被夺去“锦绣前程”。脂批云：［实家常触景闲梦必有之理，却是江淹才尽之兆也，可伤。］

王熙凤的“夺锦”之梦，是那拉皇后的“江淹才尽之兆”，此梦是真正的红楼之梦！

二、元宵节后

第一回，那僧看见士隐抱着英莲，“指着他大笑，口内念了四句言词道：

惯养娇生笑你痴，菱花空对雪澌澌。
好防佳节元宵后，便是烟消火灭时。”

红学界的主流学派“曹学派”认为：“好防佳节元宵后，便是烟消火灭时”，暗示的是曹寅被抄家。但是，曹家被抄的日子是元宵节前，而非元宵节后。

笔者认为：“好防佳节元宵后，便是烟消火灭时”暗示的是在元宵节后的南巡期间，将是那拉皇后的好梦终结、烟消火灭之时。

乾隆第四次南巡开始的时间是乾隆三十年（1765 年）正月十六日，正好是元宵节后，当时已经失宠十年的那拉皇后陪同乾隆皇帝南巡。“好防佳节元宵后”处［甲戌侧批：前后一样，不直云前而云后，是讳知者。］。

意思是：此次南巡前乾隆已对那拉皇后表现出诸多不满，小说中不说南巡前的事而直接说“元宵节后”南巡期间的事，是为了“讳知者”。

“好防佳节元宵后”前面还有两句，应该联系起来看：“惯养娇生笑你痴，菱花空对雪澌澌。”此处有脂批：［甲戌侧批：生不遇时。遇又非偶。］偶：是指配偶。脂批的意思是说：那拉皇后生不逢时，遇上了乾隆又不是她命中的绝佳配偶。那拉氏作为女儿在父母面前一直是娇生惯养的，但是，嫁给了乾隆只能是“菱花空对雪澌澌”，所以，才有了元宵佳节后的“烟消火灭时”。

第二十二回“制灯谜贾政悲谶语”，元春差人从宫中送出一个灯谜，命宝玉和大观园的姐妹猜谜并各制一个灯谜，贾政看了灯谜心内沉思道：“娘娘所作爆竹，此乃一响而散之物。迎春所作算盘，是打动乱如麻。探春所作风筝，乃飘飘浮荡之物。惜春所作海灯，一发清净孤独。今乃上元佳节，如何皆作此不祥之物为戏耶？”心内愈思愈闷，……

上元节就是元宵节，作者借贾政之口，道出“四春”所作的灯谜皆是

“不祥之物”，暗示元宵节后贾府将有一场重大变故，“四春”的灯谜在日后将一一应验。

三、“南直召祸”

小说第一回：葫芦庙中炸供，引起火灾，“此方人家多用竹篱木壁者，大抵也因劫数，于是接二连三，牵五挂四，将一条街烧得如火焰山一般。”[甲戌眉批：写出南直召祸之实病。]甄士隐家被大火“烧成一片瓦砾场”，实际上隐喻着“南直召祸之实病”，“大火”者，“大祸”也。

对于“南直召祸”，各种解释颇多。

笔者的理解是：“南直”，暗喻乾隆南巡期间那拉皇后对他的直言劝告；“召祸”：由于那拉皇后对乾隆的直言劝告，招来一场大祸。

第十六回，熙凤、贾琏和奶母赵嬷嬷谈起当年“太祖皇帝仿舜巡”的故事，赵嬷嬷道：“阿弥陀佛！原来如此，这样说，咱们家也要预备接咱们大小姐了！……还有如今现在江南的甄家，嗳哟哟，好势派！独他家接驾四次，……”此处有脂批：“文忠公之嬷。”第三章里论述过，“文忠公”是指富察皇后的弟弟傅恒，作者写江南甄家四次接驾，脂批又特意点出“文忠公”，就是要告诉读者“太祖皇帝仿舜巡”是指乾隆第四次南巡，暗示“南直召祸”发生在第四次南巡期间。

四、“祸起”根由

乾隆在南巡杭州期间微服私游、寻花问柳、纵情声色，这是“祸起”的根由之一；原因之二是乾隆在此次南巡期间写下了怀念富察皇后的诗，深深刺痛了那拉皇后那颗极其要强的心。这一史实隐写于小说的第二十八回中。

第二十八回：宝玉与薛蟠、蒋玉菡及锦香院的妓女云儿一起到冯紫英家饮酒作乐，这一情节隐写的是乾隆第四次南巡期间微服民间，寻花问柳的史实。

1. 云儿之曲道出“祸起”根由

云儿弹起琵琶唱道：“两个冤家，都难丢下，想着你来又记挂着他。

两个人形容俊俏，都难描画。想昨宵幽期私订在荼蘼架，一个偷情，一个寻拿，拿住了三曹对案，我也无回话。”［甲戌侧批：此唱一曲为直刺宝玉。］

云儿之曲道出了“祸起”的根由。

“两个冤家，都难丢下，想着你来又记挂着他。两个人形容俊俏，都难描画。”这一句唱的是富察氏和乌喇那拉氏两位皇后，像两个冤家似的，纠缠着乾隆的一生。

“想着你来”是说那拉皇后。南巡期间，二月初十恰逢那拉皇后四十八岁千秋，乾隆为她庆祝生日，早晚两膳都加菜赐赏。

“又记挂着他”，是说乾隆始终不忘富察皇后。此次南巡，又一次路过济南时，乾隆怀念富察皇后，写下了那首让那拉皇后发疯的诗。这两位皇后，都是“形容俊俏”，一个宛如水中之月，一个形同镜中之花，两个人都贵为皇后，实在是“难以描画”啊！

“想昨宵幽期私订在荼蘼架，一个偷情，一个寻拿，拿住了三曹对案，我也无回话。”这句是暗喻乾隆在第四次南巡期间，迷恋声色、微服出行，与妓女私会，甚至深夜不归；那拉皇后发现后苦劝无果，与乾隆大吵一顿。“拿住了三曹对案，我也无回话。”你发现了我与女妓私会又能怎么样？朕是皇上，纵然是“三曹对案”，朕也无须回话。那一夜，乾隆竟当着妓女的面，将那拉皇后踹出门去，怒斥她有“谋逆”之意。脂批云：“此唱一曲为直刺宝玉。”小说中，并没有宝玉偷情被“寻拿”的描写，书中唯一一次宝玉有性行为的描写是宝玉与袭人“偷试云雨情”，但“幸无人撞见”。因此，云儿之曲“为直刺宝玉，”就是暗示此曲是在揭示乾隆的风流韵事以及他与那拉皇后反目成仇的根由。

荼蘼：一种蔷薇科的草本植物，是春天的最后一种花，凋谢后即表示花季结束，所以有完结的意思。花开到荼蘼，便没有退路，也就不能继续美丽了。云儿曲中“想昨宵幽期私订在荼蘼架”，暗示那拉皇后搅了乾隆的好事，此事若传了出去，必将影响乾隆的一世英名，今后怕不能再如此随心所欲地拈花惹草了，此寓意一；寓意之二：暗示那拉皇后好梦到头，即将被废。

2. 西堂故事

席间，宝玉笑道：“听我说来：如此滥饮，易醉而无味。我先喝一大海，[庚辰眉批：大海饮酒，西堂产九台灵芝日也，批书至此，宁不悲乎？壬午重阳日。] 发一新令，有不遵者，连罚十大海，逐出席外与人斟酒。”[甲戌侧批：谁曾经过？叹叹！西堂故事。] 两批脂批皆提到西堂，那么西堂到底是指哪里？

“曹家学”认为：曹雪芹祖父曹寅所著的《楝亭集》中有不少关于西堂的内容，从诗题看，西堂是曹寅的书斋，曹寅经常邀集同好在“西堂”题诗、饮酒。曹寅时代是曹氏家族的鼎盛时期，作为曹寅的一个重要活动场所，西堂自然就成了曹雪芹心中的一个很难磨灭的印记，写到《红楼梦》中来也就不足为奇了。另外，曹寅也自号“西堂扫花行者”，因此，“西堂故事”是指曹家的故事。

笔者的看法：“西堂故事”说的是清代文学家尤侗。

尤侗：字同人，一字展成，号悔庵，又号艮斋，晚自号西堂老人。为顺治三年（1646 年）副榜贡生，康熙十八年（1679 年）应诏入选博学鸿词科，以二等十二名授翰林院编修，参修《明史》，分撰列传 300 余篇、《艺文志》5 卷，“受知两朝，恩礼始终”。康熙二十二年（1683 年）在史局以撰述第一的成就致仕返乡，归隐苏州亦园。书斋名为“西堂”，故自号“西堂老人”。

尤侗才华横溢，诗词歌赋无一不精，他的著作浩繁，大都收入《西堂全集》和《余集》（共 135 卷）中；另有《鹤栖堂集》诗、文各 3 卷，是晚年作品。

《西堂杂俎一集》收录尤侗所作的赋十篇，其中《禽言》极有特色，模仿禽鸟叫声之韵而成诗，文浅近易懂，近于俚俗。如其一：“泥滑滑、泥滑滑，桔槔轧轧牛咄咄，东沟车水西沟干，上垅出日下垅势，焦头烂额不辞劳，家中麦米无声合，笑杀前村多田翁，手把金樽看新月”。描述了一个农村穷人忙着抗旱，焦头烂额，家中没有存粮，因而怨天不下雨；富人喜逢灾年，低进高出，家中米面成堆，故此举杯邀月。文中充满对劳动人民的深深同情和对不劳而获却又幸灾乐祸，落井下石的“多田翁”的愤怒。

顺治十年（1653 年），尤侗代理永平知府三个月，这一年，永平府连年大雨成灾。顺治十一年（1654 年），知府罗云皋率尤侗及属吏赈灾。后来，朝廷分别派少宰佟代、大理寺丞郝杰到京畿各府赈灾。佟代到了永平，就责令尤侗到各县赈粮，并百般刁难。尤侗奔走月余，寝食俱废，还唯恐受打击，吃尽了苦头。他写了长诗《纪赈》："箕距高堂上，意气吞虹霓。金盘罗几席，椎牛烹黄瓶。"揭露钦差大臣佟代等人作威作福，颐指气使的荒淫无道，更发出"呜呼小民苦，尧舜病难医"的慨叹。

《红楼梦》描写宝玉等人饮酒作乐，实际上暗喻的是乾隆在南巡期间，不顾百姓之疾苦，到处游玩享乐，骄奢靡费，正像《西堂杂俎》里描绘的一样，穷人焦头烂额，家无存粮，富人却举杯邀月，狂饮作乐。又如那钦差大臣佟代等人"金盘罗几席，椎牛烹黄瓶"，哪管百姓之死活。

笔者认为，这就是脂批"谁曾经过？叹叹！西堂故事"的本意。至于庚辰本眉批"大海饮酒，西堂产九台灵芝日也，批书至此，宁不悲乎？壬午重阳日"，笔者暂未查到尤侗诗作中关于"九台灵芝"的证据。但是，笔者想说的是，脂批本上所有的注明日期的批语全是伪批，关于这一点，另有专文论述。

五、积怨爆发

南巡期间，乾隆纵情声色，那拉皇后苦劝无果，加之乾隆写下怀念富察皇后的诗，彻底激怒了那拉皇后，几十年的屈辱、愤怒一起迸发出来。这一史实，隐写于《红楼梦》的第二十五回中：

"林黛玉信步便往怡红院中来，……听见房内有笑声，林黛玉便入房中看时，原来是李宫裁、凤姐、宝钗都在这里呢，……凤姐对黛玉笑道：'你既吃了我们家的茶，怎么还不给我们家作媳妇？'[甲戌侧批：二玉事在贾府上下诸人即看书人批书人皆信定一段好夫妻，书中常常每每道及，岂具不然，叹叹！]众人听了一齐都笑起来。

林黛玉红了脸，一声儿不言语，便回过头去了。……凤姐笑道：'你别作梦！你给我们家作了媳妇，少什么？'指宝玉道：'你瞧瞧，人物儿、门第配不上，根基配不上，家私配不上？那一点还玷辱了谁呢？'"

这一段描写，是为下文进行铺垫。"二玉"暗指乾隆和富察皇后，两人本是一对好夫妻，"故常常有此等点题语"。熙凤说："人物儿、门第配不上，根基配不上，家私配不上？那一点还玷辱了谁呢？"暗示那拉皇后对富察皇后不服气，凭什么乾隆那么待见你？我哪一点比不上你？难道只有你和乾隆才是绝配？

“这里宝玉拉着林黛玉的袖子，只是嘻嘻的笑，心里有话，只是口里说不出来。此时林黛玉只是禁不住把脸红涨了，挣着要走。宝玉忽然‘嗳哟’了一声，说：‘好头疼！’林黛玉道：‘该，阿弥陀佛！’只见宝玉大叫一声：‘我要死！’将身一纵，离地跳有三四尺高，口内乱嚷乱叫，说起胡话来了”。

众人正没个主见，“只见凤姐手持一把明位胃刀砍进园来，见鸡杀鸡，见狗杀狗，见人就要杀人。众人越发慌了。周瑞媳妇忙带着几个有力量的胆壮的婆娘上去抱住，夺下刀来，抬回房去。……”［甲戌双行夹批：此处焉用鸡犬？然辉煌富丽非处家之常也，鸡犬闲闲始为儿孙千年之业，故于此处必用鸡犬二字，方时一簇腾腾大舍。］

表面看，此处的脂批完全是幸灾乐祸，但若把王熙凤看成乌喇那拉氏就明白脂批的意思了。乾隆三十年（1765 年）是鸡年；乾隆属兔，那拉皇后比他小七岁，属狗，所以，熙凤发疯“见鸡杀鸡，见狗杀狗，见人就要杀人。”作者借熙凤发疯之机，点出“鸡”、“狗”二字，为避免泄露天机，又虚陪上“人”字。脂砚斋紧密配合：“此处焉用鸡犬？……鸡犬闲闲始为儿孙千年之业，故于此处必用鸡犬二字，……”作者和批者配合得多么巧妙，简直是天衣无缝。

1975 年 12 月，在湖北云梦睡虎地第 11 号秦墓的出土文物中，发现了上千支竹简。其中《日出·盗者》清楚地记载着用生肖占卜盗贼相貌特征的文字。这一竹简的出土，说明我国在春秋战国时代就使用十二生肖了。因为第 11 号秦墓，据考证葬秦始皇帝三十年，即公元前 217 年。有考古学家认为：我们的祖先用生肖纪年，远在秦始皇统一中国之前就开始了，而且具体地指出“始于夏，流传于商周”。所以，脂砚斋说“鸡犬闲闲始为儿孙千年之业”。毫无疑问，小说中这段描述中的鸡、狗，就是指生肖纪年。鸡指乾隆三十年（1765 年），狗指那拉皇后的属相。

宝玉和熙凤发疯，完全是赵姨娘、马道婆等人的阴谋，作者明写赵姨娘和马道婆“魇魔法姊弟逢五鬼”，致使宝玉和熙凤发疯，隐写的是皇宫里的明争暗斗。那拉氏在富察皇后不幸病逝后，自以为机会来了，使出浑身解数，在太后面前百般讨好，终于如愿以偿登上皇后宝座。此举必招致其他嫔妃的嫉恨，于是针对她的各种暗算接踵而至。小说中，那马道婆和赵姨娘密谋后：“满口里应着，伸手先去抓了银子掖起来，然后收了欠契。又向裤腰里掏了半晌，掏出十个纸铰的青面白发的鬼来，并两个纸人，递与赵姨娘，又悄悄的教他道：‘把他两个的年庚八字写在这两个纸人身上，一并五个鬼都掖在他们各人的床上就完了。我只在家里作法，自有效验。千万小心，不要害怕！’”［甲戌眉批：宝玉乃贼婆之寄名干儿，一样下此毒手，况阿凤乎？三姑六婆之害如此，即贾母之神明，在所不免。其他只知吃斋念佛之夫人太君，岂能防范的来？此系老太君一大病。作者一片婆心，不避嫌疑，特为写出，使看官再四着眼，吾家儿孙慎之戒之！］

作者通过赵姨娘和马道婆密谋对宝玉和熙凤施魔法一事，生动地再现了皇宫后宫中为争夺皇位、皇后位而采取的各种阴谋手段。脂批道：“如此现成，想贼婆所害之人岂止宝玉、阿凤二人哉？大家太君夫人诫之慎之。”笔者论述过，元春判词里“虎兕相逢大梦归”，是暗喻富察皇后死于后宫中争夺皇位继承人的阴谋中，绝非空穴来风。

难怪脂砚斋骂道：贼道婆！是自‘太君思忖’上来，后用如此数语收之，使太君必心悦诚服愿行。贼婆，贼婆，费我作者许多心机摹写也。”

其实，宝玉和熙凤“逢五鬼”，那“五鬼”乃“无鬼”也，真正的“鬼”是富察皇后阴魂不散，她始终是乾隆心里的“神”、那拉皇后心里的“鬼”。

“宝玉拉着林黛玉的袖子，只是嘻嘻的笑，心里有话，只是口里说不出来。”暗喻乾隆只爱富察皇后一人，南巡期间又一次想起富察皇后，并写诗纪念；熙凤突然发疯“手持一把明位胃刀砍进园来”，是写那拉皇后的歇斯底里大发作。何为“明位胃刀”？作者为什么不说“明位心刀”或“明位肺刀”？乾隆三十年（1765 年）闰二月十八日的星宿是：“胃”！明白了吗？“明位胃刀”暗示的就是闰二月十八日的星相是二十八宿的“胃”；这一日正是那拉皇后被遣送回京的日子。临上船时，那拉皇后肠断神伤，胃里如同插了一把刀也，正是心如刀绞。而“宝玉益发拿刀弄杖，寻死觅活的，闹得天翻地覆”，正是龙颜大怒。在乾隆心中的皇后有着唯一性，他自己认定的皇后，只有富察氏。那拉皇后之所以敢冒天下之大不韪，是因为她的心已经死了。程高本中将“明位胃刀”四字删除，其用意可想而知。

六、毅然断发

那拉皇后“断发”的情景，隐写于第二十一回中：

“次日早起，凤姐往上屋去后，平儿收拾贾琏在外的衣服铺盖，不承望枕套中抖出一绺青丝来。平儿会意，忙拽在袖内，便走至这边房内来，拿出头发来，向贾琏笑道：‘这是什么？’贾琏看见着了忙，[庚辰批：也有今日。] 抢上来要夺。……瞅他不防，便抢了过来。”

这一情节，隐写的正是那拉皇后“断发”一事。贾琏在女儿巧姐“出痘”期间，与“多姑娘”鬼混，暗喻乾隆南巡期间微服民间、寻花问柳，平儿在“枕套中抖出一绺青丝来”，暗示那拉皇后情绝断发。“凤姐冷笑道：‘这半个月难保干净，或者有相厚的丢下的东西：戒指、汗巾、香袋儿，再至于头发、指甲，都是东西。’一席话，说的贾琏脸都黄了。贾琏在凤姐身后，只望着平儿杀鸡抹脖使眼色儿”。[蒙侧批：作丈夫者，要当自重！]

注意：“杀鸡抹脖”四字，作者又一次点出“鸡”字，暗示的正是乾隆三十年（1765 年），这一年恰好是鸡年。正因为乾隆的不自重，才导致那拉氏歇斯底里的大发作。脂批“也有今日”，嘲讽的是乾隆皇帝，你虽贵为“天子”，然也有如此刚烈之妻，毅然与你彻底决裂。古代女子向来把“青丝”看作是自身情感的一种载体，一种寄托，也叫作“情丝”，更是“三千烦恼丝”。爱没有了，还留着头发做什么呢？

七、蕉石鸣琴

闰二月十八日，在风景秀丽的“蕉石鸣琴”进早膳时，乾隆还赏赐给那拉皇后许多膳品，但到了当天晚上进晚膳时，那拉皇后就不见了。那拉皇后与乾隆发生激烈冲突的时间是此前的晚上，那么，乾隆为什么在十八日早膳时还赏赐给那拉皇后许多膳品呢？笔者认为，这是乾隆和太后的阴谋。那拉皇后的“断发”行为，不仅彻底激怒了乾隆，也着实地惹恼了太后，这分明是诅咒皇上和太后。乾隆怒不可遏，斥责那拉氏精神不正常。皇上和太后商量后，决定立即将那拉皇后遣送回京，并已准备废掉那拉皇后。废后事关重大，搞不好将弄得满城风雨，帝后反目可不是什么好事，传扬出去，乾隆的一世英名岂不毁于一旦。为了不引起随行大臣和其他妃嫔的猜忌，于是，乾隆故作姿态，在十八日早膳赐予那拉皇后许多膳品，这一举动等于向所有的人表明，皇帝和皇后之间一切如常，什么事也没发生。

当时，那拉皇后会怎么想？她肯定没想到乾隆会有这一招，自她和乾隆大吵、并断发之后，她一定有了思想准备，乾隆肯定会惩罚她。可是，惩罚没有来到，却等来了乾隆对她的温情。早膳赐精美食品，多么温馨的关爱，那拉皇后飘飘然了。她一定以为，乾隆对她还是有感情的，夫君并没有怪罪我，反是我以夫人之心去度国君之腹也。于是，《红楼梦》中便有了“憨湘云醉卧芍药裀”一节。

1. 香梦沉酣

湘云醉卧芍药裀，实指“海棠春睡”。第六十三回，湘云抽到的是花签海棠，题着“香梦沉酣”，诗云“只恐夜深花睡去”，这句诗出自宋代苏轼《海棠》诗：“东风袅袅泛崇光，香雾空蒙月转廊。只恐夜深花睡去，故烧高烛照红妆。”意思是春光短促、好景难留，所以诗人连夜里都要点蜡烛赏花。湘云签暗示的也是那拉皇后春光短促、好景难留。这说明作者是把湘云指喻为海棠的。

作者描写湘云“醉卧于山石僻处一个石凳子上，业经香梦沉酣”。暗喻的正是那拉皇后的痴心妄想。醉卧石凳，那石凳是指“蕉石鸣琴”。蕉石鸣琴是清代西湖十八景之一。《湖山便览》卷九：“蹬道之南壁高丈许，前一巨石，卓立如屏，遂称蕉屏。屏以内庋石床、石几，冷然虚应，雅宜鼓琴，目曰‘蕉石鸣琴’。”今属西湖国宾馆（刘庄）范围内，“蕉石鸣琴”四字可寻。

湘云抽花签时骰子的点数是“十八”点，这个十八，正是暗指闰二月十八日。至此，憨湘云醉卧芍药裀的寓意不是很清楚了吗？作者之所以称湘云为“憨”，她真的是太憨了，憨到家了。那拉皇后全然不知乾隆和太后的阴谋，还在那里“香梦沉酣”。这次早膳以后，她的“香梦”不再“沉酣”，终该醒了。之后，她就如那芍药花一样，纷纷落下，红香散乱。

2. 仙缘已尽

元春在大观园里点的第三出戏是《仙缘》，［庚辰双行夹批：《邯郸梦》中伏甄宝玉送玉。]

《仙缘》是明代汤显祖传奇剧《邯郸记》的第三十出。《邯郸梦》是汤显祖的“临川四梦”之一，故事的构架缘自唐朝沈既济的《枕中记》，说的是“八仙之一”吕洞宾来到邯郸县赵州桥西一小店，听久困田间的卢生述志。卢生对贫愁潦倒的生活满腹牢骚，声言“大丈夫当建功树名，出将入相，列鼎而食，选声而听，使宗族茂盛而家用肥饶，然后可以言得意也”。吕洞宾见这个穷书生有些仙气儿，便想渡卢生成仙。无奈这个卢生热衷仕途，功名心太炙，吕洞宾便赠一玉枕，通过这个有魔法的枕头引卢生入梦。梦中卢生，先是有了艳遇，娶得富家千金崔氏。崔氏又以重金助其贿试，使卢生夺得状元功名，除授翰林编修兼知制诰，但因此也得罪了权臣宇文融。宇侦得卢生任上谋私之破绽，将卢生贬至陕州为知府，负责凿石开河。工程浩大，难度前所未有，谁知卢生竟能轻易化解，取得成功。皇上东巡亲见河道盛况，对卢生恩宠有加，宇文融又悔又妒。适逢吐蕃犯边，满朝文武，束手无策。宇文融趁机力荐卢生率兵靖边，欲置之于死地。卢生无奈挂印西征，用反间计轻取强敌，于天山勒石纪功，凯旋回朝。正当封妻荫子、春风得意之际，宇文融又罗织其“通敌”之罪，钦命立斩于云阳市。愁云惨雾，生死须臾之间，忽因崔氏死命鸣冤，权监通力说情，皇上恩赦，而免于一死，抛妻别子，远窜岭南鬼门关。不久，沉冤昭雪，卢生回朝，被尊为上相兼掌兵权，可谓位极人臣，恩宠无以复加。皇上为之建翠华楼，赐廿四女乐。暮年之卢生，沉溺于“彩战”宴乐，身体严重透支，终至一病不起。大限到来，尚汲汲于身后国史之位置，子孙之封荫，叹一声“人生到此足矣”而溘然去逝……

一场历经数十年的荣华梦醒来之时，店小二为他煮的黄粱饭尚未熟透。卢生大梦惊醒，又经吕洞宾点化，终于领悟了人生真谛，随仙翁到蓬莱山门顶替何仙姑扫落花去了。

很多人根据脂砚斋“《邯郸梦》中伏甄宝玉送玉”的批语，认为八十回后将有一回是“王熙凤扫雪拾玉”，熙凤拾到的玉正是贾家败落之后贾宝玉遗失的“通灵宝玉”，甄宝玉早就听说过贾宝玉项上的美玉，见到这块玉后认定就是贾宝玉的美玉，于是将玉送还给贾宝玉，这就是所谓“甄宝玉送玉”。

笔者认为，“甄宝玉送玉”是和《邯郸梦》卢生的故事相关的，要想正确理解“甄宝玉送玉”的寓意，首先必须明白甄宝玉和贾宝玉是谁？贾宝玉的“通灵宝玉”的寓意是什么？

笔者的解读是：甄宝玉就是贾宝玉，真假宝玉隐写的是乾隆皇帝的身世，实际上，甄宝玉和贾宝玉都是乾隆皇帝。乾隆在北京的皇宫里或圆明园时，他的身份是贾宝玉；乾隆南巡到了杭州时，他的身份就变成了甄宝玉。而“通灵宝玉”是指那拉皇后，她就是化成“红玉”的青埂峰下的顽石，始终紧紧贴在贾宝玉——即乾隆身边。“甄宝玉送玉”的寓意是，由于那拉皇后与乾隆反目成仇，乾隆皇帝派人将那拉氏从水路送回了京城。此一送，那拉皇后“仙缘”已尽，锦绣前程就成了“一枕黄粱”。这和湘云的“香梦沉酣”的意思是一样的，所有的荣华富贵、显赫地位，到头来不过是一场“春梦”。香梦醒来之时，就是大难临头之日。

第二十三回：（宝玉）“刚至穿堂门前，［庚辰双行夹批：妙！这便是凤姐扫雪拾玉之处，一丝不乱。］只见袭人倚门立在那里……，”王熙凤扫雪拾玉，暗示的是那拉皇后像卢生一样大梦惊醒，宝玉遗弃了美玉，正是乾隆抛弃了那拉皇后。

八、遣返回京

闰二月十八日早膳之后，乾隆立即派额驸福隆安把那拉皇后由水路送回京师。这一史实，隐写于第五回探春的画和判词之中。

探春的画和判词

画：两个人放风筝，一片大海，一只大船，船中有一女子掩面，泣涕之状。

探春判词：

才自精明志自高，生于末世运偏消。
清明涕送江边望，千里东风一梦遥。

很多人认为探春的判词和曲子【分骨肉】都表达了一个主题，即远嫁他乡，骨肉分离，饱受思乡、思家、思父母姊妹亲人之苦。在安土重迁、交通通信都很困难的古代社会，探春远嫁本身就是一大悲剧。

笔者的理解如下：

1. 画中之谜

（1）风筝

画面上两个人放风筝：暗示两只凤凰风筝搅在一起，即富察皇后始终阴魂不散，是那拉皇后的克星。

第二十二回制灯谜时，探春做的灯谜是："阶下儿童仰面时，清明妆点最堪宜。游丝一断浑无力，莫向东风怨别离。"谜底是风筝。

第七十回中，宝玉和众姑娘们一起放风筝，宝玉的风筝是"林大娘才送来的美人"风筝，暗指林之孝的女儿林红玉，可这个"美人风筝"却放不起去。宝玉恨的掷在地下，指着风筝道："若不是个美人，我一顿脚跺个稀烂。"林红玉是初入弘历潜邸时的那拉氏，身份低微，当然飞不起来。

黛玉的风筝无名，紫鹃"向雪雁手中接过一把西洋小银剪子来，齐籰子根下寸丝不留，咯登一声铰断，笑道：'这一去把病根儿可都带了去了。'那风筝飘飘摇摇，只管往后退了去，一时只有鸡蛋大小，展眼只剩了一点黑星，再展眼便不见了。"黛玉是富察皇后的化身，富察皇后的病根是对乾隆的痴情和丧子之痛。那风筝越飞越远，"展眼只剩了一点黑星，再展眼便不见了"，暗示富察皇后已魂归天外，"这一去把病根儿可都带了去了。"

探春放的是一只软翅子大凤凰风筝，暗喻探春也是一只凤凰，即皇后。"探春正要剪自己的凤凰，见天上也有一个凤凰"，那是富察皇后的象征，两只凤凰风筝在空中绞在了一起，"正不开交，又见一个门扇大的玲珑喜字带响鞭，在半天如钟鸣一般，也逼近来。"三个风筝搅在一起，一齐飘飘遥遥地去了。

探春放风筝的过程寓意非常明显，两只凤凰风筝绞在一起暗示的是富察皇后始终是那拉皇后的克星，尽管富察皇后已仙逝多年，但她始终活在乾隆心里。那"门扇大的玲珑喜字带响鞭"的大风筝，则指乾隆皇帝。"响鞭"即是"爆竹"，这是元春的谜语："能使妖魔胆尽摧，身如束帛气如雷。一声震得人方恐，回首相看已化灰。[庚辰双行夹批：此元春之谜。才得侥幸，奈寿不长，可悲哉！]元春的化身之一是那拉皇后，"爆竹"暗指乾隆皇帝。

“天子”怒发冲冠，“如钟鸣一般”撞了过来，那“软翅子大凤凰风筝”焉能不断线？“游丝一断浑无力，莫向东风怨别离。”形容那拉皇后如断了线的风筝，不知魂归何处。

那拉皇后不知天高地厚，竟敢在“太岁头上动土”，皇上雷霆大怒，“一声震得人方恐”，那拉皇后“回首相看已化灰”了。乌喇那拉氏侥幸坐上皇后之位，“奈寿不长，可悲哉！”

（2）海上孤船

大海上的一只船上，一女子掩面而泣：暗喻乾隆三十年（1765 年）闰二月十八日那天，乾隆派额驸福隆安把那拉皇后由水路送回京师。“女子掩面而泣”是指探春——那拉皇后孤零零、冷清清、凄惨惨地独自而去。

2. “清明”的寓意

探春判词“清明涕送江边望”，探春灯谜“清明妆点最堪宜”，清明的寓意是什么？风筝在什么时候都可以放，为什么非得是“清明妆点最堪宜”？

“清明”是指“闰二月”

我国农历纪年一年 12 个月，大月 30 日，小月 29 日。一个平年是 354 日，比阳历的一年少 11 日。为使农历与阳历在季节上能够合拍，时令也能一致，我们的祖先就用“增设闰月”的办法来“调整余缺”，在 19 年中设立了 7 个闰月——因为 19 个回归年的总天数与 19 个平年加上 7 个闰月的总天数基本相等。所以，农历历法规定：每隔两年或三年设一个闰月。有闰月的这一年，农历是 13 个月，计 383 天。农历历法规定：凡是只有节气而没有中气的月份，一律不能独立成为一个月，它只能作为一个月的附属（副月）——闰月。农历二月后面的那个月，从初一到三十，即从阳历的 3 月 21 日到 4 月 18 日的 29 天内，只有一个节气“清明”而没有中气。所以，便把二月后这个没有中气的月份，沿用二月的名称，定为“闰二月”。

乾隆三十年（1765 年）的清明是闰二月十五日，这一日，正是乾隆与那拉皇后反目成仇的日子，那拉皇后在闰二月清明节后，如断了线的风筝一去不返。

3. 探春判词诠释

“才自精明志自高，生于末世运偏消。”探春和熙凤一样精明能干，志向高远，“精细处不让凤姐”，可惜偏生于“末世”，遇到乾隆这样一位“花花太岁”，真乃时运不济啊！

“清明涕送江边望，千里东风一梦遥。”很多人解释这句诗的意思是：清明节江边涕泪相送，是说家人送探春出海远嫁。

在第二十二回探春做的灯谜处脂砚斋批道：[庚辰双行夹批：此探春远适之谶也。使此人不远去，将来事败，诸子孙不致流散也，悲哉伤哉！]

谶（chèn）：基本含义是秦汉间巫师、方士编造的预示吉凶的隐语；指将要应验的预言、预兆。

脂批说得很清楚，探春做的灯谜是她命运的预兆。因此，探春的结局很明显，她在清明节登舟是“远适”、“远去”，而不是远嫁！而且她在远去之时，已经成家、有子孙了。这正是那拉皇后的境况，乾隆三十年(1765年)，那拉皇后48岁，她的侄子已经有孩子了，那拉氏已经是奶奶辈的人了，正因为她的远去，才导致其子孙流散。

那拉皇后临上船时，一定有她的至亲之人泣泪相送。送行人在江边遥望那渐渐远去的孤帆，何不肠断心焦？那拉皇后此一去，将无归途矣！“千里东风一梦遥”，所有的荣耀繁华、昌盛显耀、功名利禄都将化作一场春梦，“究竟是到头一梦，万境归空。”此“梦”正是红楼之梦！

这才是“远去”之实意！那拉皇后“远去”后，她的家族随之“树倒猢狲散”。

4. 探春之词《南柯子》

探春作的《南柯子》上半阕“空挂纤纤缕，徒垂络络丝；也难绾系也难羁，一任东西南北各分离”和谜语“游丝一断浑无力，莫向东风怨别离”表达的意思是一样的，都表示那拉皇后如断了线的风筝，无力回天，任其随风飘去。柳絮飞舞的月份正是闰二月，探春写了上阕再写不下去，正是那拉皇后对命运徒叹奈何的表现。从此以后，那拉皇后和她的亲人们“一任东西南北各分离。”

宝玉作的下半阕："落去君休惜，飞来我自知。"君：封建时代指帝王、国君、诸侯等。对随风飘去的柳絮，宝玉——乾隆毫不在意，随她去吧。"莺愁蝶倦晚芳时"，"莺愁"指乾隆，他的心情烦透了；"蝶倦"是说那拉氏，她太累了，已经心力交瘁；两人都老了，无力再折腾了。"纵是明春再见隔年期"，那拉氏这一去，还能再见吗？"纵是明春再见"也得隔一年啊！事实上，那拉皇后此去后，再也没有见到乾隆。

正如林黛玉的《唐多令》："草木也知愁，韶华竟白头。叹今生谁舍谁收？嫁与东风春不管，凭尔去，忍淹留！"

5. 探春之曲《分骨肉》

一帆风雨路三千，把骨肉家园齐来抛闪。恐哭损残年，告爹娘：休把儿悬念。自古穷通皆有定，离合岂无缘！从今分两地，各自保平安。奴去也，莫牵连。

《分骨肉》暗喻那拉皇后与亲人永远分离。

"一帆风雨路三千，把骨肉家园齐来抛闪。"是说那拉皇后在杭州被乾隆派人从水路送回京城。水路：是指京杭大运河，北起通州，南至杭州，全长1794公里。过去说的里数，一般是指"华里"，1794公里，正好是三千多华里，所以说是"一帆风雨路三千"。那拉皇后在那一路上凄凄惨惨、孤苦伶仃、肠断神伤，她知道，从此将失去自由，把骨肉亲人和美好家园一起舍弃，实属无奈啊！

"恐哭损残年，告爹娘：休把儿悬念。"残年：一是指人的晚年；二是指一年将尽的时候。探春是闰二月十八日清明节后乘船远去的，当然不是一年将尽的时候，所以，句中的"残年"就是指人的晚年。"残年"一词，再次证明探春不是远嫁。试想，探春若是嫁人，她的年龄应该是十六七岁，正是风华正茂之时，怎么能称残年？

此句和"故向爹娘梦里相寻告"，所表达的意思是一样的，都是说那拉皇后在向父母亲人告别。当时那拉皇后已48岁，伤心悲痛只能"哭损残年"。其时，她的父母长兄均已离世，那拉皇后只能在梦中向爹娘和亲人们告别：自古以来，穷困通达都有定数；聚散离合皆看缘分，"从今分两地，各自保平安。"我已自身难保，顾不上你们了，亲人们还是各自珍重吧。

“奴去也，莫牵连。”很多人解释这句的意思是探春希望亲人们对她不要牵挂、惦念。请注意：原文是“莫牵连”，而不是“莫牵念”或“莫牵挂”；“牵连”和“牵念”意思完全不同。牵连：意为牵涉，牵扯，连累，株连；而牵念的意思才是牵挂，惦念。而且，前面“告爹娘休把儿悬念”，已经表达了“不要惦记我”的意思，在短短几十个字的曲子里，作者不可能重复表达相同的意思。因此，“莫牵连”不是有的人解释的那样。

奴：这里意为“奴家”，是古时女子、妇女的自称。

笔者认为：“奴去也，莫牵连”，是那拉皇后对乾隆的最后哀告，希望自己的落难不要株连到她的亲属。可悲、可叹！

所谓“探春”，正是“叹春”也！“闰二月”就是春三月，那拉皇后本是一番爱君之心，却因此招来一场大祸，难道不该一叹吗？这才是“所叹者三春也”的真正寓意。

第二十二回，宝钗过生日，贾母让她点戏，宝钗点了一出《鲁智深醉闹五台山》，并告诉宝玉：“是一套北《点绛唇》，铿锵顿挫，韵律不用说是好的了，只那词藻中有一支《寄生草》，填的极妙，你何曾知道。”宝玉见说的这般好，便凑近来央告：“好姐姐，念与我听听。”宝钗便念道：“漫揾英雄泪，相离处士家。谢慈悲剃度在莲台下。没缘法转眼分离乍。赤条条来去无牵挂。那里讨烟蓑雨笠卷单行？一任俺芒鞋破钵随缘化！”宝钗所念之戏词，正是那拉皇后的结局。宝钗过生日，隐写的是南巡期间那拉皇后过生日，那一日，乾隆还赐给那拉氏很多膳食，庆贺她48岁千秋。那拉皇后和乾隆真是“没缘法转眼分离乍”，结局只能是“千里东风一梦遥”，此一去昔日繁花似锦的日子都化为乌有，命该如此，无可奈何。“那里讨烟蓑雨笠卷单行？一任俺芒鞋破钵随缘化！”唉！天不容我，我当如何？随它去吧，俺自是“赤条条来去无牵挂”。

6. 湘云之曲《乐中悲》

湘云之曲是对探春曲子的补充，进一步描述那拉皇后的遭遇。

《乐中悲》：襁褓中，父母叹双亡。纵居那绮罗丛，谁知娇养？幸生来，英豪阔大宽宏量，从未将儿女私情略萦心上。好一似，霁月光风耀玉堂。厮配得才貌仙郎，博得个地久天长，准折得幼年时坎坷形状。终久是云散高唐，水涸湘江。这是尘寰中消长数应当，何必枉悲伤！[甲戌侧批：意真辞切，过来人见之不免失声。][甲戌眉批：悲壮之极，北曲中不能多得。]

那拉皇后过早地失去双亲，虽然她嫁入皇家，从娴妃晋为贵妃、皇贵妃直至皇后，登凤銮驾、居繁华殿、入逍遥堂；锦衣美食，荣华富贵，何等荣光，可是，有谁把她真心疼爱？有谁将她放在心上？幸亏她生来就心量宽、豪情壮，全不把那儿女私情放在心上。否则，又能怎样？天天哀怨悲伤，只能早早命丧。嫁了个亲王，后来又当了皇上，按说是郎才女貌，真应该地久天长，那就弥补了年幼时的“坎坷形状”。只可惜，这一切不过是“几缕飞云，一湾逝水”，早晨还唇红酒绿、笑语翻飞，转眼间日落斜晖，水逝云飞；就如那“香梦沉酣”，一枕黄粱；终究是“沉酣一梦终须醒，冤孽偿清好散场！”到头来，游丝一断，如云散高唐；孤船远去，似水涸湘江；这一切皆是前生冤孽数应当，悲伤也徒枉。

九、销封收册

乾隆南巡结束后，于乾隆三十年（1765 年）四月二十日回到京城。乾隆意欲将那拉皇后贬废，消息传出，宫内侍臣议论纷纷。刑部侍郎阿永阿本想就皇后之事进谏，又恐事关重大，弄不好会牵连家中老母，为此思前想后，犹豫不决。其母深明大义，劝其以国家社稷为重。阿永阿在母亲的鼓励下，与家人洒泪而别，慷慨上疏。乾隆见奏大怒：“阿永阿觉罗近臣，乃敢蹈汉人恶习，博一己之名！”立召九卿议罪。刑部尚书钱汝诚仗义执言，独陈己见：“阿永阿有母在堂，尽忠不能尽孝。”乾隆冷笑道：“钱陈群老病居家，汝为独子，何不归家尽孝？”结果，那拉氏虽未被废，阿永阿却远戍黑龙江，钱汝诚则归养家中“尽孝”去了。

乾隆三十年（1765 年）五月初九，皇太后懿旨，令贵妃魏佳氏晋皇贵妃，代行皇后职权。五月十四日，乾隆下令收回乌喇那拉氏皇后自入宫以来的四份册宝，即皇后一份、皇贵妃一份、娴贵妃一份、娴妃一份；等于将那拉皇后进宫三十年来所有的册封全行销毁，并裁减了她手下的部分宫女、太监。同一天，也把上谏书的阿永阿的赐物全部缴回。虽然乾隆并未公开废后，但实际上那拉皇后已名存实亡，与昔日相比，已是天壤之别。

这一史实，隐写于第七十四回“抄检大观园”中。

1. 祸从天降

“抄检大观园”事件，是《红楼梦》前八十回后半部中最重要、最突出也最复杂的情节。抄检大观园是由傻大姐误拾“绣春囊”直接触发的，邢夫人派心腹王善保家的将“绣春囊”交给了王夫人。王夫人把这看作是出了一桩非常事件，吓得“泪如雨下”，马上去找熙凤商量。经过一番策划，由王熙凤领头，周瑞家的、王善保家的作为帮手，对大观园连夜进行查抄。查抄结果，一批年轻的丫鬟们遭到了残酷的迫害，她们中有些被撵走，有的被迫害致死，造成了极其严重的后果。

抄检大观园事件的性质历来被认为主要是邢夫人和王夫人之间的争斗，但笔者认为，“抄检大观园”隐写的是那拉皇后的寝宫被抄。小说中的“绣春囊”，暗示“祸起”的原因是乾隆的“淫行”所致；抄检其他人都是陪衬，作者真正要表达的是抄探春之家。

探春冷笑道：“我们的丫头自然都是些贼，我就是头一个窝主。既如此，先来搜我的箱柜，他们所有偷了来的都交给我藏着呢。”探春命丫头们把所有箱柜一齐打开，请凤姐等人抄阅。又说：“要搜所以只来搜我。你们不依，只管去回太太，只说我违背了太太，该怎么处治，我去自领。你们别忙，自然连你们抄的日子有呢！你们今日早起不曾议论甄家，自己家里好好的抄家，果然今日真抄了。咱们也渐渐的来了。可知这样大族人家，若从外头杀来，一时是杀不死的，这是古人曾说的‘百足之虫，死而不僵’，必须先从家里自杀自灭起来，才能一败涂地！”说着，不觉流下泪来。

小说的这一段，描写的是大臣或太监奉乾隆圣旨，前往那拉皇后之宫，查抄那拉皇后的四份册宝和贵重物品。随后，那拉氏搬出皇后寝宫，皇后的日常用度大为裁减。

“你们别忙，自然连你们抄的日子有呢！”是那拉皇后在嘲骂传旨抄家之人和其他妃嫔。“你们今日早起不曾议论甄家，自己家里好好的抄家，果然今日真抄了。”江南甄家被抄，暗示的是那拉皇后的家族、子侄也被抄家，乾隆赐给那拉皇后侄子讷苏肯的官房被收缴，亲属们一并遭难，皆被降职。

“可知这样大族人家，若从外头杀来，一时是杀不死的，这是古人曾说的‘百足之虫，死而不僵’，必须先从家里自杀自灭起来，才能一败涂地！”探春所言，正是那拉皇后的肺腑之言，道出了皇宫中尔虞我诈、争权夺势、互相倾轧的残酷的政治斗争。探春“说着，不觉流下泪来”，描写的正是那拉皇后的悲痛之情。

2. 奋力反击

“那王善保家的本是个心内没成算的人，素日虽闻探春的名，那是为众人没眼力没胆量罢了，那里一个姑娘家就这样起来；况且又是庶出，他敢怎么。……他便向前拉起探春的衣襟，故意一掀，嘻嘻笑道：‘连姑娘身上我都翻了，果然没有什么。’……一语未了，只听‘啪’的一声，王家的脸上早着了探春一掌。探春登时大怒，指着王家的问道：‘你是什么东西，敢来拉扯我的衣裳！你就狗仗人势，天天作耗，专管生事。如今越性了不得了’。……”

那拉皇后主持后宫时恃强凌弱，专横跋扈，远不似富察皇后那样深得人心。如今，那拉皇后终于失势了，“落架的凤凰不如鸡”，那些个势利小人如何不拍手称快。“王善保家的”代表的就是那些幸灾乐祸的势利小人，探春那一记响亮的耳光，就是那拉皇后对借机侮辱她的小人的有力回击。

在查抄大观园时，王熙凤在凛然盛气的探春面前，完全没有了昔日的伶牙俐齿和八面威风。探春扇了“王善保家的”一耳光后，“凤姐平儿等忙与探春束裙整袂，口内喝着王善保家的说：‘妈妈吃两口酒就疯疯颠颠起来。前儿把太太也冲撞了。快出去，不要提起了。’又劝探春休得生气”。这时王熙凤的身份已经换成奉命传旨之人，此前，有脂批：［庚辰双行夹批：写阿凤心灰意懒，且避祸，后时迥又是一个人矣。］脂批说得很明白，为避祸熙凤已“又是一个人矣”，而此时的探春才是那拉皇后的化身。

3. 祸及无辜

抄检大观园时，“因惜春年少，尚未识事，吓得不知当有什么事，故凤姐也少不得安慰他。谁知竟在入画箱中寻出一大包金银锞子来，约共三四十个，[庚辰双行夹批：奇。为察奸情，反得贼赃。]又有一副玉带板子并一包男人的靴袜等物。入画也黄了脸。因问是那里来的，入画只得跪下哭诉真情，说：'这是珍大爷赏我哥哥的。[庚辰双行夹批：妙极是极。盖入画本系宁府之人也。]……奶奶只管明日问我们奶奶和大爷去，若说不是赏的，就拿我和我哥哥一同打死无怨。'"

这一段隐写的是阿永阿的家被抄。脂批"为察奸情，反得贼赃"，是说收缴那拉皇后的册宝本是因乾隆的"奸情"所致，反而累及阿永阿，其赐物被全部追缴。"盖入画本系宁府之人也"是说阿永阿觉罗本是皇亲国戚。觉罗：是根据满语 gioro 的音译。原有"远方"之意，后来引申为"远支"的意思，是努尔哈赤"大宗"之外的"远支"，也就是皇亲国戚。

查抄大观园的结果，司棋、入画、芳官、四儿等丫鬟被撵走，晴雯被迫害致死。这一段暗写的是那拉皇后身边的亲信、侍女被大幅裁减，为她鸣冤的阿永阿被发配黑龙江，主持正义的钱汝诚被撤职，归养家中。到了七月，那拉皇后身边的侍女只剩下两名，按清宫制度，只有常在才有两名宫女。实际上那拉皇后已经被监禁。

4. 树倒猢狲散

"南直召祸"之后，不仅那拉皇后自己倒了霉，她的亲属们一并遭难。笔者在前文中已提到，那拉皇后的家族于乾隆十三年（1748 年）由满洲镶蓝旗抬入满洲正黄旗，那拉皇后"召祸"后，她的家族于乾隆三十一年（1766 年）又被打回原旗，其亲属们均被降职，世袭的爵位也被取消。其实，那拉皇后最担心的是她的儿子永璂。在她为皇后时，永璂还能得到些父爱，偶尔被乾隆夸奖几句或赏赐些东西。那拉皇后招了祸，永璂也成为牺牲品。那拉皇后去世时永璂才 14 岁，不仅失去母爱而且成为母亲"召祸"的替罪羊，在如履薄冰的状况下又生活了 10 年，于乾隆四十一年（1776 年）正月去世，时年 24 岁。永璂在生前并未得到任何爵位，在他死后也未得到追封。

那拉皇后的家族，本来是倚仗她这棵大树乘凉的，如今大树轰然倒下，岂不是树倒猢狲散了。真正是"好一似食尽鸟投林，落了片白茫茫大地真干净！"

十、打入冷宫

那拉皇后的处境一夜之间发生翻天覆地的变化，不仅世人一片愕然，就连那拉皇后自己也没想到乾隆竟然如此绝情，对自己的惩罚来得如此迅猛，更没想到他竟会采用如此刻毒的伎俩，以致朝野上下，连为自己求个情、喊个冤的人都没有。尽管那拉氏对这一切在心理上有所准备，但事到临头，仍使她震惊不已。

在被秘密废除皇后身份之后，那拉氏处于极度的孤独和悲愤之中，她实际上已被软禁起来，不但在宫中失去了行动自由，而且断绝了与外界的一切联系，甚至连自己的亲生儿子也不能随便见面。而服侍她的太监、宫女，对她的态度也日渐恶劣。那拉氏精神与肉体俱受折磨，终于一病不起。

1. 蒋玉菡词曲暗喻那拉皇后的一生

第二十八回：宝玉在冯紫英家饮酒，席间，蒋玉菡说道：

“女儿悲，丈夫一去不回归。”乾隆寻花问柳、深夜不归，那拉皇后直言相劝，以致帝后彻底决裂。

“女儿愁，无钱去打桂花油。”那拉皇后被打入冷宫，昔日的皇后已沦为囚徒。

“女儿喜，灯花并头结双蕊。”那拉氏忆起嫁给弘历为妾的情景。

“女儿乐，夫唱妇随真和合。”那拉氏晋为皇后，乾隆曾对她恩爱有加，也曾有过夫唱妇随的好时光。

蒋玉菡说毕，唱道：

“可喜你天生成百媚娇，恰便似活神仙离碧霄。度青春，年正小；配鸾凤，真也着。呀！看天河正高，听谯楼鼓敲，剔银灯同入鸳帏悄。”

鸾凤：鸾鸟与凤凰；比喻君王；比喻夫妇。

乌喇那拉氏“天生成百媚娇”，就像那“活神仙离碧霄”，小小年纪就成了皇帝之贵妃，之后又登上“凤銮”，真是“可喜可贺”。那拉皇后春风得意，好不威风：登上那高高的天河，去听那“谯楼鼓敲”，伴着那“银灯”闪耀，和皇上“同入鸳帐帏宵”，真是三生有幸、福禄同高啊！

只可惜，醒来以后却是红楼一梦。

2. 宝玉词曲暗示了那拉皇后的结局

宝玉说道：

“女儿悲，青春已大守空闺”；暗示那拉皇后嫁给弘历后常年受冷落。

“女儿愁，悔教夫婿觅封侯。”揭示那拉皇后被废的原因是“悔教夫婿”。她尽妻职责，劝乾隆戒声色，从正道，做一个好皇帝。可惜，事与愿违，如何不愁？

“女儿喜，对镜晨妆颜色美”；那拉氏忆起被封为皇后时的情景，那时是多么的风光。

“女儿乐，秋千架上春衫薄。”那拉氏登上皇后宝座，可谓春风得意，焉能不乐。乾隆对她虽不及对富察皇后那样真挚相爱，但夫妻之间也算是相敬如宾了。唉！好梦不长啊！

宝玉唱道：

> 滴不尽相思血泪抛红豆，
> 睡不稳纱窗风雨黄昏后，
> 忘不了新愁与旧愁，
> 咽不下玉粒金莼噎满喉，
> 照不见菱花镜里形容瘦。
> 展不开的眉头，捱不明的更漏。
> 呀！恰便似遮不住的青山隐隐，流不断的绿水悠悠。

这如泣如诉的血泪之声，难道不是那拉皇后在冰冷寂寞的幽宫中的悲愤之诉吗？

3. 芦雪庵即景联诗的秘密

《红楼梦》第五十回芦雪庵即景联诗一节中，暗示了那拉皇后被打入冷宫后的凄惨景象。

大观园群芳在芦雪庵赏新雪，烤鹿肉，接着热热闹闹地即景联句诗。

芦雪庵联句是大观园中的盛事之一，宝玉与众姐妹在芦雪庵即景联诗，又在惜春卧房“暖香坞”制灯谜，一片欢声笑语。然而，作者在这其乐融融中却暗示出那拉皇后临死前的惨状。

烤鹿肉：探春的别号“蕉下客”，黛玉笑道：“你们快牵了他去，炖了脯子吃酒。”众人不解。黛玉笑道：“古人曾云‘蕉叶覆鹿’。他自称‘蕉下客’，可不是一只鹿了？快做了鹿脯来。”众人听了都笑起来。芦雪庵烤鹿肉，正应了黛玉之言，可怜探春这只“蕉下客”的小鹿，被残酷地烤着吃了。烤鹿肉寓意是：那拉皇后和皇上作对，就如同一只小鹿遇上了猛虎，其下场可想而知。

（1）联诗中的寓意

王熙凤：一夜北风紧。“北风紧”暗喻乾隆圣旨到，只一夜，那拉氏就由皇后变为囚徒。

李纨：入泥怜洁白。

香菱：匝地惜琼瑶。

注：“入泥怜洁白”，形容雪花晶莹洁白但可怜落入泥中遭污染；

匝地：遍地，满地；唐王勃《还冀州别洛下知己序》：“风烟匝地，车马如龙。”宋赵崇嶓《蝶恋花》词：“风旋落红香匝地，海棠枝上莺飞起。”

琼瑶：本义指美玉，如《诗经·木瓜》“投我以木桃，报之以琼瑶”；常用于比喻雪：如白居易《西楼喜雪命宴》“书信来天外，琼瑶满匣中。”

这两句的意思是遍地晶莹洁白的雪花落入泥中遭到污染，可怜可叹；形容那拉皇后质如白雪，又如美玉，晶莹剔透，可惜落入皇宫这摊污泥之中。

宝钗：鳌愁坤轴陷，湘云：龙斗阵云销。

注：鳌，传说中海里的大龟或大鳖。坤轴：古人想象中的地轴。晋张华《博物志·地》：“昆仑山，北地转下三千六百里，有八玄幽都，方二十万里。地下有四柱，四柱广十万里，地有三千六百轴，犬牙相举。”上句的意思是大龟因雪压大地担心地轴塌陷而发愁。

龙斗：两龙相斗，《左传·昭公十九年》：“郑大水，龙斗於时门之外洧渊。”喻群雄逐鹿，争夺天下。下句以玉龙斗罢为喻说雪。宋代张元《咏雪》诗：“战罢玉龙三百万，败鳞残甲满天飞。”龙斗时云集，斗罢云消。《后汉书·光武帝纪》：“刘秀发兵捕不道，四夷云集龙斗野。”

这两句暗示那拉皇后与乾隆争斗之后，不仅她本人连她的家族一并云消地陷。

黛玉：缤纷入永宵。诚忘三尺冷。

湘云：瑞释九重焦。僵卧谁相问。

注：缤纷：繁多而凌乱，如“五彩缤纷”、“落英缤纷”。一般用来作为美丽和美好的代名词，也可以用来形容落叶落花。

永宵：长夜。

诚忘：真正的遗忘，指忘德。《庄子·德充符》：“故德有所长而形有所忘，人不忘其所忘而忘其所不忘，此谓诚忘。”郭象注：“生则爱之，死则弃之。故德者，世之所不忘也；形者，理之所不存也。故夫忘形者，非忘也；不忘形而忘德者，乃诚忘也。”

三尺：许多诗词注家认为“三尺”指的是剑，并由此及于雪天戍边将士的说法，笔者不敢苟同。我认为：“三尺”是指大雪很厚，达三尺之深，诗中“三尺”代指深雪。

九重：天分九重，第九重为宗动天，即上帝的起居室。代指皇帝。

笔者的理解是：

这四句诗都是在说那拉皇后：昔日的鲜花永远凋零了，就像进入永久的夜空里；而被打入冷宫的那拉皇后如同被埋在冰冷的三尺深雪里，早已被人永久地遗忘了。瑞雪使皇上的焦虑解消，僵卧在冷宫里的那拉皇后有谁来问过呢？

宝琴：天机断缟带，湘云：海市失鲛绡。

天机，传说天上织女所用的织机。缟带，白色丝带，喻雪。

海市：海市蜃楼，海中幻境。

鲛绡：中国古代传说，在南海外有一种鲛人，亦作“蛟人”。神话传说中的美人鱼。他们像鱼一样在大海中生活。鲛人善织一种薄的丝绸，做鲛绡。鲛人在悲伤哭泣时，滚落的眼泪是美丽的珍珠，而且珍珠的圆润与否与月亮的盈亏有关，月圆之夜珠亦圆，月缺之夜珠亦缺。故此种珍珠称为“水仙的眼泪”。

这两句的寓意是：目睹那拉皇后的惨状，天上织女悲痛不已，断掉织机上的缟带，从天空中飘下；海市蜃楼中的鲛人，泪如雨下，射来白色的绞绢，以示对那拉皇后的哀悼。

史湘云醉卧芍药裀时，头下用鲛帕包了一包芍药花瓣枕着，这鲛帕的寓意正是鲛绢之意。

作者借芦雪庵联诗喧闹景象，反衬那拉皇后临终前的凄惨悲凉。

乾隆三十一年（1766 年）正月，天降瑞雪，皇宫里一片欢欣鼓舞，而僵卧在冷宫里的那拉皇后奄奄一息，无人问津，好不凄惨！在她身处冷宫期间，乾隆没有去看她一次；生命垂危之际，乾隆还在木兰围场打猎，可见，乾隆对她是多么绝情。

堂堂大清朝国母，竟落得如此下场，怎不令人哀怨悲伤？

（2）“冷”字是小说中的关键词

《红楼梦》一书中，“冷”字是关键词。小说中的许多诗中都含有“冷”字，如：嫩寒锁梦因春冷，女儿翠袖诗怀冷，自是霜娥偏爱冷，花缘经冷结，诚忘三尺冷，幽梦冷随红袖笛，入世冷挑红雪去，水向石边流出冷，冷吟秋色诗千首，还有宝钗的冷香丸，等等。

笔者认为：这些“冷”字和熙凤画中“冰山”以及“金钗雪里埋”的寓意一样，都是在说那拉皇后，暗喻的都是那拉皇后的遭遇，她对乾隆“孝谨性成，温恭夙著”，百般讨好，顺从体贴，但乾隆却对她日渐冷淡，最后因她对皇上直言规劝，导致龙颜大怒，将其打入冷宫。同时，也暗喻乾隆的冷酷无情。

十一、含恨而死

乾隆三十一年（1766 年）七月十四日未刻，被废的那拉皇后满含悲愤，离开了这个充满争斗与肮脏的世界，终年四十九岁。当时乾隆正带领众皇子、侍卫、大臣在木兰围场围猎，听到皇后病故的消息，只命那拉皇后的儿子永璂回宫。七月十五日，乾隆颁旨“饰终典礼不便复循孝贤皇后大事办理。所有丧仪止可照皇贵妃例行。”并说“皇后自册立以来尚无失德，去年春，朕恭奉皇太后巡幸江浙，正承欢洽庆之时，皇后性忽改常，于皇太后前不能恪守孝道。比至杭州，则举动尤乖正理，迹类疯迷。因令先其回京，在宫调摄。……此实皇后福分浅薄，不能仰承圣母慈眷，长受朕恩礼所致。若论其行事乖违，即予以废黜，亦理所当然，朕仍存其位

号，已为格外优容。……”（《东华续录》乾隆朝卷二十二）

乾隆指责那拉皇后“于皇太后前不能恪守孝道”，在杭州时举止有违正理，“迹类疯迷”，这就把帝后反目的责任完全推到那拉氏身上，并极力表白自己的宽宏大量。不加废黜，足以说明对那拉氏仁至义尽了；现以皇贵妃之礼安葬那拉氏，已是格外恩宠了。

因为乾隆表面上并未废黜那拉氏的后位，很多不知内情的大臣们看到皇后的丧仪竟以皇贵妃之仪办理，大为震惊：就算皇后生前有种种过错，但既然没有废黜那拉氏的皇后名号，就是大清国母，就当以皇后之仪办理其丧事，方为名正言顺。当时有个叫李玉鸣的御史上疏，请依皇后礼举丧，结果竟被革职锁拿，发往边疆伊犁。

《红楼梦》第五十回“暖香坞”作的灯谜中，就暗指那拉皇后的死期和凄惨的葬礼。

灯谜之谜

暖香坞中所制的灯谜，包括薛宝琴的《怀古绝句十首》在内，小说中都没有交代谜底。对此，红学界出现了各种各样的解释。

1. 宝玉的灯谜

天上人间两渺茫，琅玕节过谨隄防。
鸾音鹤信须凝睇，好把唏嘘答上苍。

琅玕节是道教的节日，也就是传统的七夕节，每年农历七月初七。“琅玕节”过后，还有一个道教的节日，即农历七月十四日（有些地方是七月十五日），道教称为中元节，就是传说中的鬼节。而那拉皇后死于乾隆三十一年（1766年）七月十四日。所以，宝玉的诗中说：“琅玕节过谨隄防”，“琅玕节”一过，那拉皇后和乾隆皇帝便“天上人间两渺茫”了。

鸾：传说凤凰一类的鸟。

鹤：在道教中，鹤是长寿的象征，因此有仙鹤的说法，而道教的先人大都是以仙鹤或者神鹿为坐骑。中国传统年长的人去世有驾鹤西游的说法。其实，传说中的仙鹤，就是丹顶鹤。丹顶鹤性情高雅，形态美丽，素以喙、颈、腿“三长”著称，直立时可达一米多高，看起来仙风道骨，被称为“一品鸟”，地位仅次于凤凰。

凝睇：凝视；注视，目不斜视。

唏嘘：本意是哭泣后不由自主地急促呼吸；现在通常指感慨、叹息的意思。

“鸾音鹤信须凝睇”出自乾隆怀念富察皇后之诗：“环佩声疑杳，鸾凰信绝传。”

宝玉诗谜中的“鸾音鹤信”毫无疑问是指富察皇后和那拉皇后，两位皇后均已仙逝，要想听到她们的消息，需凝神细听天外之音；再也见不到她们的身影，只好把一阵阵的叹息声寄予那浩渺的苍穹之上。

宝玉灯谜的谜底是：那拉皇后的死期。

2. 宝钗的灯谜

镂檀锲梓一层层，岂系良工堆砌成？
虽是半天风雨过，何曾闻得梵铃声？

对宝钗的灯谜，有猜宝塔，珠帘，宝玉的“通灵宝玉”，还有《石头记》一书，等等。笔者的理解是：宝钗的灯谜谜底是指乾隆皇帝的陵墓裕陵。

注：镂，雕刻，如：镂花，镂刻，镂空等。镂月裁云：喻巧夺天工的制作。《荀子·劝学》：锲而不舍，金石可镂。《左传·哀公元年》：器不彤镂。

檀：指檀木。

锲（juān）：雕刻，凿：锲刻；锲镂等，字义与镂字相同。

梓：落叶乔木；木材可供建筑及制造器物之用：梓器，指棺材；梓宫：喻皇帝的棺材。

“镂檀锲梓一层层”，指的是乾隆的陵墓裕陵地宫。

裕陵地宫采用不用梁柱的石结构的拱券式，进深达五十四米，总面积为三百七十二平方米，由明堂券、穿堂券、金券三部分组成。有四道石门，门楼上的出檐、瓦垄、吻兽均为青白石雕刻。八扇石门，每扇刻有一尊一米半高的立式菩萨像。头道石门内口门洞两壁上，刻着四大天王的坐像，手执法器，如真人大小。在明堂券有八个安放帝后册宝的石座，券顶刻着五方佛像。穿堂券内的两壁刻有五欲供，券顶刻二十四尊佛像。金券为地宫的主体建筑，有停放棺木的石台——宝床。裕陵地宫充满着神秘色彩，存在着许多不解之谜。

裕陵明堂开阔，建筑恢宏，工艺精美，气势非凡，自南向北依次为圣德神功碑亭、五孔桥、石像生、牌楼门、一孔桥、下马牌、井亭、神厨库、东西朝房、三路三孔桥及东西平桥、东西班房、隆恩殿、三路一孔桥、琉璃花门、二柱门、祭台五供、方城、明楼、宝城、宝顶和地宫，其规制既承袭了前朝，又有展拓和创新。

其中：石像生设置8对，比祖父康熙帝的景陵多了麒麟、骆驼、狻猊各一对，虽数量少于孝陵，但种类却与孝陵一样。陵寝门前的玉带河上建有三座规制相同的一孔拱桥，龙凤柱头栏杆，桥两端以靠山龙戗住望柱。这三座拱桥造型优美，雕工精细，在清陵中仅此一例。裕陵地宫始建于乾隆八年（1743年），乾隆十七年（1752年）告竣，耗银170多万两。真正是“岂系良工堆砌成”啊！

乾隆帝好大喜功，晚年时曾深深陶醉于同历代帝王的比较，认为自己不但“得国之正，扩土之广，臣服之普，民庶之安”罕有人能相比，甚至连在位时间、年寿、子孙数目等方面都是数一数二。清王朝在乾隆掌权下达到了历史巅峰，他在位时期，平定新疆、蒙古，还使四川、贵州等地继续改土归流，人口不断增加，突破了三亿大关，约占当时世界人口的三分之一，开创了中国封建社会最后一个盛世“康乾盛世”，强大的中国屹立于世界的东方。他60年的稳定统治，维持了中国封建王朝最后一个盛世，他的时代，是中国封建政治、经济、文化诸方面经过漫长沉淀之后的集大成的时代，他个人也成为这一切的总代表。所以，乾隆的裕陵规模最大、最为堂皇。

梵铃：指佛寺或佛塔檐角上所悬的铃铎。

裕陵大殿东暖阁辟为佛楼，供奉各式佛像及大量珍宝。地宫内布满了精美的佛教题材的雕刻：三世佛、五方佛、八大菩萨、四大天王、二十四佛、五欲供、狮子、八宝、法器、佛花以及三万多字的藏文、梵文经咒，雕法娴熟精湛，线条流畅细腻，造型生动传神，布局严谨有序，堪称“庄严肃穆的地下佛堂”和“石雕艺术宝库”。这些佛教题材的雕刻中，有不少佛寺上的“梵铃”。但是，任凭风吹雨打、电闪雷鸣，“梵铃”都不会发出任何声响，这是“虽是半天风雨过，何曾闻得梵铃声”的一层意思。

此句还有另一层寓意：是指乌喇那拉氏皇后死后，乾隆虽以皇贵妃的礼仪安葬了乌喇那拉氏皇后，实际上她的葬礼级别比皇贵妃还要低。那拉皇后死后并未葬入裕陵地宫，也未单建陵寝，却葬在了妃园寝内。清制：凡妃、贵妃、皇贵妃死后都设神牌，供放在园寝享殿内，祭礼时在殿内举行，而嫔、贵人、常在、答应死后则不设神牌，祭祀时，把供品桌抬到宝顶前的月台上。而乌拉那拉皇后既不设神牌，死后也无祭享，入葬以后也只字不提，比民间百姓的葬礼还不如。一代皇后，死前凄凄惨惨，死后无声无息，所以说是“何曾闻得梵铃声”啊！

3. 黛玉的灯谜

騄駬何劳缚紫绳？驰城逐堑势狰狞。

主人指示风雷动，鳌背三山独立名。

注：騄駬（lù ěr），古代骏马名，穆王八骏：赤骥，盗骊，白义，逾轮，山子，渠黄，华骝，騄駬。其中騄駬是青黄色的马。

紫：紫色代表权威、声望、深刻和精神，“紫”有“内”的意思，因此古代皇宫，既可以叫作“大内”，也可以叫作“紫宫”。“紫宫”即指帝王宫禁。《文选·左思〈咏史〉；之五》：“列宅紫宫里，飞宇若云浮。”李周翰注：“紫宫，天子所居处。”唐李白《感遇》诗之三：“紫宫夸蛾眉，随手会凋歇。”明何景明《昔游篇》：“三千艳女罗紫宫，倾城一笑扬双蛾。”还有“紫庭”，“紫宸”不仅指帝王宫廷，还借指帝王、帝位。再有“紫禁城”，“紫禁宫”，“紫薇星”，“紫泥诏”，“紫薇舍人”，等等，因此，“紫”字与皇家有关当无疑义。灯谜中的“紫绳”表示马的缰绳是紫色的，从而表明“騄駬”是皇帝家的骏马。

我认为，“騄駬”指的是裕陵神道石像生中的“石马”，“騄駬何劳缚紫绳？”是说“騄駬”虽是皇家之骏马，但是石马，无须“紫绳”相缚。

“驰城逐堑势狰狞”，形容“石马”造型凶悍，狰狞恐怖，真正的“騄珥”曾随皇上“驰城逐堑”，南征北战，“问鼎中原，平定天下”。

“主人指示风雷动”，是说“主人”乾隆皇帝一声令下，为他建造陵墓裕陵地宫的浩大工程就开始破土动工了。

乾隆皇帝登极后，本想跟随父亲雍正皇帝，也在西陵选择万年吉地，以示孝敬。他在西陵选好一块吉地后，又考虑到后世子孙对此事如何承继安排。如果子孙们都效法他，眷恋父子之情，相继葬入西陵，则东陵势必香火冷落，园寝荒芜。为兼顾两陵关系，他便在东陵的胜水峪选了万年吉地。自乾隆以后，清朝皇帝形成了父在东陵、子在西陵的分葬局面，称为“兆葬之制”。

“鳌背三山独立名。”

注：“鳌”是汉族传说中海里的大龟，这里的“鳌”指的是貌似龟的神兽赑屃（bì xì）。在很多庙院祠堂里，经常可以看到貌似龟的神兽，背上驮着一块沉重的石碑，这个神兽就是赑屃，又名龟趺、霸下、填下。

民间传说龙生九子，子子不同，九个儿子都不成龙，各有各型，各有神通。所谓“龙生九子”，在中国传统文化中，以九来表示极多，有至高无上的地位。九是个虚数，也是贵数，所以用来描述龙生九子。赑屃，在龙子的各类说法中一般都排在九子之首。它形似龟，好负重，长年累月地驮载着石碑，很多人不认识它，多数人错把它认为龟。

“三山”：是指清东陵的孝陵、景陵和裕陵。入关第一帝世祖顺治皇帝亲自选定昌瑞山麓为皇家的“万年吉地”，于主峰下始建孝陵。孝陵位于南起金星山，北达昌瑞山主峰的中轴线上，其位置至尊无上。圣祖康熙皇帝于孝陵之左建成景陵；乾隆皇帝在孝陵之右东陵的胜水峪建成裕陵。

那拉皇后死后葬在了妃园寝内。按惯例，凡葬在妃园寝内的，无论地位有多低，都各自为券，而那拉皇后却被塞进了纯惠皇贵妃苏佳氏的地宫内，位于一侧，堂堂的皇后反倒成了皇贵妃的下属。曾经贵为皇后、显赫一时的乌喇那拉氏，死后连个单独的墓地也没有，竟要借宿苏佳氏墓穴，真是死无葬身之地啊！每逢祭祀时刻，乾隆其他已故后妃墓前香烟缭绕，祭品如山，唯独那拉氏无从分享。真正是“独立名”啊！

“独”者：孤独也！

黛玉灯谜的谜底是：那拉皇后凄凉的葬地。

第七十回回后总评：[文于雪天联诗篇，一样机轴两机笔墨。前文以联句起，以灯谜结，以作画为中间横风吹断，此文以填词起，以风筝结，以写字为中间横风吹断，是一样机轴；前文叙联句详，此文叙填词略，是两样笔墨，前文之叙作画略，此文之叙写字详，是两样笔墨。前文叙灯谜，叙猜灯谜，此文叙风筝，叙放风筝，是一样机轴；前文叙七律在联句后，此文叙古歌在填词前，是两样笔墨。前文叙黛玉替宝玉写诗，此文叙宝玉替探春续词，是一样机轴，前文赋诗后有一首诗，此文填词前有一首词，是两样笔墨。噫！参伍之变，错综其数，此固难为粗心这道也！]

读者当细心体会脂砚斋这一大段批文，方能真的读懂《红楼梦》。

十二、身后风波

那拉皇后生前被剥夺一切名分，死后也不得安生。尽管她身处冷宫时无人敢替她鸣冤叫屈，但她含冤而死之后，却引起无数人的同情。而这一切，正是乾隆所不愿看到的。

那拉皇后去世十年之后，山西省高平县的一个候选吏目严谱给乾隆上了一个奏折，主要包括两个内容：一是指斥时弊，要求朝廷整刷吏治。二是为乾隆家事出主意。奏折曰：有鉴庶民之口议及宫闱，而其中多有对皇帝、皇后不利之言。于是，严谱为皇上编造了一个十分“悲壮”的爱情故事。他说：“那皇后（那拉氏）贤美节烈，多蒙宠爱，见皇上年过五旬，国事纷繁，仍如前宠幸，恐非善养圣体，是以故加挺触轻生。”

严谱的本意是想说乾隆与那拉皇后相亲相爱，那拉氏并没有什么“疯迷”之事、“尤乖正理”之举，触柱身亡乃是爱护皇上，恐有损圣上龙体。没成想，这样一来，倒把乾隆说成一个贪淫好色、纵欲无度之徒。

乾隆一看此奏，怒不可遏。本来他就对百姓议论国事极为反感，现在严谱竟敢为那拉皇后翻案，信口胡编，辱没圣上，岂能轻饶。乾隆怒斥严谱“敢于污蔑朕躬”，所言“实堪发指”，并责问：“严谱不过是一个草野贱民，怎么会知道宫闱之事，怎么会知道那拉氏之姓，令彻底清查。”于是，乾隆下令即刻锁拿严谱，严加刑讯。可怜严谱一片忠君亲上之心，竟成大逆不道之罪，在狱中饱受刑讯，备尝皮肉之苦，虽苦苦陈冤，然何人敢理会？最后，乾隆下令将其处死，因其父母、妻子早已亡故，所以，未加株连。

两年之后，又发生一件让乾隆颇为不快的事情。

乾隆四十三年（1778 年）七月，乾隆东巡盛京（沈阳）途中，有一个名叫金从善的书生，在御道旁跪进上疏，要求乾隆建储立后，纳谏施德。谈及那拉皇后，金从善竟要求乾隆下“罪己诏”，公开承认帝后不睦，责在自己。乾隆一看此上疏，勃然大怒：“那拉氏本是朕即位前的侧福晋。朕即位后，因孝贤皇后病逝，她才循序由皇贵妃又立为皇后。后来她自犯过失，朕对她一直优容。国俗最忌剪发，她却悍然不顾，朕仍然隐忍，不行废斥。她病死后，也只是减其仪等，并未削去皇后名号。朕处理此事已经仁至义尽，况且从此未再立皇后。金从善竟想让朕下诏罪己，朕有何罪应当自责？他又提出让朕立皇后。朕已六十八岁了，岂有再册立中宫皇后的道理！况现在妃嫔中，并无适合为后之人。如果另外选立，在朝满洲大臣及蒙古王公，皆是朕儿孙辈，其女更为年幼，岂能与朕匹配而获号？真是可笑之极！”竟因此将金从善处斩。从此之后，再没有人敢提及那拉皇后的事了。

乾隆皇帝以极其严厉的手段，企图遏制朝野上下对宫闱之事的传播和责难，特别是对那拉皇后，更不许有任何同情和非议。

但是，乾隆失算了：“此系身前身后事，倩谁记去作奇传？”《红楼梦》作者用史笔，托言喻事，将那拉皇后的一生遭遇，隐写于小说之中。

第三节　王熙凤的判词，就是那拉皇后的悲惨命运

画：一片冰山，上有一只雌凤。

判词：

凡鸟偏从末世来，都知爱慕此生才。
一从二令三人木，哭向金陵事更哀。

一、画的寓意

先分析图画：“一片冰山，上面有一只雌凤”。雌凤就是凰，凰就是皇

后。凤如果是凤栖梧桐或是凤鸣岐山，则是祥瑞，然而这里的凤却立于冰山之上，冰山乃易化之物，非其栖息之地，不会久长。画里的“冰山”，暗喻熙凤以贾府作为靠山，不过形同一座冰山，太阳一出就要消融。雌凤（王熙凤）立在冰山上，十分危险。

“凡鸟”熙凤的身份是皇后，即指乌喇那拉氏皇后，她以皇上为靠山，恰如站在一座冰山上的雌凤，十分危险。此外，站在“冰山”上感觉如何？“冷”啊！所以，“冰山”突出的是一个“冷”字。

二、判词诠释

如果我们把乌喇那拉氏皇后与王熙凤联系起来，就会发现，王熙凤的判词，其实就是那拉皇后的悲惨命运的写照。

“凡鸟”合起来是“鳯”字，点其名和身份，又比其才能杰出。“偏从末世来”，形容那拉皇后时运不济，偏偏遇上一位“风流天子”。作者把乾隆时代称为“末世”，是对乾隆执政能力的极力贬低。在作者眼里，乾隆不过是个花花公子，他做了皇帝，大清也就走到了“末日”。

“一从二令三人木”是字谜，甲戌本此处有一条侧批曰：“折字法，”对此，众说纷纭，解法不一。笔者认为：“一从”暗指熙凤——那拉皇后对乾隆的服从，嫁给乾隆后先“从”后“妒”再“管”；“二令”解为“冷”，指的是乾隆对那拉氏的冷漠，并最后将她打入冷宫；“三人木”以“拆字法”解释，谜底是“休”字，是指熙凤最后被丈夫所休弃，暗示那拉皇后被乾隆废了。

“哭向金陵事更哀”，是说熙凤被休弃后哭着回了娘家，暗示那拉皇后满含悲愤的泪水，“故向爹娘梦里相寻告”，儿命入黄泉后，将魂归故里“金陵”，去向亲人诉说自己一生的哀怨。

“一从、二冷、三休”，正是乌喇那拉氏皇后的悲惨遭遇，那拉皇后的才智和熙凤一样杰出，她对乾隆的情感、醋意、规劝及由爱生恨，与王熙凤如出一辙。正像熙凤说的：“舍得一身剐，敢把皇帝拉下马。”也只有乌喇那拉氏这样极为要强的女人，才会冒着触怒龙颜的风险去规劝乾隆，以至于落得身败名裂的下场。

三、《聪明累》是那拉皇后的悲情写照

“机关算尽太聪明，反算了卿卿性命！生前心已碎，死后性空灵。家富人宁，终有个家亡人散各奔腾。枉费了意悬悬半世心，好一似荡悠悠三更梦。忽喇喇似大厦倾，昏惨惨似灯将尽。呀！一场欢喜忽悲辛。叹人世，终难定！”我们再看王熙凤的〔聪明累〕，难道不是乌喇那拉氏皇后悲惨命运的真实写照吗?

乌喇那拉氏为登上皇后之位，可谓机关算尽、费尽心机；如愿以偿后，又不知收敛，就像尤氏劝熙凤那样：“我劝你收着些儿好。太满了就泼出来了。”可是那拉皇后却未悟到这一点，结果“反算了卿卿性命”。那拉皇后管理后宫，不能不说操碎了心，但她以强势凌人，全然不似富察皇后那般温和、周全，必招致众妃嫔的怨恨。于是，各种谗言定会时时吹到乾隆的耳朵里，为此，乾隆才对她日渐冷落甚至是厌恶，真是“枉费了意悬悬半世心”。在那寒窗雪夜之时，那拉氏回想自己的一生，真“好一似荡悠悠三更梦”。虽然曾有过“家富人宁”，最终却落得个“家亡人散各奔腾”。看眼前这光景，就像那“忽喇喇似大厦倾”，又如那“昏惨惨似灯将尽”。那拉皇后“生前心已碎”，但那狠心的夫君，死后也不给她一块安身之地，真的是“死后性空灵”啊！唉，“叹人世，终难定！”

满纸荒唐言，一把辛酸泪，
都云作者痴，谁解其中味！

乌喇那拉氏这位堂堂大清国国母，这位在绝望中敢于抗争的女人，这位死后原本可以享受最高丧葬待遇的皇后，她的不幸遭遇再次验证了“伴君如伴虎”的千古名言。

正是“虎兕相逢大梦归”啊！

第四节　“双照风月宝鉴”之玄机

第十二回：贾瑞因遭熙凤戏弄、暗算，一病不起，正无药可救，“忽

然这日有个跛足道人来化斋，口称专治冤业之症。贾瑞偏生在内就听见了，直着声叫喊说：‘快请进那位菩萨来救我！’”那道人递给贾瑞一面镜子，“镜把上面錾着‘风月宝鉴’四字”。道人再三叮嘱贾瑞：“千万不可照正面，只照他的背面，要紧，要紧！”脂砚斋在此批道：[庚辰侧批：谁人识得此句！][庚辰双行夹批：观者记之，不要看这书正面，方是会看。][庚辰双行夹批：记之。]

关于“风月宝鉴”，红学界一致认为，《红楼梦》表里皆有喻也，宝镜的两面即指此书的表里。这本书表面上是写风情闺月、男欢女爱抑或有些色情描写，书的另一面隐藏的是血泪斑斑、白骨粼粼的历史。为此，很多红学迷不遗余力地去考证小说背后隐写的历史，于是就出现了各种学说。笔者也赞同这种观点，但这只是“风月宝鉴”的泛指性，笔者认为“正照、反照风月宝鉴”还有一层深意，就是它的特指性。所谓“特指”，就是特指王熙凤也。

一、“双照风月宝鉴”玄机之一

第二十五回，宝玉和熙凤遭马道婆和赵姨娘的暗算，二人突然发疯，贾府乱成一团。正当众人手足无措时，“只闻得隐隐的木鱼声响，念了一句：‘南无解冤孽菩萨。有那人口不利，家宅颠倾，或逢凶险，或中邪祟者，我们善能医治。’贾母、王夫人听见这些话，那里还耐得住，便命人去快请进来。贾政虽不自在，奈贾母之言如何违拗；想如此深宅，何得听的这样真切，心中亦希罕，人请了进来。众人举目看时，原来是一个癞头和尚与一个跛足道人。”

癞头和尚和跛足道人突然现身，将道出风月宝鉴的秘密。

那僧对贾政笑道：“长官不须多话。因闻得府上人口不利，故特来医治。”贾政道：“倒有两个人中邪，不知你们有何符水？”那道人笑道：“你家现有希世奇珍，如何还问我们有符水？”贾政听这话有意思，心中便动了，因说道：“小儿落草时虽带了一块宝玉下来，上面说能除邪祟，谁知竟不灵验。”那僧道：“长官你那里知道那物的妙用。只因他如今被声色货利所迷，故不灵验了。你今且取他出来，待我们持颂持颂，只怕就好了。”

贾政听说，便向宝玉项上取下那玉来递与他二人。那和尚接了过来，擎在掌上，长叹一声道："青埂峰一别，展眼已过十三载矣！[庚辰侧批：正点题，大荒山手捧时语。]……"

和尚所说的"青埂峰一别，展眼已过十三载矣!"显然是指那块"红玉"即那拉皇后，但是，这里又出现了那个神秘的数字"十三"，这个"十三"又有什么隐意?

笔者为此曾冥思苦想了很久。一天，脑海中突然闪出"正照、反照风月宝鉴"之语。莫非这个神秘数字"十三"和"风月宝鉴"有关?

贾瑞病危时，跛足道人出现了，给了他一面镜子，贾瑞不听跛足道士的警告，光看镜子正面里的熙凤，最终丧了命。熙凤和宝玉发疯时，跛足道人和癞头和尚同时出现了，并道出了"十三"这个神秘数字。贾瑞看那镜子的反面里是一个骷髅，而镜子的正面里是王熙凤，（注意：镜子里只有王熙凤一人，并无其他艳丽的美女。）如果我们把熙凤和宝玉发疯与贾瑞正照风月宝鉴联系起来，再想想癞头和尚所说的："青埂峰一别，展眼已过十三载矣!"是否会有所启迪?

此时我们把这个"十三"和那面镜子联系起来，就恍然大悟了。镜子里的正面是王熙凤，反面是骷髅，骷髅表示死亡，这就意味着镜子的反面则是王熙凤的死期。那么，王熙凤的死期是什么时候？书中并没有交代；但是，道士和批者一再提示千万别看镜子的正面，一定要看它的反面。那么，如果我们把和尚说出的那个"十三"翻过来看，看那"十三"的背面是什么？是"三十"也！和尚说："青埂峰一别，展眼已过十三载矣!""过十三"，翻过来看就是"三十过"，"三十"过了就是"三十一"，那拉皇后的死期是乾隆三十一年（1766年）七月十四日，至此，还不明白吗?反照风月宝鉴，就是指王熙凤即那拉皇后的死期。

我们再看看镜子的正面：里面是艳丽妩媚、风情万种的王熙凤。"青埂峰一别，展眼已过十三载矣!"那拉氏是在富察皇后死后，于乾隆十三年（1748年）七月晋为皇贵妃、摄六宫事；"过十三"，就是指乾隆十五年（1750年）那拉氏晋为皇后。那时，正是那拉皇后春风得意、风光无限的时候，所以，镜子正面的王熙凤才艳丽无比。

和尚的话再次证明，王熙凤就是青埂峰下的顽石，也就是宝玉所戴的那块"红玉"，它是那拉皇后的象征。

这里，需要说明的是，《石头记》的原文文字是竖排版，而我们现在的文字是横排版，所以，我们看竖排版的“十三”时，就不能横着翻过来看，一定要竖着翻过来，其结果是一样的。

书中王熙凤和宝玉突然发疯，道士与和尚同时出现，说出“十三”这个数字，正照是“十三”，反照就是“三十”，这充分证明熙凤和宝玉发疯就是隐写乾隆三十年（1765 年）第四次南巡期间那拉皇后和乾隆反目成仇。“过十三”，反照就是“三十过”，那就是那拉皇后的死期了。据此，镜子的正面是那拉皇后崛起的日子，镜子的反面则是那拉皇后的陨落和死期，这就是正照、反照风月宝鉴的特指性，也是唯一性。

我们再看看贾雨村的咏月诗：“时（十）逢三五便团圆”，十逢三是十三，三五是十五，这是那拉氏的吉祥数字，真是“十逢三五便团圆”啊！十三和十五真是神秘莫测。可反过来一看就糟了，过了三十就到头，还没到五十哪，那拉氏就完蛋了。那拉皇后死时 49 岁，真的是没到 50。

二、“双照风月宝鉴”玄机之二

“三春”反照就是“春三”，富察皇后死于乾隆十三年（1748 年）三月，之后，那拉氏才有机会登上皇后宝座，但你这“春三”之后的皇后，怎么能和“初春”时的先皇后相比呢？

“玉带林中挂”反照是“挂中林黛玉”，富察皇后死后，她的画像始终在长春宫里挂着，乾隆是逢节必祭，因此，那拉皇后必定是“金钗雪里埋”。

三、僧道的警告

和尚手捧“通灵宝玉”道：“青埂峰一别，展眼已过十三载矣！”脂批[正点题，大荒山手捧时语]。在大荒山时，道士手捧“通灵宝玉”时说什么了？我们看：

“那僧便念咒书符，大展幻术，将一块大石登时变成一块鲜明莹洁的美玉，且又缩成扇坠大小的可佩可拿。那僧托于掌上，笑道：‘形体倒也是个宝物了！还只没有实在的好处，须得再镌上数字，使人一见便知是奇物方妙。然后携你到那昌明隆盛之邦，诗礼簪缨之族，花柳繁华地，温柔富贵乡去安身乐业。'"

那通灵宝玉即那拉皇后的确在"昌明隆盛之邦，诗礼簪缨之族，花柳繁华地，温柔富贵乡"的皇宫中着实享受了一番，可是，她忘了二仙师对她说过的另一番话："那红尘中有却有些乐事，但不能永远依恃，况又有'美中不足，好事多魔'八个字紧相连属，瞬息间则又乐极悲生，人非物换，究竟是到头一梦，万境归空。"［甲戌侧批：四句乃一部之总纲。］这才是书中正题。

那僧又道："若说你性灵，却又如此质蠢，并更无奇贵之处，如此也只好踮脚而已。"［甲戌侧批：锻炼过尚与人踮脚，不学者又当如何？］乌喇那拉氏的一生都是为富察皇后踮脚，虽然她历经几次锻炼，然终究没能逃脱踮脚的命运，那些没有锻炼过的人又当如何呢？可惜，悔之晚矣！

四、冤孽偿清、终该散场

那和尚又道："人世光阴，如此迅速，尘缘满日，若似弹指！……可叹你今日这番经历：

粉渍脂痕污宝光，绮栊昼夜困鸳鸯。

沉酣一梦终须醒，冤孽偿清好散场！"［甲戌侧批：三次锻炼，焉得不成佛作祖？］

"粉渍脂痕污宝光"，是说通灵玉被胭脂香粉之类玷污已失去了光泽。

"绮栊昼夜困鸳鸯。"是说那拉皇后像鸳鸯一样对乾隆痴情不改，结果却昼夜被困在雕绘美丽的窗户里，暗喻那拉皇后已被乾隆囚禁。

绮栊：雕绘美丽的窗户。

"沉酣一梦终须醒，冤孽偿清好散场！"一场深沉酣睡的美梦终该醒来，既往所有的冤孽恶业已经偿清该是散场的时候了。

脂批云："三次锻炼，焉得不成佛作祖？""三次锻炼"指的是：乾隆二年（1737 年）十二月初四，乾隆"仰承皇太后慈谕"册封乌喇那拉氏为娴妃；乾隆十年（1745 年）元旦，贵妃高氏旧病复发，正月二十三晋封为皇贵妃，为给皇贵妃高氏祈福，乾隆奉皇太后懿旨同时晋娴妃那拉氏为娴贵妃；乾隆十三年（1748 年）三月十一日，孝贤纯皇后富察氏去世，同年七月初一乾隆奉懿旨晋娴贵妃那拉氏为皇贵妃，摄六宫事。那拉氏的这三次晋封，均非乾隆本意，都是“仰承皇太后慈谕”是不得已为之。那拉氏经此“三次锻炼”，应该明白自己在乾隆心目中是什么位置了，但她仍执迷不悟，非要再去争那个皇后之位，结果落得个身败名裂的下场！

宝玉投胎时“衔玉而生”，那块“通灵宝玉”本是用来“警其痴顽、戒其声色、规引入正、消灾避祸”的，然宝玉天生“禀性乖张，生性怪谲”，“如今被声色货利所迷，故不灵验了。”那拉氏就是那块“通灵宝玉”，她苦口婆心、一再规劝乾隆戒其声色，“改悟前情”，“或冀将来一悟”，“规引入正”，可惜，乾隆是个“风流天子”，禀性难移，枉费了那拉皇后一片苦心。正如脂批所云：[蒙第二十五回回前总批：有缘的，推不开；如心的，死不改。纵然是，通灵神玉也遭尘败。……]

我们再看一下贾瑞看那镜子的反面时，脂砚斋是怎么说的？

贾瑞收了镜子，想道：“这道士倒有些意思，我何不照一照试试。”想毕，拿起“风月鉴”来，向反面一照，只见一个骷髅立在里面，[庚辰双行夹批：所谓“好知青冢骷髅骨，就是红楼掩面人”是也。作者好苦心思。]脂批明示，那镜子里的骷髅，就是《红楼梦》一书中掩面而泣的人。镜子里的骷髅是王熙凤，那掩面而泣的人又是谁？

《红楼梦》哭泣者甚多，如：黛玉时常以泪洗面，宝玉也经常泪眼汪汪，那一大堆“钗”们也是“千红一哭”。但是，小说中唯一明示掩面而泣者是谁？是贾探春也！画中一美女坐在孤船上掩面而泣，不就是探春吗？这就进一步证明探春就是王熙凤，而王熙凤就是那拉皇后，那镜子反面里的骷髅，预示的就是那拉皇后的死期。作者和批者“好苦心思”啊！

五、小结

综上，“正照、反照风月宝鉴”预示着那拉皇后的崛起、陨落和死期。“十三”反照就是“三十”，那拉皇后招祸的年代是乾隆三十年（1765 年）三月（闰二月），正是十三年“春三”崛起，三十年“春三”陨落。陨落的原因有二：一是“一个偷情，一个寻拿”；二是“又记挂着他”，指富察皇后。熙凤和宝玉突然发疯，隐写的就是乾隆和那拉皇后反目成仇的史实。“过十三”反过来看就是“三十过”，这是那拉皇后死期的年份，即乾隆三十一年（1766 年）。“琅玕节过谨隄防”则是那拉皇后死期的月份和日子，即七月十四日。

作者唯恐读者把所有的神秘数字都翻过来看，那样就乱套了，所以，才将《风月宝鉴》更名为《红楼梦》。作者真是太神了，令人惊叹不已！

冥冥之中，仿佛一切都是上苍的安排。乾隆和两位皇后的一生神秘莫测，极富传奇，由此，才催生了伟大的作品《红楼梦》！

《红楼梦》作者用史笔，客观公正地描绘了那拉皇后的一生，作者并没有因为同情那拉皇后的遭遇而歪曲历史真相，书中所述基本还原了历史事实。作者既同情那拉氏的遭遇，又对她性格中虚伪、张狂、阴狠的一面持否定和批判的态度。特别是那拉氏晋为皇后、主持后宫的史实，通过王熙凤恰如其分地表现出来。因为王熙凤是那拉氏成为皇后以后的形象，小说中王熙凤的行为就是那拉氏当了皇后以后的表现，小说作者通过王熙凤展示了那拉皇后的性格、能力和治理后宫的行为。对宝玉——乾隆的描写也基本公正，并没有刻意丑化乾隆。《红楼梦》一书，为研究清史特别是乾隆后宫史提供了翔实的史料。我们应该将《红楼梦》看作一部描写乾隆王朝后宫秘史的史书，而不仅仅是将其作为一部文学巨著来研究。

参考资料：

1. 赫舍里：《大清最为悲惨的女人——乾隆继后乌喇那拉氏》。
2. 好搜百科：历史上的乾隆继皇后乌喇那拉氏。
3. 陈靖宇：《大清后宫秘史》。
4. 好搜百科：尤侗《西堂全集》《西堂杂组》。
5. 好搜百科：清裕陵。

第八章

“木石前盟”和“金玉良缘”隐写乾隆和两位皇后情感纠葛

《红楼梦》中的贾宝宝、林黛玉和薛宝钗三人的爱情关系隐写的是乾隆皇帝与富察皇后和那拉皇后的情感纠葛。

作者将乌喇那拉氏的能力隐写于王熙凤和贾探春身上，而将乾隆与富察皇后和那拉皇后的情感关系隐写于贾宝玉、林黛玉和薛宝钗身上。

第一节　宝黛钗之名

宝玉之名镶嵌了宝钗和黛玉之名。宝者，宝钗之宝也；玉者，黛玉之玉也。但是，宝玉身上还有一块被夹带着一起投胎来的美玉，而这块美玉又与宝钗戴的金锁是一对，宝玉的玉上写着：“莫失莫忘　仙寿恒昌”，而宝钗的金锁上写着“不离不弃，芳龄永继”。指点宝钗戴上金锁的道人也曾说这锁遇见玉的方是婚姻。这样一来，关系就乱了，本来宝玉和黛玉名字上都有“玉”字，两人又情投意合，可偏偏身上又多出了一块美玉。而宝玉和宝钗的名字上也相合，都有“宝”字，宝玉所戴的美玉又与宝钗的金锁恰是一对儿，按说也是绝配。但偏偏又多出了一个名字与宝玉相同的黛玉。于是宝玉的一生，宝玉的婚姻爱情，注定要围绕着这两个女孩历尽悲欢了。

第二节　木石前盟

第三十六回，宝玉睡中觉时连喊带骂地说出这样的话：“和尚道士的话如何信得？什么是金玉良缘？我偏说木石姻缘！”

“金玉良缘”指的是贾宝玉和薛宝钗。宝玉是衔玉而生的，宝钗也有一个高人送的一把金锁。宝玉那块玉上的字是“莫失莫忘，仙寿恒昌”，宝钗金锁上的字是“不离不弃，芳龄永继”，刚好配成一对。但是贾宝玉在乎的只是“木石前盟”。“木”是指林黛玉的前世，是仙界的绛珠草，“石”指贾宝玉。贾宝玉的前世是仙界的神瑛侍者，是三生石畔的旧精魂。“前盟”是说神瑛侍者日以甘露灌溉灵河岸边的绛珠草，使其得以长生，并幻化成人形，成为绛珠仙子；后来绛珠仙子随神瑛侍者一起下凡以眼泪还报了灌溉之恩，所以就有了“木石前盟”之说。

乾隆作为一代皇帝，在中国历史的舞台上，叱咤风云，大显神威。然而，他在情感方面也异于常人。虽说他是个“风流天子”，但他对富察皇后的那份情感，也非常人可比。“谁能石上三生认？”乾隆以三生石为信物，与富察皇后缘定三生，不正是“木石前盟”吗？

自从结发妻子富察皇后去世后，乾隆永远失去了富有柔情的婚姻生活。在他一生的大部分时间里，尽管六宫粉黛如云，却没有一个成为他所钟爱的女人去抚慰他那颗孤寂的心。富察皇后刚刚去世之时，皇帝感到更多的是震惊，真正摧心彻骨的悲痛，是在以后的岁月中一次比一次猛烈地袭来。在今后千千万万的夏日冬夜里，他只能在梦中与富察皇后相见。

富察皇后崩逝的次日，乾隆在停泊在运河旁边的青雀舫上写下了痛悼富察皇后的挽诗：

恩情廿二载，内治十三年。忽作春风梦，偏于旅岸边。
圣慈深忆孝，宫壶尽钦贤。忍诵关雎什，朱琴已断弦。
夏日冬之夜，归于纵有期。半生成永诀，一见定何时？
棉服惊空设，兰帷此尚垂。回思想对坐，忍泪惜娇儿。
愁喜惟予共，寒暄无刻忘。绝伦轶巾帼，遗泽感嫔嫱。
一女悲何恃，双男痛早亡。不堪重忆旧，掷笔黯神伤！

同日，乾隆公布了皇后去世的噩耗，谕旨曰：“皇后同朕奉皇太后东巡，诸礼已毕，忽在济南微感寒疾，将息数天，已觉渐愈，诚恐久驻劳众，重廑圣母之念，劝朕回銮；朕亦以朕痾已痊，途次亦可将息，因命车驾还京。今至德州水程，忽遭变故。言念大行皇后乃皇考恩命作配朕躬，二十二年以来，诚敬皇考，孝奉圣母，事朕尽礼。待下极仁，此亦宫中府中所尽知者。今在舟行，值此事故，永失内佐，痛何忍言！昔古帝王尚有因巡方而殂落在外者，况皇后随朕事圣母膝下，仙逝于此，亦所愉快。一应典礼，至京举行。布告天下，咸使闻知。”

乾隆十三年（1748 年）三月二十五日，富察皇后梓宫移殡景山观德殿，乾隆亲临祭酒。在此之前，乾隆每天到皇后生前居住的长春宫灵前祭酒，此后的初祭、大祭礼、满月礼等及后来皇后梓宫暂奉东直门外静安庄以后的暂安礼、周年礼、二周年礼，等等，每次乾隆都是亲临致祭。在富察皇后安放在裕陵地宫后的四年多时间里，为她祭酒一百一十次。乾隆帝在皇后丧满之日，十分悲痛地写下了著名的《述悲赋》。《述悲赋》具有催人泪下的震撼力量，历史上哪有这样的皇帝对爱情如此专一深挚呢。

富察皇后故去两个月，乾隆已遵礼制，释服摘缨除发，还是不能摆脱对皇后思念的煎熬：“大行皇后遐弃倏经两月，朕遵旧制以十三日释服，而素服诣几筵，摘缨聊以尽夫妇之情，亦我朝常例也。今既再易月，不可同於臣庶百日之制，以礼抑哀，缀缨除发，丧事日远，益切哀悰。

寤寐求无得，梦魂时尚牵。亦知悲底益，无那思如煎。
环佩声疑杳，鸾凰信绝传。椒涂空想像，两度月轮圆。
衷愫心常结，音尘日已遐。芳踪付彤史，时服换轻纱。
情自长无绝，礼惟当岂加。底知忧用老，新鬓点霜华。”

不到四十岁的皇帝忧伤过度，揽镜见霜华染鬓，自己也不免惊讶：

揽镜发有白者偶成以志岁月
鬓有二毛底事宣，盼霖伤逝两如煎。
愁缘似我仍频遇，顺意惟人鲜或全。
揽镜见霜初讶许，抚笺得句却怡然。
五箴久矣能成诵，比似昌黎恰并年。

转眼已到了孝贤皇后百日忌辰，乾隆写了《教潘岳悼亡诗体即用其韵》，描述自己的心情和处境，诗前半部分为：

十旬倏以临，服制众云易。予怀未觉遥，有如一日隔。偕老欢莫追，叹逝愁奚益。

因悟宇宙间，率为形神役。别后已杳杳，忆前尤历历。惟其无显名，是矣贻芳迹。

嗟哉长春宫，遗像空悬壁。欢去悲以归，每念增忧惕。兰湘陈豆核，椒浆泛爵双。

三奠尽一心，一心纷百析。倾爵酒频酹，拭巾泪尤滴。滴泪不能干，平生恩爱积。

齐物惭未能，难学庄盆击。独旦不能眠，欹枕怀百端。魄渊促代谢，朱明形欲阑。

凉秋率感人，况逢形影单。未闻蛩杵声，已觉寝簟寒。寒宵那更同，梧月虚朣胧。

九御咸备位，对之吁若空。

诗的意思是说，十旬一下子就来临，我并没有觉得时间有多长，就像才过一天一样。别后杳无音信，但往事还是历历在目，长春宫里只有遗像空悬，为皇后奠酒，尽一种诚心，可一心又纷乱为百下。爵中之酒已经倾尽，可眼泪还是不能干。为什么？因为平生恩爱集聚太多啊。独自不能入睡，靠着枕头心怀百端。三宫六院，嫔妃齐备，可是面对她们，简直就像面对虚空一样。

富察皇后故去三个月之际，乾隆仍伤感不已：“一日不见如三月，三月胡为瞥眼临。饯夏迎秋偏益感，落花流水动关心”。

富察皇后离去的半年，表面上，乾隆仍然在全力处理国务，然而悲悼之情像潮水一样经常突然袭上他的心头，悲痛的巨流频频卷起，让他什么也做不下去。一连数月，他都睡不踏实，动不动就觉得富察氏还在身边，频频惊醒。太监注意到，一向严谨精明的皇帝变得迟钝了，无目的的活动增多，工作没什么效率，常常走到一处，却忘了自己是要寻找哪个奏折。

有时刚说过的话，立刻就忘得一干二净，还不时莫名其妙地大发脾气，后宫上下都提心吊胆。

乾隆帝还将富察皇后在德州病逝时所乘的御舟运到京城保存。因船大，城门洞狭窄，不能进城。乾隆帝甚至想把城门楼拆掉。当时担任礼部尚书的海望想出了一个运船进城的方法，即搭木架从城墙垛口通过。木架上设有木轨，木轨上满铺鲜菜叶，使之润滑。千余名人工推扶拉拽，将御舟顺利运进了城内，从而保住了城门楼，节省了大量人力财力。这一史实隐写在《红楼梦》第五十七回中：

紫鹃逗宝玉说林妹妹家人要接她回苏州老家去，宝玉登时发起疯来，痴愣愣的和傻子一般：“一时宝玉又一眼看见了十锦格子上陈设的一只金西洋自行船，便指着乱叫说：‘那不是接他们来的船来了，湾在那里呢。’贾母忙命拿下来。袭人忙拿下来，宝玉伸手要，袭人递过，宝玉便掖在被中，笑道：‘可去不成了！’一面说，一面死拉着紫鹃不放”。

宝玉将那西洋自行船掖在被中，暗喻的正是乾隆保存富察皇后所乘御舟之举。此举虽然是乾隆极度悲痛之下的不明智举动，但也体现了他对富察皇后去世的痛惜和深厚感情。

乾隆帝认为富察皇后的死，与连生二子，而二子又接连夭亡有关系。他表示如果果真如此，宁可不让她生这两个皇子，也要保全皇后的性命。在他看来，皇后的命比两个皇子还重要。他的这一想法在临送孝贤皇后梓宫奉移静安庄时所作的诗中得到了证实：

凤转逍遥即殡宫，感时忆旧痛何穷。
一天日色含愁白，三月山花作恶红。
温凊慈闱谁我代，寂寥椒寝梦魂通。
因参生死俱为幻，毕竟恩情总是空。
廿载同心成逝水，两眶血泪洒东风。
早知失子兼亡母，何必当初盼梦熊。

“梦熊”一词出于《诗经》“吉梦维何，维熊维罴”一句，后来喻为生男孩。

他在临送悼敏皇子奉移朱华山端慧皇太子园寝的一首诗中同样表达了这一想法：

一纾愤懑酹金卮，柳翣行将发引时。
此去想应兄待弟，都来何致母随儿。
试言邂逅谁能受，叠遇乖张命实奇。
不忍抚棺寄余恨，孩提莫道未全知。

乾隆为亲王时，雍正赐号“长春居士”。乾隆登基后，为了表达对富察皇后的爱意，将紫禁城的长春宫，圆明园的长春仙馆赐为富察皇后居所。乾隆将长春宫、长春仙馆这种与自己名号相匹配的地方赐爱妻居住，其中含义不言而喻。富察皇后故去的第一个夏天，乾隆来到长春仙馆，这里的一草一木、一厅一榭都记载着富察皇后的踪迹，乾隆睹物思人，浮想联翩，写下追思爱妻的《首夏圆明园》：

芳园同驻行春跸，邃阁孤搴掩月帷。
睫眼此来非昔往，惊心今日忆前时。
榭柳台花依旧荣，触怀无处不伤情。
柔桑正值新蚕候，黄鸟惟传子夜声。
谁云常住不迁流，信是光阴逝水遒。
二十年来消底事，长春仙馆顿长秋。

并自注：忆自雍正七年蒙皇考赐居是处，即位后仍为后宴息之所，至今盖二十年矣。年节伏腊即奉皇太后暂居于此，昨诗所云“温凊慈闱谁我代”者，感时触境益切哀悰。

来到御园，他似乎又看到富察皇后：“拟散闲愁驻御园，无端翻致黯销魂。但逢景物试追想，率觉凄凉不忍言”（《仲夏御园间咏》）。走到瀛台，他又想起当年和富察皇后在“山亭水榭间，并辇同舟所”的情景，不由得“怆尔独延伫”。（《雨后瀛台》）

秋天将至，大雁南飞，乾隆望着天空中的大雁，浮想联翩，或许爱妻就在那群大雁里："行看鸿雁至，应有独离群。"他希望那只"独离群"的大雁就是富察皇后，飞回到他的身边。

七月初七是牛郎织女相会的日子，天下有情人在这一天无不以各种方式来向自己心仪的情人表达爱意。一代天子乾隆何尝不是有情之人，可是他却在"鹊桥节已近"时，只能"愁望绛河旁"。在《七夕感事诗》中，乾隆责问上天："秋怀容易感，七夕感偏多。天不知情海，谁叫设绛河。"他羡慕牛郎织女尚能一年一会，而自己与富察皇后却永远不能再重逢了："似彼何妨别，如予岂重逢？拟向天孙问，白云千万重。"这万古千秋的遗恨，到哪里去诉说呢？

七月十八日，是乾隆与富察皇后的结婚纪念日，这一天，是乾隆永生难忘的好日子。雍正五年（1727 年）的这一天，17 岁的弘历迎娶了 16 岁的富察氏，从此开始了他们长达 22 年的美满姻缘。然而，22 年后的这一天，皇后已故去四个月了，乾隆来到妻子灵前，"抚时追忆，黯焉神伤"：

七月十八日作

序：皇后以雍正丁未来嫔于予，七月十八日亲迎之嘉辰也，崩逝以来，四易弦，望度中元之节，重经嘉止之期，抚时追忆，黯焉神伤，亲奠殡宫寓哀有作。

> 助感惟秋日，子归忆旧时。廿年成梦境，一夕恨川崖。
> 为奠含悲爵，回思合卺卮。嫌人称结发，怨我失齐眉。

"纵然是齐眉举案，到底意难平！"《红楼梦》中的这句哀叹，难道不是乾隆的悲情再现吗？

七夕、中元过去后，转眼就是中秋，每逢佳节倍思亲，何况"关情最是团栾节"，每年的中秋节夫妻都是在"急管繁弦"的热闹中度过的，今年却是"即景偏伤黯淡魂"。

离开无奈的现实，能给心灵一丝安慰的唯有梦境了，为了在梦中与皇后相会，他甚至愿意长睡不醒："思念不及懵腾睡，犹得时常梦里逢。"

小说中宝玉的海棠诗中有"秋容浅淡映重门，七节攒成雪满盆。""晓风不散愁千点，宿雨还添泪一痕。”正是乾隆苦苦思念富察皇后的真情写照。

悲伤过后，就是烦闷，乾隆有遣闷、消闷等诗，如《消闷三首》：“常时每借诗消闷，迩日诗成闷转深。不解忧心旦夕忡，芳型如在思何穷。”

小说中史湘云所作的海棠诗：“秋阴捧出何方雪，雨渍添来隔宿痕。却喜诗人吟不倦，肯令寂寞度朝昏。”恰是乾隆的忧愁和烦恼。“玉烛滴干风里泪，晶帘隔破月中痕。幽情欲向嫦娥诉，无奈虚廊夜色昏。”更是道出了乾隆的心声。

此后，岁暮、清明、小祥、大祥以及皇后的忌辰、生辰，乾隆都不忘去静安庄祭酒，每去也不忘去赋诗志哀。

皇后去世的第一个清明节，细雨纷纷，他怀着“两眶清泪心一寒”，写道“青齐客岁魂堪断，同去谁期便永分”。

林黛玉所作的海棠诗“月窟仙人缝缟袂，秋闺怨女拭啼痕。娇羞默默同谁诉，倦倚西风夜已昏。”是对乾隆的思念之情的回应。

之后的岁月里，乾隆帝始终对富察皇后念念不忘，待之如生，每有重要行止和大事都会到她灵前告知。在她过世后的第二年，即乾隆十四年（1749 年）秋天，他要到承德避暑山庄和栏秋狝，还特地去静安庄向她告知行踪。而到了避暑山庄，这里又是遍布皇后足迹的地方，“每到遏然频忆旧，尘根底事未全降”。物是人非事事休，乾隆帝不得不感慨“我为遣愁来此地，翻教即景惹忧忡”。

乾隆十九年（1754 年），乾隆冬巡盛京（今沈阳），途经科尔沁（今通辽），遇到了富察皇后所生的皇三女和敬公主，乾隆的心情是“同来侍宴承欢处，为忆前弦转鼻辛”，看着女儿，想起发妻，鼻子酸酸的，吃饭也不香。

乾隆皇帝南巡期间，每一次路过济南城都绕城而过。为了避免触景伤情，乾隆在以后的南巡过程中再也没有进入过济南城，怕的是“恐防一入百悲生”。十七年前的三月，富察皇后在这里病逝，乾隆不愿勾起对往事的痛苦回忆，所以才匆匆而过。

乾隆五十五年（1790 年），80 岁的老皇帝在陵前写下这样一首诗：

三秋别忽尔，一晌奠酸然。
追忆居中阃，深宜称孝贤。
平生难尽述，百岁妄希延。
夏日冬之夜，远期只廿年。

80岁的皇帝对地下的妻子说，年龄越来越大，唯一的安慰是可以早日见到你。自己不想活到100岁，与你相会之期最长不会超过20年了！80岁的老人，如此深情，天地有知，亦当感动。

时光在流逝，他对富察氏的怀念却从来没有变淡。平时，乾隆帝看见皇后生前用过的物品，去与皇后共同相处过的地方，每逢节日，甚至有时看到南飞的大雁，都会勾起对皇后的思念。自孝贤皇后入葬裕陵后，乾隆帝凡谒东陵，必到裕陵为孝贤皇后酹酒，祭祀亡妻。据统计，他一共去了17次，最后一次是嘉庆元年（1796年）三月初九日，是带着新即位的嘉庆皇帝一起去的。这年乾隆帝已86岁，当上了太上皇帝，如果孝贤皇后还在的话，也已85岁，也当上皇太后了。到嘉庆元年（1796年），乾隆帝与孝贤皇后已阴阳分离48年，将近半个世纪了，但乾隆帝仍在深深地怀念着孝贤皇后。乾隆帝每次到裕陵临奠孝贤皇后，都要作诗悼念。每次作的诗，乾隆帝都亲笔誊写好，将部分制成精美的雕漆挂屏，一部分储存在皇宫，有5块供设在裕陵大殿的东暖阁内。

嘉庆四年（1799年）正月初三，太上皇乾隆皇帝驾崩于养心殿，享年89岁，阴阳阻隔50多年之久的恩爱夫妻，终于在地下又团聚了。

乾隆皇帝献给孝贤皇后的上百首诗堪称他御制诗中的上乘佳作。只有在这些诗中，乾隆才真正放下了帝王的尊严，尽情地抒发了内心深处对爱妻的眷恋。乾隆皇帝写了那么多悼念结发妻子的诗，并且把这些袒露个人胸中隐秘的作品收入《御制诗》出版，让后世子孙和天下文人去评说，对皇帝而言，无疑是一件需要勇气的事。

正像跛足道人的《好了歌》中唱的：“世人都晓神仙好，只有姣妻忘不了！”乾隆身为帝王，可谓神仙了，但他几十年如一日地怀念着自己的娇妻，其用情之真、之深、之痴令人慨叹。这才真正是“多情公子空牵念”啊，难怪宝玉被称为“情痴”。如果孝贤皇后地下有知，也该感到满足和幸福吧。

我们回过头来，再看一下《红楼梦》的第一回：那“绛珠仙草”因“神瑛侍者”每日以甘露灌溉，才得以“脱却草胎木质，得换人形”，修成女体；“只因尚未酬报灌溉之德，故其五内便郁结着一段缠绵不尽之意。”因此道：“他是甘露之惠，我并无此水可还。他既下世为人，我也去下世为人，但把我一生所有的眼泪还他，也偿还得过他了。”而警幻仙子亦知“灌溉之情未偿”，趁“神瑛侍者”“思凡下界”之机，让“绛珠仙草”随他同去，就此了结这段“千古未闻”的情案。那“神瑛侍者”日以甘露灌溉“绛珠仙草”，难道不是乾隆皇帝对富察皇后几十年如一日的思念之情吗？作者让那棵“绛珠仙草”即富察皇后之魂化身林黛玉，重降人间，以泪水偿还乾隆对她的深情厚谊，这难道不是“木石前盟”吗？

第三节　金玉良缘

一、“遂心如意”是一厢情愿

薛家到了荣国府后，贾府上下就出现了一种舆论，宝钗戴的金锁是个和尚给的，“等日后有玉的方可结为婚姻”。宝钗颇有心机，总是在看似漫不经心的时候提起宝玉的那块“通灵宝玉”。第八回，宝钗对宝玉说：“成日家说你的这玉，究竟未曾细细的赏鉴，我今儿倒要瞧瞧。”宝玉摘下玉来递与宝钗，宝钗托于掌上细看，［甲戌双行夹批：试问石兄：此一托，比在青埂峰下猿啼虎啸之声何如？甲戌眉批：余代答曰：“遂心如意。”］

此时的宝钗可谓是“遂心如意”，因为她就是那块顽石的化身之一。宝钗在大观园的住处“蘅芜苑”，“迎面突出插天的大玲珑山石来，四面群绕各式石块，竟把里面所有房屋悉皆遮住，而且一株花木也无。”作者用“大玲珑山石”和“各式石块”来装点“蘅芜苑”，暗示宝钗就是青埂峰下的顽石。

宝钗有个癞头和尚送的金锁，上面的铭言“不离不弃，芳龄永继”，与宝玉美玉上铭言“莫失莫忘，仙寿恒昌”恰如对联，宝玉一见就大叫：

"姐姐这八个字倒真与我的是一对。"这让宝钗听来真真是"遂心如意"啊！宝钗自认为具备荣府少奶奶的一切"美德"和标准，不管她自己是否有意去争取，她自认为都是胜利者。但可惜的是，宝玉一心只在从小一起长大的林妹妹身上。所谓的金玉良缘，正是贾宝玉所深恶痛绝的世俗之理，所以贾宝玉从感情上与她分道扬镳也就在情理之中了。

第六十二回，宝玉生日对酒令，宝玉可巧和宝钗对了点子。宝钗覆了一个"宝"字，宝玉想了一想，便知是宝钗作戏指自己所佩通灵玉而言，便笑道："姐姐拿我作雅谑，我却射着了。说出来姐姐别恼，就是姐姐的讳'钗'字就是了。"众人道："怎么解？"宝玉道："他说'宝'，底下自然是'玉'了。我射'钗'字，旧诗曾有'敲断玉钗红烛冷'，岂不射着了。"这次对酒令宝钗直接表明了自己的心思，而宝玉用"敲断玉钗红烛冷"来回应宝钗，明确告诉她，咱们俩是不可能成为夫妻的，纵使有人硬要将玉钗结成一起，我也要敲断玉钗，空留洞房红烛冷。

"金玉良缘"暗喻的是乾隆和那拉皇后的关系。乌喇那拉氏是雍正硬塞给弘历做侧福晋的，而那拉氏晋封为娴妃、娴贵妃、皇贵妃直至当上皇后，都是太后钮祜禄氏做的主。父亲和母亲都认为乾隆和那拉氏是"金玉良缘"，可乾隆偏偏不买账，因此，乌喇那拉氏皇后就惨了。因为任何人都无法取代富察皇后在乾隆心中的地位。

那拉氏在被册封为皇后之前，处处小心谨慎，一向"温柔婉顺，淑慎贤明，夙娴礼教"。但乾隆对她的长期疏远和冷漠，已经深深伤透了她的心；在她如愿以偿成为皇后之后，乾隆对她那种近乎怜悯的情感，也只持续了五六年，皇帝的注意力就转移到一批年轻妃子的身上。乌喇那拉氏又得像从前那样忍受孤独、寂寞、凄凉，"曾经沧海难为水"，弃之如敝的日子就更难熬。

二、似近实远、似远实近

小说中宝玉、黛玉之间似近而实远，宝玉、宝钗似远而实近，脂砚斋指出："钗、玉二人形景较诸人皆近，二人之远，实相近之至也。至颦儿于宝玉似近之至矣，却远之至也"，"钗与玉远中近，颦与玉近中远，是要紧两大股，不可粗心看过"！这种情形正是乾隆和富察皇后及乌喇那拉氏皇后之间的情景再现。乾隆与富察皇后的心虽然永远连在一起，但富察皇后却再也回不到他的身边了，正是似近而实远；而乌喇那拉氏皇后虽然在乾隆身边，但他们的心却离得很远，真正是似远而实近。所以，脂砚斋才提醒读者："是要紧两大股，不可粗心看过！"

三、金玉良缘、贻误终身

《终身误》："都道是金玉良缘，俺只念木石前盟。空对着山中高士晶莹雪，终不忘世外仙姝寂寞林。叹人间美中不足今方信，纵然是齐眉举案，到底意难平。"这首曲是对宝、黛爱情悲剧的感慨。宝、钗、黛三人的爱情悲剧，实际上是乾隆与富察皇后和那拉皇后之间的情感纠葛。那拉皇后最终才明白，她的"金玉良缘"始终无法和"木石前盟"相比。乾隆诗中说得明白："鸾车邈仙踪，彤管垂思媚。齐眉予夙愿，续弦谁所致。"人家才是"齐眉举案"，你这"续弦"焉能相比。

"纵然是齐眉举案，到底意难平。"正是出自乾隆怀念富察皇后之诗。乾隆在《诣静安庄祭酒》中写道：

> 鸾车邈仙踪，彤管垂思媚。齐眉予夙愿，续弦谁所致。
> 上以奉慈宁，下以率九位。唯此苹蘩重，义不容虚置。
> 十行伫颁诏，百感纷萦思。仿佛凤帏前，翻然来相慰。

这首诗是册封那拉氏为皇后时，乾隆向富察皇后焚香禀告时写下的。诗的开头，乾隆自作一序：恭奉皇太后懿旨以中宫久虚宜行册封之礼，岁月既易，吉庆洊临，勉遵慈谕，益睠芳踪，将颁明诏，奠以申怀。

乾隆在七月十八日和富察皇后的结婚纪念日写下的诗中也有："嫌人称结发，怨我失齐眉"的句子。

第四节　宝、钗、黛的判词

"可叹停机德，应怜咏絮才。玉带林中挂，金簪雪里埋。"

停机德：汉代乐羊子的妻子，在乐羊子中断学业回家时，她停机断布，以励丈夫继续求学。

咏絮才：东晋女诗人谢道韫，聪慧有才辩。曾在家遇雪，叔父谢安召集众子侄论文义，俄而雪骤，安问：“何所似也?”谢朗答：“撒盐空中差可拟。”道韫答：“未若柳絮因风起。”谢安大为称赏。后来便把在诗文创作方面卓有才华的女子赞誉为“咏絮之才”。

“玉带林中挂，金钗雪里埋。”很多人认为此句暗示林黛玉的结局是在林中吊死，薛宝钗最后死于雪地里。但这两句旁有脂批云：[甲戌双行夹批：寓意深远，皆非生其地之意。]脂批说得很清楚，黛玉和宝钗的结局绝非诗中所说的那样，玉挂在林中，钗埋在雪里，而是有极深的寓意。

笔者认为：“玉带林中挂”反过来看就是“挂中林黛玉”。中：指中宫，皇后居住之处，因以借指皇后。“挂中”：即统驭中宫之意。暗示林黛玉是皇后，统领后宫。富察皇后死后，她的画像始终挂在长春宫里，长春宫就是中宫。虽然富察皇后早已离去，但在乾隆和其他妃嫔心里她永远是皇后，所以，那拉皇后的结局必然是“金钗雪里埋”。“金钗雪里埋”突出一个“冷”字，暗喻那拉皇后被打入冷宫。

富察皇后和那拉皇后纵有停机之德和咏絮之才，又将如何？碰上了乾隆这样一个“纵然生得好皮囊，腹内原来草莽”的风流天子，其结果只能是“玉带林中挂，金钗雪里埋”。

善于巧妙地运用各种比喻，来暗示人物的命运和结局是《红楼梦》的一大特点。小说中这种比喻有很多，比如：“因嫌纱帽小，致使锁枷杠。”[甲戌侧批：贾赦、雨村一干人。]很多人根据此批认为贾雨村最后坐了牢，但笔者理解，脂批只是一种比喻，那么多人都想争这个皇位，其实当上了皇上，就像戴上了一副沉重的枷锁。坐在那个高高的位置上，时刻也不得安宁，雍正自己就曾这样说过。正所谓：“高处不胜寒”，难怪古时皇上自称“寡人”。

还有：“金满箱，银满箱，展眼乞丐人皆谤。”[甲戌侧批：甄玉、贾玉一干人。]乞丐：有物质上的乞丐，也有精神上、情感上的乞丐，脂批并不是说宝玉最后真的沦为乞丐，而是暗喻乾隆失去富察皇后，情感世界已是一片空白，任何人也不能替代富察皇后在他心里的位置。

《红楼梦》最大的特点是有大量的隐喻，有很多东西不敢明说，不敢明写，而是用别的东西来隐喻，来影射，曲折地加以表达。这增加了读者理解的难度，同时，也增加了小说的魅力。能恰当地使用大量的隐喻，反映了作者深厚的文字功力和多方面的艺术才能，这是一种艺术手法。但作者也是迫不得已，因为他写的是“当今圣上”的情史，一旦天机泄露，必将引来杀身之祸。

第五节 “怀金悼玉”话红楼

《红楼梦序曲》：开辟鸿蒙，谁为情种？都只为风月情浓。趁着这奈何天，伤怀日，寂寥时，试遣愚衷。因此上演出这怀金悼玉的《红楼梦》。

脂批曰：“怀金悼玉”，大有深意。”警幻说：“此曲不比尘世中所填传奇之曲，……若非个中人，不知其中之妙。”［甲戌侧批：三字要紧。不知谁是个中人。宝玉即个中人乎？然则石头亦个中人乎？作者亦系个中人乎？观者亦个中人乎？］宝玉、石头即王熙凤和作者都是个中人，当然深知其中之妙，至于我等这些观者，“若不先阅其稿，后听其歌，翻成嚼蜡矣。”

笔者认为：金：指薛宝钗——那拉皇后；玉：指林黛玉——富察皇后，“怀金悼玉”之意是：怀念那拉皇后，哀悼富察皇后。

“开辟鸿蒙，谁为情种？”［甲戌侧批：非作者为谁？余又曰：“亦非作者，乃石头耳。”］《红楼梦》的原始作者是乌喇那拉氏，所以脂批说：“非作者为谁？”“余又曰：亦非作者，乃石头耳。”此石头，指灵河岸边的三生石，即乾隆皇帝。脂批暗示：那拉皇后和乾隆都是“情种”。其实，黛玉——富察皇后又何尝不是“情种”，三人都是“情种”，因此，才有了这“怀金悼玉”的红楼梦。

程乙本将“怀”改为“悲”，于是，成了“悲金悼玉”，意思倒也不差。

第六节 《枉凝眉》新解

《红楼梦曲·枉凝眉》

一个是阆苑仙葩，一个是美玉无瑕。
若说没奇缘，今生偏又遇着他；
若说有奇缘，如何心事终虚化？
一个枉自嗟呀，一个空劳牵挂。
一个是水中月，一个是镜中花。
想眼中能有多少泪珠儿，
怎经得秋流到冬尽，春流到夏！

《枉凝眉》是《红楼梦》的主题曲，红学界比较一致的看法是：这首曲子说的是宝玉和黛玉，歌颂了宝黛之间纯洁无瑕的爱情。曲子是写宝玉与黛玉的爱情理想因变故而破灭，林黛玉历劫还泪，泪尽而逝。曲中有关黛玉的词句：阆苑仙葩，枉自嗟呀，水中月，若说没奇缘，今生偏又遇着他，若说有奇缘，如何心事终虚化。有关宝玉的词句：美玉无瑕，空劳牵挂，镜中花，想眼中能有多少泪珠儿，怎经得秋流到冬尽，春流到夏。

最后一句，也反映了黛玉泪尽而逝的结局。

刘心武先生则认为：这首曲是专门说宝玉、湘云和妙玉的。

湘云妙玉：

一个是阆苑仙葩，一个是美玉无瑕。
若说没奇缘，今生偏又遇着他；
若说有奇缘，如何心事终虚化？
一个枉自嗟呀，一个空劳牵挂；
一个是水中月，一个是镜中花。

宝玉：

想眼中能有多少泪珠儿？
怎经得秋流到冬尽，春流到夏。

笔者对这首《枉凝眉》有不同的理解。笔者认为，这首曲子是唱黛玉、熙凤和宝玉的，即富察皇后、那拉皇后和乾隆皇帝。

如果说是唱宝玉和黛玉的，那么从纲常伦理上讲，第一句就错了。按照中国传统的纲常伦理，夫在前，妻在后，男在前，女在后。

那么，“阆苑仙葩”指林黛玉当然没错，因为她的前身是西方灵河岸边的绛珠草。“美玉无瑕”若说是指宝玉就错了，若是指宝玉，应该是“一个是美玉无瑕，一个是阆苑仙葩。”这才符合中国的纲常伦理。还有，宝玉是男人，怎么成了“镜中花”呢？所以，“美玉无瑕”和“镜中花”绝不是指宝玉。

笔者在前文中已论证，青埂峰下的顽石，是个女人，被僧道二仙师幻化成一块红玉，含在神瑛侍者的嘴里，随神瑛侍者和绛珠仙子一并下界投胎，化名林红玉贴在宝玉身边。宝玉的那块“通灵宝玉”就是青埂峰下顽石的幻象，它是那拉皇后的象征。所以，“美玉无瑕”是指那拉皇后，小说中林红玉、王熙凤、探春、湘云、宝钗以及元春之一都是那拉皇后的分身，这里我们就以王熙凤作为代表吧。“镜中花”是指出现在“风月宝鉴”那面镜子里的人，谁出现在那面镜子里了？只有王熙凤一人。所以，王熙凤才是“镜中花”。林黛玉是富察皇后的化身，王熙凤等人是那拉皇后的化身，故此：

“一个是阆苑仙葩”，林黛玉——富察皇后；

“一个是美玉无瑕”，王熙凤——那拉皇后；

“若说没奇缘，今生偏又遇着他”；这个他，才是贾宝玉，即乾隆皇帝。

“若说有奇缘，如何心事终虚化？”两位皇后碰上了这样一位“天下第一淫人”的风流天子，所有的心事最终都化为泡影。

“一个枉自嗟呀”，王熙凤——那拉皇后，长期受到乾隆的冷落，最后被打入冷宫，所以才“枉自嗟呀”！

“一个空劳牵挂。”林黛玉——富察皇后，她去世后，乾隆皇帝始终不能释怀，一生中写了一百多首诗怀念富察皇后。可惜，富察皇后再也听不到乾隆对她的爱的诉说，真的是“空劳牵挂”啊！

“一个是水中月”，林黛玉——富察皇后，死于水面龙舟上，做了“水中月”。

“一个是镜中花。”王熙凤——那拉皇后，“风月宝鉴”那面镜子里的鲜花，一生都是个摆设，乾隆并不欣赏这朵镜中之花。

“想眼中能有多少泪珠儿，怎经得秋流到冬尽，春流到夏！”笔者第一次看《红楼梦》还是四十年前，当时就觉得这句诗语法好像不通，“秋流到冬尽”，都流尽了，怎么还流呀？笔者当时误以为当年抄手抄写时出错了，所以，笔者抄写这首诗时就把那个“尽”字去掉了，觉得“秋流到冬，春流到夏”，这样才对。

殊不知，这是作者的精心设计也。

流泪者，岂止黛玉一人，熙凤、宝玉都在流泪。那拉皇后是在秋季被册封为皇后的，自从登上皇后之位，她的悲惨命运就注定了，以泪洗面是她后半生的真实境况。那拉皇后的死期也是秋季，所以，泪水从秋天流到冬天，终于流尽了。

而“春流到夏”，是指乾隆皇帝，他挚爱一生的富察皇后在春天里永久地去了，今后的岁月里，每当忆起富察皇后，乾隆都禁不住泪水横流；富察皇后在天之灵，对乾隆的挚爱真情感激不尽，也在云霄之外默默流泪。直到有一天乾隆魂归九天，与富察皇后在那“离恨天”外相聚，那泪水才能止住。

这就是笔者对《枉凝眉》的拙见，不知各位以为然否？

参考资料：

1. 好搜百科：《孝贤纯皇后》。

2. 乾隆：《御制诗》。

3. 郭成康：《乾隆正传》。

第九章

警幻仙子是那拉皇后的“魂”

在《红楼梦》中所有的女子中，警幻仙子是作者着力刻画的一个天上美人，作者对“警幻仙姑”的描述可以说超过了书中对所有人的描写。

第五回：“歌声未息，早见那边走出一个人来，蹁跹袅娜，端的与人不同。有赋为证：

方离柳坞，乍出花房。但行处，鸟惊庭树；将到时，影度回廊。仙袂乍飘兮，闻麝兰之馥郁；荷衣欲动兮，听环佩之铿锵。靥笑春桃兮，云翠髻；唇绽樱颗兮，榴齿含香。纤腰之楚楚兮，回风舞雪；珠翠之辉辉兮，满额鹅黄。出没花间兮，宜嗔宜喜；徘徊池上兮，若飞若扬。蛾眉颦笑兮，将言而未语；莲步乍移兮，待止而欲行。羡彼之良质兮，冰清玉润；羡彼之华服兮，闪灼文章；爱彼之貌容兮，香培玉琢；美彼之态度兮，凤翥龙翔。其素若何？春梅绽雪。其洁若何？秋菊被霜。其静若何？松生空谷。其艳若何？加澄塘。其文若何？龙游曲沼。其神若何？月射寒江。应惭西子，实愧王嫱。奇矣哉，生于孰地，来自何方？信矣乎，瑶池不二，紫府无双。果何人哉？如斯之美也！”

看那警幻仙子：衣衫如荷叶飘摆，身上佩环铿锵；笑容如桃红，头发上堆满了珍贵珠翠；嘴唇嫣红像颗滋润的樱桃，洁白牙齿如石榴排列，细腰楚动，人在花丛中走动，宛如蝴蝶，若飞若扬，蛾眉颦视，像是能说话似的。其素、其洁、其静、其艳、其文、其神，简直完美无缺，无论从哪一个方面去看，这个仙女都远远超过人间美女西施和王嫱。而脂批云：[甲戌眉批：按此书凡例本无赞赋闲文，前有宝玉二词，今复见此一赋，何也？盖此二人乃通部大纲，不得不用此套。前词却是作者别有深意，故见其妙。此赋则不见长，然亦不可无者也。］可见，宝玉和警幻仙子乃此书的“通部大纲”，既然宝玉是乾隆皇帝，那警幻仙子就是那拉皇后的魂。

那拉皇后死后化身警幻仙子，与“宝玉”乾隆在梦中相会。时光倒转，生命轮回，乾隆回到少年时代，宝钗、黛玉、元春重新降临人间，一大堆香艳女子围在他身边，一切从头开始，而这一切，又与那拉皇后息息相关。难怪宝玉想道：“这个去处有趣，我就在这里过一生，纵然失了家也愿意，强如天天被父母师傅打呢。”

第一节　警幻仙子的身份是皇后

书中警幻自称是离恨天之上、灌愁海之中、放春山遣香洞太虚境警幻仙姑，职责是“司人间之风情月债，掌世俗之女怨男痴”，很像今日所说的“爱神”。在警幻仙子的形象描写中，我们尤其要注意“珠翠之辉辉兮，满额鹅黄”之句，第一章里论述过，“鹅黄”在清朝是属于皇帝的专用颜色，顺治朝时就有规定：“禁和硕亲王以下及官民人等……衣物、辫繸（系辫梢之线）、镶边，擅用鹅黄、柳黄色。”作者描写警幻仙子“满额鹅黄”，暗喻警幻仙子的身份是皇后。

警幻仙子正是那拉皇后的化身。那拉皇后生前悲情不断，愁思茫茫，所饮的恰是灌愁海之水；临死之际，凄凄惨惨，含恨而亡，死后其魂飞至离恨天外，化身警幻仙子。

警幻仙子居住在放春山遣香洞太虚幻境，管理“人间之风情月债，掌尘世之女怨男痴”。仙子掌管各种情司应是十二个，痴情司、结怨司、朝啼司、夜怨司、愁悲司、春感司等，不过是其中的六个司。还应当有薄命司、绝情司、妒忌司、无奈司、侥幸司、冤屈司六司。那太虚幻境是清净的女儿之境，暗喻皇上后宫的东六宫和西六宫；那么，掌管后宫的人当然是皇后，而金陵十二钗、副十二钗、又副十二钗则是皇上的后妃。

皇宫中的东六宫和西六宫为两翼的帝后生活区，众多嫔妃、太监、宫女，她（他）们生命的准则是：唯以一人治六宫，皆以六宫奉一人。在这里上演了一幕幕后宫的悲喜剧——虽有后妃的丰衣足食，更有她们的孤灯长夜；虽有妃嫔短暂的青春欢笑，更有她们无尽的悲苦泪水。东西六宫既是帝制时代君主的天堂，更是高墙之内妃嫔的炼狱。

第二节　太虚幻境引出富察皇后

宝玉恍恍惚惚随警幻来至后面：警幻笑道："你们快出来迎接贵客!"一语未了，只见房中又走出几个仙子来，皆是荷袂蹁跹，羽衣飘舞，姣若春花，媚如秋月。一见了宝玉，都怨谤警幻道："我们不知系何'贵客'，忙的接了出来！姐姐曾说今日今时必有绛珠妹子［甲戌侧批：绛珠为谁氏？请观者细思首回。］的生魂前来游玩，故我等久待。何故反引这浊物来污染这清净女儿之境?"

脂批提示读者，"绛珠为谁氏？请观者细思首回"。我们当然记得，首回中的绛珠仙子是西方灵河岸边三生石畔的绛珠草，她化身林黛玉，与神瑛侍者一起下界。而那绛珠仙子林黛玉正是富察皇后的化身，富察皇后死后，其魂魄也将进入太虚幻境，与生前的众姐妹团聚，所以，那几个仙子说："姐姐曾说今日今时必有绛珠妹子的生魂前来游玩，故我等久待。何故反引这浊物来污染这清净女儿之境?"

作者借此机会痛骂乾隆为"污染清净女儿之境的浊物"！

第三节　宝钗的冷香丸从何而来?

宝钗因"从胎里带来的一股热毒"，因此常服用一种叫作"冷香丸"的药。说起这"冷香丸"，倒有一番来历，请看第七回，宝钗对王夫人的陪房周瑞家的说："再不要提吃药，为这病请大夫吃药，也不知白花了多少银子钱呢。凭你什么名医仙药，从不见一点儿效。后来还亏了一个秃头和尚，说专治无名之症，因请他看了。他说我这是从胎里带来的一股热毒，幸而先天壮，还不相干。若吃寻常药，是不中用的。他就说了一个海上方，又给了一包药末子作引子，异香异气的。不知是那里弄了来的。他说发了时吃一丸就好。倒也奇怪，吃他的药倒效验些。"［甲戌双行夹批：卿不知从那里弄来，余则深知是从放春山采来，以灌愁海水和成，烦广寒玉兔捣碎，在太虚幻境空灵殿上炮制配合者也。]

那拉皇后死后化身警幻仙子，而脂批云：宝钗的“冷香丸”是在“太虚幻境”制成的。由此可见，宝钗的主要身份就是那拉皇后。宝钗的冷香丸全部是用白花制成的，作者以此来暗示宝钗——乌喇那拉氏悲惨的命运。

第四节　十二钗的人生悲喜哀怨

警幻仙子把十二钗的人生悲喜哀怨，各个不同女性的命运以“金陵十二支曲”的形式一一敷衍唱吟出来，实际上，金陵十二钗正册判词是对皇上后妃们命运的描述，各首判词中用隐晦的诗境提前暗示了她们的遭遇和结局——在深宫禁闱的束缚和摧残下必然“红颜未衰身先死”，最后的结局是“千红一窟（哭），万艳同杯（悲）”。

“千红一窟，万艳同杯”也可理解为“千红”同入一个“魔窟”，“万艳”共为一个人举杯，这是中国千年以来皇宫中的女性的悲哀。

帝王的后宫就是这样，它不仅使帝王成为后宫的囚鸟，“生于深宫之中，长于妇人之手”，成为宫中唯一有生殖器官的男人（准确地说应该还有帝王未成年的儿子）；另一方面，除皇后外还有大量的嫔妃等不同等级的女子，后宫就成了皇帝与无数女人的囚笼；当然，还有必不可少的、去了势的太监，这就构成了整个后宫世界的景观。这是一个独特的世界，也是一个悖谬的世界，这里是一个彻彻底底只关注一个男人吃喝拉撒与交配的世界，庞大而又森严。

作为皇帝的女人，表面上光鲜亮丽，衣食无忧，但实际上，她们的生活极其悲惨。清朝皇帝选秀，一般三年一次，还有一年一次选宫女活动，主要为挑选宫女，以服侍内宫各位后妃。其挑选的范围是内务府所属三旗一般人家的女子。内务府三旗，即清朝起家时由皇帝自领的镶黄、正黄、正白三旗。内务府三旗所有年满十三岁的女子，都要经过挑选，凡选定的，大部分到宫中做宫女。在做宫女期间，如果被皇帝看中，还可升为妃嫔。清代规定二十五岁没有被皇帝相中的还可以回家，而更多的则是到了年老色衰才得出宫。被选入宫的宫女，少数被选为妃嫔，那就身价百倍了。但是除个别得到皇帝宠幸之外，其他也多是久居冷宫，守活寡过日子。更多的后宫佳人，一入后宫就进入了一个与世隔绝的囚牢，终生不得皇帝召幸，偌大的后宫便成了活色生香的活死人墓。多数未被选为妃嫔的秀女，那就是唯恭唯谨侍候后妃等各主人手下，稍不如意，便鞭打责罚，甚至被逼致死。因此，每当帝王要大选美女充斥后宫时，总是引起天下恐慌。

明清两代皇帝虽不像唐代“后宫佳丽三千”，但人数并不算少。皇后、皇贵妃、嫔、妃、贵人、常在、答应等，她们都住在乾清宫两侧的东西六宫。在紫禁城内的隆宗门外，坐落着一组以慈宁宫为主体的建筑群，有人把它称作紫禁城中的寡妇院。因为这里的主人便是先皇的后、嫔、妃们，她们当中主要是通过选秀女而入宫的。一旦皇帝驾崩，按祖制她们都要搬到慈宁宫居住。这里的生活可以说是与欢笑无缘，只有在“红颜暗老白发新”的清寡单调的生活中了此一生。慈宁宫偶尔也有欢乐，如给皇太后上徽号、册立后妃以及元旦、冬至、皇太后万寿节等都要在这里举行盛大的庆祝活动，只有这时，这些先皇的遗孀们才济济一堂，饮酒作乐。但这样的活动毕竟一年只有几天。慈宁宫建筑群中的佛堂很多，这些太后、太嫔、太妃们在百无聊赖的守寡期间，焚香礼佛，试图从那虚无缥缈的世界中寻求精神安慰和寄托。这种情景在小说中多有体现，大观园中的栊翠庵就是一所园林中点景的尼姑庵。妙玉在此带发修行，后来惜春出家，便住在此处。妙玉带发修行，惜春出家，隐喻的就是先皇年轻的妃嫔，在守寡期间，焚香礼佛。

第五节　警幻仙子对宝玉的劝诫

书中写道：“宝玉听如此说，便吓得欲退不能退，果觉自形污秽不堪。警幻忙携住宝玉的手。”在此句话边，脂批道：[妙！警幻自是个多情种子。] 警幻仙子也是个“情种”，可见，警幻仙子正是那拉皇后的化身。

佛教认为，一切苦恼都起源于情欲，要摆脱烦恼就要斩断一切情思，包括爱的情欲。

书中警幻仙子数次对宝玉冷笑、劝言，由此可知那拉皇后不似富察皇后那般温柔。然那拉皇后对乾隆之爱乃真情实意，无奈，“吾所爱汝者，乃天下古今第一淫人也。”因而，那拉皇后之魂受“宁荣二公”——康熙帝之魂嘱托，仍对宝玉——乾隆皇帝进行规劝，“以情欲声色等事警其痴顽，或能使彼跳出迷人圈子，然后入于正路，……令其再历饮馔声色之幻，或冀将来一悟，……而今后万万解释，改悟前情，留意于孔孟之间，委身于经济之道。”

经济：即“经邦济世”。这是封建统治者管理国家，统治人民的一种美化说法，与近代指“财政经济”的含义不同。

那宝玉和“兼美”“二人携手出去游顽之时，忽至一个所在，但见荆榛遍地，狼虎同群，迎面一道黑溪阻路，并无桥梁可通。正在犹豫之间，忽见警幻后面追来，告道：‘快休前进，作速回头要紧！’宝玉忙止步问道：‘此系何处？’警幻道：‘此即迷津也。深有万丈，遥亘千里，中无舟楫可通，只有一个木筏，乃木居士掌舵，灰侍者撑篙，不受金银之谢，但遇有缘者渡之。尔今偶游至此，设如堕落其中，则深负我从前谆谆警戒之语矣。’话犹未了，只听迷津内水响如雷，竟有许多夜叉海鬼将宝玉拖将下去。吓得宝玉汗下如雨，一面失声喊叫：‘可卿救我！’”

书中的这段描写看似荒唐诡异，其实正是那拉皇后对乾隆皇帝的规劝：不要迷恋于后宫的温柔之乡，那花天酒地、锦绣风流不过是过眼云烟，稍纵即逝，而勤政事、治天下、救苍生于水火之中，才是君王之正道。

那“警幻后面追来，告道：‘快休前进，作速回头要紧！’”写出了那拉皇后对乾隆皇帝的一片真情，足见那拉皇后对乾隆直言相劝的良苦用心。可惜乾隆冥顽不化，警幻因叹：“痴儿竟尚未悟！”枉费了那拉皇后的一片苦心。

作者通过警幻仙子之口，揭开了“天下第一淫人”乾隆的面纱，从而将乾隆的风流韵事一一揭示。

参考资料：

1. 陈靖宇：《大清后宫秘史》。

2. 好搜百科：《清朝后宫编制》。

第十章

秦可卿隐写了两位皇贵妃

第十三回秦可卿死亡的章节中出现了罕见的“松斋”、“梅溪”的批语，靖本第十三回同类的批语多署名“棠村”。第十三回如何引来这么多人评注？显然，秦可卿的原型人物身份非同寻常，批者身份与秦可卿的原型人物也有非同寻常的关系。

秦可卿的身世一直是红学爱好者感兴趣的话题。第八回介绍秦可卿的身世时谈道：“父亲秦业现任营缮郎，年近七十，夫人早亡。因当年无儿女，便向养生堂抱了一个儿子并一个女儿。谁知儿子又死了，只剩女儿，小名唤可儿，长大时，生的形容袅娜，性格风流。因素与贾家有些瓜葛，故结了亲，许与贾蓉为妻”。也就是说，秦可卿是个孤儿，秦业只是她的养父。很多人认为秦可卿的出身是很高贵的，说她是养生堂的孤儿是作者有意隐去她高贵的身份。笔者也持相同的看法，秦可卿的身份的确高贵，因为她身上隐写了乾隆的两位皇贵妃，即慧贤皇贵妃高氏和哲悯皇贵妃富察氏。

第一节　秦可卿与慧贤皇贵妃

一、秦可卿的身份

第五回，宝玉玩累了，欲睡中觉，秦可卿将宝玉带入自己的卧室休息。秦可卿房间的陈设非同小可，只见墙上挂着：

“唐伯虎画的《海棠春睡图》，两边有宋学士秦太虚写的一副对联，其联云：

嫩寒锁梦因春冷，芳气笼人是酒香。

案上设着武则天当日镜室中设的宝镜，一边摆着飞燕立着舞过的金盘，盘内盛着安禄山掷过伤了太真乳的木瓜。上面设着寿昌公主于含章殿下卧的榻，悬的是同昌公主制的联珠帐”。

《海棠春睡图》画的是杨贵妃喝醉酒以后，像海棠花一样美丽的情景；武则天初入后宫时为唐太宗的才人，唐太宗赐号武媚娘。唐高宗时为昭仪，后封为皇后，又上尊号为“天后”。昭仪，为中国古代后宫嫔御的一种，唐朝因之，为九嫔之首，位次四妃。“飞燕”指赵飞燕，原名宜主，汉代的著名舞人。后被汉成帝看中，召入宫中，封为“婕好”（女官名），数年后立为皇后。寿昌公主，唐睿宗李旦长女，母刘皇后。同昌公主，唐懿宗爱女。“安禄山掷过伤了太真乳的木瓜”是指安禄山用木瓜伤了杨玉环的酥胸。

刘心武先生判断可卿卧室的陈设物，实际上是在影射秦可卿的血统高贵到是帝王家的公主的地步。笔者以为刘心武先生的分析很有道理。作者用这么多历史上高贵的女人的陈设物来装点秦可卿的卧室，无非是要证明秦可卿像武则天、赵飞燕、杨玉环一样，是贵妃身份，又如寿昌公主和同昌公主一样出身高贵。作者之所以对可卿卧室进行如此特殊的描写，目的就是用这些非同一般的陈设物来暗示秦可卿的身份。那一缕缕沁人骨髓的馨香，引导宝玉昏昏入睡，星移斗转、时光倒流，少年宝玉神游太虚幻境，回到弘历的现实生活里，弘历和他的那些女人的爱恨情仇一幕幕地重现。

笔者认为，秦可卿主要隐写的是慧贤皇贵妃高氏。依据是：宝玉就是乾隆，那么，小说中的那些女人一定是乾隆的妃嫔或与乾隆关系极密切的人。如李纨隐写的就是乾隆的生母钮祜禄氏。

慧贤皇贵妃高氏出身望族，是大学士高斌之女，高氏一族是内务府镶黄旗第四参领第一旗鼓佐领下的汉姓人。高斌曾祖高名选，祖籍奉天辽阳，太祖皇帝时归。子高登永（家谱中写为高登庸），任直隶兵备道；孙高衍中，由内务府主事历升都虞司郎中兼佐领、参领。高氏真正显赫是自第四世高斌始。高斌官从河道总督、直隶总督至大学士。高氏家教森严，高斌对女儿悉心教育，高氏从小生有夙慧，熟读史书。乾隆在册贵妃文时也写道“（贵妃）椒掖之芳声早著”，就是说贵妃高氏的才情德行在早期就已出名。高斌官拜文渊阁大学士，其女儿当然可与寿昌、同昌二公主相提并论。

雍正十三年（1735 年）前，高家尚为内务府包衣，高斌之女以秀女身份入选皇宫，并被指派给皇四子弘历为使女。弘历热爱汉文化、勤勉好学。当时满洲贵族的女子有才情的很少，汉文化也不通，高氏的才情在弘历的王府就显得出类拔萃，与弘历可以不相上下地互相酬唱，成为少年皇子共同成长的知己和精神伴侣。这种感情与传统意义上的宠妃有所不同，更多的是欣赏、尊重而爱慕，这些在后来乾隆帝所作的怀念高氏的诗里面都有体现。

高氏的贤惠美貌和才情让弘历倾心相爱，弘历几次向父亲雍正要求，将高氏纳为侧福晋，雍正顾虑高氏是汉人，为此，极力阻挠弘历纳高氏为妾，父子俩为此闹得很不愉快。权衡利弊后，雍正作了让步，同意弘历纳高氏为侧福晋，同时，他又为弘历选了一位出身满洲大族的漂亮女人，作为压制高氏的“挡箭牌”塞给了弘历。倒霉的乌喇那拉氏就成了那个“挡箭牌”。

雍正十二年（1734 年）三月，雍正帝的一纸谕令，高氏由使女上升为宝亲王弘历的侧福晋，谕曰：“宝亲王使女、高斌之女著封为王侧福金”（福金即福晋）。后高斌谢恩折奏曰：“伏念奴才女儿至微至贱，蒙皇上天恩，令侍候宝亲王，今乃于使女之中超拔为侧福晋。”同时，乌喇那拉氏也成为弘历的侧福晋。

乾隆二年（1737 年），高氏被册封为贵妃，乌拉那拉氏被封为娴妃，地位次于贵妃高氏。

乾隆还将贵妃高氏的家族由内务府包衣抬旗入满族镶黄旗（与皇帝和皇后同样出身），彻底去除奴籍，全族跨入满清最尊贵的镶黄旗。足见乾隆对高氏的宠爱。

高氏是名副其实的贵妃，武则天、赵飞燕、杨玉环都曾经是贵妃，秦可卿卧室之所以会有这些贵妃的陈设物，作者暗示的就是秦可卿的身份是贵妃。

二、秦可卿在贾府的地位

秦可卿是贾府“重孙媳中第一个得意之人”，贾府上上下下对她都极宠爱极悦服。第五回，秦可卿一出场，作者便交代说：“贾母素知秦氏是个极妥当的人，生的袅娜纤巧，行事又温柔和平，乃重孙媳中第一个得意之人。”一个养生堂中的弃婴，何以在贾府中有如此之高的地位，被贾母视为“第一个得意之人”？秦可卿进入贾府后，丝毫没有养生堂弃婴的卑微感，相反，她浑身焕发出一种天然的贵妇人气派，在贾府中如鱼得水，那气派，那心态，给人一种“宾至如归”的感觉，在很多场合里，她比尤氏、熙凤更显得有大家风度。

第十一回：可卿病入膏肓，熙凤和宝玉前去看她，可卿拉着熙凤的手，强笑道：“这都是我没福。这样人家，公公婆婆当自己的女孩儿似的待。婶娘的侄儿虽说年轻，却也是他敬我，我敬他，从来没有红过脸儿。就是一家子的长辈同辈之中，除了婶子倒不用说了，别人也从无不疼我的，也无不和我好的。这如今得了这个病，把我那要强的心一分也没了。”秦可卿的自白，道出她在贾府中何等尊荣。宁府的人普遍认为，秦可卿将是宁府的管家人。

可见，所谓养生堂的弃婴，完全是作者故意编造的，目的就是要隐去可卿的真实出身，以“讳知者”。如果我们把秦可卿看作是贵妃高氏，就明白作者的良苦用心了。

高氏晋为贵妃后，地位仅次于富察皇后。根据鄂尔泰、张廷玉的记载，高氏晋贵妃时，享受了公主、王妃和三品以上命妇都到她的寝宫向她跪拜叩头朝贺的礼仪，而在高氏去世后，皇贵妃及纯贵妃晋封贵妃时，则未经行礼。这说明，乾隆的其他妃嫔是无法和高氏相提并论的。

三、秦可卿与贾宝玉的关系

很多读者对宝玉和秦可卿的关系感到非常奇怪，宝玉第一次梦中行云雨之事，居然是在侄媳妇的卧室里。那警幻仙姑对宝玉说：“‘将吾妹一人，乳名兼美，字可卿者，许配于汝。今夕良时，即可成姻。不过令汝领略此仙闺幻境之风光尚如此，何况尘境之情景哉？而今后万万解释，改悟前情，留意于孔孟之间，委身于经济之道。'说毕便秘授以云雨之事，推宝玉入房，将门掩上自去。

那宝玉恍恍惚惚，依警幻所嘱之言，未免有儿女之事，难以尽述。至次日，便柔情缱绻，软语温存，与可卿难解难分"。

宝玉是秦可卿的小叔叔，虽然年幼，但毕竟是长辈，居然梦中与侄儿媳妇行云雨之事，梦见有许多夜叉海鬼要将他拖下深渊里去。"吓得宝玉汗下如雨，一面失声喊叫：'可卿救我！'"很多人解释这是宝玉的"意淫"，还有人认为，警幻仙子将可卿许配与宝玉，意欲让宝玉领略人间仙界第一等美色，从此看破男女之情，回归孔孟经济正路。

笔者的看法是：秦可卿本来就是宝玉之妾。我们解读《红楼梦》时，不能按照书中描写的人物关系和年龄来理解，那样，永远也读不懂《红楼梦》。小说中的姐姐、妹妹、嫂子、婶子、侄媳妇等，都是作者故意混淆的人物关系，就像宗璞在王蒙的《红楼启示录》的序里说的那样："红楼中的时间，是个老问题。……各人年纪只有个大概。姐妹兄弟四个字不过乱叫罢了。"作者如果写得太明确了，不就露馅了吗？那还得了，那是要掉脑袋的。所以，表面上一通乱叫，其中的隐意则时时闪现。

作者用"兼美"一名，暗示可卿身上有两个人的身影，这两个人都贵为皇贵妃。难怪秦可卿的卧室里摆放着武则天、赵飞燕和杨玉环的用品。

脂砚斋在"兼美"二字边批道：[甲戌侧批：妙！盖指薛林而言也。]乍一看，脂批的意思"兼美"是指林黛玉和薛宝钗，但联系前面的批语就明白脂批的意思了。"歌毕，还要歌副曲"。[甲戌侧批：是极！香菱、晴雯辈岂可无，亦不必再。]那警幻"其鲜艳妩媚，有似乎宝钗，风流袅娜，则又如黛玉。"[甲戌侧批：难得双兼，妙极！]警幻道："尘世中多少富贵之家，那些绿窗风月，绣阁烟霞，皆被淫污纨绔与那些流荡女子悉皆玷辱。[甲戌侧批：真极！]如世之好淫者，不过悦容貌，喜歌舞，调笑无厌，云雨无时，恨不能尽天下之美女供我片时之趣兴，[甲戌侧批：说得恳切恰当之至！]，吾所爱汝者，乃天下古今第一淫人也。"[甲戌侧批：多大胆量敢作如此之文！甲戌眉批：绛芸轩中诸事情景由此而生。]等等，脂批告诉我们，宝玉所淫之人何止"兼美"，大观园里那一大堆红粉女儿都是宝玉所淫之人。这足以证明，宝玉就是那个"风流天子"乾隆。

第十一回，宝玉和熙凤去看望病重的可卿，“宝玉正眼瞅着那《海棠春睡图》并那秦太虚写的‘嫩寒锁梦因春冷，芳气笼人是酒香’的对联，不觉想起在这里睡晌觉梦到‘太虚幻境’的事来。正自出神，听得秦氏说了这些话，如万箭攒心，那眼泪不知不觉就流下来了。凤姐儿心中虽十分难过，但恐怕病人见了众人这个样儿反添心酸，倒不是来开导劝解的意思了。见宝玉这个样子，因说道：‘宝兄弟，你忒婆婆妈妈的了。他病人不过是这么说，那里就到得这个田地了？况且能多大年纪的人，略病一病儿就这么想那么想的，这不是自己倒给自己添病了么？’”

第十三回：“却说宝玉因近日林黛玉回去，剩得自己孤凄，也不和人顽耍，每到晚间便索然睡了。如今从梦中听见说秦氏死了，连忙翻身爬起来，只觉心中似戳了一刀的不忍，哇的一声，直奔出一口血来。袭人等慌慌忙忙上来搀扶，问是怎么样，又要回贾母来请大夫。宝玉笑道：‘不用忙，不相干，这是急火攻心，［甲戌侧批：如何自己说出来了？］血不归经。’”

这两段描写，道出宝玉对可卿情感至深，宝玉眼见可卿病入膏肓，又说出一番凄凉之语，“如万箭攒心，那眼泪不知不觉就流下来了。”凤姐劝宝玉“况且能多大年纪的人，略病一病儿就这么想那么想的，这不是自己倒给自己添病了么？”是乌喇那拉氏对乾隆的安慰。宝玉听到可卿病故的消息，竟急火攻心，口吐鲜血，可想可卿在宝玉心中是什么位置。脂批说［宝玉早已看定可继家务事者可卿也，今闻死了，大失所望。急火攻心，焉得不有此血？为玉一叹！］又说［如何自己说出来了？］，更表明可卿与宝玉的关系非同一般。宝玉看定唯可卿能继承家务事者，正是乾隆对高氏的期待。在乾隆心目中，除了富察皇后之外，高贵妃就是他的最爱了。每年在宫中的家宴位次，高贵妃和富察皇后都是头桌宴，分坐在乾隆皇帝两旁的东西首位。在乾隆帝的《心写治平》图中，只有乾隆帝、富察皇后和高贵妃三人是乾隆元年（1736 年）郎世宁亲笔所画。此图中高贵妃和乾隆皇帝、富察皇后一样身着明黄龙袍，按例贵妃只能着金黄龙袍，太后、皇帝、皇后、皇贵妃级别才能使用明黄色。由此可见，高氏在乾隆心目中的位置和她在宫中的地位是何等重要。乾隆是顺治的重孙子，那么，慧贤皇贵妃当然就是“重孙媳”。

小说中秦可卿无子女，高贵妃也无子女，乾隆帝把弟弟和亲王弘昼心爱的女儿赐给高贵妃抚养，并封为和硕和琬公主。公主典雅有度，与高贵妃母女情深。秦可卿的丫鬟宝珠在可卿死后自愿离开宁府，为可卿守灵，暗示的就是和硕和琬公主对高贵妃的深厚感情。

第二节　秦可卿与哲悯皇贵妃富察氏

一、“秦可卿淫丧天香楼”辩疑

小说描写，秦可卿的死因是因与贾珍偷情时被发现，羞愧难言，因此落下心病，终至一病不起。靖藏本回前批中透露，原书中有“秦可卿淫丧天香楼”的内容，甲戌本回后也有朱批：[“秦可卿淫丧天香楼”，作者用史笔也。老朽因有魂托凤姐贾家后事二件，的是安富尊荣坐享人不能想得到处。其事虽未行，其言其意则令人悲切感服，姑赦之，因命芹溪删去。]庚辰本批语提到[通回将可卿如何死故隐去，是大发慈悲心也，叹叹！壬午春。]后人推断，原书里大概详写了秦可卿与贾珍在天香楼上乱伦的情形，而又偏偏被丫鬟瑞珠撞见，后来瑞珠在可卿死后触柱而亡。所以导致了秦可卿“画梁春尽落香尘”的悲剧结局。但畸笏叟因可卿“魂托凤姐贾家后事二件，姑赦之，因命芹溪删去。”看来秦可卿的确有难以言表的淫乱行为，这从焦大的醉骂中显露出来。

第七回：焦大醉酒后乱骂：“我要往祠堂里哭太爷去。那里承望到如今，生下这些畜牲来，每日家偷狗戏鸡，爬灰的爬灰（甲戌墨侧批：珍哥儿。）养小叔子的养小叔子（甲戌墨侧批：宝兄在内），我什么不知道？咱们胳膊折了往袖子里藏！”[甲戌眉朱批：一部《红楼梦》，淫邪之处，恰在焦大口中揭明。]众小厮听他说出这些没天日的话来，唬的魂飞魄丧。也不顾别的了，便把他捆起来，用土和马粪满满的填了他一嘴。

秦可卿确有所谓“淫乱”行为，不过那是在成为“宝玉”之妾之前的事。

二、秦可卿和花袭人

秦可卿隐写了两位皇贵妃，其中一位是哲悯皇贵妃富察氏，花袭人就是哲悯皇贵妃富察氏的化身之一。甲戌本“芳气笼人是酒香”的“笼”字，原为“袭”字，原句是“芳气袭人是酒香”，直接点出了袭人的名字，后来，作者可能觉得太露骨了，所以将“袭”字改为“笼”字。

哲悯皇贵妃富察氏是乾隆的第一个女人，小说中的花袭人是哲悯皇贵妃富察氏的主要化身。宝玉在梦中和可卿云雨，梦醒之后却是和花袭人云雨一番，这是宝玉第一次和女人有肌肤之亲，小说中花袭人是唯一和宝玉有过性行为的女人。第二十回：李嬷嬷骂袭人：“忘了本的小娼妇！我抬举起你来，这会子我来了，你大模大样的躺在炕上，见我来也不理一理。一心只想妆狐媚子哄宝玉，哄的宝玉不理我，听你们的话。你不过是几两臭银子买来的毛丫头，这屋里你就作耗，如何使得！好不好拉出去配一个小子，看你还妖精似的哄宝玉不哄！”花袭人“由不得又愧又委屈，禁不住哭起来。”袭人羞愧难言的原因就是和宝玉初试云雨情。

哲悯皇贵妃富察氏，于雍正初年入侍弘历潜邸，为格格（地位较低的侍妾）。以民间的传闻来讲，这位富察氏要比弘历大五岁，也有说大三岁的。她在成为弘历的侍妾之前，曾经是弘历的哥哥弘时的女人，这让她的身份非常尴尬。小说中秦可卿与贾珍偷情，实际上隐写的是哲悯富察氏的经历。焦大骂“爬灰的爬灰”，是指贾珍，而贾珍是弘时的化身，哲悯富察氏曾经是他的女人，后来由雍正做主赐给弘历为格格，那哲悯富察氏之前和弘时的那段经历就成了“爬灰”，和弘历的经历就成了“养小叔子”。笔者认为小说中的“爬灰”只是一种隐喻。暗示的是哲悯皇贵妃的尴尬身份。秦可卿判词里说：“漫言不肖皆荣出，造衅开端实在宁。”衅：事端，这两句的意思是：不要说不肖子孙都出于荣国府的宝玉，造成这种坏事的开端是在宁国府。隐意是，哲悯富察氏的名声坏在弘时身上，怨不得弘历。其实，秦可卿即哲悯富察氏真是冤死了，她即使不愿意嫁给弘历又有什么办法？雍正的旨意岂敢违抗。

秦可卿的曲子唱道：“箕裘颓堕皆从敬，家事消亡首罪宁。宿孽总因情。”

箕裘：比喻先辈的事业。箕是簸箕，裘是皮袍。颓堕：颓败崩溃，衰落，颓废。箕裘颓堕：比喻先辈的事业没有人继承。

敬，指贾敬。

宿孽——原始的罪恶，起头的坏事，祸根。

贾敬是雍正的化身之一，哲悯富察氏不好的名声都是雍正造成的，"家事消亡"首先是雍正的罪过，这一切罪孽都是因为一个"情"字。

哲悯皇贵妃是第一个为乾隆生子的人，小说中花袭人是唯一和宝玉有过肌肤之亲的人，暗示哲悯皇贵妃富察氏是乾隆的第一个女人。

"箕裘颓堕皆从敬"旁有脂批：［甲戌侧批：深意他人不解］，的确，如果不把秦可卿和花袭人联系起来，不弄清花袭人的原型，作者的深意真的很难理解。曲子之末，脂批又云：［甲戌双行夹批：是作者具菩萨之心，秉刀斧之笔，撰成此书，一字不可更，一语不可少。］可见，秦可卿的这支曲子是多么重要，改一字，少一语，意思就全变了，这就是作者的良苦用心。

三、袭人的结局

哲悯皇贵妃富察氏命运不济，在乾隆登基前的前两个月病逝了。乾隆帝登基后，追封格格富察氏为哲妃。乾隆十年（1745 年）正月二十四日，以哲妃诞育皇长子，追晋为皇贵妃；二十六日，册谥皇贵妃富察氏为哲悯皇贵妃；四月，行哲悯皇贵妃册谥礼。

袭人的判词就是哲悯皇贵妃的结局：

> 枉自温柔和顺，空云似桂如兰。
> 堪羡优伶有福，谁知公子无缘。

袭人的判词道出了哲悯皇贵妃的品性和结局，她性情温柔，贤惠善良，对弘历关怀备至、体贴入微。小说中宝玉与袭人关系极密切，宝玉一会儿也离不开袭人。第二十八回，宝玉和薛蟠等人在冯紫英家饮酒，席间，蒋玉菡笑道："这诗词上我倒有限。幸而昨日见了一副对子，可巧只记得这句，幸而席上还有这件东西。"说毕，便干了酒，拿起一朵木樨来，念道："花气袭人知昼暖。"

众人倒都依了，完令。薛蟠又跳了起来，喧嚷道："了不得，了不得！该罚，该罚！这席上又没有宝贝，你怎么念起宝贝来？"蒋玉菡怔了，说道："何曾有宝贝？"薛蟠道："你还赖呢！你再念来。"蒋玉菡只得又念了一遍。薛蟠道："袭人可不是宝贝是什么！你们不信，只问他。"说毕，指着宝玉。宝玉没好意思起来，……冯紫英与蒋玉菡等不知原故，云儿便告诉了出来。蒋玉菡忙起身陪罪。众人都道："不知者不作罪。"

显然，袭人是宝玉的宝贝。可惜，这位"似桂如兰"的温柔宝贝，却无缘与弘历长久相伴，真是可惜"公子无缘"啊！脂砚斋在袭人判词处批道："骂死宝玉，却是自悔。"是说乾隆不珍惜哲悯皇贵妃富察氏对他的情感，"却是自悔"是说那拉氏何尝不是像哲悯皇贵妃富察氏一样，对乾隆一片赤诚之心，而乾隆却不懂她的心，为此自悔不已，早知今日，何必当初。

第六十三回，众姑娘在怡红院夜饮，掷骰子、抽花签。袭人的花签名是"桃花"，题着"武陵别景"四字，那一面旧诗写着道是：

桃红又是一年春。

武陵别景：出自陶渊明《桃花源记》，武陵别景指的就是世外桃源。圆明园有一处景区名"武陵春色"，在建造中摹写了陶渊明《桃花源记》的艺术意境。花袭人的签名题为"武陵别景"，指的就是圆明园的"武陵春色"。袭人是桃花，暗示的是弘历少年时期在"武陵春色"中的桃花坞读书时哲悯皇贵妃富察氏就陪伴在他身边。此寓意一；

寓意之二：桃红又是一年春：出自宋代谢枋得《庆全庵桃花》诗："寻得桃源好避秦，桃红又见一年春。花飞莫遣随流水，怕有渔郎来问津。"

作者以"武陵别景"和"桃红又是一年春"来暗示花袭人逃到世外桃源避难了。袭人的花签隐喻的是哲悯皇贵妃富察氏在乾隆继位前病逝，等于逃到世外桃源，再也看不到皇上的后妃们争风吃醋、争权夺势、尔虞我诈、互相倾轧的各种悲剧了。早死的人更幸福，如同到了世外桃源，再没有那些烦心事了。

很多人根据脂砚斋"花袭人有始有终"、"狱神庙慰宝玉"的批语，猜测袭人在宝玉落难时不忘前情，挺身相助；高鹗的续书中则说宝玉出家，袭人有实无名，只得奉王夫人之命最后嫁给了戏子蒋玉菡。

笔者认为：高鹗的续书有意歪曲事实，脂批提到的“狱神庙”，暗指的是乾隆的陵墓裕陵。“狱神庙慰宝玉”是说哲悯皇贵妃在裕陵地宫里等待和乾隆团聚。

至于脂批“狱神庙红玉、茜雪一大回文字惜迷失无稿”，笔者的理解是：红玉是那拉皇后分身之一，茜雪隐写的是纯惠皇贵妃苏佳氏，那拉皇后死后葬在了妃园寝苏佳氏的一侧。裕陵妃园寝是乾隆皇帝的妃园寝，位于裕陵西旁。红玉在“狱神庙”与茜雪相会，暗喻的是那拉皇后死后和苏佳氏葬在一起。这里的“狱神庙”，是指裕陵妃园寝。《红楼梦》作者可能确实写了“狱神庙”花袭人慰宝玉，红玉、茜雪“狱神庙”相会之稿，但这已是次要内容，又担心泄露天机，故删去。脂砚斋只是暗示了一下。

第三节　秦可卿的葬礼

秦可卿死后，作者为她刻意安排了一场盛大的葬礼，其规格之高贵，场面之浩大，礼仪之隆重，耗费之奢华，无不令人称奇咋舌，惊叹不已。

首先是朝廷的钦天监阴阳司来择日，“推准停灵七七四十九日，三日后开丧送讣闻。这四十九日，单请一百单八众禅僧在大厅上拜大悲忏，超度前亡后化诸魂，以免亡者之罪；另设一坛于天香楼上，是九十九位全真道士，打四十九日解冤洗业醮。然后停灵于会芳园中，灵前另有五十众高僧、五十众高道，对坛按七作好事”。如此宏大的僧人道士队伍，他们诵经作法的磅礴气势，足可以惊天地泣鬼神。

秦可卿的棺木也非同小可，是皇商（皇上）薛蟠存下的，叫作什么樯木，出在潢海铁网山上，做了棺材，万年不坏。“原系义忠亲王老千岁要的，因他坏了事，就不曾拿去。”

这个“义忠亲王老千岁”是何来头？刘心武先生认为是康熙年间的太子胤礽，这个胤礽曾被两立两废，没能当成皇帝。为什么后来胤礽没把这个棺木拿去做棺材呢？就是因为他“坏了事”。胤礽没用的棺木板，别人谁敢用？

小说中的秦可卿身份不明，享用如此豪华的葬礼似乎有点名不正、言不顺。于是，作者安排皇宫里掌宫内相戴权亲来上祭了，贾蓉成了五品龙禁尉，秦可卿立马变成了“诰授龙禁卫秦氏恭人”。这样一来，后面的浩大场面似乎就有点说头了。到了出殡的那一天，来送殡的客人都是什么人？“有镇国公牛清之孙现袭一等伯牛继宗，理国公柳彪之孙现袭一等子柳芳，齐国公陈翼之孙世袭三品威镇将军陈瑞文，治国公马魁之孙世袭三品威远将军马尚，修国公侯明之孙世袭一等子侯孝康；缮国公诰命亡故，其孙石光珠守孝不曾来得”。笔者论述过，来送殡的这些客人的名字暗含十二干支，按脂砚斋的批语提示，这十二干支有极深的寓意，隐藏着一段痛骂乾隆的话（参见第三章《贾宝玉就是乾隆皇帝》）。

更令人惊奇的是，在出殡途中，几位亲王府的王爷也来路祭。“第一座是王府东平王府祭棚，第二座是南安郡王祭棚，第三座是西宁郡王，第四座是北静郡王的。原来这四王，当日惟北静王功高，及今子孙犹袭王爵。现今北静王水溶年未弱冠，生得形容秀美，性情谦和。近闻宁国公冢孙媳告殂，因想当日彼此祖父相与之情，同难同荣，未以异姓相视，因此不以王位自居，上日也曾探丧上祭，如今又设路祭，命麾下的各官在此伺候。自己五更入朝，公事一毕，便换了素服，坐大轿鸣锣张伞而来，至棚前落轿。手下各官两旁拥侍，军民人众不得往还”。

很多读者看到这一幕无不咋舌，那秦可卿何许人也？竟然有这么多王爷前来路祭、送殡。那送殡的队伍“浩浩荡荡、压地银山一般从北而至”。这哪里是一个小小的五品龙禁尉夫人的葬礼，完全是皇家之气派，皇贵妃之葬礼。不错，这的确是皇贵妃的葬礼，这个皇贵妃是慧贤皇贵妃高氏。正如脂批所云［庚辰眉批：贾珍是乱费，可卿却实如此。］

乾隆十年（1745年）元旦，高氏旧疾复发，乾隆为给高氏祈福，让她尽快恢复健康，正月二十三日将高氏晋为皇贵妃并同时大封后宫，谁知高氏无福，三天后，便因病逝世了。

那“坏了事”的“义忠亲王老千岁”胤礽没用的棺木板，别人不敢用，但贾珍敢用。贾政道：“此物恐非常人可享者”，贾珍不听那一套，照用不误。贾珍为何如此大胆？因为秦可卿本来就不是常人，她是当今圣上的皇贵妃。乾隆的皇贵妃死了，什么棺木板不敢用？在当今皇上面前，一个被废了的太子算老几。皇贵妃死了，乾隆悲痛欲绝，就像宝玉一样，“急火攻心，口吐鲜血”，那些个国公、王爷岂敢不来送殡。

第十四回写道：“至天明，吉时已到，一般六十四名青衣请灵，前面铭旌上大书‘奉天洪建兆年不易之朝诰封一等宁国公冢孙妇防护内廷紫禁道御前侍卫龙禁尉享强寿贾门秦氏恭人之灵柩’。一应执事陈设，皆系现赶着新做出来的，一色光艳夺目。宝珠自行未嫁女之礼外，摔丧驾灵，十分哀苦”。

在这段描写中，我们要格外注意“铭旌”这个词。“铭旌”是儒家传统丧具之一，清代“铭旌”仍是汉族丧仪中的一个重要丧具。满族习俗是丧葬设“丹旐（liú）”。“丹旐”俗称大幡，高达数丈。满人死后有立幡的旧俗，这一丧俗传承演变下来，便成了具有满洲特色的丧仪了。清代关于品官和士庶人丧仪中明确规定：“满用丹旐，汉用铭旌”（《清史稿·礼》）。由此可见，秦可卿是一个汉人。不错，可卿的确是汉人，因为她的身份之一是慧贤皇贵妃高氏。前面介绍过，高氏一族是内务府镶黄旗第四参领第一旗鼓佐领下的汉姓人，因高斌官拜文渊阁大学士，高氏成为内府包衣中的望族。“铭旌”一词，再次证明秦可卿的身份之一就是慧贤皇贵妃高氏。因此，秦可卿的葬礼才如此高贵、浩大，隆重和奢华。

乾隆皇帝一生真正爱过的女人首先是富察皇后，其次就是高氏，第三就是哲悯皇贵妃富察氏。高氏的病逝使乾隆十分痛心，他亲自为高氏拟定了谥号“慧贤”，在加封慧贤皇贵妃的册文中乾隆写道：“……尔皇贵妃高氏，世阀钟祥，坤闺翊政，服习允谐于图史，徽柔早着于宫廷。职佐盘匜，诚孝之思倍挚，荣分翚翟，肃雍之教尤彰。已晋崇阶，方颁瑞物……”

就在慧贤皇贵妃过世（乾隆十年（1745 年）正月二十五）后不久，乾隆便于乾隆十年（1745 年）二月，将皇贵妃、贵妃仪仗中的红缎曲柄伞改为了金黄色，妃与嫔的仪仗则添加了原任贵妃所用的红缎曲柄伞。确保了“金黄色缎曲柄伞”首次出现在慧贤皇贵妃的丧仪的仪仗中。乾隆这一施恩举措，足以证明高贵妃在他心目中的位置是多么重要，这和小说中描写的可卿的隆重葬礼是一致的。

慧贤皇贵妃高氏去世的日子正好是农历的填仓日，之后数年，每逢填仓日，乾隆都作诗怀念高氏，一共作了八首填仓日诗，此外，乾隆还作了许多怀念慧贤皇贵妃的诗，现摘录几首。

慧贤皇贵妃挽诗叠旧作春怀诗韵

序：昔谢惠连不得志，于时而有秋怀之作，去年三春无雨忧怀悒欝，因题春怀诗，今岁三白兆于冬万物，熙于春宜，其愉悦舒适矣，而伤逝之感不能释于情，叠韵志怀兼以自讼。

牛女岁一会，讵云隔天汉。崦嵫虽下舂，扶桑复明旦。
人生赴壑蛇，去势谁能绊。永惟王衍言，言笑忆晏晏。
更虑汉武事，空贻后人案。双双梁上燕，队队滩头雁。
时或失乳巢，亦或别沙岸。况曾赋抱裯，尝经陪曲宴。
忧农予悒欝，强慰予之畔。频进徐妃箴，未怨班姬扇。
廿年如一日，谁料沉疴痪。嘱我为君难，不作徒背面。
悼淑励不伤，亏盈月规半。徘徊虚堂襟，小星三五烂。
有愧庄叟达，匪学陈王叹。

悼慧贤三年祭

已是伤神日，尤然韶景春。三年才过忌，周岁又思人。
悲喜何曾定，平生难具陈。无心饶苑卉，特地更怀新。

乾隆一生，只为四位后妃写过诗，按写诗数量排第一位是富察皇后，第二位是慧贤皇贵妃，还有哲悯皇贵妃、令妃各一首。乾隆的这些情诗，感情真挚，缠绵悱恻，读来令人动容。

第四节　秦可卿对王熙凤的警告

第十三回，秦可卿临死前托梦王熙凤，两人在梦中有一段对话，这段对话有极深的隐意。

秦可卿与王熙凤的这段梦中对话，实际上是慧贤皇贵妃和乌喇那拉氏的对话。秦可卿说“眼见不日又有一件非常喜事，真是烈火烹油、鲜花着锦之盛。”指的是贾元春将晋封为皇妃。可卿预言，贾元春的地位会有所提升。元春的身份之一是乌喇那拉氏，可卿的话隐喻的是富察皇后不久就会去世，乌喇那拉氏的机会来了，她将晋为皇贵妃，并最终成为后宫之主皇后。这对那拉氏来说真如同“烈火烹油、鲜花着锦之盛”。但是，秦可卿警告说：这一切“也不过是瞬息的繁华，一时的欢乐，万不可忘了那‘盛筵必散’的俗语。……常言‘月满则亏，水满则溢’；又道是‘登高必跌重’。如今我们家赫赫扬扬，已将百载，一日倘或乐极悲生，若应了那句‘树倒猢狲散’的俗语，岂不虚称了一世诗书旧族了!”

秦可卿已料到王熙凤的结局，劝熙凤早做准备，为自己留条后路：“趁今日富贵，将祖茔附近多置田庄房舍地亩，以备祭祀供给之费皆出自此处，将家塾亦设於此。……便是有了罪，凡物可入官，这祭祀产业连官也不入的。便败落下来，子孙回家读书务农，也有个退步，祭祀又可永继。若目今以为荣华不绝，不思后日，终非长策。”

这段描写，暗示的是王熙凤即乌喇那拉氏的结局。

秦可卿说“如今我们家赫赫扬扬，已将百载”，是指顺治帝入关后至雍正帝共 92 年（顺治 18 年，康熙 61 年，雍正 13 年），故为“已将百载”；而第五回警幻仙子所说：“吾家自国朝定鼎以来，功名奕世，富贵流传，已历百年。”是指清太祖努尔哈赤称汗并建立后金开始，到康熙六十一年（1722 年），正好是 106 年，所以是“已历百年”。这样的百年大朝，继位者又是一个“花花太岁”，终究会“大厦将倾”。

秦可卿托梦给王熙凤的寓意是：富察皇后不久将去世，乌喇那拉氏有机会登上皇后宝座，但这一切不过是“瞬息的繁华，一时的欢乐”。但乌喇那拉氏却错误地估计形势，她以为富察皇后一死，自己的机会来了，可她忘了富察皇后在乾隆心中的位置有多么重要，忘了可卿说的“月满则亏，水满则溢”、“登高必跌重”的警言。在富察皇后去世前，乾隆已经失去两个心爱的女人，即哲悯皇贵妃和慧贤皇贵妃；而富察皇后的不幸离世，彻底摧垮了乾隆的情感世界，在他眼里，还有谁能和富察皇后以及慧贤皇贵妃相比呢?“三春去后诸芳尽，各自须寻各自门。”这是慧贤皇贵妃对那拉氏的最后忠告。可惜，那拉氏执迷不悟，终于落了个“树倒猢狲散”的悲惨结局。

参考资料:

1. 好搜百科:《慧贤皇贵妃》，作者：大姨H。
2. 好搜百科:《慧贤皇贵妃》作者不详。
3. 好搜百科:《乾隆皇帝一生最爱的五个女人》，作者：木里。
4. 乾隆:《御制诗》。

第十一章

命相学在《红楼梦》中的妙用

在中国古代的历法中，甲、乙、丙、丁、戊、己、庚、辛、壬、癸被称为“十天干”，子、丑、寅、卯、辰、巳、午、未、申、酉、戌、亥叫作“十二地支”。两者按固定的顺序互相配合，组成了干支纪法。十天干与十二地支按顺序两两相配，从甲子到癸亥，共六十个组合，称六十甲子。“纳音”来源于董仲舒的五行之序和洪范五行，是中国古代玄学的专用术语，也是古典中医运气学说的组成部分，这在《黄帝内经－六元正记大论篇－五运行大论篇－五常政大论篇》中就有详细记载和研究。

《三命通会》之《论纳音取象》中详细记载了六十甲子“纳音”的组合。摘录如下：

甲子、乙丑，配海中金；丙寅、丁卯，配炉中火；
戊辰、己巳，配大林木；庚午、辛未，配路旁土；
壬申、癸酉，配剑锋金；甲戌、乙亥，配山头火；
丙子、丁丑，配洞下水；戊寅、己卯，配城墙土；
庚辰、辛巳，配白腊金；壬午、癸未，配杨柳木；
甲申、乙酉，配泉中水；丙戌、丁亥，配屋上土；
戊子、己丑，配霹雳火；庚寅、辛卯，配松柏木；
壬辰、癸巳，配长流水；甲午、乙未，配沙中金；
丙申、丁酉，配山下火；戊戌、己亥，配平地木；
庚子、辛丑，配壁上土；壬寅、癸卯，配金箔金；
甲辰、乙巳，配佛灯火；丙午、丁未，配天河水；
戊申、己酉，配大驿土；庚戌、辛亥，配钗钏金；

壬子、癸丑，配桑柘木；甲寅、乙卯，配大溪水；

丙辰、丁巳，配沙中土；戊午、己未，配天上火；

庚申、辛酉，配石榴木；壬戌、癸亥，配大海水。

甲子纳音是八字推命的系统理论，预测人的命运趋势。

《三命通会》作者为明朝进士万民英，清朝编修的《四库全书》将其著作《三命通会》《星学大成》收录，并给予了高度的评价。此书共十二卷，前九卷分列了十天干，每天干以日为主，以月为核心时为辅，定人吉凶，后三卷记载了大量的平古歌赋，极具实际操作指导意义。该书总结了八字推命术二百多年发展的历史，撷取其中的精华，摒弃了一些烦琐无稽的说法，使八字推命的体系更加完备，八字推命术至此达到理论的巅峰。

二十八星宿算命法源自佛法中的“密教占星法”。二十八星宿，又名二十八舍或二十八星，是古代中国将黄道和天赤道附近的天区划分为二十八个区域。根据二十八星宿出现的方位，分为青龙、朱雀、白虎、玄武四象。战国时代便有“前朱雀后玄武，左青龙右白虎”的说法。道教兴起之后，青龙、朱雀、白虎、玄武成为道教的守护神。这也是十二生肖的来源之一。

《红楼梦》作者对“甲子纳音”推命术和二十八星宿算命法极为熟悉，乾隆皇帝和两位皇后的生辰八字和重大事件日子的“甲子纳音”在小说中均体现出来。且看笔者一一揭示。

第一节　乾隆和两位皇后的生辰八字

一、乾隆生辰八字

乾隆生日：

康熙五十年八月十三日（1711 年 9 月 25 日），生肖：兔。

干支：辛卯年，丁酉月，庚午日，丙子时。

二十八宿：斗。

生辰中的甲子纳音：

辛卯：松柏木；丁酉：山下火；庚午：路旁土；丙子：涧下水。

二、富察皇后生辰八字

康熙五十一年二月二十二日（1712年3月28日），生肖：龙。

干支：壬辰年，癸卯月，乙亥日。

二十八宿：星。

甲子纳音：壬辰：长流水；癸卯，金箔金；己亥，平地木。

三、那拉皇后生辰八字

康熙五十七年二月初十（1718年3月11日），生肖：狗。

干支：戊戌年，乙卯月，己丑日。

二十八宿：奎

甲子纳音：戊戌：平地木；乙卯：大溪水；己丑：霹雳火。

第二节　命相学在《红楼梦》中的妙用

一、星宿命相在小说中的体现

1. 乾隆星象

二十八宿：斗。斗宿：斗木獬，属水，北方朱雀第一宿，是遇强愈强的黑马。因其星群组合状如斗而得名，古人又称“天庙”，是属于天子的星。天子之星常人是不可轻易冒犯的，故多凶。

在十二星座中，斗宿为安住属弓宫一足，磨宫三足，由于与北斗七星相似，中国“二十八宿”中也以“南斗六星”作为此星座的命名。斗宿为北方七宿之首，共掌六十五星座，八百余颗星，组成蛇龟之形，为玄武七星示伏羲及女娲兄妹有大灾天险而有功于人类，于是当上玄武星座，后人将之神化，称为玄武大帝，即此七宿。斗宿星座的人运势强，属上格的命局。

2. 富察皇后星宿

二十八宿：星。

为日，为马。为南方第四宿，居朱雀之目，鸟类的眼睛多如星星般明亮，故由此而得名“星”。俗话说“眼里不揉沙子”，故星宿多凶。

星日馬凶，名李忠。
星宿日好造新房，进职加官近帝王。
不可埋葬並放水，凶星临位女人亡。
生离死别无心恋，要自归休别嫁郎。
孔子九曲殊难度，放水开门天命伤。

注：按周易放水开门理论讲，生门，开门，休门，是周易八卦中的三吉门，开门指开门有二法，第一是以游年诀固定法开之，选生气、延年、天医三吉方为主。第二是推元运之旺衰与流年之生旺开之。若能两者互相配合最佳。放水是将庭院水聚注在好方位流出，大致都安排流注廿四山天干位（天盘）。

小说中的林黛玉“眼里不揉沙子”，与宝玉情投意合，最为亲近，就似富察皇后“星宿日好造新房”，真真是升皇后、近帝王。可惜，她因屡次葬花（葬子）并终日以泪洗面，恰如开门放水，最终“天命伤”、“女人亡”。

3. 那拉皇后星宿

二十八宿：奎

奎宿星，属木，为狼。为西方第一宿。

奎木狼凶，名马武。
奎星造作得祯祥，家內荣和大吉昌。
若是埋葬阴卒死，当年定主两三伤。
看看军令刑伤到，重重官事主瘟疗。

释义：

祯祥：吉祥的征兆。吉祥，幸福。祯：国家出现朱雀；祥：国家出现凤凰。疔［dīng］：是指发病迅速而且危险性较大的急性感染性疾病，多发生在颜面和手足等处。

奎木狼，《封神演义》里叫李雄，是截教的人，在万仙阵糊糊涂涂死了，“三绺髭须一尺长，练就三花不老方，蓬莱海岛无心恋，斩将封为奎木狼”。

《西游记》中奎木狼的故事出现在第二十九回到第三十回。披香殿侍香的玉女与奎木狼私通，后玉女思凡先下界去，托生为宝象国公主，奎木狼念及前情，下界变作妖魔，占了名山，摄宝象公主到洞府，做了十三年夫妻。后被孙悟空降服。

那拉皇后是奎星，本是吉祥的征兆，她做了皇后，恰是国家出现朱雀、凤凰。但是，她忘了乾隆是“斗宿”，岂可冒犯。触犯了天子之星，“当年定主两三伤”。

小说中，湘黛联诗中“犯斗邀牛女”的“斗”字，即出于乾隆的星宿，此句的诗意就是说那拉皇后因为冒犯乾隆而被打入冷宫。

“看看军令刑伤到”，乾隆圣旨一到，那拉皇后即刻身败名裂，死无葬身之地。

二、甲子纳音在《红楼梦》中的妙用

1. 生辰八字、相生相克

（1）松柏木和水

辛卯木，松柏根，喜水土，春天最宜。冲破禄吉，吉神交神，凶煞九丑、悬针。松柏木最喜欢山作根基，水来滋润。天河水可作滋润之用。松柏木是一种坚强的树木，所以火中唯炉中火、水中唯大海水能伤害它。遇炉中火为凶相，如再逢大海水，更凶。松柏木怕见大林、杨柳二木，遇大林木、杨柳木，同为木种而质不如松柏木，必生妒心。松柏木喜见金，遇上将预示大贵。

乾隆是松柏木，需水来滋润。因此，宝玉说：“女人是水做的骨肉，我见了女儿，我便清爽。”他见了女儿就欢喜，见一个爱一个。黛玉前生是灵河岸边的绛珠草，是用甘露滋润出来的，所以是他的最爱。富察氏和乌喇那拉氏的八字中都有水，富察氏是长流水，那拉氏是大溪水。二水滋润松柏木，皆大欢喜。可松柏木最怕大海水，那拉皇后与乾隆反目的时间是在乾隆三十年（1765 年）闰二月十五日至十七日，十八日她被乾隆遣送回京。十七日是壬戌：大海水，十八日是癸亥：大海水；松柏木遇大海水，焉能有好结果。探春画中大海里的孤船就是指十八日癸亥大海水，探春判词“清明涕送江边望”，注意，这里变成了“江边望”，而不是“海边望”。可见，探春登舟远去不是在海上，大海里的孤船只是一种寓意，探春画中的大海指的是闰二月十八日的甲子纳音大海水。

第二十八回，宝玉在与冯紫英、薛蟠等人饮酒时说：“听我说来：如此滥饮，易醉而无味。我先喝一大海，发一新令，有不遵者，连罚十大海，逐出席外与人斟酒。”这一情景隐写的是乾隆南巡期间微服民间、寻欢作乐的史实，宝玉说“先喝一大海”，这个“大海”指的就是闰二月十七日壬戌大海水。

（2）山下火和霹雳火

乾隆是丁酉月山下火，酉为日入之门，日至此时而无光亮，故曰山下火。山下火实际是夜晚的太阳，古人认为在夜晚太阳也和人一样，在一个地方休息，因此遇土、遇木则吉；既是夜晚的阳光，自然不喜再见阳火、山头火等。

山下起火，往往在秋天肃杀之时。山下火喜秋生，遇水亦喜欢。喜遇平地木，遇之最吉，有木助生，主爵位之贵。如又有风来助生，主显贵，但风太多会吹散此火，主夭折。不宜见大海水；怕见太阳、霹雳、灯头等火。

乾隆生于八月十三日夜间，正是秋生，故为夜晚的太阳，那就是月亮了。宝玉面如中秋之月，又不是满月，岂不是“山下火”。山下火最喜平地木，黛玉与宝玉是木石前盟，黛玉是“木”，双木为林。富察氏和那拉氏的生辰八字中都有平地木，所以，与山下火“遇之最吉”。但是，这山下火最怕霹雳火，不宜见大海水，而那拉皇后恰恰是霹雳火，又在壬戌大海水时与乾隆激烈冲突，后果可想而知。

第一回：“不想这日三月十五，葫芦庙中炸供，那些和尚不加小心，致使油锅火逸，便烧着窗纸。此方人家多用竹篱木壁者，大抵也因劫数，于是接二连三，牵五挂四，将一条街烧得如火焰山一般”。

注意：“三月十五日”，作者刻意点明这个时间，暗示的就是闰二月十五日清明，这一日正是那拉皇后和乾隆发生激烈冲突的时候。火从何来？乾隆是山下火，那拉氏是霹雳火，山下火最怕霹雳火，二火相克，必生大祸（火）。

第一回，“甄士隐和雨村携手来至书房中。小童献茶。方谈得三五句话，忽家人飞报：‘严［甲戌侧批：“炎”也。炎既来，火将至矣。］老爷来拜。’”“严”即“炎”，“炎”为二火，这二火暗示的就是乾隆的山下火和那拉氏的霹雳火。

“三月十五日”，就是闰二月十五日，这一日是清明，山下火和霹雳火相遇，同时爆发，所以，葫芦庙才引起大火，“接二连三，牵五挂四，将一条街烧得如火焰山一般。”这就是“炎既来，火将至矣”的真正寓意。

那拉氏是一日霹雳火，乾隆是一月山下火，霹雳火虽猛，但时间太短，所以，没能斗过山下火。

（3）相生相克

乾隆生辰日为庚午，甲子纳音路旁土；时为丙子，甲子纳音涧下水。

富察氏生辰年壬辰，甲子纳音长流水。水长流则决土而成河，所以长流水不怕土。水火相克，但水火又可相济调节，壬辰喜遇丁卯炉中火、丁酉山下火。若遇霹雳、天上等火则相克。怕遇水，因为水多易泛滥。长流水不怕土，壬辰喜遇丁酉山下火。

路旁土得水滋润灌溉，可以回归大地，滋生万物，如果得金资助，也可以建宫修殿，富贵一时。而富察氏生辰月恰是癸卯金箔金，命中又有水，乾隆遇之，大吉，不仅“建宫修殿”，而且权倾天下、威震四方。

路旁土遇水则成泥，所以，宝玉说“男人是泥作的骨肉。见了男子，便觉浊臭逼人。”

宝玉和黛玉是“木石前盟”，两人情投意合，正是水土相融，壬辰长流水喜遇丁酉山下火，再有癸卯金箔金相助，大吉。但是，长流水怕遇水，因为水多易泛滥。长流水若遇霹雳火则相克，而涧下水和山下火也怕霹雳火，遇上此火，命中又无金资助的话，主荒淫无耻。霹雳火所忌即火，二火相遇，性燥而凶，主夭折。乾隆是山下火和涧下水，那拉氏是大溪水和霹雳火，命中又无金，所以，二火相遇，二命相克，不仅“金玉良缘”没戏，乾隆还到处寻花问柳，“幽期私会于荼蘼架”，可谓“主荒淫无耻”。

富察皇后是金箔金，金箔金是薄金，作描彩之用，所以要用水，彩又要描在木上，但有此木后不能再见火，否则主夭折。富察氏也是长流水，最怕大溪水和霹雳火，那拉皇后的大溪水正好冲了富察皇后的长流水，霹雳火也将金箔金烧化。所以，湘云和黛玉总是针锋相对。

2. 甲子纳音之妙用

(1) 元春之名

小说中元春隐写的是富察氏和那拉氏两位皇后的身份，元春之名中隐含的意思：元：始也，开始；起端。春：按字义讲指春天，但是，按阴阳五行说法：春天色青，五行属木，夏历正月阳木，二月阴木；夏天色红，五行属火，夏历四月阴火，五月阳火；秋天色白，五行属金，夏历七月阳金，八月阴金；冬天色黑，五行属水，夏历十月阴水，十一月阳水。富察氏和乌喇那拉氏都出生于二月（农历），都是春天，五行属木，都是阴木，此其一；其二，两人的甲子纳音都有平地木，两人的皇后之运都止于春天，又故曰：“元春”也！

(2) 林黛玉之名

林黛玉之名：林：双木为林，富察氏生辰日的甲子纳音平地木，生于春天，五行属木，故为双木，是“林”也。黛玉的判词图画中“两株枯木”的寓意就在于此。黛：青黑色，春天色青，此其一；其二，黛：代也。玉：皇后之印，暗喻皇后册宝。

(3) 林黛玉与水

黛玉的前身是西方灵河岸边三生石畔的绛珠草，下界来是为了偿还神瑛侍者的“泪债”。

富察皇后生辰年是壬辰，甲子纳音长流水。辰为水库，以库水而逢生金，泉源终不竭，故曰长流水也。势居东南，贵安静。故此，林黛玉喜欢安静，并常常泪水横流，以泪洗面。

小说第二十三回："大观园建成，元春令宝玉和众姐妹搬入大观园居住，宝玉和姐妹们商议选择住所：只见黛玉正在那里，宝玉便问他：'你住在那一处好?'黛玉正盘算这事，忽见宝玉一问，便笑道：'我心里想着潇湘馆好。我爱那几竿竹子，隐着一道曲栏，比别处幽静些。'宝玉听了，拍手笑道：'合了我的主意了，我也要叫你那里住。我就住怡红院，咱们两个又近，又都清幽。'"

黛玉喜欢幽静，正合长流水、贵安静之意。

(4) 凤尾森森，龙吟细细

宝玉为潇湘馆题的匾额是"有凤来仪"，又诗曰："秀玉初成实，堪宜待凤凰。"前文已论述过凤凰的寓意，黛玉就是凤凰，即皇后。

潇湘馆是引用舜的潇湘二妃娥皇、女英的典故而命名的，黛玉的诗号"潇湘妃子"，富察氏册封为皇后前正是弘历的妃子。

富察皇后生辰年是壬辰，属龙，所以，潇湘馆是"凤尾森森，龙吟细细"。壬辰，甲子纳音常流水：壬辰为龙，龙必归水。

黛玉做了"水中月"，暗喻富察皇后死于运河水面龙舟上，富察皇后又恰好属龙，正是"壬辰为龙，龙必归水"。

(5) 湘云与湘莲

史湘云是那拉皇后的化身之一，柳湘莲暗喻香菱、英莲：香、莲合为香莲，即湘莲；湘云、湘莲含双木和双水。

乌喇那拉氏干支：戊戌：平地木，生于春天，春天属木，也是双木。乙卯，大溪水：闰二月十八日是癸亥，甲子纳音大海水。那拉氏的生辰和陨落中含有双木和双水，因此，小说中才有湘云和湘莲之名，香菱和英莲是一人，菱、莲均为水中植物。这就是湘云、湘莲和香菱、英莲名字的奥秘。

第五十八回中贾府解散了十二个唱戏的女孩子："贾母便留下文官自使，将正旦芳官指与宝玉，将小旦蕊官送了宝钗，将小生藕官指与了黛玉，将大花面葵官送了湘云，将小花面豆官送了宝琴，将老外艾官送了探春，尤氏便讨了老旦茄官去。当下各得其所，就如倦鸟出笼，每日园中游戏。"

送史湘云的偏偏是"葵官"。"葵官"是大花脸，舞台上"大花脸"

一边唱一边“哇呀呀呀呀”，好像炸雷震耳边。那拉皇后是“霹雳火”，岂不是大花脸。“葵”字暗喻日干“癸”字，癸亥：甲子纳音是大海水，和探春画中寓意及“水涸湘江”的寓意正好相符。癸亥，谐音“鬼害”，与宝玉、熙凤“逢五鬼”暗合。

（6）香菱与英莲

作者塑造香菱这个角色有四个用意：一是用英莲丢失暗喻乾隆身世“海宁换子说”；二是借英莲道出那拉皇后招祸的时间是“好防元宵佳节后”；三是暗示那拉氏嫁给了皇上，并与乾隆有过短暂的美好时光；四是将两位皇后生辰相克的真相写入香菱的判词里。

香菱的重要作用之一就是揭示富察氏和那拉氏两位皇后生辰相克，富察皇后始终是那拉氏的克星这一真相。

香菱判词：

画：一株桂花，下面有一池沼，其中水涸泥干，莲枯藕败。后面书云：

根并荷花一茎香，平生遭际实堪伤。

自从两地生孤木，致使香魂返故乡。

诠释：

“根并荷花一茎香”，点出香菱之名，她是生在水里的荷花。那拉皇后干支中月份是乙卯，甲子纳音大溪水，正是水中荷花，她一生的遭遇“实堪伤”啊！

“自从两地生孤木”，此句旁脂批道［甲夹批：拆字法］，因香菱画中有一株桂花，很多人据此认为“自从两地生孤木”拆“桂”字，暗示香菱最后被夏金桂虐待致死。

笔者认为：木边两个土，是“两地生孤木”之意，拆“桂”字没错，但是，“桂”字并非指夏金桂，而是指富察氏和那拉氏两位皇后的甲子纳音。富察皇后生辰日子是己亥，甲子纳音：平地木；那拉皇后生辰年份是戊戌，甲子纳音也是平地木，这就是“两地生孤木”的确切指意。正是因为两个人都是“平地木”，又生于两地，两位皇后生辰相克，那拉氏先克死了富察皇后，但富察皇后阴魂不散，始终死死地缠着她。再加上乾隆这颗"斗宿"雷霆震怒，所以，那拉氏才运败于木，"致使香魂返故乡"。霹雳火最终没有斗过山下火，大溪水被路边土埋没，涧下水与长流水汇合。

"香魂"一词，又与湘云联系起来，湘云是"香梦沉酣"，可谓"香魂"。

(7)《推背图》寓意

小说第五回，在钗黛判词"可叹停机德，堪叹咏絮才，玉带林中挂，金簪雪里埋。"和元春判词"二十年来辨是非，榴花开处照宫闱。三春争及初春景，虎兕相逢大梦归。"之间，[甲戌眉批：世之好事者争传《推背图》之说，想前人断不肯煽惑愚迷，即有此说，亦非常人供谈之物。此回悉借其法，为众女子数运之机。无可以供茶酒之物，亦无干涉政事，真奇想奇笔。]

批语提到的《推背图》是中华预言第一奇书，相传它是唐太宗李世民为推算大唐国运，下令当时两位著名的天相家李淳风和袁天罡编写的。李淳风用周易八卦进行推算，没想到一算起来就上了瘾，一发而不可收拾，竟推算到了唐以后中国 2000 多年的命运，直到袁天罡推他的背，说道："天机不可再泄，还是回去休息吧。"因此这本预言奇书得名《推背图》。《推背图》共有六十幅图像，每一幅图像下面附有谶语和"颂曰"律诗一首，预言了从唐开始一直到未来世界大同发生在中国历史上的主要事件。今天我们从网上看到的推背图，是清乾隆年间的举人金圣叹评批的版本，原本现仍保存于台北故宫博物院中，与我们看到的没有出入。

《推背图》共六十象。除去第一象引言和最后一象结言并非预言外，共有五十八象预言，每一象有谶、颂诗各一首，卦图一幅。

《红楼梦》批语中提到《推背图》，绝不是偶然的，小说中描写的内容必然和《推背图》的某一象吻合，作者用《推背图》是"悉借其法，为众女子数运之机"。笔者仔细研究《推背图》后，发现作者主要借用了《推背图》第三十象的预言。

推背图第 30 象

注意：画中一块石头边有一只猛虎。

第三十象　癸巳　巽下坤上　升卦

谶曰：

半圭半林　合则生变

石亦有灵　生荣死贱

颂曰：

缺一不成也占先　六龙亲御到胡边

天心复见人心顺　相克相生马不前

金圣叹批解："此象主张太后崩权归王振，致有乜先之患。其后上皇复辟，石亨自诩首功，率以恣横伏诛，此一乱也。"

按金圣叹的批解：半圭半林 合则生变，是指明正统七年（1442 年），太皇太后张氏去世，明英宗当时只有 16 岁，他宠信的宦官王振开始专权。王振排挤掉了"三杨"，把持朝纲，残害异己。由于王振的专权造成了"土木之变"。在土木堡，明军被瓦剌军追上包围，明军大败，英宗被活捉，王振被乱兵所杀。

石亦有灵：指石亨。明景泰八年（1457 年），以石亨为首，发动了"夺门之变"。明景泰元年（1450 年）英宗被放回，景帝奉英宗为太上皇，软禁在南宫（今北京南池子一带）。明景泰八年（1457 年）正月，景帝病重。石亨与太监曹吉祥等密谋，派千余人夜里撞开宫墙，救出南宫里的英宗。英宗次日临朝，复辟为帝。"夺门之变"又称"南宫复辟"。

生荣死贱：

生荣：石亨以扶植英宗复辟之功，把持朝政，享尽荣华。

死贱：石亨剪除异己，冤杀于谦等功臣，揽权干政。明天顺四年（1460年）被英宗下狱，没收家产，以谋叛被斩。

《红楼梦》作者借用此象，暗示了小说主人公的命运。

①解谶

半圭半林：圭的一半是土，林的一半是木，土木正是“两地生孤木”之意，黛玉判词的画中画着两株枯木，也是“半圭半林”和“两地生孤木”之意。

合则生变：两地的孤木不能合在一起，合必然生变。富察氏和乌喇那拉氏都是平地木，两人都嫁给了乾隆，并且先后做了皇后。两株孤木合在一起，焉能不变。

石亦有灵：石：既指青埂峰下的顽石那拉氏，也指三生石的石头乾隆，两块石头都有灵气。

生荣死贱：

生荣：那拉氏生前贵为皇后，享尽人世间的荣华富贵。

死贱：那拉氏死前被剥夺一切功名，死后连自己的墓地也没有，坟前冷冷清清，无人祭奠，真是“死贱”啊！

②解颂

缺一不成也占先：原解是双关妙语，既含“也先”二字，又隐喻“乜先”。瓦剌首领“乜先”，在明朝时又作“也先”，如今常称“也先”。他的后人汉化，姓“乜”。

《红楼梦》引用此象的意思是：“缺一不成”是指缺了富察皇后不成。“也占先”是指那拉氏在富察皇后死后，占得先机，抢先占领了皇后宝座。

六龙亲御到胡边：

六龙：第六只龙，乾隆是清朝第六位皇帝，故曰“六龙”。

亲御：御驾亲征。胡边：指蒙古的边境。乾隆年间征战大小金川；安定西藏；平定准噶尔部叛乱；反击廓尔喀入侵西藏等战役，每战乾隆都亲自部署、指挥、督战。乾隆在稳定边疆，扩大疆域的同时，也在夸耀武功，日益消耗着前朝积聚的国力。清王朝由此走上由盛而衰、外盛内衰的历程。

天心复见人心顺：天心指天子之心。一语双关，隐喻乾隆的统治是上合天意，下顺民心。此处作者应是嘲讽的意思。

相克相生马不前：乌喇那拉氏是在乾隆十五年（1750 年）晋为皇后的，乾隆十五年（1750 年）是庚午马年，那拉氏生辰八字与乾隆的生辰八字正好相克，在马年晋为皇后的那拉氏好运到头了，所以是“相克相生马不前”。

③解图

图中的虎额上有“王”字，喻指乾隆，令朝臣畏如猛虎。

图中石头，喻指青埂峰下的顽石王熙凤——乌喇那拉氏，与谶中“石亦有灵”对应。石头边有一只猛虎，正是“虎兕相逢大梦归”！

④解卦

癸巳　巽下坤上　升卦

癸巳：谐音：鬼死。

卦为“升”，下为巽，指风；上为坤，指地。

“升”卦为“积小成大之象，拼搏得益之意”。大象为“进升之势”。

对乌喇那拉氏来说，此卦和她的命运正好相反，那拉氏的积怨“积小成大”，虽奋力拼搏，但却由此“得祸”，不成“进升之势”，反为“颓败之势”。地上起了一阵狂风，那拉氏恰似风筝，“游丝一断浑无力”，又如柳絮“一任东西南北各分离”。

但是，对乾隆而言则相反，正是“进升之势”。

“升”卦爻辞曰：“元亨，用见大人，勿恤，南征吉”。元亨：犹言大通，大吉。元：一指首，人头；二指始，开端；三指气，元气。亨：汉字，意为顺利；通达；万事亨通。

辞曰的意思是：“大顺，见大人有利，不要犹疑，向南方进征吉利”。这正是本象主角之一乾隆的运势：“南征吉”，虽然乾隆第四次南巡期间那拉皇后搅了局，但乾隆与太后协商后决定废了那拉皇后，是为“见大人有利”。为此，他毫不犹豫地将那拉氏遣送回京，之后继续在南方游玩。在乾隆看来，清除了那拉氏这个绊脚石，一切都会大吉大利。事实也是如此，那拉皇后被废后，再也没有人敢和皇上分庭抗礼了，乾隆又顺顺当当地做了 20 年皇帝，之后将权力移交给嘉庆皇帝，安心地做他的“太上皇”去了。

癸巳：正是“鬼死”，可怜的那拉氏，最终做了个“屈死鬼”。

《红楼梦》作者在创作这部小说时，对《推背图》一定作过深入的研究，青埂峰下的顽石和“通灵宝玉”的设计以及元春判词“虎兕相逢大梦归”的出处就是《推背图》第三十象。

小说中关于《推背图》的这段批语出现在黛钗判词和元春判词之间，寓意十分明显。批语中说此回借《推背图》之法“亦无干涉政事”，其实是“此地无银三百两”的掩饰之词。这段眉批加在元春判词上，恰是“欲盖弥彰”。

第七十八回，贾政与众幕友谈起姽婳将军林四娘：众人听了，都又笑道：“这原该如此。只是更可羡者，本朝皆系千古未有之旷典隆恩，实历代所不及处，可谓‘圣朝无阙事’，唐朝人预先竟说了，竟应在本朝。如今年代方不虚此一句。”贾政点头道：“正是。”

“圣朝无阙事”语出唐人岑参诗《寄左省杜拾遗》，原诗：“联步趋丹陛，分曹限紫微。晓随天仗入，暮惹御香归。白发悲花落，青云羡鸟飞。圣朝无阙事，自觉谏书稀。”当时岑参和杜甫同仕于朝，岑参在中书省任右补阙，杜甫在门下省任左拾遗。二人都是谏官，因此岑参才有这样两句诗。阙事，指有缺点或过错的事务，此阙正是右补阙的阙。谏书，指批评朝政的奏章。大意是：圣明的朝廷没有什么缺失的事情，我自已感到批评朝政的奏章很稀少。实际上这是岑参发的牢骚，说的是反话。《红楼梦》中贾政的幕友说：“圣朝无阙事，唐朝人预先竟说了，竟应在本朝。”暗示的正是唐人搞的《推背图》竟在本朝应验了，那么，本朝也不就是什么“圣朝”啊！

作者和批者巧借《推背图》，将《红楼梦》的主题隐喻其中，真是妙不可言。

需要说明的是，《推背图》预言的是国家政事之兴衰变替的大事，涉及的人物都是皇上和某一事变中起决定性作用的重要人物，那曹天祐、曹頫、洪昇、袁枚之流无论如何也是不沾边的。

(8)“蠢物”之蠢

小说中不仅称青埂峰下的顽石为“蠢物”，也称宝玉为“蠢物”，这“蠢”字有何寓意？且看：“蠢”字上面一个春，下面双只虫。春天来了，万物复苏，在春天降生的两只“小虫”富察氏和乌喇那拉氏也出来觅食了。可她俩却不幸进入了看起来光鲜、实际上是魔窟的皇宫里来觅食，是为“蠢物”啊！而那个宝玉——乾隆将这两只小虫一起收入宫中，可没想到这两只“虫”却闹得他终生不得安宁，可谓是“极蠢之物”。

（9）石榴木

乾隆三十年清明是闰二月十五日（1765 年 4 月 4 日），甲子纳音：石榴木。

元春“榴花开处照宫闱”，探春、宝玉在石榴树下话衷肠，史湘云和翠缕石榴树下论阴阳，“呆香菱情解石榴裙”，“石榴”是多重暗喻法，都是指乾隆三十年（1765 年）清明时节的甲子纳音石榴木，在这一天那拉皇后与乾隆反目成仇，“夫妻蕙”变成了“仇人蕙”。

3. 那拉皇后死期的干支之秘密

乌喇那拉氏死于乾隆三十一年七月十四日（1766 年 8 月 19 日）。

干支：丙戌年，丙申月，壬午日。

二十八宿：危。

甲子纳音：壬午：杨柳木。

第七十回：有一天，湘云无聊，因见柳花飞舞，便作了一小词，调寄《如梦令》。其词曰：“岂是秀绒才吐，卷起半帘香雾。纤手自拈来，空使鹃啼燕妒。且住，且住。莫合春光别去。”黛玉建议重启诗社，湘云立即召来众姐妹和宝玉，以柳絮为题填词。大观园的才女们个个都是诗词高手，不一会儿，黛玉、宝钗、宝琴等都作出来了。

颇有意味的是，探春的《南柯子》只作了半首：“空挂纤纤缕，徒垂络络丝。也难绾系也难羁，一任东西南北各分离。”宝玉续了下半首。探春和宝玉合作的《南柯子》的寓意已在第七章中论述过，不再赘述。现在想说的是，湘云、探春等姐妹以柳絮为题填词，暗示的正是那拉皇后的死期。以柳絮为题的依据就是壬午杨柳木，这一日的二十八宿是“危”，脂批在元春曲“儿命已入黄泉，天伦呵，须要退步抽身早！”之处批道：[甲夹批：悲险之至！]，就是指这个“危”字。

那一日，那拉皇后命丧黄泉，恰似那飘飞的柳絮，“也难绾系也难羁”，正是“春光别去”，“空使鹃啼燕妒”。

《红楼梦》是一部用春秋笔法隐写的历史，作者利用甲子干支命相学叙述故事、暗示真相，是其最重要的手段之一。乾隆和两位皇后的命相相生相克、神秘莫测，与干支命相学皆相对应，不能不说是苍天有意，命运难违。

小说作者文采绝代，智慧超人，对干支推命术、星宿算命法和《推背图》极为精通，运用起来得心应手。可是，后人读来却如坠入重重迷雾之中。正如警幻仙子所说："此曲不比尘世中所填传奇之曲，……若非个中人，不知其中之妙。"[甲戌侧批：三字要紧。不知谁是个中人。宝玉即个中人乎？然则石头亦个中人乎？作者亦系个中人乎？观者亦个中人乎？]料尔亦未必深明此调，若不先阅其稿，后听其歌，翻成嚼蜡矣。"因此，我们必须首先成为"个中人"，"先阅其稿，后听其歌"，阅之再三，听之再四，去伪存真，认真辨别，反复推敲，仔细论证，才能拨开那重重迷雾，窥见其中之奥秘。

如果读书人认为《红楼梦》不过是一本小说，大可不必费心竭力地去索隐什么背后隐喻的故事，那么，不妨像宝玉一样："听了此曲，散漫无稽，不见得好处，但其声韵凄惋，竟能销魂醉魄。因此也不察其原委，问其来历，就暂以此释闷而已"。[甲戌眉批：妙！设言世人亦应如此法看此《红楼梦》一书，更不必追究其隐寓。]

仅此而已！

参考资料：

1. 好搜百科：zsp 悟通大和尚《甲子纳音详解》。

2. 好搜百科：易赞良《周易算命》。

3. 好搜百科：《甲子纳音》。

4. 好搜百科：西岸花开笑笑生《甲子纳音相关》。

5. 心香一瓣001的博客：《二十八星宿 中国古代的星象划分法》、《二十八星宿吉凶歌》、《二十八星宿吉凶寓意》。

6. 好搜百科：《推背图》。

第十二章

花名签透露乾隆情史全部隐情

第六十三回，“寿怡红群芳开夜宴”大观园群芳为宝玉祝寿，在怡红院夜饮，众人掷骰子、抽签，骰子的点数和签上题字和注语透露了《红楼梦》一书的全部秘密。

蔡义江先生对夜宴中行酒令时所玩的象牙花名签子所镌的诗句作了详细注释，他认为，签上诗句极大部分均可在旧时十分流行的《千家诗》选本中找到。作者采用隐前歇后的手法，把对掣签人物命运的暗示巧寓于明提的那一句诗的前后诗句之中。

一、宝钗之签

“晴雯……取过骰子来，盛在盒内，摇了一摇，揭开一看，里面是五点，数至宝钗。宝钗便笑道：‘我先抓，不知抓出个什么来。’说着，将筒摇了一摇，伸手掣出一根，大家一看，只见签上画着一枝牡丹，题着‘艳冠群芳’四字，下面又有镌的小字一句唐诗，道是：

任是无情也动人。

又注着：“‘在席共贺一杯，此为群芳之冠，随意命人，不拘诗词雅谑，道一则以侑酒。’众人看了，都笑说：‘巧的很，你也原配牡丹花。’”

蔡义江先生注：“任是无情也动人”——出自唐代罗隐《牡丹花》诗：

似共东风利有因，绛罗高卷不胜春。
若教解语应倾国，任是无情也动人。
芍药与君为近侍，芙蓉何处避芳尘？
可怜韩令功成后，辜负秾华过此身！

韩令，指韩弘，唐元和十四年（819 年）曾为中书令。末联所咏之事见《唐国史补》：“京城贵游尚牡丹三十余年矣。每春暮，车马若狂，以不耽玩为耻。……元和末，韩令始至长安，居第有之，遽命斫去。曰：‘吾岂效儿女子邪？’”

笔者诠释：牡丹是花中之王，宝钗的身份之一是那拉皇后，因此是“艳冠群芳”。众人都笑说：“巧的很，你也原配牡丹花。”暗示宝钗是花中之王，即皇后。

“任是无情也动人”，是宝钗内心冷漠而又能处处得人好感的性格特点，此寓意一。寓意二：作者借韩弘来比宝玉，暗指的是乾隆皇帝。韩令功成后遗弃牡丹，正是那拉皇后的遭遇，她只能“辜负秾华”，寂寞地了却“此身”。签上诗句明明是褒其艳丽动人的，谁知恰恰是在说她徒劳无功。虽然乾隆对那拉皇后“任是无情”，但那拉氏依然是楚楚动人。

宝钗骰子的点数是“五”点，暗示的是乌喇那拉氏是第五个嫁给乾隆的女人。弘历还是皇子时，由雍正做主纳过四位福晋，其中一位是嫡福晋富察氏，就是孝贤纯皇后；其余三位是侧福晋，这三位侧福晋一位是慧贤皇贵妃高氏，一位是哲悯皇贵妃富察氏，第三位就是乌拉那拉氏。但是，在那拉氏之前，弘历潜邸还有一位格格，就是后来的纯惠皇贵妃苏氏。苏氏入侍弘历潜邸的时间早于高氏和那拉氏，雍正十三年（1735 年）五月，苏氏已为乾隆帝生下第三子永璋。而高氏是雍正十二年（1734 年）三月，因为雍正帝的一纸谕令，由使女上升为宝亲王弘历的侧福晋，谕曰：“宝亲王使女、高斌之女著封为王侧福金。”（福金即福晋）乌喇那拉氏是随高氏之后成为弘历侧福晋的，故此，那拉氏是嫁给乾隆的第五个女人。

二、探春之签

“宝钗又掷了一个十六点，数到探春。探春笑道：‘我还不知得个什么呢。’伸手掣了一根出来，……上面是一枝杏花，那红字写着‘瑶池仙品’四字，诗云：日边红杏倚云栽。注云：‘得此签者，必得贵婿，大家恭贺一杯，共同饮一杯。’”

众人笑道：“‘……我们家已有了个王妃，难道你也是王妃不成。大喜，大喜。’”

前文曾论述过，此签暗示探春的身份，“我们家已有了个王妃”是指元春，元春的化身之一是富察皇后；“难道你也是王妃不成”，是暗示探春就是乌喇那拉氏，她将成为皇贵妃，并最终成为皇后。“十六点”，暗示乌喇那拉氏十六岁时嫁给弘历为侧福晋。

“瑶池仙品”：瑶池，神话中的仙境，西王母所住的地方。作者把皇宫比作“瑶池”，那拉氏做了弘历之妾，就如同进入仙境，最后成了皇后，岂不是瑶池中的仙品。

“日边红杏倚云栽。”出唐代高蟾《下第后上永崇高侍郎》诗：

天上碧桃和露种，日边红杏倚云栽。
芙蓉生在秋江上，不向东风怨未开。

天上夭桃、云中杏蕊——比喻富贵荣华。封建士大夫以天、日称皇帝，以雨露喻君恩，所以高蟾借天上桃杏比在朝的显贵。探春——乌喇那拉氏做了乾隆的皇后，可谓是“日边红杏”，“栽”在那高高的云端之上，富贵荣华，无比显贵。但是，惜春的曲子《虚花悟》里说得明白：“说什么天上夭桃盛，云中杏蕊多？到头来，谁见把秋捱过？”那拉皇后死于七月十四日，真的是没有“把秋捱过?”结果是“白杨村里人呜咽，青枫林下鬼吟哦。更兼着，连天衰草遮坟墓，这的是，昨贫今富人劳碌，春荣秋谢花折磨。似这般，生关死劫谁能躲？”那拉皇后的一生就是一场“虚花”，所谓“镜中之花”正乃“虚花”也！

三、湘云之签

该到黛玉掷骰子，“黛玉一掷，是个十八点，便该湘云掣。湘云笑着，揎拳掳袖的伸手掣了一根出来。大家看时，一面画着一枝海棠，题着‘香梦沉酣’四字，那面诗道是：‘只恐夜深花睡去。’”

湘云之签的寓意，已在第七章中论述过，不再重复。

黛玉嘲笑湘云：“夜深”两个字，改为“石凉”两个字。湘云也反唇相讥：“湘云笑指那自行船与黛玉看，又说：‘快坐上那船家去罢，别多话了。’众人都笑了”。黛玉说的“石凉”，是嘲笑湘云醉酒卧石，暗指杭州的“蕉石鸣琴”。湘云骰子十八点，暗示的正是乾隆三十年（1765年）闰二月十八日，这一日，是那拉氏梦破之时。黛玉是富察皇后的化身，富察皇后死于德州水面的御舟之上。湘云说：“快坐上那船家去罢”，暗示的正是这一史实。

四、麝月之签

“湘云便绰起骰子来一掷个九点，数去该麝月。麝月便掣了一根出来。大家看时，这面上一枝荼蘼靡花，题着‘韶华胜极’四字，那边写着一句旧诗，道是：开到荼蘼花事了。

注云：“‘在席各饮三杯送春。’”

韶华胜极：韶华，指春光；胜，好景色；极，到了头。

“开到荼蘼花事了”：出自王琪《春暮游小园》诗：

一从梅粉褪残妆，涂抹新红上海棠。
开到荼蘼花事了，丝丝天棘出莓墙。

前两句都是以花拟女子，意即梅花落，海棠开。

荼蘼：前文已解释过，荼蘼是春天的最后一种花，凋谢后即表示花季结束，所以有完结的意思。

小说中多次提到荼靡花。

第十七回，宝玉将宝钗住所题为“蘅芷清芬”，对联则是：“吟成豆蔻才犹艳，睡足荼蘼梦亦香。”因宝钗身上隐写了富察氏和乌喇那拉氏两位皇后，所以，她的住所题额分别代表了两位皇后。“蘅芷”指那拉皇后，“清芬”则指富察皇后。两句题诗也是如此。

“吟成豆蔻才犹艳”是说富察皇后。豆蔻：指草豆蔻，春天开花，密集成穗状花序，花初生时卷于嫩叶中，俗称含胎花，以喻少女。唐代诗人杜牧《赠别》诗：“娉娉袅袅十三余，豆蔻梢头二月初。”宝玉这句题诗的意思很明显，借用杜牧那首诗，暗示富察皇后死于乾隆十三年（1748年），虽然她是豆蔻之花，生命很短，但她的才思犹压群艳。

“睡足荼蘼梦亦香”，是指那拉皇后，她的一生就像是一场春梦。就像苏轼诗说的那样："荼蘼不争春，寂寞开最晚。"任拙斋诗说："一年春事到荼蘼。"

麝月之签"开到荼蘼花事了"、宝钗住所"睡足荼蘼梦亦香"和云儿之曲"想昨宵幽期私订在荼蘼架"暗示的都是那拉皇后，荼蘼花凋谢后春季结束，所以有完结的意思，这正是那拉皇后的结局。而"睡足荼蘼梦亦香"不正是湘云签"香梦沉酣"吗？

麝月的骰子是"九"点，这又有什么玄机？乾隆三十年（1765年）五月初九，皇太后懿旨，令贵妃魏佳氏晋皇贵妃，代行皇后职权。五月初九，皇贵妃魏佳氏取代了那拉氏，这就是"九"点的深意。五月初九就是乌喇那拉氏"开到荼蘼花事了"的日子，此日后，那拉皇后就"韶华胜极"、"香梦"就到头了。

麝月签注云："在席各饮三杯送春。麝月问怎么讲，宝玉愁眉忙将签藏了说：'咱们且喝酒。'说着，大家吃了三口，以充三杯之数"。

席间，宝玉并未抽签，但他对众姑娘的签中暗示的悲凉气息"本已呼吸而领会之"，因为他是乾隆，当然知道各位"花神"的命运结局。"在席各饮三杯送春"，说的正是为那拉皇后送行，那拉皇后是在春三月被送回京城的，故曰"送春"。为此，宝玉手持"任是无情也动人"之签痴痴发呆，藏了麝月之签，只闷闷劝酒。

五、香菱之签

"麝月一掷个十九点，该香菱。香菱便掣了一根并蒂花，题着'联春绕瑞'，那面写着一句诗，道是：

连理枝头花正开。

注云："'共贺掣者三杯，大家陪饮一杯。'"

"连理枝头花正开"出自宋代朱淑贞《落花》诗：

连理枝头花正开，妒花风雨便相催。
愿教青帝长为主，莫遣纷纷落萃苔。

香菱隐写的是那拉皇后与乾隆感情最好的那一段。香菱骰子的点数证明了这一点。她的点数是“十九”点，那拉氏的女儿皇五女是乾隆二十年（1755年）四月二十二病逝的，紧接着，皇十三子永璟在乾隆二十年（1755年）十二月二十一日出生，那么，在乾隆十九年（1754年）时，帝后之间的关系还是很和谐的。香菱的“十九”点，暗示的就是乾隆十九年（1754年），那时那拉皇后正是得宠之时。

乌喇那拉氏是小说中的主要角色，所以宝钗、探春、湘云、麝月和香菱之签都是在说那拉皇后，作者通过极其巧妙的方式，用骰子的点数和签上的题诗，揭示了那拉皇后的一生经历中重要转折点的日子和原因。我们归纳一下：

探春“十六点”：“得贵婿”成“瑶池仙品”，暗示乌喇那拉氏十六岁时被雍正指婚给弘历为侧福晋。

宝钗“五”点：花王牡丹、“艳冠群芳”，暗示乌喇那拉氏虽是第五个嫁给乾隆的女人，但后来者居上，最后成为皇后，“艳冠群芳”。

香菱“十九”点：“联春绕瑞”，“连理枝头花正开”，在乾隆十九年（1754年）时，那拉氏和乾隆夫妻恩爱，并蒂花开。可惜，好景不长，“并蒂莲”最后成了“仇人蕙”。

湘云“十八点”：红海棠“香梦沉酣”终该醒，暗示乾隆三十年（1765年）闰二月十八日“蕉石鸣琴”的早膳是那拉皇后最后的“春梦”，此后，便是“千里东风一梦遥”。

麝月“九”点：“韶华胜极”，暗示乾隆三十年（1765年）五月九日，魏佳氏被册封为皇贵妃，代行皇后职权，彻底取代那拉皇后，乌喇那拉氏“开到荼蘼花事了”了。

六、黛玉之签

“香菱便又掷了个六点，该黛玉掣。黛玉默默的想道：‘不知还有什么好的被我掣着方好。’一面伸手取了一根，只见上面画着一枝芙蓉，题着‘风露清愁’四字，那面一句旧诗，道是：莫怨东风当自嗟。

注云：“‘自饮一杯，牡丹陪饮一杯。’”

黛玉签为芙蓉，而宝钗、探春签注诗的出处里都有“芙蓉”句，罗隐《牡丹花》诗中有“芍药与君为近侍，芙蓉何处避芳尘”之句；高蟾《下第后上永崇高侍郎》诗中有"芙蓉生在秋江上，不向东风怨未开"。作者之所以选择罗隐、高蟾的诗作为宝钗和探春的签注诗，就是暗示小说中写了两位皇后，牡丹花、海棠花和荼蘼花指那拉皇后，芙蓉花则指富察皇后，"芙蓉生在秋江上"寓意更加明显，就是暗喻富察皇后死于运河水面上。黛玉是芙蓉花，这进一步说明宝玉撺念晴雯所作的《芙蓉诔》实际是为黛玉作的，因而证明了晴雯之死实际上隐写的是黛玉之死。

"莫怨东风当自嗟"：出自宋代欧阳修《明妃曲·再和王介甫》诗："……汉计诚已拙，女色难自夸，明妃去时泪，洒向枝上花，狂风日暮起，飘泊落谁家？红颜胜人多薄命，莫怨东风当自嗟。"

富察皇后正是"红颜薄命"，她的"风露清愁"源于何处？源于那个骰子的点数"六"：雍正六年（1728 年）十月初二，富察皇后生皇长女，一年后，爱女即病亡，从此后，富察皇后开始了她屡次丧子的"清愁"之历。"明妃去时泪，洒向枝上花"，那林黛玉的"葬花"之伤，正是富察皇后的"葬子"之痛。富察皇后频遭骤然而至的"狂风"的袭击，终于泪尽而逝。可这一切又是那么无奈，只能怪"红颜胜人多薄命"，所以说"怨"不得别人，只该"自嗟"呀！

签注云："自饮一杯，牡丹陪饮一杯。"两位皇后坐在席上，"同是天涯沦落人"，继皇后陪先皇后喝一杯吧。

七、李纨之签

"湘云掷了个十九点出来，便该李氏掣。李氏摇了一摇，掣出一根来一看，笑道：'好极。你们瞧瞧，这劳什子竟有些意思。'众人瞧那签上，画着一枝老梅，是写着'霜晓寒姿'四字，那一面旧诗是：

竹篱茅舍自甘心。

注云：'自饮一杯，下家掷骰。'"

李纨又称李宫裁，所谓宫裁，就是后宫的裁定者，那就是太后了。李纨是乾隆生母钮祜禄氏的化身之一，钮祜禄氏生于康熙三十一年（1692年）十一月二十五日，康熙五十年（1711 年），19 岁的钮祜禄氏生了乾隆帝弘历。

“竹篱茅舍自甘心”和“稻香老农”，暗示的都是钮祜禄氏出身贫寒。

“竹篱茅舍自甘心”之句，出自宋代王琪的《梅》一诗：

不受尘埃半点侵，竹篱茅舍自甘心。
只因误识林和靖，惹得风流说到今。

李纨筛子的点数“十九”，暗喻钮祜禄氏19岁时生了乾隆帝弘历。

李纨之子贾兰，也是少年弘历的化身之一。李纨虽然年轻守寡，但因儿子贾兰“爵禄高登”而“气昂昂头戴簪缨；光灿灿胸悬金印”，真是“老来福贵也真侥幸”，她就是贾雨村迎娶的那个真“娇杏”。李纨的经历就是乾隆生母钮祜禄氏的经历，钮祜禄氏正因为生下了八字极佳、日后成为叱诧风云的一代天子的乾隆皇帝，晚年才享尽了富贵荣华，成为大清最有福气的皇太后。

八、袭人之签

黛玉饮了酒：“便掷了个二十点，该着袭人。袭人便伸手取了一支出来，却是一枝桃花，题着‘武陵别景’四字，那一面旧诗写着道是：

桃红又是一年春。

注云：‘杏花陪一盏，坐中同庚者陪一盏，同辰者陪一盏，同姓者陪一盏。’众人笑道：‘这一回热闹有趣。’大家算来，香菱、晴雯、宝钗三人皆与他同庚，黛玉与他同辰，只无同姓者。芳官忙道：‘我也姓花，我也陪他一钟。’于是大家斟了酒”。

1. 世外桃源

第十章里已论证过，花袭人隐写的是哲悯皇贵妃富察氏，袭人的签是“桃花”，暗喻圆明园的桃花坞，那是弘历少年时期读书的地方。哲悯皇贵妃富察氏是弘历的第一个女人，弘历在桃花坞读书时，格格富察氏就陪伴在他身边。

“桃花”，反过来看就是“花桃”，谐音“花逃”，作者又以“武陵别景”和“桃红又是一年春”来暗示花袭人逃到世外桃源避难了。隐喻的是哲悯皇贵妃富察氏在乾隆继位前病逝，等于逃到世外桃源，再也看不到皇上的后妃们争风吃醋、争权夺势、尔虞我诈、互相倾轧的各种悲剧了，早死的人更幸福，如同到了世外桃源，再没有那些烦心事了。

2. 芳官揭秘

芳官说：“我也姓花，我也陪他一钟。”黛玉隐写的是富察皇后，和哲悯皇贵妃同姓，两人都姓富察氏。作者为避免写得过于露骨，所以才让芳官和袭人同姓。但黛玉又和袭人同辰，以此暗示黛玉与袭人有相同之处。

3. “二十”点的寓意

袭人骰子的点数“二十”点：指格格富察氏 20 岁时生下了皇长子永璜。

九、芳官唱曲尽显真情

抽签前，宝钗命芳官唱曲。芳官刚开口唱祝寿的曲，众人都道：“快打回去。这会子很不用你来上寿，拣你极好的唱来。”芳官只得细细的唱了一支《赏花时》：

翠凤毛翎扎帚叉，闲踏天门扫落花。您看那风起玉尘沙。猛可的那一层云下，抵多少门外即天涯。您再休要剑斩黄龙一线儿差，再休向东老贫穷卖酒家。您与俺眼向云霞。洞宾呵，您得了人可便早些儿回话；若迟呵，错教人留恨碧桃花。

蔡义江先生对芳官的《赏花时》作了详细注释，摘录如下：

1.《邯郸记》是汤显祖根据唐人沈既济《枕中记》传奇情节改编的戏曲，写吕洞宾下凡去度一人上天代替何仙姑天门扫花之役，他到了邯郸（今属河北省）客店，遇卢生，把神奇的瓷枕给他睡，让他做了一场黄粱美梦后，把他带到仙界去执帚。“赏花时”：曲调名，剧本第三折“度世”中何仙姑所唱，她嘱吕洞宾速去速回，不要误期。

2. 汤显祖（1550—1616 年），明代大戏曲家，江西临川人，居处名玉茗堂。他曾受李贽的思想影响。他的作品反对传统礼教和当时政治状况，但另一方面，人生如梦的消极思想也在一些作品中有所表现。著有戏曲《紫箫记》、《紫钗记》、《还魂记》（即《牡丹亭》）、《南柯记》、《邯郸记》五种。后四种合称“临川四梦”或“玉茗堂四梦”。

3. “翠凤”二句——何仙姑扫花于天门，所执之帚叉乃用翠凤的翎毛所扎成。翎，鸟翅上、尾上的长羽毛。

4. 玉尘砂：天界并无尘土泥沙，有的也只是玉屑，所以叫玉尘砂。猛可的：突然间。这几句说风吹落天上碧桃花不知要比云层之下人间好花开时辜负春光可惜多少？何仙姑在天门外扫花，“门外即天涯”，还有怕错过蟠桃宴的意思。语出刘禹锡《和令狐相公别牡丹》诗：“平章宅里一栏花，临到开时不在家。莫道两京非远别，春明门外即天涯。”

5. 剑斩黄龙一线儿差——做事冒冒失失，不听嘱咐，险些儿送了命。吕洞宾曾带着“降魔太阿神光宝剑”下山，临行时师父嘱咐他不要寻和尚闹事。他忘了师教，与正在讲经说法的黄龙禅师顶撞，被黄龙手起一戒尺打得头上起个疙瘩。洞宾愤恨，半夜里祭起神剑去斩黄龙，结果剑被黄龙收去，人也被押，幸亏师父说情搭救了他。故事出自《指月录》。《醒世恒言》中有《吕洞宾飞剑斩黄龙》一篇。日本内阁文库藏有《吕仙飞剑记》，其第五回《纯阳飞剑斩黄龙》所叙与本篇不同，当别有所本。

6. 东老贫穷——宋代湖州东林沉氏，自称东老。家贫，好留客醉，有饮者以石榴皮题其壁云：“西邻已富忧不足，东老虽贫乐有余。白酒酿来因好客，黄金散尽为收书。”苏轼诗序中曾记其事。吕洞宾喜饮，有酒醉岳阳楼事。这句是叫他途中不要贪饮被好客的酒家所挽留而误了事。

7. 眼向云霞——只留意仙界的事。兼以云霞喻天上盛开的碧桃花。

8. 留恨碧桃花——因无人接替扫花之役，不能参加蟠桃宴而遗憾。吕洞宾临行，何仙姑问他：“只此去未知何处度人？蟠桃宴可赶的上也？”别本最后一折，洞宾带卢生来见何仙姑时说：“仙姑，恰蟠桃宴时节哩！”

笔者的理解：吕洞宾让卢生睡瓷枕入梦，是让卢生也体验一下自身的感受，因为做黄粱美梦的曾经是洞宾自己，卢生只不过是再现一枕黄粱而已。作者借芳官之曲，暗喻那拉皇后的一生经历如同卢生一样，再现了吕洞宾的一枕黄粱，美梦苏醒之时，就是大难临头之际。“王熙凤扫雪拾玉”，隐喻的正是那拉皇后被乾隆遗弃，她拾起那块象征自己的“红玉”，顶替何仙姑到天门扫花去了。“扫雪”即隐喻“扫花”。

参考资料：

1. 蔡义江：《红楼梦诗词曲赋评注》。

2. 好搜百科：《邯郸梦》。

第十三章

综述——《红楼梦》中觅证据

很多读者觉得《红楼梦》一书所述内容杂乱，常常是一件事情还没说完，忽又插上另一段毫不相干的事情，这让读者如丈二和尚摸不着头脑！这都什么呀？东一榔头西一锤子的！胡适之很早就批评雪芹的书“没有一个整体布局，不是一部好小说”；也有学者议论雪芹笔法凌乱无章，常常东一笔西一笔，莫知所归。

殊不知，作者写的是“当今圣上”的情史，所冒的风险之大是可想而知的。为避祸，作者不得不采取极为隐秘的写作手法，将乾隆、富察皇后和那拉皇后这三个主要人物，分解成好几个人物，所谓：“一击两鸣”，“两山对峙”，而乾隆与两位皇后的情史过程又不能按本来的发展顺序而写，那样岂不是一目了然了。所以，作者不得不采用特殊手段，将乾隆与两位皇后的情感纠葛和两位皇后的命运结局通过各种巧妙的方式表达出来。这样一来，小说读起来就颇为费力。

因此，我们必须将小说中庞杂的线索、不同的隐喻进行归结、提炼、还原，这样，才能使乾隆皇帝、富察皇后和那拉皇后的真形和事件的原委显现出来。

本章将前面各章考证作一综述，将小说中隐含的证据进行归纳总结，以期使小说隐写的乾隆情史更加一目了然。

一、宁荣二府就是清皇宫、大观园就是圆明园的证据

证据之1：脂批：士隐家是本地望族，宁、荣二府是天下望族。除了皇上家族，谁敢称“天下望族？”

证据之2：宁荣二府的宅院明显的僭越，可见，宁荣二府就是清皇宫。

证据之3：贾不假，白玉为堂金作马。是指爱新觉罗家族。“爱新觉罗”这一姓氏的含义是，金子般高贵神圣的觉罗族，所以才以“白玉为堂、黄金作马”。

证据之4：宁国府的九座门庭，与清宫外朝的九座建筑一般无二。

证据之5：宁国府的祭祖活动，与清宫特有的祭祖形式处处雷同。

证据之6：宁荣二府的大门隐写清皇宫的大门，“正门却不开，只有东西两角门有人出入。”三间加两间，正好是五间。

证据之7：九龙金匾和闹龙填青匾，只有皇宫里才有。

证据之8：“芳园筑向帝城西”，大观园在皇帝城的西面，就是圆明园。

证据之9：大观园是“奉旨建造”，“奉旨”，即奉皇上旨意。

证据之10：宝玉说大观园是“天然图画”，直接点出圆明园的景区“天然图画”之名。

证据之11：袭人花签“武陵别景”，注诗：“桃红又是一年春”，点出圆明园的“武陵春色”的桃花坞。

证据之12：大观园何等气派？大小幔子一百二十架，各种帘子一千挂，椅搭、订裙、桌套等每份一千二百件，多种古董文玩数不胜数。除了皇上的园子，谁家会有这么大排场？

证据之13：“家里上千的人”，乌进孝的田庄，光冰雹打伤的人就成千上万，除了皇上家，谁家会有这么多人？

证据之14：宝玉说，“如今光我家就有几百个女孩子”，除了皇上家，谁家会有几百个女孩子？

证据之15：贾母生病了，居然是皇宫里的六品御医前来诊治，御医见了贾母，头也不敢抬，小心翼翼、诚惶诚恐。贾母是活生生的皇太后。

证据之16：贾母如此大胆，竟敢说拆了太医院大堂。贾母什么身份还不清楚吗？

证据之17：贾母竟然坐八抬大轿，清制规定，只有皇后和皇太后才能坐八抬大轿，那贾母不是皇太后还能是谁？

证据之18：贾府很多用品是“上用内造”的，粳米竟然是御田产的，穿戴用品是鹅黄色、秋香色和石青色，这是皇帝和太子的专用色，这足以证明贾府就是皇族。

二、贾宝玉就是乾隆皇帝的证据

小说中的宝玉、贾琏、贾芸、薛蟠都是乾隆的分身，但宝玉是乾隆的主要化身。

证据之19：宝玉被称为“龙种”、“活龙”、“宝皇帝”、“凤凰”，足以证明宝玉就是皇帝。

证据之20：在叙述神话故事时，作者和批者数次三番地明点“红”，暗点“历”，已经告诉读者，神瑛侍者就是弘历。

证据之21：“时（十）逢三五便团圆”，就是宝玉即乾隆皇帝的生日。

证据之22：乾隆的星相是二十八宿的“斗”，贾雨村吟罢咏月诗后，甄士隐亲斟一斗为贺，批语“此斗不能作升斗之斗来看”，这个“斗”，指的就是乾隆星相的“斗”。

证据之23：宝玉“面若中秋之月”，又不是“满月”，就是指生于八月十三日的弘历。

证据之24：宝玉的服饰与皇上的服饰何其相似，石青色和秋香色是皇上专用之色；紫金冠是太子盔；玉针蓑和金藤笠是清朝帝王的衣帽；双龙抹额影射清朝帝王冠。

证据之25：甄宝玉、贾宝玉是指乾隆的身世之谜，甄士隐丢失女儿暗喻“海宁换子”，贾云村迎娶娇杏，暗喻“秀女生子”。

证据之26：“太祖皇帝仿舜巡”是指乾隆南巡。“省亲”制度源于乾隆朝；“仿舜巡”暗示乾隆是效仿圣祖皇帝康熙南巡；“文忠公之嬷”是指傅恒；象征皇室权威的皇贵妃、贵妃仪仗里的“曲柄七凤金黄伞”，是从乾隆十年（1745年）由乾隆下令增设的；元旦朝贺始于清朝乾隆三年（1738年）。

证据之27：宝玉“衔玉而生”是指弘历的生辰八字，弘历的生辰八字是康熙将帝位传与雍正的重要因素。小说中，多次出现关于“八字”的批语，批者意在提醒读者，注意“八字”的寓意。脂批问宝钗“不知干支中四注八字可与卿亦对否”，那拉皇后与乾隆的生辰八字正好相克。

证据之28：怡红院就是弘历少年时期的居所“长春仙馆”。

证据之29：宝二爷是指四皇子宝亲王弘历，他是现实中真正的“宝二爷”。

证据之30：宝玉身边的大丫鬟、小丫鬟、奶妈、嬷嬷、大小仆人、小厮和书童共有40多人，除了皇上、太子，谁家的公子能有这么大排场？

证据之31：“都判”称宝玉是“天下官”，明确指出宝玉是管理天下的“天下官”——皇帝。

证据之32：宝玉在熙凤过生日时到水仙庵祭奠金钏，是指乾隆册封那拉皇后前到静安庄焚香向富察皇后在天之灵禀告。

证据之33：宝玉厌恶仕宦道路：宝玉本来就是太子，无须再走仕宦道路。

三、小说中很多重要情节和诗词，都出自乾隆怀念富察皇后之诗

证据之34：三生石畔旧精魂：出自乾隆诗《恭依皇祖过登岱诗韵》“谁能石上三生认”，足以证明神瑛侍者贾宝玉就是乾隆。

证据之35：绛珠仙草随神瑛侍者下界投胎还泪的故事，出自乾隆诗《恭依皇祖过登岱诗韵》：“云巢若问前巡事，泪洒空庭不忍留。”

证据之36：小说中的“幻”字，皆出自乾隆诗《恭依皇祖过登岱诗韵》：“幻矣仙踪谢蓬海”，《临送孝贤皇后梓宫奉移静安庄》：“因参生死俱为幻，毕竟恩情总是空。”

证据之37：西方灵河岸边绛珠草，出自乾隆之诗《七月朔日作》：“鹊桥节已近，愁望绛河旁。”《七夕感事》：“天不知情海，谁教设绛河。”

证据之38：“春恨秋悲皆自惹”中的“春恨”，出自乾隆诗：“春三月昔分偏剧，十七年过恨未平。”正是“更有情痴抱恨长”！

证据之39：三月香巢已垒成，梁间燕子太无情！出自乾隆诗《仲夏御园间咏》：“巢梁乳燕呼儿切，濩水文鸳命侣频。”

证据之40：黛玉别号“颦颦”：出自乾隆诗《仲夏御园间咏》：“云何长遣两眉颦”。“两眉颦”，岂不就是“颦颦”。

证据之41：纵然是齐眉举案，到底意难平，出自乾隆诗《诣静安庄祭酒》：“齐眉予夙愿，续弦谁所致。”《孝贤皇后陵酹酒》：“言念曾齐案，奚堪更酹杯。”〈七月十八日作〉：“嫌人称结发，怨我失齐眉。”

证据之42：撒天箕斗灿，匝地管弦繁，出自乾隆诗《中秋漫赋》：“急管繁弦同赏处”。

证据之43：晴光摇院宇，素彩接乾坤，出自乾隆诗《中秋漫赋》：“水轮依旧照珠轩，素彩寒光净可扪。”

证据之44：乘槎待帝孙，出自乾隆诗《七夕感事》：“拟向天孙问，白云千万重。”

证据之45：空帐悬文凤，出自乾隆诗《教潘岳悼亡诗体即用其韵》：“嗟哉长春宫，遗像空悬壁。”富察皇后去世后，她的遗像一直挂在生前住所长春宫里。

证据之46：鸾音鹤信须凝睇，出自乾隆诗：“环佩声疑杳，鸾凰信绝传。”

四、“三秋”中的“十三”是关键

《红楼梦》一书中，从第一个中秋节贾雨村的“时（十）逢三五便团圆”暗含的“十三”，到第二个中秋节咏海棠诗两次出现“十三元”韵，再到第三个中秋节湘黛联诗的“十三元韵”、首句“三五中秋夜”，及妙玉续联“十三韵”，共出现了五个“十三”和两个“三五”。

证据之47：第一个中秋节的“十三”：乾隆诞生、康熙死亡、雍正登基。

证据之48：第二个中秋节的两次出现“十三元韵”：

一是雍正十三年（1735年）八月雍正暴亡，乾隆登基。

二是雍正十三年（1735年）八月富察氏被册为皇后。

证据之49：第三个中秋节的两个“十三”：

湘黛联诗“十三元韵”——富察皇后的死期是乾隆十三年（1748年）三月。

妙玉续联“十三韵”——乾隆十三年（1748年）七月乌喇那拉氏晋为皇贵妃，代行皇后职权。

证据之50：湘黛联诗在二十二韵时止住：暗喻乾隆与富察皇后结发二十二年。

证据之51：三五中秋夕，清游拟上元：三五十五，乾隆十五年（1750

年）八月乌喇那拉氏晋为皇后。

证据之52：犯斗邀牛女，乘槎待帝孙：乾隆的星相是二十八宿的"斗"，"婺女星"竟敢冒犯"斗宿"，岂能有好结果。那拉皇后正是因为冒犯了乾隆皇帝而被打入冷宫的。富察皇后因与康熙皇帝的孙子弘历情深义厚，所以在天河里乘着槎子等待与乾隆团聚。

证据之53：寒塘渡鹤影：富察皇后死于运河之上，那拉皇后因南巡期间冒犯乾隆，被乾隆从水路（运河）遣送回京。

证据之54：冷月葬花魂："冷月"指出生于八月十三日的乾隆，"花魂"指富察皇后，是"冷月"乾隆含悲忍痛，埋葬了"花魂"富察皇后。

五、林黛玉是富察皇后的主要化身的证据

证据之55：贾政说二月二十二日是好日子，因为二月二十二日正是富察皇后的生日，所以，这一日林黛玉住进潇湘馆，众姑娘搬进大观园。

证据之56：黛玉在大观园的住所初名"有凤来仪"，又诗曰："秀玉初成实，堪宜待凤凰。"指出黛玉的身份是皇后。富察氏是皇后，属龙，所以，黛玉住所是"凤尾森森，龙吟细细"。

证据之57："木石前盟"：指乾隆和富察皇后的生死之恋。

证据之58：黛玉"病如西子胜三分"：富察皇后屡遭丧子之痛，身心备受摧残。黛玉的《葬花吟》，实为富察皇后的葬子吟。黛玉的《葬花诗》中"三月香巢已垒成，梁间燕子太无情"之句，出自乾隆诗《仲夏御园间咏》："巢梁乳燕呼儿切"；黛玉别号"颦颦"，出自乾隆诗《仲夏御园间咏》："云何长遣两眉颦"。"两眉颦"，岂不就是"颦颦"。

证据之59：春梦随云散，飞花逐水流：富察皇后死于德州运河的龙舟上，那拉皇后因冒犯乾隆被从水路送回京城，两位皇后的好运都终结在春三月的运河上。

证据之60：晴雯之死隐写黛玉之死，黛玉花签名"芙蓉"，宝玉的《芙蓉诔》是指乾隆悼念富察皇后之诔文。

证据之61：宝玉将西洋自行船掖在被中，暗指乾隆保存富察皇后去世时所乘御舟之事。

证据之62：玉带林中挂：反照为"挂中林黛玉"，富察皇后死后，其

画像始终在长春宫挂着，成为那拉皇后的克星。

六、那拉皇后和“南直召祸”的证据

《红楼梦》中作者通过林红玉、王熙凤、贾探春、史湘云、香菱、元春及警幻仙子，隐写了那拉皇后的一生遭遇，并通过宝、黛、钗三人的情感纠葛将乾隆与两位皇后的情史全部揭示出来。

证据之63：元春：元：始也，开始；起端。春：春天色青，五行属木，富察氏和乌喇那拉氏都出生于二月（农历），都是春天，两人的甲子纳音都有平地木，故曰：“元春”！元春暗示富察氏和乌喇那拉氏两位皇后的真实身份。

证据之64：王熙凤：“警幻案下所来”，“你也玉，我也玉”，暗示熙凤就是红玉。“凤鸟”，“朝阳五凤挂珠钗”，点明熙凤的身份是皇后。“协理宁国府”是指富察皇后死后，那拉氏晋为皇贵妃，“摄六宫事”。

证据之65：贾探春，“得贵婿”成“瑶池仙品”，明示嫁入皇家，为第二个“王妃”，即皇贵妃，直至皇后。探春骰子“十六点”，指乌喇那拉氏十六岁时被雍正指婚给弘历为侧福晋。

证据之66：薛宝钗“艳冠群芳”牡丹王，骰子的点数“五”点，指乌喇那拉氏是第五个嫁给乾隆的女人。但后来者居上，最后成为皇后，“艳冠群芳”。

证据之67：香菱“联春绕瑞”，“连理枝头花正开”，骰子的点数“十九”点，指乾隆十九年（1754年），那时那拉皇后正是得宠之时。夫妻恩爱，并蒂花开，可惜，好景不长，“并蒂莲”最后成了“仇人蕙”。

证据之68：自从两地生孤木，致使香魂返故乡：富察皇后和那拉皇后的生辰八字的干支都有平地木，故曰“两地生孤木”；二人八字相克，所以，致使那拉皇后“香魂返故乡”。“香魂”和湘云的“香梦沉酣”连在一起。

证据之69：湘云身穿“秋香色盘金五色绣龙”衣裳，“头上带着一顶挖云鹅黄片金里大红猩猩毡昭君套”，鹅黄色是皇帝的专用色，秋香色在《大清会典》中规定皇贵妃以下，除了皇子，不许任何人穿戴的服色。秋香色和鹅黄色证明湘云就是那拉皇后。

证据之70：熙凤“梦中夺锦”：暗示那拉皇后将被夺去锦绣前程。

证据之71：探春放风筝：两个凤凰风筝搅在一起，指乾隆多年来始终不忘富察皇后，并于第四次南巡期间写下怀念富察皇后的诗句，深深刺痛了那拉皇后的心。那拉皇后忍无可忍，在情感绝望中歇斯底里大爆发。

证据之72：好防佳节元宵后，便是烟消火灭时：那拉皇后在乾隆三十年（1765年）“元宵节后”第四次南巡期间，由于她对乾隆的直言劝告而招来一场大祸，正是“南直召祸”。

证据之73：三月十五日葫芦庙炸供引起火灾，三月十五日，就是闰二月十五日，这一日正是那拉皇后和乾隆发生激烈冲突的时候。乾隆生辰八字中丁酉月的甲子纳音是：山下火，那拉氏生辰八字己丑日的甲子纳音：霹雳火，“炎既来，为将至”，指的就是乾隆的山下火和那拉皇后的霹雳火，二火相克，“于是接二连三，牵五挂四，将一条街烧得如火焰山一般。”这就是“南直召祸之实意”。

证据之74：女妓云儿之曲道出了“祸起”的根由：一是“一个偷情，一个寻拿”；二是“又记挂着他”，指富察皇后。

证据之75：宝玉与妓女云儿等人喝酒时说“喝一大海”，指闰二月十七日甲子纳音“大海水”，这一日，帝后彻底决裂。

宝玉和熙凤发疯，探春之画和判词暗喻的就是那拉皇后歇斯底里大发作，乾隆雷霆震怒，将其遣返回京的史实。

证据之76：熙凤发疯：手持一把明位胃刀砍进园来，“明位胃刀”是指闰二月十八日的星相：“胃”。

证据之77：熙凤“见鸡杀鸡，见狗杀狗”，指那拉氏歇斯底里大发作，乾隆三十年（1765年）是鸡年，那拉皇后属狗。“宝玉益发拿刀弄杖，寻死觅活的，闹得天翻地覆”，正是乾隆龙颜大怒。

证据之78：平儿发现贾琏枕套中有“青丝一缕”：指那拉皇后情绝“断发”。

证据之79：探春判词“清明涕送江边望”，指那拉皇后在“闰二月十八日”清明节后被乾隆派人从水路送回京城。

证据之80：湘云“海棠春睡”、“香梦沉酣”，骰子的点数“十八”，确切地指明“闰二月十八日”，那拉皇后“香梦”终醒。湘云醉卧芍药裀，指闰二月十八日“蕉石鸣琴”的早膳是那拉皇后最后的“春梦”。

证据之81：探春的画：大海里的孤船。作者为什么说是大海里的孤船，而不说大江里或大河里的孤船？因为“闰二月十八日”的干支甲子纳音是大海水，所以，探春的画里才是大海里的孤船。

证据之82：探春画里是大海，判词里却说“清明涕送江边望”而不是“清明涕送海边望”，可见，画里的大海只是一种寓意。作者之所以写“江边望”，是为了和湘云的“水涸湘江”联系起来，从而使读者联想到探春和湘云实际上是一个人。

证据之83：探春灯谜中“清明妆点最堪宜”，风筝在什么季节放都可以，为什么非得是“清明”时才“最堪宜”？因为“清明”是那拉皇后的梦破之时。“游丝一断浑无力”，那拉皇后在“清明”节后，如断了线的风筝，一去不回。这一切都是自已惹的祸，所以，“莫向东风怨别离”。

证据之84：“一帆风雨路三千”，指京杭大运河，全长3500华里，乾隆派人从水路把那拉皇后送回京城。

证据之85：“恐哭损残年”，指那拉皇后已48岁，已经是残年。

证据之86：“奴去也，莫牵连”，指那拉皇后哀告乾隆，不要株连她的亲人。

证据之87：“一任东西南北各分离”，指那拉皇后和亲人们永远分离，树倒猢狲散。

七、那拉皇后被打入冷宫的证据

证据之88：麝月之签，“开到荼蘼花事了”，麝月的骰子是“九”点，指乾隆三十年（1765年）五月初九，皇太后懿旨，令贵妃魏佳氏晋皇贵妃，代行皇后职权。那拉氏被魏佳氏彻底取代。

证据之89：抄检大观园：乾隆下令收回那拉皇后的四份册宝，查抄了那拉氏的寝宫，那拉氏实际上已经被废。甄士隐名“真废”，正是指那拉皇后真的被废了。

证据之90：蒋玉菡和宝玉词曲，暗示那拉皇后被打入冷宫。

证据之91：“春恨秋悲皆自惹”中的“秋悲”：那拉皇后在秋天中含恨而死是她自已惹的祸。

证据之92："虎兕相逢大梦归"，那拉皇后这只母兽与乾隆这只猛虎争斗，只能是自寻死路。

证据之93："冰山上的凤凰"、"诚忘三尺冷"、"花缘经冷结"、"金钗雪里埋"、"嫩寒锁梦因春冷"等诗句，喻意都是"冷"字，那拉皇后身处冷宫，悲惨凄凉。

证据之94：芦雪庵联诗："缤纷入永宵。诚忘三尺冷，瑞释九重焦。僵卧谁相问"等诗句，暗示那拉皇后临死前的惨状。

证据之95："青埂峰一别，展眼已过十三载矣!""双照风月宝鉴"，正照：十三年春三崛起，"过十三"，乾隆十五年那拉氏晋为皇后。反照："十三"为"三十"，三十年春三完蛋；"过十三"，反照"三十过"，三十过了就是三十一，那拉皇后死于乾隆三十一年（1766年）。

证据之96："琅玕节过谨隄防"，那拉皇后的死亡之期是七月十四日。

证据之97："何曾闻得梵铃声?"指乾隆的陵寝—清东陵裕陵。

证据之98："鳌背三山独立名"，那拉皇后死后更加凄惨，连自己的墓地也没有。真是死无葬身之地。"三山"，指清东陵的孝陵、景陵和裕陵。

证据之99："木石前盟"和"金玉良缘"，隐写乾隆皇帝与富察皇后和乌喇那拉氏皇后一生的情感纠葛。

证据之100：李纨又称李宫裁，所谓宫裁，就是后宫的裁定者，那就是太后了。李纨"稻香老农""竹篱茅舍自甘心"，指乾隆的生母钮祜禄氏出身贫寒。筛子的点数"十九"，暗喻钮祜禄氏19岁时生了乾隆帝弘历。

证据之101：袭人的签是"桃花"，反照"花逃"。"武陵别景"和"桃红又是一年春"暗指哲悯皇贵妃富察氏在乾隆继位前病逝，等于逃到世外桃源。骰子的点数"二十"点，指哲悯皇贵妃20岁时生下第一个皇子。

证据之102：秦可卿的身份是皇贵妃，即慧贤皇贵妃，秦可卿无子女，慧贤皇贵妃也无子女。

证据之103："秦可卿淫丧天香楼"隐喻哲悯皇贵妃富察氏曾经是弘时的女人，后由雍正赐给弘历做格格。"箕裘颓堕皆从敬"，指的就是这件事，哲悯皇贵妃富察氏的坏名声都是雍正造成的。

证据之104：秦可卿葬礼上使用了汉族丧仪中的一个重要丧具"铭

旌"，证明秦可卿是汉人。慧贤皇贵妃正是汉人。

证据之105：第八十回，"宝玉烧香"：富察皇后去世后，乾隆痛不欲生，之后数十年中，每逢富察皇后的忌日，乾隆都亲自焚香祭悼。

《红楼梦》一书写的是乾隆皇帝和他的两位皇后的情史，小说就是为那拉皇后立传，书中隐含的证据足够多了。

小说前八十回将乾隆与两位皇后的情史完整地表现出来，因此，现存的甲戌本80回《脂砚斋重评石头记》是作者最终定稿的完整的版本，脂砚斋在第八十回"美香菱屈受贪夫棒 王道士胡诌妒妇方"回前总批中明确指出：[蒙回前总批：叙桂花妒用实笔，叙孙家恶用虚笔，叙宝玉病是省笔，叙宝玉烧香是停笔。]

注意："停笔"二字，明示此书终结也。该写的都写了，还需要再写吗?

脂批中［以此一句留与下部后数十回"寒冬噎酸齑，雪夜围破毡"等处对看，可为后生过分之戒。叹叹!］［后观《情榜》评曰"宝玉情不情"，"黛玉情情"，此二评自在评痴之上,］［故后文方有"悬崖撒手"一回。］等批语，完全是批者故布疑云，使阅者以为还有"后数十回"，唯一目的就是为了"避难"。

《红楼梦》是史书，是传记，而不仅仅是小说。正如脂砚斋所说：读者若以小说阅之，"则大罪过也"!

第十四章

《红楼梦》的作者和成书时间

第一节　追寻《红楼梦》的真正作者

关于《红楼梦》的作者，红学界众说纷纭，争论已久，至今没有一个统一的说法。《红楼梦》第一回因有“后因曹雪芹于悼红轩中披阅十载，增删五次，纂成目录，分出章回，则题曰《金陵十二钗》。”之文，于是，人们将《红楼梦》作者和曹雪芹联系起来，在红学研究中出现了一个分支——曹学。

“曹学”研究者认为：《红楼梦》作者为曹雪芹（1715 年或 1724 年—1762 年或 1763 年或 1764 年），名霑，字梦阮，号雪芹、芹溪、芹圃。其根据是敦诚、敦敏和张宜泉关于曹雪芹的诗。而把曹雪芹定位于江宁织造曹寅的后人的唯一根据是：敦诚《四松堂集》之《寄怀曹雪芹　霑》里小注“雪芹曾随其先祖寅织造之任”。

“曹学”派的考证似乎很有根据，但是，无论是敦诚、敦敏关于曹雪芹的诗中的“霑”字，还是小注“雪芹曾随其先祖寅织造之任”，都存在着谁也无法说清的疑点。敦诚《四松堂集》和敦敏《懋斋诗钞》确实是乾隆刻本，但作为学术研究的证据是有严重缺陷的。

涉及曹雪芹的诗，敦诚有诗五首，短文一则：《寄怀曹雪芹　霑》、赠曹芹圃（雪芹）、《佩刀质酒饮》、《挽曹雪芹》（二首），其余四首均称其友人为“雪芹”或“芹圃”，唯独《寄怀曹雪芹　霑》多出了一个小字体的“霑”。敦敏涉及曹雪芹的诗，计六首，《赠芹圃》、《访曹雪芹不值》、《题芹圃画石》、《小诗代简寄曹雪芹》、《河干集饮题壁兼吊雪芹》，独有《可知野鹤在鸡群》的说明中，多出了一个小字体的“霑”。原文：“芹圃曹君霑别来已一载余矣，偶过明君琳养石轩，隔院闻高谈声，疑是曹君，急就相访，惊喜意外！因呼酒话旧事，感成长句。”

张宜泉的《春柳堂诗稿》与曹雪芹相关诗有四首，其中《题芹溪居士》一诗中自注：（姓曹名霑字梦阮，号芹溪居士，其人工诗善画）。

但是，据很多学者考证，从敦诚、敦敏的诗来看，曹雪芹和曹芹圃是同一人，雪芹、芹圃是名、字、号，无从得知，敦诚、敦敏均称其友人为曹雪芹或曹芹圃，但从没有“曹霑”这个称谓。敦诚的《四松堂集》中《寄怀曹雪芹　霑》一诗的“影印件封面”里“寄怀曹雪芹”五个大字是竖写的，是印刷体，字号大，字色深，而“霑”字是个小字，是手写的，颜色浅，离那五个大字较远，模模糊糊不清楚。《四松堂集》写本前面有纪昀和敦敏的序，写明是嘉庆元年（1796 年），可见这个小字体的“霑”是后人另加上去的，这究竟是何人所为？加此“霑”字是何用意？无人能解释清楚。

还有，敦诚《寄怀曹雪芹　霑》里小注“雪芹曾随其先祖寅织造之任”也大有问题。胡适一九二二年四月十九日日记中记载：“今天松筠阁送来《四松堂集》一部……此本是最初的稿本，上有付刻的校记，删节的记号……‘扬州旧梦久已绝’，绝作觉。下帖一笺云：‘雪芹曾随其先祖寅织造之任’。”《四松堂集》写本前面有纪昀和敦敏的序，写明是嘉庆元年（1796 年），这足以证明这个写本至少是在敦诚死后 5 年才出现的。由此可见，“雪芹曾随其先祖寅织造之任”这句话并不是敦诚诗中的原文，不仅这个曹雪芹的名字是后来的“笺条”贴上去的，其织造世家出身，也是靠不住的“笺条”贴出来的，并非敦氏兄弟作品原璧。至于这些“挖改”、“笺条”系何人所为？什么时间搞的？这么搞的目的是什么？至今也无人能够说清楚，甚至有人质疑是胡适所为。周汝昌先生对此的解释是：此盖刊书者宜兴所误加。由一粟编著的《红楼梦卷》卷一谓：《四松堂集》抄本，也没见这么一句自注。

“曹学”考证派视如珍宝能够证明曹雪芹是曹寅之孙的铁证就是所谓的“雪芹曾随其先祖寅织造之任”这句话，如果这句话本身就存在很大的疑点，那么“曹学”岂不成了空中楼阁。

一、“曹雪芹”究竟是谁?

1. “曹雪芹”质疑

已经有很多人对《红楼梦》的作者“曹雪芹”提出质疑。乾隆五十六年(1791年),《红楼梦》首次排版印行,程伟元在卷首写道:“《红楼梦》小说本名《石头记》,作者相传不一,究未知出自何人,惟书内记雪芹曹先生删改数过。”程伟元提到了曹雪芹,却不能肯定他就是作者,因为这缺乏真凭实据。程伟元是距《红楼梦》一书写作年代最近的人,并且是续书者之一,连他都搞不清作者是谁,而200多年以后的人却根据一些极其靠不住的线索,认定作者就是曹寅家的后人曹雪芹,这说得过去吗?

俞平伯先生曾说:“我又以为我们不必定说作者是曹雪芹。我不晓得除本书之外,还有别书可以确证《红楼梦》是曹雪芹的没有?如果没有,但依本书看,我想我们不必全然肯定真作者除了曹雪芹没有别人。假使陆续发现曹雪芹底生活人品大不类乎宝玉,我们与其假定《红楼梦》作者非自寓身世,不如说《红楼梦》底作者非曹雪芹。因为从本书看,作者与宝玉即是一人,实最明确的事实。若并此点而不承认,请问《红楼梦》如何读法?”“定本书(《红楼梦》)之作者为曹雪芹,其实大有可商者。”

刘梦溪先生则认为:“对一门学科来说,研究了一百年,在许多问题上还不能达成比较一致的结论,甚至形成许多死结,我想无论如何不能说是这门学科兴旺的标志。所谓真理越辩越明,似乎不适合《红楼梦》。倒是俞平伯先生说的‘越研究越糊涂’,不失孤明先发之见。”

当代著名学者、红学家邓遂夫说,胡适提出“《红楼梦》是一部隐去真事的自叙”,必须建立在书中一再强调的作者“亲睹亲闻”的基础上才行,“失去了作者亲身经历这一条,不仅‘自叙说’难以成立,竟连作者到底是不是曹雪芹也都成了问题。胡适给自己的‘自叙说’埋下了一个巨大陷阱。”邓遂夫说,他的办法是咬紧牙关,把曹雪芹的年龄“虚算”几岁。邓遂夫又说,胡适为曹雪芹“凭空虚算”五岁同样不解决问题,即使按曹雪芹生于康熙五十六年(1717年)计算,到雍正六年(1728年)正月十五曹家被抄,曹雪芹也不足十一岁;而实际上自雍正一上台,曹家便开始倒霉和过紧日子了。……若在倒回曹家最后一次接驾即勉强可以真正体验繁华景象的时期，曹雪芹充其量刚刚出生。往后这几年，他纵然再早熟，也绝不会有书中贾宝玉那样的情感体验。

周汝昌先生认为：曹雪芹是曹頫之子，书中的贾宝玉就是曹雪芹，他就是青埂峰下的顽石。曹雪芹生于雍正二年（1724 年）初夏，卒于乾隆二十八年（癸未）（1763 年）除夕，实际年龄三十九岁半。周老的论证倒是符合了敦诚的诗“四十年华付杳冥”，但是，这样一来，曹雪芹更没赶上曹家的繁华时代，那么，书中的宝玉那一番“昌明隆盛之邦，诗礼簪缨之族，花柳繁华地，温柔富贵乡”的情感体验又从何而来？张宜泉雪芹“年未五旬而卒”的说法又该如何解释？无法解释就只好置之不理了。

周老定雪芹卒于乾隆二十八年（癸未）（1763 年）除夕的依据是，敦敏在乾隆二十八年（1763 年）癸未春天有一首《小诗代简寄曹雪芹》，诗中说：“东风吹杏雨，又早落花辰。好枉故人驾，来看小院春。诗才忆曹植，酒盏愧陈遵。上巳前三日，相劳醉碧茵。”这首诗的意思是，敦敏向曹雪芹发出邀请，希望他前来做客。但是，甲戌本卷一正文开始时有一条脂批：“壬午除夕，书未成，芹泪尽而逝。”壬午年是乾隆二十七年（1762 年），既然曹雪芹在乾隆二十七年（1762 年）已经死了，那么，敦敏为什么还能在乾隆二十八年（1763 年）上巳前三天约他赏花饮酒呢？周老的解释是：敦诚《四松堂集》《挽曹雪芹》一诗注明“甲申”，而甲申是乾隆二十九年（1764 年），因此，雪芹必是死于乾隆二十八年（1763 年）癸未除夕，强有力的证据还得算敦敏的诗，那都是当年写的，绝不会有误。小说中的“壬午除夕，书未成，芹泪尽而逝”。是脂砚斋弄错了，误记了一年。

周老的解释似乎很有说服力，但不幸的是，1968 年冬于张家湾城西“曹家坟出土之曹雪芹墓葬刻石”（北京市文物局邀请文物专家研究所定名），立刻否定了周老的说法。该刻石长 100 厘米、宽 40 厘米、厚 11 厘米，乃一块古代房屋台基用石，其正中镌刻“曹公讳霑墓”五大楷字，“讳”字略小，右下角刻“壬午”二小字。这就是说，曹雪芹确实死于乾隆二十七（壬午）年（1762 年），周老的考证不仅卒年对不上，连雪芹“四十年华付杳冥”也说不通了。值得庆幸的是，“曹雪芹墓碑”的发现，立即引起轩然大波，反对派，旗帜鲜明，予以否定，坚称是假；支持者态度坚决，坚持己见，认为是真。至今尚无定论。

胡适“咬紧牙关，把曹雪芹的年龄‘虚算’几岁”，没有解决曹雪芹体验繁华景象问题，而周汝昌先生将曹雪芹的年龄少算两岁，同样没有解决这个问题，反而使这个问题更加突出。曹寅家族在康熙末年已经走向衰败，由于曹寅在江宁织造任上的日用排场，应酬送礼，特别是康熙四次南巡的接驾等原因，在经济上给曹寅造成了巨额的亏空，甚至可以说，曹寅已经给曹家种下了衰败的祸根。康熙四十八年（1709 年）十二月初六，两江总督噶礼参奏曹寅，密报康熙说，曹寅和李煦亏欠两淮盐课银三百万两，请求公开弹劾他。康熙把曹寅看成是“家人”，噶礼要求公开弹劾曹寅，康熙没有批准。但事关重大，康熙不得不私下谆谆告诫曹寅和他的大舅子李煦，必须设法补上亏空。但曹寅面对茫茫债海，已经无法弥补，也没有能力挽回局面。康熙五十四年（1715 年），又查出曹寅生前亏空织造库银三十七万三千两。康熙只好再次作安排，让两淮盐政李陈常和李煦代为补还。到了康熙五十六年（1717 年），才总算把这笔账补上。

康熙照顾曹家，是看在曹玺和曹寅的情分，到了曹頫这一辈，就疏远、淡漠了许多。康熙曾经明确对曹頫说：“念尔父出力年久，故特恩至此。”康熙六十一年（1722 年），因李煦、曹頫拖欠卖人参的银两，内务府奏请康熙，严令李煦、曹頫将拖欠的银两必须在年底之前交清，否则就严加惩处，康熙当即就批准了。显然，这与康熙以前对曹寅的态度，已是决然不同了。雍正上台以后，接连颁布谕旨，开始在全国上下大张旗鼓地清查钱粮，追补亏空。曹頫拖欠公款已经让雍正十分不满，他四处托情跑门路以求减轻罪责的做法更加深了雍正的猜疑和憎恶。雍正五年（1727 年），曹頫终于大难临头，他被参劾骚扰驿站，雍正立即下旨交部严审，随后又将其革职。几天后，雍正得到密报，曹頫在离职受审期间竟然秘密转移家财，因此龙颜大怒，即令江南总督范时绎查封曹頫家产。雍正六年（1728 年），曹頫终因经济亏空、骚扰驿站、转移财产等罪革职抄家，锒铛入槛。此后，家族迅速败落。乾隆年间，曹家子孙流散。

按照周汝昌先生考证的红楼年表：《红楼梦》共写了十五年的事，从雍正二年（1724 年）始，曹雪芹出生，小说中的宝玉一岁，至乾隆三年（1738 年），雪芹 15 岁，宝玉也恰好 15 岁，红楼年表与曹頫家事完全吻合，《红楼梦》“不独人物情节是‘追踪摄迹’，连年月日也竟都是真真确确的。”问题是，在雍正末年至乾隆初年间，曹頫的家业已经衰败，曹頫家的情况根本无法与书中宁荣两府的兴盛景象相提并论。雍正六年（1728年）奉旨抄没曹頫家产的江宁织造郎中隋赫德奏报：“窃奴才荷蒙皇上天高地厚洪恩，特命管理江宁织造。于未到之先，总督范时绎已将曹頫家管事数人拿去，夹讯监禁，所有房产什物，一并查清，造册封固。及奴才到后，细查其房屋并家人住房十三处，共计四百八十三间，地八处，共十九顷零六十七亩，家人大小男女共一百一十四口，余则桌椅床杌旧衣零星等件，及当票百余张外，并无别项，与总督所查册内仿佛。又家人供出外有所欠曹頫银，连本利共计三万二千余两，奴才即将欠户询问明白，皆承应偿还。再曹頫所有田产房屋人口等项，奴才荷蒙皇上浩荡天恩，特加赏赉，宠荣已极。……曹頫家属，蒙恩谕少留房屋以资养赡。今其家属不久回京，奴才应将在京房屋人口，酌量拨给。”这是曹頫的原有家产和人口，抄家前的家境就与红楼梦中的宁荣二府相差甚远。

那么，曹頫因罪回京后的情况又如何呢？雍正七年（1729年）七月及同年十二月的两件刑部致内务府“移会”与“咨文”中提到曹家妇孺在“崇文门外蒜市口地方房屋十七间半”（《历史档案》1983年第1期），这就是隋赫德“酌量拨给”曹頫的房屋。曹頫的田产房屋人口被抄没后都赏赐给了隋赫德，曹頫回京后家产只有隋赫德拨给的这十七间半房屋，人口也不会剩下很多。

假如《红楼梦》是周汝昌先生所考证的写的是曹頫家雍正二年（1724年）至乾隆三年（1738年）的事，那么，从曹頫被抄家算起，至书中故事最盛时期，仅短短几年时间。曹頫当时是戴罪之身，加之亏空巨大，负债累累，在这短短几年时间里，曹頫哪有能力购买或建造出像书中宁荣二府那样的豪宅？更不可能将家庭人口发展到“上千人”，其中女孩子就达几百人，这还不算乌进孝田庄的人。小说第十六回中贾蔷道：“赖爷爷说，不用从京里带下去，江南甄家还收着我们五万银子。”而雍正六年（1728年）隋赫德在上报查抄曹頫家产的奏折上称：“家人供出外有所欠曹頫银，连本利共计三万二千余两，奴才即将欠户询问明白，皆承应偿还。”到雍正十三年（1735年），这些欠款应当已经偿还，曹頫怎么可能还有五万两银子寄存在别人家？

按照周老的考证：第五回“贾宝玉神游太虚幻境”时年方八岁，一个“不知淫字为何物”的小儿，却在梦中与侄儿媳妇恩爱云雨一番，梦醒之后又与长他两岁的袭人（十岁）偷试云雨情，这岂不让人瞠目结舌？又如：周老说，大观园结诗社时，贾宝玉十二岁，林黛玉十二岁，宝钗也就十四岁或十五岁，探春、湘云等人都比宝玉小。一群十二三岁的孩子，竟能作出水平如此之高的《海棠诗》、《菊花咏》和《螃蟹咏》等诗作，这听起来简直就是天方夜谭。

若根据张宜泉的诗，曹雪芹是不到五十岁时死的，就算是四十八岁吧，这也符合“年未五旬而卒”，雪芹如果是死于“壬午除夕”，向上反推曹雪芹应该生于康熙五十三年左右，可是，生于这一年的曹寅之子孙没有一人。

曹雪芹是否曹寅的孙子也不能证实，曹家族谱中既没有曹雪芹之名，也没有曹霑之名，曹雪芹究竟是曹寅的儿子还是孙子，他的父亲是谁，谁也说不清。有人说，曹雪芹是曹颙的遗腹子：康熙五十四年（1715 年）正月，时任江宁织造的曹颙在北京述职期间病逝。康熙恩旨，以曹颙堂弟曹頫过继给曹寅，接任江宁织造。是年三月初七，曹頫奏折：“奴才之嫂马氏，因现怀妊孕已及七月。”这个“奴才之嫂马氏”就是曹颙之妻，有学者论证，这个“遗腹子”就是曹颙之子曹天佑，即曹雪芹，于四月二十六日（公历 1715 年 5 月 28 日）生于南京江宁织造府。问题是，曹寅去世时曹天佑即曹雪芹尚未出生，根本就不可能随任江南织造。红学家反推出的生于 1724 年或 1715 年的“曹雪芹”在未出娘胎前好几年就开始“随其先祖寅织造之任”？这岂不是天大的笑话？退一万步说，即使曹颙的这个遗腹子真的就是曹雪芹，那么这个曹雪芹也绝无可能赶上曹家的好日子。其时曹寅早已逝世，曹家已经衰败，曹雪芹根本就赶不上曹家在江南的生活，也不会有江南风月繁华生活的体验。于是又有人说，是敦诚搞错了，是误记。既然是敦诚搞错了，那么红学家又是根据什么并“小心考证”得出曹雪芹是曹寅之孙的定论呢？

我们看看曹頫是怎样叙述自家的情况的。康熙五十四年（1715 年）七月十六日，曹頫给康熙皇帝上折：“七月十四日奴才家奴赍捧折子回南，蒙御批：你家中大小事，为何不奏闻？钦此。奴才跪读之下，不胜惶悚恐惧，感激涕零。奴才自幼蒙故父曹寅带在江南抚养长大，今复荷蒙天高地厚洪恩，俾令承嗣父职。奴才到任以来，亦曾细为查检所有遗存产业：惟京中住房二所；外城鲜鱼口空房一所；通州典地六百亩；张家湾当铺一所，本银七千两；江南含山县田二百余亩；芜湖县田一百余亩；扬州旧房一所。此外并无买卖积蓄。奴才闻母亲及家人管事人等皆云：奴才父亲在日，费用很多，不能顾家。此田产数目，奴才哥哥曹颙曾在主子跟前面奏过。承蒙万岁天恩，赏了曹颙三万银子，才将私债还完了等语。奴才到任后，理宜即为奏闻，因事属猥屑，不敢轻率。今蒙天恩垂及，谨据实启奏，奴才若少有欺隐，难逃万岁圣鉴。倘一经查出，奴才虽粉身碎骨，不足以弊辜矣。奴才不胜惶恐感戴之至!”

从曹頫的奏折上看出，曹家的大小事都必须奏明皇上。康熙帝严斥曹頫：“你家中大小事，为何不奏闻？钦此。”曹頫为此惶恐不已，仔细罗列自家财产情况，一一奏明皇上。假如曹頫真有一子，名曹霑，字梦阮，号雪芹、芹溪、芹圃，那他岂敢不奏？连其嫂子马氏“因现怀妊孕已及七月”都必须奏明皇上，曹頫平添一子，却隐瞒不报，这岂不是欺君之罪？再看曹頫的家产：京中只有住房二所，外城鲜鱼口空房一所，这住房二所会是连半条街都占了的宁荣二府吗？若是的话，恐怕早被康熙帝抄了。康熙自掏腰包三万两，替曹寅还债，岂能容忍其京城还有如此豪宅？曹家的通州典地六百亩，倒是值点钱，但和贾府乌进孝管理的方圆一千三百里的田庄差的不是一星半点。张家湾当铺一所，本银七千两，也算不上资产丰厚吧？那曹家能是小说中的宁荣二府吗？

周汝昌先生的《红楼梦新证》中说：乾隆继位后，曹頫起复，任内务府员外郎。周老的根据是：乾隆帝即位后，诰命追封曹振彦为资政大夫，原配欧阳氏，继配袁氏为夫人。曹振彦是曹寅家的高祖，天命六年（1621年）努尔哈赤攻占沈阳、辽阳一带，投降后金，为满洲包衣。后为佟养性属下，担任红衣炮队的教官。天聪八年（1634年），转隶多尔衮属下，任旗鼓牛禄章京。崇祯十七年（1644年），随多尔衮入关，任佐领，顺治六年（1649年），参加平定姜瓖之叛。顺治七年（1650年），被任命为山西平阳府吉州知州，九年（1652年），升山西等处承宣布政使司阳和府知府。官至两浙都转运盐使司监法道。顺治十五年（1658年）退休，康熙十四年

（1675 年）尚在世。周老认为：“曹家亲戚既复位极臻显赫，本身亦复中兴小康”，“曹頫虽去织造任，返京后，以上三旗内务府旧人，此时亦必复官于内部。”所以，曹家也恢复了小康生活。原来，“曹頫起复，任内务府员外郎。”是周老根据乾隆帝即位后追封曹振彦夫人的诰命推测出来的。笔者遍查史料，曹頫任内务府员外郎，曹家中兴无任何记载。笔者认为，仅凭乾隆帝的一纸诰命追封，就断定曹頫起复，曹家光复小康生活，此说过于牵强。雍正在位时，严惩各级贪官，手段阴狠毒辣，毫不留情，为官者个个惶恐不安。乾隆即位之初，采取怀柔政策，恩威并施，安抚一些被雍正惩治过的贪官之后人，也确有一些人复职。但这只是乾隆为稳固政权的临时举措，也是为他刚刚继位打下一个稳固的基础，并非所有被雍正惩治过的贪官都能官复原职。乾隆只是采取了一些缓和官员与朝廷紧张关系的柔和政策，给了某些官员一些廉价的所谓关怀，这丝毫不能证明曹頫家就从此光复中兴，恢复小康生活。

哎呀，太乱了，曹雪芹是曹寅后人的说法简直是一塌糊涂，越说越乱。因此，把他作为《红楼梦》作者，是不具备最基本的资格的。至于小说中描写的内容，那与曹家就更不沾边了。

笔者绝非对周汝昌先生不恭，尽管周老先生的观点笔者并不赞成，但他一生兢兢业业、一丝不苟地认真做学问，永远是我等晚辈学习的楷模。周老先生永远是红学界的泰斗，令笔者终生敬仰。

2. “曹雪芹”只是个笔名

一位署名朱光东的作者在其新浪博客中有两篇文章，一篇是《敦诚、敦敏关于曹雪芹的诗矛盾重重》，另一篇是《从永忠、敦诚诗看曹雪芹考证的荒唐》，作者仔细研究了敦诚、敦敏关于曹雪芹的诗文，指出，诗中矛盾重重，破绽百出，存在模仿痕迹。合理的解释是：敦诚认识的曹雪芹不是红楼梦作者，而只是同名而已。而永忠只认识敦诚，根本不认识曹雪芹，永忠只是听说敦诚认识一个叫曹雪芹的人，但敦诚从未向永忠提起曹雪芹及《红楼梦》，所以，永忠误以为敦诚诗中的曹雪芹就是红楼梦的作者，所以才有“可恨同时不相识，几回掩卷哭曹侯”之语。

笔者与上述作者的看法是一致的，《红楼梦》的作者“曹雪芹”只是个笔名，与曹寅家毫无关系。笔者在前面的论证文章里只提《红楼梦》的作者，不提“曹雪芹”之名，就是不愿将笔者所论证的内容与曹家联系起来。

《红楼梦》是一部艺术水准极高的巨著，其作者是一位文学巨匠，然“曹雪芹”其人史书上却无任何记载。关于曹雪芹生平以及与江宁织造世家的关系，都是从“扬州旧梦久已觉”和句下笺条：“雪芹曾随其先祖寅织造之任”推论出来的，把这个笺条贴出来的推论当作证据当然是靠不住的。而且，除《红楼梦》外，“曹雪芹”再没有留下其他任何作品，这本身就不正常。一个文学造诣如此之高的作家，怎么会除了《红楼梦》之外，再无任何作品呢？

小说第一回脂批云：［甲戌眉批：能解者方有辛酸之泪，哭成此书。壬午除夕，书未成，芹为泪尽而逝。……］经查，壬午年根本没有除夕，干支纪年是在立春的前一天变纪年。有时立春早于除夕，有时立春晚于除夕，而壬午年恰恰交不出除夕。乾隆二十七年（1762年）壬午，年终腊月二十日，其后为癸未年。“壬午”年无“除夕”，“书未成，芹为泪尽而逝”也就无从说起。批者故意留下这么低级的漏洞，目的就是为了告诉读者，所谓“雪芹”著书，实为障眼法也。

在小说的开篇序言中提到“后因曹雪芹于悼红轩中披阅十载，增删五次，纂成目录，分出章回，则题曰《金陵十二钗》”。这一段有关“曹雪芹”的话，脂砚斋有一段批语：［甲戌眉批：若云雪芹披阅增删，然则开卷至此这一篇楔子又系谁撰？足见作者之式猾之甚。后文如此者不少。这正是作者用画家烟云模糊处，观者万不可被作者瞒蔽了去，方是巨眼。］

脂砚斋的批语，本身就是对“曹雪芹”的质疑，假如此书真是“曹雪芹”所著，脂砚斋的批语反而会引起读者对作者“曹雪芹”的怀疑，他不是多此一举吗？其实，脂批的真正用意是：“这正是作者用画家烟云模糊处，观者万不可被作者瞒蔽了去，方是巨眼。”脂砚斋是在提醒读者，不要被“曹雪芹”这个虚无的名字“瞒弊了去”，真正的作者另有其人。

如果说，曹雪芹是《红楼梦》的作者，那么，是谁把“曹雪芹”的名字写进小说的前言里？是他自己吗？古今中外哪个作者会用这样的方式在自己的作品里署名？脂砚斋为什么要批那样一段容易引起读者怀疑的话？敦诚敦敏为什么在“悼雪芹”的诗中刻意表明雪芹在黄叶村著书？又是谁唯恐别人不知道“曹雪芹”是谁，刻意贴上笺条注明“雪芹曾随其先祖寅织造之任”，这奇怪的做法难道不应该怀疑吗？

凤凰网上有一位署名“空谷之音”的作者，对“曹雪芹”的论证中有一段非常精彩的内容，现摘录如下：

“曹雪芹写作的乾隆时代，周围真正见过‘曹雪芹’的有几个人？比如，永忠诗中提到的‘墨香’其人，是敦敏、敦诚的亲叔叔额尔赫宜，永忠得观《红楼梦》小说由墨香提供，永忠直言未能与‘曹雪芹’相识而感叹。比如，富察明义《题红楼梦》诗作是‘余见过抄本’之后，永忠与富察明义都是敦敏、敦诚一个圈子里的人，他们都盛赞《红楼梦》所叙情节安排和笔力，而未有与作者相识的谈论。比如，袁枚《随园诗话》乾隆五十七年（1792 年）刊本中‘康熙间，曹练（楝）亭为江宁织造……其子雪芹撰《红楼梦》一部，备记风月繁华之盛。明我斋读而羡之……丁未八月……雪芹者，曹练亭织造之嗣君也，相隔已百年矣’的记载，丁未即 1787 年，袁枚已经古稀之年。显然，他的言谈中透出并不知晓‘曹雪芹’具体一二，‘明我斋读而羡之’一句，透出他的信息来源是明我斋，而明我斋本身对《红楼梦》作者相关所知甚少。可见，袁枚的言论是衍生的。前有敦诚《寄怀曹雪芹　霑》中的笺条‘雪芹曾随其先祖寅织造之任’误导了一批人，雪芹似乎是曹寅之孙又似乎是曹寅之子，敦诚的这一段补充说明有画蛇添足之嫌，似是有意而为之，力在烟云模糊处。明我斋也只是见过抄本，未见始文，对作者的真正身份并不熟知，袁枚据此就认为‘曹雪芹’即曹寅之子。其‘相隔已百年矣’一句又引出了新的隐情，曹寅之子是指曹颙（yóng）还是曹頫？有人据此推断，曹頫即是《红楼梦》作者；还有人据此推断，曹颙没有病故，他假亡故实隐居写作了《红楼梦》，既是曹寅之子又任过织造之职，《红楼梦》作者非他莫属。一部《红楼梦》，眼见着要变成活生生的悬疑加惊悚兼武侠小说了。其实，袁枚‘相隔百年’之说没有那么复杂，他四十岁辞官后才在江宁定居，所购居住的随园即是曹家故园，他不是江宁人，原也不在江宁任职居住，远离官场写诗论书是他追求的一种逍遥自在的生活方式，住进了曹家故园，遥思故主，思想感情变得更丰富些了，何况袁枚本人也是清代诗人、散文家，人家感情丰富也在情理之中。袁枚 1716 年生人，曹寅 1712 年去世，曹颙

1689年生人，曹𫖯，有红学家考证大概是1698年前后生人，袁枚到了丁未年发‘相隔百年’的感慨并不谬误，三人俱实与袁枚各‘相隔百年’，曹𫖯的出生年代倒是有对证了，可能还要提前于1698年若干年出生。有推测说曹颙没有病故，这个姑且不论，估计起因在为了附会《红楼梦》中宝玉出家的结局，没有太多的意义，也或许是为了坐实‘曹雪芹’、脂砚斋与畸笏叟三人共同写作了《红楼梦》？还有一些推测，认为‘曹雪芹’另有一个叔父或伯父一起修撰了《红楼梦》，估计起因还是为了坐实‘曹雪芹’、脂砚斋与畸笏叟三人共同写作的身份。如此一来，作者和助撰者各得其所，《红楼梦》作者家族三人行大功告成了。”

接着，“空谷之音”谈道：“关于‘曹雪芹’卒年，文本批语与敦敏、敦诚文集中都有透露，那位神秘的张宜泉先生也有所透露，他的说法也有模糊之处，他的‘题芹溪居士’中提到‘爱将笔墨逞风流，庐结西郊别样幽。’记载只是透露了芹溪笔墨特色，并与芹溪庐结西郊的事情。‘和曹雪芹西郊信步憩废寺原韵’的韵律表明，他与‘曹雪芹’有过真正的接触并一起作诗散步，他眼中的‘曹雪芹’什么模样呢？他没有留下‘曹雪芹’一丝一毫的真实行迹，只是作为友人有诗文记载点滴，也可能对《红楼梦》写作事宜不甚清楚。否则，隐瞒身份写书的事，敦诚都敢于直言‘曹雪芹’著书，他如何只字未提？张宜泉对《红楼梦》的写作真实状态有两种可能：一种是写作知情者，对作者隐瞒身份的缘由了如指掌，出于保守秘密的缘故，只字不露写作事宜；另一种是毫不知情，只是有结交而已。无论处于哪一种状态，他‘年未五旬而卒’言也算是留下了关于作者的一些蛛丝马迹。……‘曹雪芹’卒年出于脂砚斋批语和敦敏、敦诚文集中，却又自相矛盾。按说，脂砚斋是早期的批书者，敦敏、敦诚又是‘曹雪芹’的朋友，卒年记载模糊是不应该的，三份记载，卒年却不吻合，莫不是他们在玩隐身术？从《石头记》首评起步，到脂砚斋‘判’了‘曹雪芹’壬午除夕去世为止，符合‘披阅十载’的说法。敦敏、敦诚兄弟文字不仅记载了‘曹雪芹’去世，还证实连后代都夭折了。莫非‘曹雪芹’这个名字随着《石头记》的写作而产生，‘披阅十载’成书后去世？无论‘曹雪芹’什么年份去世，敦敏、敦诚兄弟二人自相矛盾的去世说法对逝者极其不尊重。脂砚斋是作者之一，另有批语披露脂砚斋去世。如此这般，作者们去世了，小说一旦有碍语，欲追究作者碍语罪都无处下手，等于作者们间接上了万能保险。去世说如同文本故事一样，很离奇，也很玄幻。作者们是否玩了魔幻，自己判自己‘去世’呢？如同文本写作手法‘避难法’？后来的批语又证实，脂砚斋忽死忽生，生死莫测，在若生若死间徘徊，也许‘年未五旬而卒’才是与张宜泉一起作诗散步的‘曹雪芹’真实卒年。这样看来，张宜泉先生的说法可能更为可靠一些，因他只是与‘曹雪芹’结交赋诗闲散，并没有透露与《红楼梦》直接相关的信息。假设作者们坐定了隐瞒真实身份的操盘，会留下蛛丝马迹供人追踪吗？”

从目前发现的评语来看，除了署名脂砚斋与畸笏叟之外，第十三回后，出现了“松斋”、“梅溪”、“棠村”、“杏斋”等人的批语，靖本第十三回同类的批语多署名“棠村”。小说第一回明确交代“东鲁孔梅溪则题曰《风月宝鉴》”，对此段的甲戌眉批有：“雪芹旧有《风月宝鉴》之书，乃其弟棠村序也。”一段文字，“棠村”又变身成了“梅溪”。紧接着甲戌眉批有：“若云雪芹披阅增删，然则开卷至此这一篇楔子又系谁撰”之言，可见，署名不确定，而且相互矛盾。脂砚斋和畸笏叟两个署名批语偶尔自相矛盾，语言风格又出奇的一致，他们用不同的署名玩声东击西的分身术，与小说写作手法也一致。

这位“空谷之音”着实厉害，分析得极有道理。“空谷之音”的最后结论是：“敦敏、敦诚兄弟是共同的作者，脂砚斋、畸笏叟两个署名在批者间互相窜用，敦敏、敦诚兄弟分别为《红楼梦》作者之一。”这和笔者的判断不谋而合。

3. 敦诚敦敏笔下的曹雪芹

我们看看敦诚、敦敏等人如何描绘曹雪芹。敦诚说：“四十萧然太瘦生。”裕瑞说：“其人身胖头广而色黑。”（《枣窗闲笔》）一个说太瘦，一个说身胖，明显不同；敦诚说：“四十年华付杳冥。”（《挽曹雪芹》）张宜泉说：“年未五旬而卒。”（《伤芹溪居士》），年龄差距近十岁；敦诚说：雪芹是曹寅的后代，应是一名“包衣”，永忠说：“可恨同时不相识，几回掩卷哭曹侯”，“包衣”什么时候变成了“曹侯”？敦诚说：“举家食粥酒常赊。”《五庆堂谱》所记的曹寅家谱说：“天祐：颙子、官州同。”有研究者说，曹天祐1715年出生，就是曹雪芹；也有研究者说曹霑才是曹雪芹，但不管是谁都是“官州同”，即六品官。六品官能没有酒喝吗？敦诚说：“劝君莫弹食客铗，劝君莫扣富儿门。残杯冷炙有德色，不如著书黄叶村。”敦敏说：“傲骨如君世已奇。”（《题芹圃画石》）雪芹都到了“弹食客铗”、“扣富儿门”的地步，何来“傲骨”？敦敏说：“卖画钱来付酒家。”而曹某已到了举家食粥的地步，哪来的钱财去买布帛、颜料、宣纸和笔墨？据说曹某专画石头，笔者也学过几天美术，单画石头的还没见过，没有花草、翠竹、芭蕉等物的衬托，石头如何表现？

敦诚挽曹雪芹的诗，共三首，两首在《鷦鷯庵杂志》抄本里。有学者论证：从敦诚的这两首诗中看得出来，这两首诗，不是雪芹刚死时写的，敦诚当时还不清楚雪芹病故丧葬等具体情况，也没有参与雪芹的丧葬。敦诚诗中说“肠迴故垅孤儿泣，并注：前数月伊子殇，因感伤成疾”，学者解释诗中的“故垅”是指曹家在东郊张家湾的祖坟，而“鹿车荷锸葬刘伶”一句是指雪芹死后不久像刘伶一样即被埋葬的，埋葬的地点应该是张家湾的祖坟，与他的孤儿在一起。问题是，既然敦诚不清楚雪芹病故丧葬等具体情况，也没有参与雪芹的丧葬，那么，敦诚凭什么说雪芹就葬在张家湾的祖坟里？而且是和他的孤儿葬在一起？前数月伊子已故，那“孤儿泣”又是指谁？如果是指雪芹之子，孤子已死却还能泣？是泉下有知，为父亡而哀伤吗？连雪芹病故丧葬的具体情况都不清楚，敦诚又根据什么说雪芹“一病无医竟负君”？诗中又说“故人欲有生刍吊，何处招魂付楚蘅。”意思是雪芹的故友想凭吊他都不知道到哪儿凭吊，要招魂都不知向何处去招。这里的意思非常明确，就是敦诚根本不知道雪芹葬在哪里，连招魂都不知上哪儿去招，那么，“故垅”就是指曹家在东郊张家湾的祖坟又从何谈起？敦诚可能意识到诗中存在的矛盾，于是第二年将“故人欲有生刍吊，何处招魂赋楚蘅”改为了“故人惟有青山泪，絮酒生刍上旧坰”，意思是去年是想去坟上吊唁，因不知魂在何处而未去成，现在是“已经去成了”。还有人说诗中“牛鬼遗文悲李贺”中的“遗文”应该是指《红楼梦》文稿，可能还有部分诗稿。笔者不知高人是怎么看出来这一点的？反正笔者看不出“遗文”是《红楼梦》文稿的丝毫踪影，也可能是笔者的学识太浅薄了，所以，笔者只看出敦诚、敦敏等人关于悼雪芹的诗相互矛盾，含糊其辞，破绽百出。欲自补漏洞，又难以自圆其说。

4.《四松堂集》的纪年问题

著名学者、红学家吴恩裕先生特别强调敦诚的《四松堂集》的编年是比较严格的。但冯其庸先生认真查核《四松堂集》付刻底本后发现，书中关于纪年有多种不同的情况：

一是在诗题下有明确的纪年，如《农家乐》、《雨中泛舟》题下有丙子和癸巳的纪年；《北寺腊梅嵩山日使人探之，今春稍迟，至仲春下浣始放，因相约入寺，上人万钟置茗饮共赏其下，且拈春字韵索诗，即书以寄谢》，题下有辛丑的纪年，等等。

二是诗题本身即含纪年，如《癸卯正月初十日，乾清宫预宴恭纪二首》，《辛亥早春与鲍琴舫饮北楼，其友王悔生、恽简堂、张皋文为不速之客，琴舫有作，次韵二首》。

三是很多诗题下的小字纪年，在刻本上都已删除。尽管底本上未加删除符号，但付刻时也作删除处理。

四是题下原有小字纪年，编订时在纪年上贴小白纸片盖住，表示删去纪年。如《南村清明》题下原有小字癸未，《送李随轩廷扬编修之任粤东二首》，题下原有壬辰纪年，编定时题下的纪年都被小纸条贴盖，经揭去纸条，才能看到下面被覆盖的字。又如《挽曹雪芹》一首，题下原有甲申两字纪年，付刻前又用小纸片将甲申两字贴盖掉，后来不知什么原因，又干脆在题上加了，表示删去此诗。

社科院图书馆也藏有《四松堂诗钞》抄本一册，确是乾隆年间抄本，内有这首《挽曹雪芹》诗，题下甲申两字未删，但此集未抄完，所以此本是未定本，故甲申两字未删。

五是题下纪年用墨笔圈去，如《清明前嵩山庭中梅花盛开相招因事不果往，记去春主人置酒，蒋银台螺峰，朱阁学石君王员外礼亭，方水部仰斋，暨予兄弟俱在座颇为一时之盛，倏忽一载矣。即次荇庄看梅原韵却寄二首，且冀补嘉会云》。题下原有丁未纪年，编订时用墨笔圈去。又如《南溪感旧，记乙未初夏同墨翁、嵩山于此射凫叉鱼，倏尔十三年矣》，题下有戊申纪年，被编者用墨笔点去。

吴恩裕先生特别强调的“吾诗聊记编年事”一诗，证明敦诚的诗是严格地编年的，但此诗在敦敏编订时，也一并删去。这只能说明“吾诗聊记编年事”这句话已不是十分确切了。

据冯其庸先生考证，刻本《四松堂集》，除上述诗题上含纪年的两首外，其他所有的纪年都被删去。为什么会出现这种重要的变化呢？冯其庸先生认为：“《四松堂集》并不是真正严格编年的，大体编年还可以这样说，但并不严格。所以敦敏在编订此集时，感到并非严格编年，因此把有关纪年的文字全部去掉，以符合实际情况。由此，我们对《挽曹雪芹》诗下的甲申两字被贴条删去，也不能不审慎思考。”

《四松堂集》里各诗的明确纪年根本无法确定，后人根据敦敏删除的纪年考证“曹雪芹”的卒年就成了空中楼阁。

5. 曹雪芹为何没有赴约

敦敏的《懋斋诗钞》有《小诗代柬寄曹雪芹》一首诗：“东风吹杏雨，又早落花辰。好枉故人驾，来看小院春。诗才忆曹植，酒盏愧陈遵。上巳前三日，相劳醉碧茵。”诗中所说“上巳前三日，相劳醉碧茵”的诗句，是指敦敏、敦诚邀客，聚会饮酒赋诗的。但此诗下第三首《饮集敬亭松堂同墨香叔、汝猷、贻谋二弟暨朱大川、汪易堂即席以杜句蓬门今始为君开分韵余得蓬字》，诗题中就提到了六人，连敦敏自己共七人，并无雪芹，可见雪芹并未赴宴。按说所会都是雪芹的友人，雪芹不应不来，但他竟然没来。如果雪芹是因事未来，按理雪芹会有答诗，但竟然一无回音。《懋斋诗钞》从《小诗代柬》以后，隔了整整两年，迄无一点雪芹的信息。不仅敦敏的诗中两年未提及，就是敦诚、张宜泉等其他友人的诗集里再也找不到一首与雪芹唱和的诗，这是一个非常值得认真思考的问题。直到乾隆三十年（1765 年），才又出现雪芹的名字，这就是《河干集饮题壁兼吊雪芹》，但这首诗是悼念雪芹了，而且从诗意看，雪芹已非新丧。因此，很多人认为，敦诚、敦敏写诗邀请雪芹来聚会时还不知道他已死，等到不见雪芹回音，也不见他到来，才得知雪芹已去世。

据冯其庸先生考证：《懋斋诗钞》基本上是一部编年诗集，但并不是严格编年。卷首懋斋诗钞，蕴辉阁藏，自乾隆二十九年（1764 年）戊寅起至三十一年（1766 年）庚辰止这就是完全错的。二十九年（1764 年）是甲申，三十一年（1766 年）是丙戌，连干支都错了，更错误的是诗的起讫年都不对，这一点吴恩裕先生也说过了。所以说《懋斋诗钞》基本编年不能算严格编年。

既然《懋斋诗钞》的编年都有问题，那么其中的关于曹雪芹的诗就更不可信了。

6. “曹雪芹”以何为生

据很多红学家考证，“曹雪芹”是在香山黄叶村历经十年辛苦，创作《红楼梦》，“书未成，芹泪尽而逝”。问题是，“曹雪芹”十年间以什么为生？要著书，先要保证好好地活着，要活着，就要有经济来源。“曹雪芹”既不是做官的，也不是种田的，更不是做生意的，原来的家早被皇上抄了，说不上家徒四壁，也没有多少存银了吧？那么，十年来他靠什么维持生计、养活家人？张宜泉家道败落，尚以教书为生，雪芹呢？怎么生活？敦诚说：“劝君莫弹食客铗，劝君莫扣富儿门。”看来他已经沿街乞讨了；在“举家食粥”的状况下置妻儿于不顾，还时不时狂饮，哪来的银子买酒？是像敦敏说的“卖画钱来付酒家”吗？能以作画卖钱为生，那他的绘画水平该有多高？著书已占用了他所有的精力，还有时间画画？要认真创作一幅能卖钱的画，得花费多少精力？随便抹几笔就能卖钱吗？十年内得卖多少画才能维持生活？十年内又能卖出多少画？总会有些画流传下来吧？有吗？没有！什么也没有留下。

有学者论证，曹寅、曹宜及其子曹颀都是内务府正白旗参领兼佐领，拥有旗籍，曹雪芹作为内务府正白旗的包衣，当然可以回旗。清政府规定，旗人在旗外面当官为宦的人家，若获罪成为白丁之后，假如有钱有地位，还可以在京住闲；如果生活没有着落，那么，也可以回归到自己的旗籍，领取每月 4 两银子、每季一担米的俸禄。这样一来，曹雪芹似乎有点赖以生存的经济来源。但问题是，曹雪芹根本就不可能是曹寅家的后人，那么，获罪后归旗之说也就无法成立。

所以，说“曹雪芹”黄叶村十年著书听起来像天方夜谭。

二、《红楼梦》最早的流传范围

我们再来看看，除敦诚、敦敏外，最早看过《红楼梦》并写诗评论的都是什么人。

墨香：是敦敏、敦诚的亲叔叔额尔赫宜。《红楼梦》一书最早是从敦诚敦敏的叔叔额尔赫宜那里传出去的，永忠的诗中提到“因墨香得观《红楼梦》”，证明墨香是最早看到《红楼梦》一书的人。

永忠：允禵的孙子，允禵是雍正的同母弟，野史中传说，本来康熙传位于允禵，但被雍正篡改了遗诏。将“传位十四皇子”改为“传位于四皇子”。正史中，雍正当了皇帝，允禵先是被派到清东陵为康熙皇帝守陵，后又被囚禁在景山观德殿。直到乾隆登基，才被释放。可想而知，永忠对雍正和乾隆是什么感情？永忠《延芬室稿》有《因墨香得观〈红楼梦〉小说吊雪芹三绝句姓曹》，但研究者认为，永忠并不认识曹雪芹，他是因墨香而得观《红楼梦》。

富察明义：孝贤纯富察皇后的侄子，皇亲国戚。墨香是明义的堂姊夫。明义的《题〈红楼梦〉绝句二十首》的写作时间众说不一，探佚学者坚称明义组诗题咏的是一个只有明义等少数人读过的旧时真本，称为“明本”。但也有学者认为，明义读到的是1791年问世并迅速红遍大江南北的程甲本《红楼梦》，他对《红楼梦》著书的内幕并不知情。还有人认为：1791年程甲本出版，明义原题诗二首，1792年袁枚《随园诗话》收录；1794年周春《随笔》记述。明义另十八首题红诗和序是后人伪造的。

裕瑞：豫亲王多铎五世孙，清朝和硕豫良亲王爱新觉罗·修龄次子，皇室宗亲。裕瑞在《枣窗闲笔》中评析了《红楼梦》。《枣窗闲笔》大致成书年代在嘉庆十九年（1814年）至二十五年（1820年）间。裕瑞是贬斥“高续”后四十回的第一人。《枣窗闲笔》中记载了一些关于曹雪芹个人和著书的材料，以及脂砚斋评注的信息。但这些信息前多冠有“闻”、“想系”、“闻前辈姻戚有与之交好者”等，可见信息来源及其准确性并不十分可靠。

弘晓：和硕怡亲王允祥的第七子，乾隆的堂弟，正宗的皇亲。现存于世的己卯本正文避讳“玄”和“禛”，即康熙玄烨和雍正胤禛的名讳；避两代怡亲王胤祥和弘晓的名讳“祥”和“晓”，红学界据此判定为清代怡亲王弘晓府中的原抄本，抄录者肯定是弘晓的后人。

张宜泉：内务府汉军旗，“先世曾累受国恩”，后家族败落，遭际坎坷，终身不得志，晚年靠教私塾维持生计。20世纪50年代在北京发现的张宜泉《春柳堂诗稿》，诗稿中有关曹雪芹的四首诗和注，提及曹雪芹的姓名、字号、性格特点、晚年生活情况和生卒年月。然而，自20世纪90年代以来，有研究者否认《春柳堂诗稿》中的曹雪芹为《红楼梦》作者曹雪芹，提出了《春柳堂诗稿》的作者宜泉先生“不可能是乾隆年间人”，与《红楼梦》作者曹雪芹“不是同一时代人”的观点，引起了学界广泛而持久的争辩。

再就是和珅和乾隆了。

不可否认的是，无论是富察明义、永忠，还是裕瑞、弘晓、张宜泉，谁也没有真正见过“曹雪芹”和其原手本；他们的有关“曹雪芹”和《红楼梦》的著述的真实性存在很大争议，没有一个是坐实了的。永忠肯定不认识曹雪芹，明义题红诗的写作时间是研究者为加强自己“曹学”立论的需要推断出来的；裕瑞笔下的曹雪芹是道听途说和想象来的，他也没看过原本；己卯本最多也就能证明是弘晓家的藏书或者他的家人抄录过；至于张宜泉就更说不清了。倒是墨香真正看过原本。

由此可见，《红楼梦》最先是在皇族的极小范围内流传的。如果说作者是曹雪芹即曹寅的后人，或是曹頫、洪昇、袁枚等人，他们的祖籍、人脉关系都在江南，小说应该首先在南方流传，而江南历来文人墨客层出不穷。可令人奇怪的是，同时期江南的那些文人名流的记载中关于《红楼梦》没有任何记载。而恰恰是皇族里的这几个人最先看到了此书，这说明什么？说明作者是和皇室宗亲关系很近的人，否则，为什么是这几个人最先看到《红楼梦》？

还有，人与人的交往是有固定的圈子的，按“曹家学”的说法，曹雪芹不过是个犯了事的贪官的后人，而且已经沦落到举家食粥、卖画糊口的地步，怎么会和那些皇亲国戚搅在一起？在那些皇室宗亲的人眼里，一个落魄的五品官的后人算老几？值得交往吗？

因此，“曹雪芹”绝不是曹寅家的后人，他只是一个笔名。

笔者认为：作者要想写出这部巨著，必须具备以下几个条件：

1. 对乾隆及后宫的情况极为了解，有机会接触到核心机密；

2. 具有极高的文学水平；

3. 有充足的时间；

4. 和皇亲宗室的人关系极为密切。

三、“曹雪芹”就是敦诚敦敏

笔者认为：“曹雪芹”就是“敦诚、敦敏，他俩才是《红楼梦》的真正作者。此说有何根据？根据是：

1. 小说的内容

《红楼梦》隐写的是乾隆皇帝与两位皇后的情史，揭露了乾隆的荒淫无耻和冷酷无情，痛骂乾隆和雍正，为那拉皇后鸣冤叫屈，甚至著书立传，这是多大的罪过？试想，作者和批者当然知道严谱和金从善之案，这两个人不过是为那拉皇后稍加辩解，对皇上微词责难，就命丧黄泉。而《红楼梦》一书，对乾隆的风流韵事详加揭露，对那拉皇后一生的遭遇描述详尽，极为同情，甚至直接痛骂乾隆和雍正，此等罪过真乃滔天之罪。当时乾隆还活得好好的，这般描述皇上和他的后妃，将他后宫中的那点丑事一股脑地倒了出来，这不是找死吗？一旦事泄，罪当无赦，凌迟处死、诛灭九族是必然结果。

既然小说中所写的内容不是曹寅家的事，那么，曹雪芹也就和曹寅家毫无关系；既然曹雪芹不是曹寅之后，那么，敦诚、敦敏为什么要在悼念雪芹的诗里特意注明“雪芹曾随其先祖寅织造之任”的话？敦敏为什么要将敦诚诗中的纪年删除？敦诚《四松堂集》刻本里《挽曹雪芹》一诗的下面一首是《遣小婢病归永平山庄，未数月，闻已溘然淹逝，感而有作》，死者是敦诚的侍婢。给她写的挽诗都能入选，为挚友曹雪芹写的挽诗反倒被删掉，其间什么原因？难道不值得深思吗？《挽曹雪芹》诗贴去“甲申”两字的纪年，难道仅仅是纪年不确吗？笔者认为：唯一合理的解释就是所谓悼雪芹的诗，包括1968年冬于张家湾城西曹家坟里挖出的所谓曹雪芹的墓碑都是敦诚、敦敏伪造的。敦敏、敦诚邀请曹雪芹聚会，雪芹之所以未能赴约，是因为根本就没有这个人，敦诚、敦敏就是曹雪芹，他俩才是

《红楼梦》的真正作者。为避祸，敦诚、敦敏不得不杜撰出一个“曹雪芹”，故意将“曹雪芹”之名明明白白地写进小说的前言里，又在所谓的“悼雪芹”诗中故意将其和曹寅家联在一起，反正曹家已经被抄了，曹寅也死了，多一条罪名也无所谓。然后在书的批语中说“壬午除夕，书未成，芹为泪尽而逝”；再弄一块假墓碑，刻上“曹公讳霑墓”和“壬午”二字，和书中的时间相吻合，再然后，弄个不知名的死人和粗制滥造的墓碑一起，神不知鬼不觉地埋在曹家祖坟里，以瞒天过海。笔者认为，要做到这一点，难度不会太大。著书人已死，评书人也魂归天外，想要追查都无从下手。这样一来，敦诚、敦敏不就安全了吗？

2. 敦诚有接触机密档案的绝佳条件

敦诚生于雍正十二年（1734 年），卒于乾隆五十六年（1791 年），卒年五十八岁（虚岁）。五岁入家塾，十一岁时进右翼宗学读书。十三岁随其叔月山学习，聪明好学，深受其叔喜爱。十五岁过继给其九叔祖爱新觉罗经照之养子宁仁为嗣。当时他的叔祖母已五旬，非常疼爱这个聪明好学的嗣孙。十六岁娶了钮祜禄氏之长女。二十二岁时在宗学考试中列为优等。二十四岁曾受父命在喜峰口管税务。两年后，随父亲返回北京闲居。二十七岁丁母忧。三十三岁补宗人府笔帖式，不久授太庙献爵。三十八岁时，其叔祖母辞世，哀痛之余，以病告退。

敦诚三十三岁补宗人府笔帖式时是乾隆三十一年（1766 年）。这里需要介绍一下宗人府这个机构。

宗人府是中国古代管理皇室宗族的谱牒、爵禄、赏罚、祭祀等项事务，记录宗室罪责过失的机构。掌管皇帝九族的宗族名册，按时撰写帝王谱系，记录宗室子女嫡庶、名字封号、嗣袭爵位、生死时间、婚嫁、谥号安葬的事。凡是宗室的陈述请求，都由宗人府替他们向皇帝报告。

明清两代的皇室宗亲触犯国法，刑部衙门一般无权过问，由宗人府按皇室家法处置。宗人府一度成为连皇帝也要礼敬三分的超然机构。它既管人丁户籍，也管祭祀礼仪，还包揽教育、后勤，俨然一个独立的小政府。当然，它的服务对象是特定的，那就是皇室家族。而它所管辖的事都移交给礼部，即其后事权归于礼部。清代宗人府沿袭明制，设于顺治九年

(1652年)。长官改称宗令，由亲王或郡王内选充。宗令以下设左右宗正、左右宗人、府丞、堂主事等官职。

笔帖式：清官名。掌翻译满、汉章奏文字等事。有翻译笔帖式、缮本笔帖式、贴写笔帖式等名目，为满员进身之阶。

敦诚在乾隆三十一年（1766年）时担任宗人府笔帖式，那时，正是乾隆清理那拉皇后所有档案资料的时间。敦诚接触、处理的都是皇室宗亲的机密文档，对那拉皇后被废的情况和雍正、乾隆以及他的后妃、子女的情况了如指掌，也有机会接触到永瑆和其他皇子，以及宫中对那拉皇后情况非常熟悉的知情人，再加上他本身就是皇亲国戚和职业的便利，创作《红楼梦》有绝佳的条件。

3. 敦诚有极高的文学水平

敦诚的著作有《四松堂集》、《鷦鷯庵笔麈》、《白香山琵琶行传奇》等。敦诚的《四松堂集》有很高的文学价值。大才子纪昀为《四松堂集》作序，序中称赞了其诗可以与唐宋诸大家相媲美，其文“逸致清言上追魏晋”，“范水模山”则亦可与郦道元、柳子厚相类。“神思高迈，气韵自殊”，风格像公安派，而又摆脱了公安竟陵派的浅薄轻率之流弊。纪昀尤其赞赏敦诚“沈酣典籍，密咏恬吟，能立言以传于后世”，认为他的处世得到了老庄的精髓。

据此，敦诚具备创作《红楼梦》的能力。

4. 敦诚有充足的时间

敦诚任宗人府笔帖式不久，即被授太庙献爵。太庙献爵是宗人府专门负责皇族祭祖时陪祭、太庙上香、太庙奠帛献爵等事项的宗室官员。就是说，除了上朝和皇族祭祖、祭陵等祭祀大典时他们忙乱一阵，平时，没有太多的工作。所以，他的时间是比较充裕的。

乾隆三十六年（1771年）敦诚以其叔祖母辞世为由，以病告退，其目的就是为了有更充足的时间写作。当时《红楼梦》的部分章节已经成型，乾隆三十九年（1774年）至四十一年（1776年）初，小说的大部分书稿已完成。这时，脂砚斋开始抄录点评。

敦诚卒于乾隆五十六年（1791 年），那时《红楼梦》已经全部完成，所谓“书未成，芹泪尽而逝”，完全是为了掩护自己。

笔者认为，敦诚是《红楼梦》的主要执笔者，敦敏也参与了小说的创作。蒙府本中有一个署名叫立松轩的，敦敏诗集文字中的敦诚住处叫“松轩”，“立松轩”就是从“松堂”、“松轩”演化而来的。“梅溪”则是棠村的变身，梅溪即批书者之 。蒙府本中除了“立松轩”这个署名者，还有很多无署名标题诗出现，语气绝非普通观者，所批之语是了解《红楼梦》写作详情的人，就是作者之一，即敦敏。

第六回描写刘姥姥一进大观园时，刘姥姥与狗儿聊天时狗儿冷笑道：“有法儿还等到这会子呢。我又没有收税的亲戚，[甲戌双行夹批：骂死。]作官的朋友，[脂批：骂死世人，可叹可悲！]有什么法子可想的？便有，也只怕他们未必来理我们呢！”小说的批语从侧面透露，作者与税务官有关。敦敏、敦诚兄弟都做过税务官。

第七十七回，晴雯、四儿等被赶出大观园，暗示的是那拉氏亲人的遭遇。[庚辰双行夹批：一段神奇鬼讶之文不知从何想来，王夫人从来未理家务，岂不一木偶哉？且前文隐隐约约已有无限口舌，谩谰之谮原非一日矣。若无此一番更变，不独终无散场之局，且亦大不近乎情理。况此亦是余旧日目睹亲闻，作者身历之现成文字，非捏造而成者，故迥不与小说之离合悲窠臼相对。想遭冷落之大族子弟见此虽事有各殊，然其情理似亦有点契于心者焉。此一段不独批此，直从抄检大观园及贾母对月兴尽生悲皆可附者也。]在这段批语中，“遭冷落之大族子弟”一句露出批者身份。

5. 敦诚、敦敏的家族

敦诚、敦敏是努尔哈赤第十二子阿济格之五世孙，是皇亲国戚。阿济格的母亲阿巴亥是女真乌喇部首领满泰的女儿，布占泰的侄女。万历二十一年（1593 年），叶赫、乌喇等九部联合进攻建州，结果被努尔哈赤打得大败，九部皆元气大伤。努尔哈赤毫不费力地灭了哈达部。唇亡齿寒，哈达部的灭亡，更使布占泰心惊肉跳。他深知努尔哈赤雄心勃勃，早有吞并各部的野心，为保住乌喇，他决定将兄长满泰（此时已死）年仅 12 岁的女儿阿巴亥嫁给努尔哈赤为妻。万历二十九年（1601 年）十一月，布占泰亲自送阿巴亥到建州，与努尔哈赤成婚。幼小的阿巴亥不仅丰姿貌美，而且颇有机变。成婚后，很快就获得了努尔哈赤的宠爱。两年后，大妃孟古姐姐叶赫那拉氏（皇太极之母，后来被追谥为孝慈高皇后）病逝，努尔哈赤马上立阿巴亥为大妃。努尔哈赤死后的第二天早晨，以皇太极为首的诸贝勒假传努尔哈赤遗诏，要大妃阿巴亥殉葬。阿巴亥当时 37 岁，正值盛年，她的三个儿子：阿济格 22 岁已经成年、多尔衮只有 15 岁、多铎 13 岁。阿巴亥在被逼无奈、山穷水尽的情况下，自缢殉死（一说被用弓弦勒死）。阿济格和多尔衮被论罪后，两个家庭也被抄检，财产全部充公。多尔衮去世后，阿巴亥以及多尔衮之妻的所有封典悉被追夺，神牌从太庙中撤出。虽然在 127 年后，乾隆帝为多尔衮恢复了名誉，但对其生母阿巴亥却只字未提，阿巴亥再一次成了政治斗争的牺牲品。敦诚、敦敏的家族也恢复了皇室宗亲，但仍处于受排斥的地位，由此可以判断敦诚对康熙、雍正和乾隆一族亦有诸多不满。

那拉氏家族的败落遭遇，敦敏、敦诚兄弟也曾经历过，自然是“旧日目睹亲闻”之事。小说中的晴雯因风流、狐媚的罪名被赶出大观园致死，敦诚、敦敏的远祖母阿巴亥就背过这样的罪名被赶出宫，被迫自缢也有这个因素。冤情累累，也因此而改变了整个多尔衮家族人的命运。“作者身历之现成文字”之批透出作者身份，又有欲盖弥彰之嫌。以旁观者的身份明确作者的身份，又加重作者亲身经历的砝码，以达到提示读者深入理解小说背后有隐含之目的。“想遭冷落之大族子弟见此虽事有各殊，然其情理似亦有点契于心者焉。”同是天涯沦落人，真是感同身受啊！

墨香是了解敦诚著书的情况的，他是第一个读者。墨香曾做过乾隆的侍卫，对乾隆的情况非常熟悉，敦诚写书期间，墨香肯定也提供了不少素材。至于“松斋”、“梅溪”、“棠村”、“杏斋”等人，笔者认为就是富察明义、永忠、裕瑞、弘晓等人，他们都是知情者，也是批书者。

小说第一回：“一日，正当嗟悼之际，俄见一僧一道远远而来，生得骨格不凡，丰神迥别”。[蒙双行夹批：这是真像，非幻像也。该批：作者自己形容。] 这一僧一道正是敦诚、敦敏。

“此石听了，不觉打动凡心，也想要到人间去享一享这荣华富贵，但自恨粗蠢，不得已，便口吐人言，向那僧道说道：‘大师，弟子蠢物，[甲戌侧批：岂敢岂敢。] 不能见礼了。适闻二位谈那人世间荣耀繁华，心切慕之。弟子质虽粗蠢，[甲戌侧批：岂敢岂敢。] ……'"

敦诚、敦敏二人虽"骨格不凡，丰神迥别"，但在昔日的皇后面前依然诚惶诚恐，连连称"岂敢岂敢"，敬畏之心，跃然纸上。但"二师仙形道体，定非凡品，必有补天济世之材，利物济人之德。"为了给那拉氏皇后立传，敦诚、敦敏义无反顾，敢冒天下之大不韪，拼尽全身之才华，历经十年之辛苦，写下一部千古名著，记录了那拉皇后和"当今圣上"乾隆皇帝一生的情史，可谓名垂青史！不幸的是，后人却将如此伟大的一部著作解得乱七八糟，并将其著作权归于毫不沾边的曹寅家的后人"曹雪芹"的名下，殊不知，"曹雪芹"正是敦诚、敦敏也。悲乎！

6. 敦诚著书《红楼梦》的证据

(1)"故居"、书箱与佚著

① 西轩题壁

1971 年 4 月 4 日，居住在香山正白旗 39 号的北京二十七中退休的舒成勋先生老宅里出现了一个惊人的发现。

舒成勋先生祖上是正白旗舒穆鲁氏，他家已经在这里世代居住了二百多年。此时，这所老宅已千疮百孔，连北房西头单间的檩条都断裂了。闲来无事，舒成勋先生决定好好拾掇拾掇这所老房子。4 月 4 日，舒成勋先生的妻子陈燕秀独自在家收拾西屋，搬床时，陈燕秀一不留神，把西墙的灰皮碰掉了一块。于是，惊人的事情出现了，墙皮剥落的地方有墨笔写的字迹。陈燕秀十分好奇，她试着把墙皮一点点揭下来，没想到字迹越揭越多。半天工夫，大半扇西墙的灰皮都被她揭掉了。看着满墙的字迹，陈燕秀有点儿六神无主了。

掌灯时分，从城里回到家中的舒成勋先生看到墙上写满了字，而且字句布局有序，排列整齐。有的是长方形，有的是扇面，有的是菱形。他仔细一读，发现这些字迹是诗词和对联，并且还有两处落款——"拙笔学书"、"学题拙笔"。他数了数，墙上共有 6 首诗和一副对联（后文物部门考察时又发现一首诗）。其中写在墙面正中央的菱形对联最为引人注目："远富近贫以礼相交天下少，疏亲慢友因财而散世间多。"横批："真不错。"

舒成勋先生的祖辈一直在旗营中做武官，只会骑马射箭，别说写诗了，连汉话也不常说。这墙上的诗是谁写的呢？舒成勋先生早年听正白旗的老人们说起过，曹雪芹曾在香山正白旗的祖宅中撰写《红楼梦》的故事，于是，他意识到，自家老宅墙上的题字可能是曹雪芹所题。舒成勋先生兴奋不已。

很快，获知消息的文物部门、社科院和著名红学家蜂拥而至。令人失望的是，鉴定结果，“题诗者并不署名，只写‘偶录’、‘学书’、‘学题’，可知是抄录他人的诗。从其抄错的字，可知他并不懂得作诗的技巧——平仄（例如‘底’误写为‘低’），题字者本人文理亦不甚通顺，他所欣赏选录的‘诗’都很低劣。他的书法是当时流行的所谓‘台阁体’，软媚无力，俗气可掬。录者大概是一个不得意的旗人。这些题诗，一看即知与曹雪芹无关。”也有学者考证：这些诗大多出自雍正年间由浙江总督李卫主持修纂的《西湖志》，还有的出自《东周列国志》和唐伯虎之手。至于抄录者为什么要改变其中的字句，专家解释说“有可能是他认为写得不好，有可能是为了抒发自己的情感，也有可能是为了躲避文字狱。《红楼梦》中‘留得残荷听雨声’，就是改自李商隐的诗句‘留得枯荷听雨声’。相比起来‘残’字要比‘枯’字有味道多了。”

俞平伯先生也认为：“……非常清楚，壁上的诗肯定与曹雪芹无关。虽是‘旗下’老屋，亦不能证明曹氏曾经住过。……”

红学家的鉴定，令舒成勋先生大为沮丧，但接下来发生的事就只能用匪夷所思来形容。6 月 9 日，北京市文物考古队竟然派人把舒成勋先生家的题壁诗给揭走了。直到 1984 年曹雪芹纪念馆开馆，题壁诗的原件才被送回纪念馆收藏。

题壁诗被揭走后，舒成勋先生和老伴儿开始打扫屋里的渣土，发现墙上的字之所以能历经两百年仍保存完好，是因为字上蒙了一层印花白纸，然后又在纸上抹了一层麻刀灰。显然，这是前人有意要保留墙上的题字。打扫房间的过程中，舒成勋先生和老伴儿又发现不少带字的墙皮。舒成勋先生数了数，大小 16 块灰皮上共有 56 个字，不过都不是完整的句子，能读出的词组有“苏秦”、“旁观啧啧”、“今日”、“为炊”等。

虽然老屋上的题壁诗没有得到专家的认可，但是胡德平先生、舒成勋先生、孔祥泽先生等人坚信舒成勋先生的旗下老屋就是曹雪芹的故居，“拙笔”就是赠曹雪芹对联的鄂比。据当地传说，鄂比是正白旗人，人称醉鬼鄂三，为人见义勇为，急人之难。他虽然文化不高，但擅长绘画，是曹雪芹在西山时期的密友。同是“故居说”的支持者，樊志斌先生却不认为“拙笔”是鄂比。他认为，“拙笔”就是曹雪芹本人，墙上的题字都是曹雪芹写的。樊志斌先生对记者说：“如果‘拙笔’是鄂比，他怎么能在朋友家题一墙的字呢？这说不通呀！”当时学界对于“正白旗 39 号是不是曹雪芹故居”的争论焦点，主要集中在题壁诗中的“丙寅年”上。老屋墙上一则扇形题诗记有“岁在丙寅清和月下旬”字样。有清一代，只有四个丙寅年，即康熙二十五年（1686 年）、乾隆十一年（1746 年）、嘉庆十一年（1806 年）和同治五年（1866 年）。康熙二十五年（1686 年）曹雪芹还没出生，嘉庆十一年（1686 年）曹已经过世四十多年，如果题壁诗与曹雪芹有关，只可能是乾隆十一年（1746 年）。而吴世昌先生认为，根据传说和史料，乾隆十一年（1746 年）曹雪芹还没有移居西山。因此，题壁诗绝不可能与曹雪芹有关。反对者的论据还有，正白旗 39 号原是健锐营的营房。健锐营始建于乾隆十四年（1749 年），这所旗下老屋自然不可能早于乾隆十四年（1749 年）。因此，此“丙寅年”不可能指的是乾隆十一年（1746 年），而应是嘉庆十一年（1806 年），甚至更晚。

但是，时在中国历史博物馆工作的胡德平先生不同意这种观点。他翻阅典籍发现，早在康熙十六年（1677 年），康熙皇帝就在香山一带建立了行宫。到了乾隆年间，乾隆皇帝又把香山行宫改建为静宜园。既然香山一带自清初就有行宫，那么这里就不可能没有驻军和营房。正白旗 39 号的旗下老屋，很可能是健锐营成立之前就建在这里的香山驻军的营房。健锐营成立后，这些营房与健锐营合并了。一个人迹罕至的废村里唯一的住户李阔亭老人展示了一块碑，证实了胡德平先生的观点。碑文记载：“山前龙脉之地，奉旨永禁开窑。若有光棍偷挖，立时解拿，按律治罪。”落款：“康熙四十四年（1705 年）八月 × 日。西城兵马司。”这个“西城”可不是今天西城区的“西城”，而是指宛平县城。清代西山一带归宛平县管，这一带的驻军就是西城兵马司。

由于曹雪芹的生卒日期没有文献记载，所以学术界都是以死推生。那么，曹雪芹何时到西山的呢？周汝昌在《红楼梦新证》一书中认为，曹雪芹应该是在乾隆二十一年（1756年）前后来的西山，理由是乾隆二十二年（1757年）敦诚赠曹雪芹诗云："残杯冷炙有德色，不如著书黄叶村。"吴恩裕先生则认为应在乾隆十九年（1754年）之前，因为《废艺斋集稿》中的《南鹞北鸢考工志》中提到乾隆十九年（1754年）年关，于叔度曾冒雪到西山给曹雪芹送过年货。还有学者认为：曹雪芹在雍正末年就已经到西山了。雍正十一年（1733年）曾发生过一起老平郡王敲诈绥赫德的案子。老平郡王是曹雪芹的姑父，绥赫德是接替曹家任江宁织造的人，曹家被抄之后许多家当都被皇帝赏给了绥赫德。绥赫德卸任回京后，老平郡王曾以缺钱花为名派人向绥赫德要了五千两银子和一些从曹家抄没的古董。后来此事被雍正皇帝知道，因为平郡王福彭当时正得皇帝赏识，所以此案糊里糊涂地变成了绥赫德向老平郡王行贿。绥赫德还因此被发往北路军台效力。绥赫德之子受审时透露："曹家人往老平郡王家行走"。清代"行走"是当差之意。这位学者分析："曹家在平郡王家当差的男丁可能是曹雪芹"，"曹雪芹很有可能因为此案从平郡王府出来了，为躲风头，可能在这前后住到了西山旗营。""曹雪芹可能在城里和西山都有家，因此，题壁诗写于乾隆十一年（1746年）也就不奇怪了。"全是"可能"，并不确定，基本上没什么根据。

② 书箱出世

几年后，时任北京风筝协会副会长的孔祥泽先生来到舒成勋先生的老宅，并带来一个重要消息："城里有一人家，发现一只家存的木质书箱，上面刻着兰石、题诗和'拙笔写兰'的字样。兰草画得好，那字写得更好，笔力太足了。"舒成勋先生一听便兴奋起来，忙问："年代呢？"孔祥泽先生答："乾隆二十五年（1760年）。"舒成勋先生大喜过望，二人约好一周之后前去拜访书箱收藏者。书箱的收藏者名叫张行，家住鼓楼大街，是一位工人。张行拿出了两只家传的红松木书箱。只见两只书箱开合的一面各刻着一小丛兰草。一只书箱上刻着"题芹溪处士句"等字句；另一只书箱上刻着"拙笔写兰"、"乾隆二十五年岁在庚辰上巳"等字句，书箱背面则刻着五行书目。

张行告诉舒、孔二人，书箱是他祖上传下来的。祖辈传下来的话说，这是别人存在他家的东西，万万不可损毁，为的是日后留个纪念。不过，早年为了给母亲看病，张行把书箱中的书卖了1000多元钱，只是书箱无法作价，这才留了下来。

“芹溪”乃是曹雪芹的自号之一，书箱上又有“拙笔写兰”的字样，此“拙笔”与在舒成勋先生家墙上题字的那位“拙笔”，会不会是一个人呢？红学家吴恩裕先生邀集故宫专门研究木器的泰斗级人物王世襄先生和时任文化部副部长袁水拍，一起到张行家看了书箱。王世襄先生认为，从书箱的木质来看，确为清代乾隆中期之物。但对书箱的质疑依然不少，有文物鉴定专家认为，书箱的规制和边款题跋都有问题。甚至有人攻击张行冒充张宜泉的后人招摇撞骗。

③《废艺斋集稿》

以做曹氏风筝闻名于世的孔祥泽老先生，在1943年时见到过一本书，书名《废艺斋集稿》，这本书是一位名叫金田的日本朋友收藏的。十六开本大小，共分八册，内容涉及金石图章、风筝、编织工艺、脱胎技艺、织补染织、宫灯宫扇制作、园林建筑和烹饪。这部《废艺斋集稿》到金田手中，已经是第四手了。据金田说，它最早是从礼亲王府流出来。孔祥泽先生告诉记者：“这书很怪。它是一部手稿，而且里面还有很多图画。书的纸张大小不一，有的是用结婚用的喜账，翻过来写的，有的画甚至画在绢帛上。”孔祥泽先生在看董邦达写的这本书的序时，发现了《废艺斋集稿》书上署着“曹子雪芹”四个字。在《废艺斋集稿》一书中，有一章《南鹞北鸢考工志》，有曹雪芹写的自序。金田委托孔祥泽先生等人抄书，规定大家不能用毛笔，只能用铅笔抄。孔祥泽先生才得以把曹雪芹写的序言用铅笔双勾下来（沿字的笔迹两边用细线勾出轮廓）。孔祥泽先生说：“曹雪芹写的自序，比较用心，用的是行楷，里面内容就写得比较草了。”

“曹雪芹除《红楼梦》外唯一的佚著”《废艺斋集稿》，就这样自1943年惊鸿一现后，便再无音讯。对于手中的抄本，孔祥泽先生一直非常谨慎，他希望能在日本找到原书后再披露。不过，1973年在吴恩裕先生的再三劝说下，孔祥泽先生在《文物》杂志上发表发现《废艺斋集稿》的论文。如孔祥泽先生所料，《废艺斋集稿》一经披露便引来了许多人的怀疑，甚至文博大家朱家溍先生都曾撰文不客气地称其为“假古董”。

但孔祥泽先生告诉记者，这五行书目与他双勾的曹雪芹自序和舒成勋先生家题壁诗的部分字迹，别无二致。后来，有人在日本多方寻访金田氏，但始终无果。《废艺斋集稿》是否仍存世，直到今天还是一个谜。

孔祥泽先生说："刚看舒成勋先生家题壁诗的照片时，我认为那绝不是曹雪芹的字。可当我看到舒成勋先生拿出的碎片上的字时，一眼便认出其中有曹雪芹的字。我记得有一句是'今日无米为炊'，那是曹雪芹的字。"

④"曹雪芹"瓷联

2000 年又发现了"曹雪芹瓷联"，曹雪芹纪念馆研究员李强先生著的《做不完的红楼梦——曹雪芹在香山正白旗》一书中详细介绍了"曹雪芹瓷联"的发现。这是至今唯一有署名曹雪芹的曹公字迹。两副瓷联均为瓷片，一副是两条整片的，一副是破碎的，但碎得不厉害，拼对起来很完整，且字迹清楚。这两副瓷联书写的都是岳飞《满江红》中的词句。一联两片是"八千里路云和月，三十功名尘与土"；另一联两片是"笑谈渴饮匈奴血，壮志饥餐胡虏肉"。两副瓷联的左下方都有小字署名"曹雪芹"。李强先生多年在纪念馆工作，又精心研究红学，对题壁诗的两种字体太熟悉了。他一眼就看出瓷联的字体和题壁诗的两种字体之完全一样，他认为这就是曹雪芹的字体。

⑤ 专家鉴定

我国著名的文物鉴定专家、大书法家张伯驹先生在 1977 年 8 月 31 日同钟敬文、周汝昌等先生参观正白旗 39 号老屋并看了"题壁诗"的照片后，曾肯定地表示："从书体上看，正白旗 39 号'题壁诗'系乾隆时人所书无疑。"

2008 年年底，经公安部物检中心笔迹鉴定专家李虹鉴定：正白旗 39 号题壁诗所有诗文，皆为一人所书，不存在多人并书的情况。正白旗 39 号"题壁诗"、书箱"五行书目"和《南鹞北鸢考工志》"曹雪芹自序"三者笔迹一致，为一人所书。

（2）"故居"、"书箱"和"轶著"是敦诚著书《红楼梦》的证据

综合上述情况，笔者认为："故居"、"书箱"和"轶著"不仅不能证明"曹雪芹"是曹寅家之后，反而成为敦诚著书《红楼梦》的证据。如果说正白旗 39 号"题壁诗"、书箱"五行书目"和《南鹞北鸢考工志》"曹

雪芹自序”，以及“曹雪芹瓷联”都是曹雪芹的笔迹，那么，只能说明正白旗39号是敦诚家族的故居；书箱则是敦诚亲属的遗物；《废艺斋集稿》也是敦诚亲属的遗作；“题壁诗”、《南鹞北鸢考工志》“曹雪芹自序”和“曹雪芹瓷联”都是敦诚亲属所书。“拙笔”就是敦诚之亲属。根据是：

① 正白旗39号老宅是敦诚之母的房产

正白旗39号老宅主人舒成勋老先生的祖上是正白旗舒穆鲁氏。清初，舒穆鲁氏一门望族，于现在北京西城翠花街路北的一座宅第内居住，宅第门额上有皇帝赐的“除王第一家”的匾额。意思是，除去满洲王爷们，你们是天下第一望族。舒老先生曾说，他家祖上有个姑奶奶，嫁给了一个王爷做福晋（妻子）。1985年有人查明：敦诚、敦敏的家谱中有“长白舒穆鲁氏额勒浑之女嫁与瑚玐”。而这个瑚玐正是敦氏兄弟的父亲，那位长白舒穆鲁氏额勒浑之女、舒成勋先生老先生祖上的老姑奶奶正是敦诚、敦敏的母亲。

笔者前文中反复论证，曹雪芹就是敦诚、敦敏，而舒成勋老先生祖上的老姑奶奶正是敦诚、敦敏母亲，这充分证明正白旗39号老宅与敦诚、敦敏有关。换句话说，正白旗39号老宅就是敦诚之母的房产。

②《废艺斋集稿》是敦诚亲属所作

《废艺斋集稿》是一部介绍编织工艺的书，全书共分八卷，每卷各讲一种为那些残疾而又无靠的人用以谋生的手艺。在清代，这类写工艺的书，不受重视，在《四库全书》中被归在杂书一类。该书最早出自礼亲王府。第一章里论述过，第一代的礼亲王就是爱新觉罗·代善。那礼亲王府是何许人家？富贵荣华，锦罗绸缎，衣食无忧，他们还需要学习编织技艺吗？再者，假如“曹雪芹”是曹寅家之后，那么，他一个获罪之人的后代，编著了一部教残疾人谋生手段的书稿，是如何传入地位显赫的礼亲王府的？况且，《废艺斋集稿》并不值钱，毫无收藏价值，但是，却被礼亲王府收藏了百余年，这符合常理吗？

如果我们把“曹雪芹”看成是敦诚的话，就疑云尽释了。敦诚之祖是努尔哈赤第十二子阿济格，八大铁帽子王之一的和硕睿亲王多尔衮就是阿济格的弟弟。乾隆时期的礼亲王是第七代康亲王爱新觉罗·巴尔图，于乾隆十八年（1753年）袭位；第八代康亲王是爱新觉罗·永恩，于乾隆四十三年（1778年）袭位，复号礼亲王。敦诚、敦敏兄弟与巴尔图和永恩同为皇亲国戚，敦诚亲属所著的《废艺斋集稿》被礼亲王府收藏就顺理成章，亦在情理之中了。

③ 书箱是敦诚亲属的遗物

张行收藏的书箱，我认为也是敦诚亲属的遗物。张行的祖辈传下来的话说，这是别人存在他家的东西，万万不可损毁，为的是日后留个纪念。可见，张行的祖辈深知此书箱是《红楼梦》作者之亲属的遗物，也知道“曹雪芹”就是敦诚，所以，才叮嘱后人，“万万不可损毁”。

④ 在香山老宅的著书人是敦诚

我们再假如把“曹雪芹”看作曹寅家的后代，那么，一个获罪之人的后代，却住进戒备森严的兵营里，非但没有受到监督，相反却能著书十年，而所著之书又是隐写皇帝情史的大逆不道之书，这有可能吗？清王朝对八旗的管束极为严格，八旗驻屯营房的管理更是变本加厉。满洲香山军营对于官兵旗户规定：禁止经商、种地，更不许吟诗作画；不准离皇城四十里，有事外出要开路条。违者按军法处置。乾隆继位后不久就颁旨：“倘有托名读书，无知妄作，侈口吟咏，自蹈嚣陵恶习者，朕必重治其罪。”而“曹雪芹”不仅能自由进出兵营，而且著书十年，书稿摞起来会有几尺厚吧？可兵营中竟无一人有丝毫察觉，这不觉得奇怪吗？

但是，如果是敦诚著书就不一样了。敦诚不仅是赫赫有名的皇族，而且曾是内务府的官员，虽已“以病告退”，但其父亲瑚玐是王爷，其兄敦敏是朝廷官员；正白旗 39 号又是母亲家族的宅子，敦诚住进去“养病”名正言顺，而且可以来去自由。因此，在兵营老宅著书的人只有敦诚具备最基本的条件。

既然曹雪芹不可能是曹寅家的后人，那么，当时，居住在此屋的著书人只能是——敦诚。

笔者认为：敦诚于乾隆三十六年（1771 年）以病告退后，化名“曹雪芹”，隐居在其母亲族上的老宅——戒备森严的西山健锐营的营房里，专心致志地撰写《红楼梦》。因西山一带地处偏僻，人迹稀少，无人认识敦诚。时间久了，当地的村民，或某些兵丁只知此人叫“曹雪芹”。《红楼梦》问世后，引起世人的极大兴趣，消息也逐渐传到信息闭塞的山沟里。村民们这才知道，当时隐居在正白旗 39 号的“曹雪芹”就是小说的作者。

鄂比与朋友“曹雪芹”情深义厚，殊不知，此人正是敦诚也！

⑤ 老宅题诗的年代

笔者认为，正白旗39号墙壁题诗的时间是嘉庆十一年（1806年）。敦诚的亲属当然知道《红楼梦》的作者是敦诚，出于对敦诚的恭敬，于是在老宅墙壁上题诗，自称“拙笔”。又在自著的《废艺斋集稿》书上署上“曹子雪芹”之名，目的也是为了保护敦诚。《废艺斋集稿》中的《南鹞北鸢考工志》中提到“乾隆十九年（1754年）年关，于叔度曾冒雪到西山给曹雪芹送过年货”。正是敦诚的亲属为保护敦诚和家族的故意所为。后来，“拙笔”意识到《红楼梦》一书，可能会给家族带来巨大的风险，为保护自己的家族，同时也为了留下敦诚著书《红楼梦》的线索，于是，将题壁诗保护起来。

正白旗39号老宅和《废艺斋集稿》的出处都闪现着敦诚影子，难道不应该引起我们的深思吗？至于敦诚的亲属“拙笔”到底是谁？还需要众多红学专家和红学爱好者进一步考证。

⑶ 敦诚著书《红楼梦》的其他证据

① 破庙残僧

小说第二回：雨村闲游，“忽信步至一山环水旋、茂林深竹之处，隐隐的有座庙宇，门巷倾颓，墙垣朽败，门前有额，题着‘智通寺’三字。”走入看时，“只有一个龙钟老僧在那里煮粥。雨村见了，便不在意。及至问他两句话，那老僧既聋且昏，齿落舌钝，所答非所问。”

敦诚《鷦鷯庵杂记》第十六云：“独居南村，晚步新月，过一废寺，微微闻梵声，见枯僧坐败浦上，因与之小语移时……”又《四松堂文集》上，《寄大兄》云：“抵南村，便觅一庵下榻，榻近颓龛，夜间即借琉璃灯照睡。僧即老且聋，与客都无酬答，相对默然。”（摘自：周汝昌《红楼梦新证》）。

② 借景

小说第十七回：贾政游园至“杏帘在望”，说：“正亏提醒了我。此处都妙极，只是还少一个酒幌，明日竟作一个，不必华丽，就依外面村庄的式样作来，用竹竿挑在树梢。”

敦敏《敬亭小传》（敬亭即敦诚）云：

又嗜酒，别构小屋效村墟式，悬一帘，名葛巾居。

又敦诚《鷦鷯庵杂记》页十九云：

先大人予告后，于城西第筑园亭以养疴，有堂曰静补，亭曰榆荫。

又《四松堂文集》上册《宜闲馆记》：

榆柳荫其阳，蕉棠芳其荫。

“榆荫”一名，《红楼梦》亦有其堂，“蕉棠两植”，怡红院适有其景。第六十三回，平儿寿日还席，因“红香圃太热，便在榆荫堂中摆了几席新酒佳肴。”第七十一回，贾母生日则云：“大观园中收拾出缀锦阁并嘉荫堂几处大地方来作退居。”后一再言之，皆曰“嘉荫”。设想一园之中，同是堂名，同用“荫”字，恐无其例，“榆荫”、“嘉荫”本是一堂。（摘自：周汝昌《红楼梦新证》）

周汝昌先生的《红楼梦新证》本来是考证“曹雪芹”就是曹頫之子的，却无意中透漏出敦诚著书的重要证据。周老说：“盖雪芹原意只名嘉荫，不图顺手著书，名目繁乱。逐无意中将嘉荫写成友人园中之榆荫。”可在笔者看来，著书者正是敦诚，他是有意将自家园中的“榆荫”亭写进书里。

综上所述，笔者认为：“曹雪芹”就是敦诚、敦敏。既然“曹雪芹”是曹家之后的考证路是条死路，根本走不通，那么，我们为什么不能换个思路？或曰换条路走？非要一条道走到黑吗？即使走到黑也走不通啊。敦诚、敦敏家族比曹寅家族要显赫得多，留下的史料肯定不少，如果红学专家和红学爱好者能像考证“曹家学”那样下功夫，一定会发现很多重要的证据。记得有段相声说的挺有意思：人为什么总要在一棵树上吊死？在旁边的树上试几回也可以嘛，没准儿真的吊不死。

我们的确要维护曹雪芹的著作权，但必须注明曹雪芹是敦诚敦敏的笔名，和曹寅家无任何关系。古往今来，很多伟大的作家读者只知其笔名，真实姓名反而鲜有人知。例如，现代作家矛盾、冰心、二月河等。但是，如果读者想了解作者的真实姓名和情况，还是能够查到的，我希望，曹雪芹也是如此。

第二节 《红楼梦》的创作年代和成书时间

相信会有很多人对笔者的论证提出质疑和批评，因为小说中脂砚斋和畸笏叟批语中标注的日期和乾隆与那拉皇后反目成仇，那拉皇后被打入冷宫直至死亡的日期根本对不上。

一、关于小说批语中的日期

《石头记》第七十五回中有脂批“乾隆二十一年五月初七日对清”，似乎明确指出了小说的成书年代，庚辰本前二十八回中也有大量注明“己卯”、“壬午”、“乙酉”、“丁亥”的批语，而现存的甲戌本中，能说明时间的批语，只有一个“己卯冬”，一个“丁亥夏”，一个“甲午八日”的批语。经查：“己卯”是乾隆二十四年（1759 年），“壬午”是乾隆二十七年（1762 年），“乙酉”是乾隆三十年（1765 年），“丁亥”是乾隆三十二年（1767 年），“甲午”是乾隆三十九年（1774 年）。

有很多人对脂砚斋的批语提出质疑，更有人直接指出所有的脂批本都是陶洙伪造的。有关脂批和作者的问题至今仍争论不休，尚无定论。

笔者认为，除甲戌本第一回“甲午八日泪笔”和“丁亥夏”之外，脂批本上所有注明日期的批语都是伪批，即批者故意将《红楼梦》的成书时间前移，以表示此书与乾隆无关，唯一的目的就是避祸。但是，在关键的地方，又故意留下一些破绽，以引起读者的怀疑。作者和批者相信，一定会有人看出其中的名堂，深加研究后，最终会揭开谜底，使真相大白于天下。

笔者之所以这样认为，除了对小说的内容有了定论之外，对脂批本上的批语日期也发现一些疑点。

1. 甲戌之疑

甲戌本又称脂残本、脂全本，题：“脂砚斋重评石头记”。因第一回正文中有“至脂砚斋甲戌抄阅再评，仍用石头记”15 字，后人认为此句指明所据底本年代，故名甲戌本。

但是，这里有一个疑问，甲戌本在第一回“至脂砚斋甲戌抄阅再评，仍用石头记”这一页至下一页有一大段眉批：［能解者方有辛酸之泪，哭成此书。壬午除夕，书未成，芹为泪尽而逝。余常哭芹，泪亦待尽。每思觅青埂峰再问石兄，奈不遇癞头和尚何！怅怅！今而后惟愿造化主再出一芹一脂，是书何幸，余二人亦大快遂心于九泉矣。甲午八日泪笔。]

甲戌年，是乾隆十九年（1754年），而甲午年是乾隆三十九年（1774年），那么，脂砚斋甲戌抄阅再评时的批语是什么？为什么过了二十年才有了这段批语？而且，甲戌本第一至第五回都是侧批和眉批，可以理解为批语是后加上去的。但是，从第六回开始，出现了双行夹批，即在正文中间夹有双行批语，可见，抄阅正文和批语是同时进行的。据此，抄阅的时间就不可能是甲戌年。

还且，壬午年并没有除夕，批者为什么犯这样低级的错误？“甲午八日”明显的句法不通，很多人认为，应该是甲午八月，但“甲午八日”的“日”字写的非常清晰，是“日”字确切无疑，没有月份直接批上日期，显然是说不通的。

2. 甲戌本和庚辰本的比较

将甲戌本和庚辰本进行比较可以看出，甲戌本上署名“畸笏”的批语和所注的日期一个都没有，而其他署名的批语都适当地保留了署名。大量注明“己卯”、“壬午”、“乙酉”、“丁亥”的“畸笏”的批语被删掉了。我们已无法知道是谁删除的，但有一点可以肯定，脂砚斋重评石头记时，已经感觉到庚辰本上大量注明日期的批语，肯定会造成读者的误解，会有相当多的读者以为小说的写作和成书年代就是书中注明的年代，所以，才删去了大量注明“己卯”、“壬午”、“乙酉”、“丁亥”的批语。为了避祸，又不得不在三处注明了日期。

第一回：“甲午八日泪笔”

第一回：“……如今虽已有一半落尘，然犹未全集。”[甲戌侧批：若从头逐个写去，成何文字？《石头记》得力处在此。丁亥春。]

第二十六回：[甲戌眉批：红玉一腔委屈怨愤，系身在怡红不能遂志，看官勿错认为芸儿害相思也。己卯冬。]前文论述过，红玉暗恋贾芸，贾芸不予理会，实际隐写那拉氏初进弘历潜邸时的境况，为避免泄露天机，批者不得不注上日期，以“讳知者”。

二、日期的疑点

如果我们仔细研究脂批本上的批语，就会发现，在许多揭示主人公身份、隐喻重要事件、揭示谜底等重要地方的批语都没有日期，而一些啧啧叹叹、随文附和、插科打诨、无关紧要之处往往特意注上日期，例如：

1. 重要批语无日期

（1）第一回，点出“娲石”的身份：［总应十二钗。］［照应副十二钗。］［数足，偏遗我。“不堪入选”句中透出心眼。］［妙！自谓落堕情根，故无补天之用。］

（2）第一回，明点“红”，暗点“历”：［点“红”字。］［细思“绛珠”二字岂非血泪乎。］［点“红”字“玉”字二。按“瑕”字本注：“玉小赤也，又玉有病也。”以此命名恰极。］［苦恼是“造劫历世”，又不能不“造劫历世”，悲夫！］

（3）第一回，［妙！所谓“三生石上旧精魂”也。全用幻。情之至，莫如此。今采来压卷，其后可知。］

（4）第一回，好防佳节元宵后，［甲戌侧批：前后一样，不直云前而云后，是讳知者。］便是烟消火灭时。［甲戌侧批：伏后文。］

（5）第一回，时逢三五便团圆，［是将发之机。］满把晴光护玉栏。［奸雄心事，不觉露出。］天上一轮才捧出，人间万姓仰头看。［甲戌眉批：这首诗非本旨，不过欲出雨村，不得不有者。用中秋诗起，用中秋诗收，又用起诗社于秋日。所叹者三春也，却用三秋作关键。］

（6）第一回，葫芦庙着火［写出南直召祸之实病。］

（7）第二回，却说娇杏这丫鬟，谁想他命运两济，［好极！与英莲“有命无运”四字，遥遥相映射。莲，主也；杏，仆也。今莲反无运，而杏则两全，可知世人原在运数，不在眼下之高低也。此则大有深意存焉。］

（8）第二回，熙凤“心机又极深细，竟是个男人万不及一的。”［未见其人，先已有照。非警幻案下而来为谁?］

（9）第三回，宝玉面若中秋之月，［此非套“满月”，盖人生有面扁而青白色者，则皆可谓之秋月也。用“满月”者不知此意。］

（10）第五回，春梦随云散，［开口拿“春”字，最紧要！］飞花逐水流。［二句比也。］

（11）第五回，警幻仙子赋［按此书凡例本无赞赋闲文，前有宝玉二词，今复见此一赋，何也？盖此二人乃通部大纲，不得不用此套。前词却是作者别有深意，故见其妙。此赋则不见长，然亦不可无者也。]

（12）第五回，春恨秋悲皆自惹，花容月貌为谁妍。宝玉看了，便知［“便知”二字是字法，最为紧要之至。]

（13）第十六回，太祖皇帝仿舜巡［文忠公之嬷。]

（14）第二十一回，一时宝玉来了，宝钗方出去。［庚辰双行夹批：盖宝玉之形景已泥于闺阁，近之则恐不逊，反成远离之端也。故二人之远，实相近之至也。至颦儿于宝玉实近之至矣，却远之至也。……钗与玉远中近，颦与玉近中远，是要紧两大股，不可粗心看过。]

（15）第二十五回，赵姨娘称宝玉为“活龙”［赵妪数语，可知玉兄之身份，况在背后之言。]

（16）第二十五回，只见凤姐手持一把明位胃刀砍进园来，见鸡杀鸡，见狗杀狗，见人就要杀人。［此处焉用鸡犬？然辉煌富丽非处家之常也，鸡犬闲闲始为儿孙千年之业，故于此处必用鸡犬二字，方时一簇腾腾大舍。]

（17）那和尚接过玉来，擎在掌上，长叹一声道：“青埂峰一别，展眼已过十三载矣！［正点题，大荒山手捧时语。]

（18）第四十三回，玉钏见宝玉来了，便收泪说道：“凤凰来了，快进去罢。再一会子不来，都反了。”［庚辰双行夹批：是平常言语，却是无限文章，无限情理。看至后文在细思此言，则可知矣。]

（19）第七十二回，熙凤做了一个“夺锦”之梦，［实家常触景闲梦必有之理，却是江淹才尽之兆也，可伤。]

（20）第二十二回，探春做的灯谜处：［庚辰双行夹批：此探春远适之谶也。使此人不远去，将来事败，诸子孙不致流散也，悲哉伤哉！]

重要地方的批语太多了，不一一列举。

2. 无关紧要之处日期多

举例如下：

（1）第十二回，此时贾瑞前心犹是未改，［庚辰眉批：苦海无边，回头是岸。若个能回头也？叹叹！壬午春。畸笏。]

（2）第十四回，凤姐即命彩明钉造簿册。［庚辰眉批：且明写阿凤不识字之故。壬午春。］

（3）第十五回，众小厮忙断喝拦阻，宝玉忙丢开手，陪笑说道：［庚辰眉批：一“忙”字，二“陪笑”字，写玉兄是在女儿分上。壬午季春。］

（4）第十五回，秦钟说着，一口吹了灯，满屋漆黑，将智能抱到炕上，就云雨起来。［庚辰眉批：实表奸淫，尼庵之事如此。壬午季春。］［庚辰批：又写秦钟智能事，尼庵之事如此。壬午季春。畸笏。］

（5）第十五回，宝玉笑道：“你倒不依，咱们就喊起来。”羞的智能趁黑地跑了。［庚辰眉批：若历写完，则不是《石头记》文字了，壬午季春。］

（6）第十七回，贾政笑道：“你们不知，我自幼于花鸟山水题咏上就平平；如今上了年纪，且案牍纷烦，于这怡情悦性文章上更生疏了，纵拟了出来，不免迂腐古板，反不能使花柳园亭生色，似不妥协，反没意思。”［庚辰眉批：政老情字如此写。壬午季春。畸笏。］

（7）第十七回，宝玉道：“有用‘泻玉’二字，则莫若‘沁芳’二字，岂不新雅？”贾政拈髯点头不语。［庚辰眉批：六字是严父大露悦容也。壬午春。］

（8）第十七回，贾珍笑道：“还是宝兄弟拟一个来。”［庚辰眉批：又换一章法。壬午春。］

（9）第十七回，贾政一声喝断：“无知的业障！”［庚辰眉批：爱之至，喜之至，故作此语。作者至此，宁不笑杀？壬午春。］

（10）第十八回，宝钗见问，悄悄的咂嘴点头笑道：“亏你今夜不过如此，将来金殿对策，你大约连‘赵钱孙李’都忘了呢！唐钱翊咏芭蕉诗头一句‘冷烛无烟绿蜡干’，你都忘了不成？”［庚辰眉批：如此章法又是不曾见过的。如此穿插安得不令人拍案叫绝！壬午季春。］

（11）第十八回，黛玉替宝玉作诗，“写在纸条上，搓成个团子，掷在他跟前。”［庚辰眉批：纸条送迭系童生秘诀，黛卿自何处学得？一笑。丁亥春。］

（12）第十八回，贾妃看毕，遂将“浣葛山庄”改为“稻香村”。［庚辰眉批：仍用玉兄前拟“稻香村”，却如此幻笔幻体，文章之格式至矣尽矣！壬午春。]

(13) 第十九回，黛玉笑道："饶骂了人，还说是故典呢。"[庚辰眉批："玉生香"是要与"小恙梨香院"对看，愈觉生动活泼，且前以黛玉后以宝钗，特犯不犯，好看煞！丁亥春。笏叟。]

(14) 第二十回，麝月道："都顽去了，这屋里交给谁呢？那一个又病了。那些老妈妈子们，老天拔地，伏侍一天，也该叫他们歇歇，小丫头子们也是伏侍了一天，这会子还不叫他们顽顽去。所以让他们都去罢，我在这里看着。"[庚辰眉批：麝月闲闲无语，令余酸鼻，正所谓对景伤情。丁亥夏。畸笏。]

(15) 第二十回，晴雯又跑进来问道："我怎么磨牙了？咱们倒得说说。"[庚辰眉批：娇憨满纸令人叫绝。壬午九月。]

(16) 第二十回，贾环见了也要顽。宝钗素习看他亦如宝玉，并没他意，今儿听他要顽，让他上来坐了一处。一磊十个钱，头一回自己赢了，心中十分欢喜。[庚辰眉批：写环兄先赢，亦是天生地设现成文字。己卯冬夜。]

(17) 第二十回，宝玉听了，抬身就走。宝钗笑道："等着，……"[庚辰眉批："等着"二字大有神情。看官闭目熟思，方知趣味。非批书人漫拟也。己卯冬夜。]

(18) 第二十一回，宝玉道："横竖我不出门，又不带冠子勒子，不过打几根散辫子就完了。"说着，又千妹妹万妹妹的央告。[庚辰眉批：口中自是应声而出，捉笔人却从何处设想而来，成此天然对答。壬午九月。]

(19) 第二十五回，彩霞咬着嘴唇，向贾环头上戳了一指头，说道："没良心的！狗咬吕洞宾，不识好人心。"[庚辰眉批：此等世俗之言，亦因人而用，妥极当极！壬午孟夏，雨窗。畸笏。]

(20) 第二十六回，薛蟠道："怎么看不真！"[庚辰眉批：闲事顺笔将骂死不学之纨绔。壬午雨窗。畸笏。]

等等，不胜枚举。似这种插科打诨、无关痛痒的批语特地注上日期，其用意不值得怀疑吗？

需要指出的是，在数千条脂批中，涉及曹家之事的批语，基本没有。

三、《红楼梦》的创作年代和成书时间

笔者认为：《红楼梦》开始创作的年代是乾隆三十二年（1767 年），即那拉皇后死后的第二年，作者酝酿构思基本成型；成书年代则是乾隆四十三年（1778 年）至四十五年（1780 年）期间，最后定稿是乾隆五十年（1785 年）。根据是：

1. 创作年代

甲戌本第一回："……如今虽已有一半落尘，然犹未全集。"［甲戌侧批：若从头逐个写去，成何文字?《石头记》得力处在此。丁亥春。］

脂砚斋的这条批语透露出作品的创作年代。"如今虽已有一半落尘，然犹未全集。"是暗示小说的构思将近一半已有着落，但"全集"尚未完成，"若从头逐个写去，成何文字?"小说既要反映出历史真相，又不能从头逐个去写，也不能写得过于露骨，以至泄露天机，其难度之大可想而知。"《石头记》得力处在此。"而此处的"丁亥春"是批者刻意强调的日期，暗示小说开始创作的年代始于乾隆三十二年（1767 年）春季。

2. 甲午八日

"甲午八日泪笔"，是批者故意透露的一个重要日期，这条批语的目的：一是强调作者"曹雪芹"在"壬午除夕""书未成，泪尽而逝"，二是说批者也死了，"今而后惟愿造化主再出一芹一脂，是书何幸，余二人亦大快遂心于九泉矣。"目的是为了掩护真正的作者和批者。三是强调"甲午"这个重要的年份。乾隆三十九年（1774 年）农历纪年是甲午年，此时，《红楼梦》的部分章节已完成，批书应该是从乾隆三十九年（1774 年）开始的。批者特意注明这个日期，并故意留下破绽，不注月份，直接注"甲午八日"，目的就是要引起读者的注意，从而深究此书的写作年代。

3. 成书时间

第十三回：秦可卿死后，熙凤协理宁国府，提出宁府的五个弊病，［甲戌眉批：旧族后辈受此五病者颇多，余家更甚。三十年前事见书于三十年后，令余悲痛血泪盈面。］［庚辰眉批：读五件事未完，余不禁失声大

哭，三十年前作书人在何处耶?]

前文论述过，王熙凤协理宁国府隐写的是乌喇那拉氏于乾隆十三年(1748 年）七月晋为皇贵妃，代行皇后职权的史实，脂批云："三十年前事见书于三十年后，令余悲痛血泪盈面。"三十年后，就是乾隆四十三年(1778 年)，故此，成书年代应该是乾隆四十三年（1778）至四十五年(1780 年）期间。

小说中的批语，还有几处提到"三十年前"。

第八回："众人都笑说："'前儿在一处看见二爷写的斗方儿，字法越发好了，多早晚儿赏我们几张贴贴。'"［甲戌眉批：余亦受过此骗，今阅至此，赧然一笑。此时有三十年前向余作此语之人在侧，观其形已皓首驼腰矣，乃使彼亦细听此数语，彼则潸然泣下，余亦为之败兴。]

第十三回：秦氏道："婶婶，你是个脂粉队里的英雄，连那些束带顶冠的男子也不能过你，你如何连两句俗语也不晓得? 常言'月满则亏，水满则溢'；又道是'登高必跌重'。如今我们家赫赫扬扬，已将百载，一日倘或乐极悲生，若应了那句'树倒猢狲散'的俗语，［甲戌眉批："树倒猢狲散"之语，今犹在耳，屈指三十五年矣。哀哉伤哉，宁不痛杀!］岂不虚称了一世诗书旧族了!"这是秦可卿临死前托梦王熙凤时说的一段话，秦可卿隐写的是乾隆的慧贤皇贵妃高氏，她死于乾隆十年（1745 年）正月。敦诚、敦敏对乾隆和那拉皇后青少年时期的情况极为了解，他在乾隆登基以后至高氏死前的期间，肯定听某人说过"树倒猢狲散"之语。"树倒猢狲散"之语，今犹在耳，屈指三十五年矣"，就是指乾隆四十三年(1778 年）至四十五年（1780 年)。在作者眼里，乾隆不过是个花花公子，根本不配做皇帝。他这样的人做了大清朝的皇帝，最后的结局一定是"树倒猢狲散"。

第十八回，元春在大观园里看戏，龄官受到元春赏赐，太监又道："贵妃有谕，说：'龄官极好，再作两出戏，不拘那两出就是了。'贾蔷忙答应了，因命龄官做《游园》、《惊梦》二出。龄官自为此二出原非本角之戏，执意不作，定要作《相约》、《相骂》二出"。［庚辰双行夹批：……今阅《石头记》至"原非本角之戏，执意不作"二语，便见其恃能压众、乔酸娇妒，淋漓满纸矣。复至"情悟梨香院"一回更将和盘托出，与余三十年前目睹身亲之人现形于纸上。使言《石头记》之为书，情之至极、言之至恰，然非领略过乃事、迷蹈过乃情，即观此，茫然嚼蜡，亦不知其神妙也。］批书者三十年前曾目睹小戏子“执意不作”之事，可见，书中所述是历史的再现。

《红楼梦》的最后定稿是乾隆五十年（1785 年），根据是第十六回提到的甄家四次接驾，这是指乾隆八次南巡，从第三次开始，四次住在浙江海宁的陈家私人花园“隅园”。乾隆第六次南巡的时间是乾隆四十九年（1784 年）正月二十日出发，四月二十三日返回，时年已 74 岁。所以，敦诚对《红楼梦》最后一次的局部修改肯定是乾隆五十年（1785 年），在此之前，小说开始在皇族里的极小的范围里流传。

庚辰本上的批语肯定是成书之后批的，批语并不都是脂砚斋和畸笏叟批的，还有松斋、棠村、梅溪等其他一些人，不排除有后人不解书中之意而瞎批的可能。庚辰本又称脂京本。题“脂砚斋重评石头记”，各册卷首标明“脂砚斋凡四阅评过”。第五至八册封面书名下注云“庚辰秋月定本”或“庚辰秋定本”，故名庚辰本。庚辰年，是乾隆二十五年（1760 年）。批者之所以注明“庚辰秋月定本”，又在第七十五回回前注明［庚辰：乾隆二十一年五月初七日对清。］，目的就是要混淆小说的成书年代，转移视线，以避杀身之祸。

甲戌本的重抄再评，是在庚辰本之后。甲戌本删除了大量的注明日期的批语和署名，仅保留一部分有代表性的署名，抄写工整、字迹清楚，每页版心下部都有脂砚斋的署名，底本无拼凑现象，正文很少修改，有部分批语系从另本移录。从种种迹象判断，这应该是畸笏叟所为，是为出版做准备的。但是，敦敏仍担心由此会给家族带来巨大危险，所以书成后仍被束之高阁。几年后，程高本的所谓全本就出笼了。

第三节　关于“戚蓼生序”

戚序本，全名为“戚蓼生序本”，简称戚序本或戚本，是《红楼梦》早期的一个抄本。原由乾隆进士德清戚蓼生所藏并序，约在光绪年间桐城张开模得到它的一个过录本，后归俞明震，俞以之赠上海有正书局老板狄葆贤，据以照相石印，题为《国初抄本原本红楼梦》。以其卷首有戚蓼生的一篇序，故称“戚”。但是，卷首有戚序的共有四个本子。一是：1911年至1912年上海有正书局出的石印“大字本”。二是：1920年，用大字本剪贴缩印了一种“小字本”，小字本又于1927年再版。大字本与小字本文字上几乎没有任何差别，所以一般也就不提小字本。三是：有正书局据以石印的底本，过去一直说是毁于兵火，但1975年上海古籍书店发现了十册（前四十回）。故称“戚沪本”。由于有正书局据此本石印时，个别地方有贴改，而且还用贴条加上眉批，因此，底本与印本之间也有小差异。由于这个本子钤有几方张开模的印章，一度系张氏收藏，故此本也称“戚张本”或“张本”。还有一个南京图书馆收藏的戚序本，本子的面貌文字大同于张本，可能系“张本”的过录本。但这个本子与其他“戚序本”亦有小异。故称此本为“戚宁本”或“宁本”。

“戚序本”的缺陷是：经过整理后，文字不免有改动和失真之处，批语也有不少移动位置，比如把眉批、旁批都改成了双行夹批或回前回后批，并删去了原署的年月、名号，失去了本来的面目。书是过录戚氏原藏之精钞旧本，虽然楷书整齐，但看来抄手的语文水平不高，音讹形误的错别字也时有所见。

戚蓼生（1730—1792年），字念功，号晓堂、晓塘，德清城关人，乾隆三十四年（1769年）中进士，官封为刑部主事，升到郎中，乾隆四十七年（1782年）出任江西南康府知府，刚刚到任，又升任福建盐法道。乾隆五十六年（1791年）升为福建按察使。五十七年（1792年）冬卒于任。他一生为人洒脱，不修饰仪表，喝酒后喜欢乱骂人，但能力强，有理政的才能，办公桌上没有遗留的公文，最后因劳累而死于官邸。

旧时传说戚蓼生早年赴京应试，购得曹雪芹80回本《石头记》早期抄本，大为赞叹，书序一篇，对《石头记》的写作艺术推崇备至，这就是“戚序本”的由来。

作为序言，通常会署明作序时间地点，但戚蓼生所作的序言并没有注明作序时间。有人推断可能是作于乾隆三十三年（1768年），理由是，戚蓼生是乾隆三十四年（1769年）中的进士，又因旧时传说戚蓼生早年赴京应试，购得曹雪芹80回本《石头记》早期抄本，这个早年赴京应试，大概就是乾隆三十三年（1768 年）。学术界对戚蓼生作序的时间说法不一，有很多人对“戚蓼生序”提出质疑，认为不是戚蓼生所著。

笔者的看法是：如果“戚序本”的序真是戚蓼生所写，作序时间必是乾隆五十年左右。这个说法只是个推断吧，希望广大红学爱好者提出新的证据。

第四节　高鹗的续书是乾隆的阴谋

咸丰年间的赵烈文在其《能静居笔记》中的一段叙述称：谒宋于庭丈（翔凤）于葑溪精舍，于翁言：“曹雪芹《红楼梦》，高庙末年，和珅以呈上，然不知其所指。高庙阅而然之，曰：‘此盖为明珠家事作也。’后遂以此书为清代传禁红楼梦。”（注：高庙指高宗乾隆。明珠是康熙皇帝的重臣。）

周汝昌先生在《试表愚衷——高鹗伪续的杂议》一文中指出，程高本的出版，是一个政治阴谋。

1985 年，原苏联汉学家李福清、孟列夫共撰的论文在我国发表，披露了一项极关重要的文献：程甲本 120 回，首次刊行于 1791 年。三年后，即 1794 年，俄国的来华第十次教团的团长，名叫卡缅斯基，是位高明的汉学家，他对《石头记》、《红楼梦》十分注意。在他的指点下，俄人收购过不下十部抄本和刊本。在今圣彼得堡大学东方系图书馆收藏的一部程甲本上，卡氏用 18 世纪的归笔法题记云：“道德批判小说，宫廷印刷馆出的。”（见其所著《列宁格勒藏抄本石头记的发现及其意义》）卡氏所说的“宫廷印刷馆”，就是当时设在宫内的“武英殿修书处”。这是为了刊印《四库全书》而成立的木活字“皇家印刷所”。

周老论证：程高伪“全”本是《四库全书》修纂后期、基本工程完成、以余力来注意“收拾”小说戏本的文化阴谋中的一项；高鹗作序，公然宣称，此书是“名公钜卿”所赏，其所指就是由大学士（宰相）和珅出谋划策，纠集了程、高等人实行炮制假“全”本的不可告人的诡计。宋翔凤所述的掌故，分明就是此事无疑了。周贻白在《中国戏剧史》中就引录了地方大吏查办之后的复奏档案，可资参看。这说明 1791 年首刊的《红楼梦》假全本骗局本是“宫廷版”，是由乾隆批准的。

但问题是，和珅在要务缠身的情况下，为什么会把一部小说呈与乾隆御览，乾隆又为何把红楼梦说成明珠家事？和珅为何纠集程、高等人篡改原著、续写后四十回？乾隆又为何批准在“皇家印刷所”印刷全本《红楼梦》？

和珅是朝廷第一重臣，有足够的权力处理一些国家大事而不必请示皇上。他之所以把一本小说呈给皇上御览，极可能是因为他感到小说中问题的严重性已经到了必须由皇上亲自处理的地步。否则的话，没事拿一本小说去骚扰皇上，不是找骂嘛。而乾隆身为一国之君，每天有多少军国大事要处理，又有多少奏折等着他去批复；可他居然有闲心去看一部小说？将《石头记》完整地看一遍，并能看出一些名堂，需要多少时间？三五天怕是不够吧。

答案只有一个，和珅看到的《红楼梦》是八十回原本《石头记》，和珅肯定看出了《石头记》中有影射朝廷和皇上的内容，因此才呈给皇上御览。乾隆何等精明，他一定看出了书中所写的内容就是他和两位皇后的情史，小说中很多关键的地方出自他怀念富察皇后的诗作，很多重要情节都是他的亲身经历，他不可能看不出来。乾隆深知，此书已在皇族内部流传，很可能已流传到民间。如果硬性查封，反而会引起人们的怀疑，那样做会欲盖弥彰，等于是“此地无银三百两”，人们最终会联想到他的身上。况且，作者是谁？批者又是谁？也难以追查。不如因势利导，顺着小说中透露的此书未完、后续内容“遗失无稿”的线索，继续写下去，把矛头扭转过来。原著和批语已不能大幅度删改，那样会适得其反。但是，在关键的地方稍加调整，意思就完全不同了。于是，乾隆为《红楼梦》定案：“此盖为明珠家事作也。”之后，便有了和珅纠集程伟元、高鹗续写后四十回，并由“皇家印刷所”印刷出版的事情。可以肯定地说：乾隆干预了《红楼梦》的出版。

笔者认为，这就是事情真相。

乾隆的确很聪明，这一招着实高明。《红楼梦》自问世以来，几乎没有人怀疑到小说写的就是他的情史。但是，再高明的篡改者也会有疏漏的地方，前八十回的总体精华依在，真相总会有浮出水面的一天。

参考资料：

1. 周汝昌：《试表愚衷——高鹗伪续的杂议》。

2. 孤六拔的博客《庚辰本、甲戌本》。

3. 凤凰网"空谷之音"文章：《敦敏、敦诚兄弟分别是〈红楼梦〉作者之一》。

4. 好搜百科：《大妃阿巴亥》。

5. 周汝昌：《红楼梦新证》。

6. 黄加佳：《曹雪芹故居惹争议》。

7. 胡德平：《说不尽的红楼梦——曹雪芹在香山》。

8. 好搜百科：《曹寅》、刘恒义《技术合成手段炮制出的"曹雪芹"和千疮百孔的自传说》、《曹頫》。

第十五章

《红楼梦》就是为乌喇那拉氏皇后立传

第一节　《红楼梦》的原始作者是乌喇那拉氏皇后

第五回曲演红楼梦：《红楼梦引子》开辟鸿蒙，谁为情种？［甲戌侧批：非作者为谁？余又曰："亦非作者，乃石头耳。"］笔者认为：《红楼梦》的原始作者是那拉皇后，所以脂批说："非作者为谁？余又曰：亦非作者，乃石头耳。"此石头，指灵河岸边的三生石，即乾隆皇帝。脂批暗示：那拉皇后和乾隆都是"情种"。

乌喇那拉氏自从被雍正指婚给弘历为侧福晋之后，除了刚刚晋封为皇后的几年内，乾隆给予她些许温存外，其余二十多年的时间，她都是在孤独、冷漠、抗争、无奈中度过。特别是她册封为皇后之后，由于富察皇后始终阴魂不散，在乾隆心目中，她永远无法和富察皇后相提并论。乾隆十七年（1752 年）四月二十五日，乌喇那拉氏皇后首次生子，是为皇十二子永璂，那一年，那拉氏皇后已经虚岁三十五岁，是清朝后妃中生育年龄最晚的。次年皇后又生皇五女，乾隆二十年（1755 年）又生下皇十三子永璟。之后，乾隆又移情别恋，那拉皇后重新陷入冰冷的冷宫中。

笔者认为：在常年的苦闷、冷漠、寂寞的生活中，那拉皇后陆续将自己的不幸遭遇记录下来，那拉皇后的儿子永璂获得了她的手稿或听她口述过自己的遭遇，将那拉皇后的手稿或她口述的遭遇交给敦诚、敦敏。敦诚、敦敏依据那拉皇后的遭遇和富察皇后与乾隆的情感故事，创作了这部不朽的巨著。那位空空道人即是永璂。

一、“八字”的惭恨

第一回：“空空道人访道求仙，忽从这大荒山无稽崖青埂峰下经过，忽见一大块石上字迹分明，编述历历。空空道人乃从头一看，原来就是无材补天，幻形入世。”[甲戌侧批：八字便是作者一生惭恨。]

对脂砚斋的这句批语，很多人认为，这是作者“曹雪芹”的自愧直言。但是，在笔者看来，脂批中的“作者”是指那拉氏皇后，“八字便是作者一生惭恨。”是指乾隆的“八字”是造成那拉皇后一生悲剧的根源，对此，她既痛恨，又无奈，同时也感到惭愧。“无材补天，幻形入世。”这八个字不仅是那拉皇后对自己的反思，也是对乾隆生辰八字中“命中看得妻星最贤”的怨恨，正因为富察皇后是乾隆命中最贤的妻星，而那拉皇后的“八字”又与乾隆相克，所以，那拉皇后才落得如此下场，真可谓“有命无运”啊！

二、无材可去补苍天

石头后面又有一首偈云：

无材可去补苍天，[甲戌侧批：书之本旨。]

枉入红尘若许年。[甲戌侧批：惭愧之言，呜咽如闻。]

此系身前身后事，

倩谁记去作奇传？

无材可去补苍天[甲戌侧批：书之本旨]，是指记述者对那拉皇后的评价，本来没有当皇后的能力，却偏要争那个位置。“苍天”也作“上苍”指主宰万物的神，常用来形容帝王。小说中女娲炼石补天的寓意是皇后死了，女人的天塌了一个窟窿，女娲要另选一人去堵上这个窟窿，那这个“补苍天”的女人，就是皇后了。“补苍天”三字，已经透露出石头的身份。曹寅家的后人敢说去“补苍天”吗？

三、枉入红尘若许年

[甲戌侧批：惭愧之言，呜咽如闻。]这是那拉皇后的惭愧之言。身处冷宫之中，那拉皇后一定会反思自己的一生，虽然她拼命争到了皇后这个

宝座，但在乾隆眼里，她根本不是皇后。乾隆不拿她当皇后，其他嫔妃自然也不拿她当皇后看。那拉皇后既无补天之才，也无补天之运，然她非要“幻形入世”，最终一事无成，铸成终生悔恨。那拉皇后被打入冷宫后，不知有多少人在看她的笑话，她真是白在这红尘里走了一遭。

四、倩谁记去作奇传?

很多人认为此句的意思是央求别人把自己的这段经历记录下来，传播出去。这样理解固然不错，因为“倩”字的字义有请求、央求之意，如：倩人代笔。但这只是“倩”字的字意之一，“倩”字还有一个意思是：泛指姿容美好的女子。笔者的理解是：“倩谁记去作奇传?”的意思是，这个女子是谁被记去作奇传了。

故此，“此系身前身后事，倩谁记去作奇传?”是指本书乃那拉皇后的身前身后之事，作者是为那拉皇后作传。

第三回，当王夫人向林黛玉介绍贾宝玉时，开口便说：“我有一个孽根祸胎”，[甲戌侧批：四字是血泪盈面，不得已无奈何而下。四字是作者痛哭。]“孽根祸胎”当然是指乾隆，如此评价皇上，实在是“不得已无奈何”啊!“四字是作者痛哭。”是那拉皇后在痛哭，她一生的悲惨遭遇正是这个“孽根祸胎”造成的。

第二节　作者自云是那拉皇后的内心独白

甲戌本凡例中那一大段作者自云，笔者认为是传记者以那拉皇后的口吻写的，也是那拉皇后的自我反思和内心独白。

我们看一下这一段：

作者自云：“因曾历过一番梦幻之后，故将真事隐去，而撰此《石头记》一书也，故曰‘甄士隐梦幻识通灵’。但书中所记何事，又因何而撰是书哉？自云：“今风尘碌碌，一事无成，忽念及当日所有之女子，一一细推了去，觉其行止见识，皆出于我之上。何堂堂之须眉，诚不若彼一干裙钗？[蒙侧批：何非梦幻，何不通灵？作者托言，原当有自。受气清浊，本无男女之别。]实愧则有余、悔则无益之大无可奈何之日也。当此时则自欲将已往所赖上赖天恩、下承祖德，锦衣纨绔之时、饫甘餍美之日，背父母教育之恩、负师兄规训之德，已至今日一事无成、半生潦倒之罪，编述一记，以告普天下人。虽我之罪固不能免，然闺阁中本自历历有人，万不可因我不肖，则一并使其泯灭也。[蒙侧批：因为传他，并可传我。] 虽今日之茅椽蓬牖，瓦灶绳床，其风晨月夕，阶柳庭花，亦未有伤于我之襟怀笔墨者。何为不用假语村言，敷演出一段故事来，以悦人之耳目哉？故曰'风尘怀闺秀'。"乃是第一回题纲正义也。开卷即云"风尘怀闺秀"，则知作者本意原为记述当日闺友闺情，并非怨世骂时之书矣。虽一时有涉于世态，然亦不得不叙者，但非其本旨耳，阅者切记之。诗曰：

浮生着甚苦奔忙，盛席华筵终散场。
悲喜千般同幻渺，古今一梦尽荒唐。
谩言红袖啼痕重，更有情痴抱恨长。
字字看来皆是血，十年辛苦不寻常。

诠释：

1. 作者"因曾历过一番梦幻之后，故将真事隐去"。那拉皇后的一生确如一场梦幻，正如僧道所言："那红尘中有却有些乐事，但不能永远依恃，况又有'美中不足，好事多魔'八个字紧相连属，瞬息间则又乐极悲生，人非物换，究竟是到头一梦，万境归空。"

在封建社会里，当上皇上是男人的最高境界，君临天下，那是何等辉煌。而坐上皇后之位，则是女人的最高境界，母仪天下，可谓"女中顶级豪杰"。那拉皇后拼自身所能，终于坐上了皇后宝座，可惜，她既无当皇后的品行和能力，也无当皇后的命运。在乾隆心目中，她永远都不是皇后，乾隆认定的皇后，只有富察皇后。所以那拉氏注定是"浮生着甚苦奔忙，盛席华筵终散场。"

2. 自云："今风尘碌碌，一事无成，忽念及当日所有之女子，一一细推了去，觉其行止见识，皆出于我之上。何堂堂之须眉，诚不若彼一干裙钗？"

很多人认为这段话出自一个男人之口，而红学界的主流观点是，这是"曹雪芹"的自白，因为小说是曹家的历史。其实，此处的批语已经暗示了其中的玄机："何非梦幻"是说现在还是梦幻之中，"作者托言，原当有自"是说作者所说的是自己的事，"受气清浊，本无男女之别"暗示这段话出自女人之口。

笔者认为：这是那拉皇后的内心独白。富察皇后去世后，为表达对皇后的感情，乾隆下令给予富察皇后史无前例的国葬和罕世殊荣。富察氏殡于长春宫，乾隆亲自为皇后穿孝服12日，并每天到皇后生前居住的长春宫灵前祭酒。尽管如此，也无法弥补乾隆内心的伤痛，因此言行屡屡失常，痛骂大臣，重责皇子。乾隆的其他嫔妃们深知富察皇后在乾隆心目中的位置，见此状况，即使有觊觎皇后宝座的想法，此时也纷纷退避三舍，生怕一着不慎，惹怒皇上。而那拉氏却错误地估计了形势，她以为，富察氏一死，自己的机会来了。所以极力在太后面前表现自己的贤惠孝顺，以取得太后的支持。终于，她如愿以偿了。假如那拉氏不去争那个皇后之位，她或许会在贵妃的位置上颐养天年。正因为她坐上了本不该坐的位置，那么，她的悲剧命运便不可避免了，正是："悲喜千般同幻渺，古今一梦尽荒唐。"

3. "今风尘碌碌，一事无成，忽念及当日所有之女子，一一细推了去，觉其行止见识，皆出于我之上。"这是那拉皇后的自我反思，她觉得，乾隆的其他嫔妃比她聪明多了，"退避三舍"反而更安全。而在她争夺皇后之位时，那些企图仰仗那拉氏的势力为自己谋取私利的大臣和亲属们纷纷给她建言献策，一个个锦囊妙计呈现在那拉氏面前。而在那拉皇后遭难之时，那帮昔日的前呼后拥者一哄而散，早已走得净光。所以，那拉氏反思："何堂堂之须眉，诚不若彼一干裙钗？"意思是说，你们这帮臭男人，简直是一帮蠢货，还不如一帮娘儿们明白，当初若不是你们极力撺掇我去争那个皇后之位，我何以落得如此下场。这里的"彼"字，是指乾隆的嫔妃们，而"我"字，则是那拉皇后指自己。

作者（记传者）故意将这一段话写成一个男人的口气，就像脂批中称顽石为"石兄"一样，都是为了避祸。

脂批中的"我"，是代指词，代指那拉皇后。脂批："因为传他，并可传我。""他"指富察皇后和乾隆的其他嫔妃，"我"代指那拉皇后。因为要为那拉皇后作传，必然会涉及富察皇后和其他嫔妃，所以，一并记传也。

4. "虽今日之茅椽蓬牖，瓦灶绳床，其风晨月夕，阶柳庭花，亦未有伤于我之襟怀笔墨者。”

“茅椽蓬牖”和“瓦灶绳床”的词意是指住房和生活用具简陋，生活贫困。“虽今日之茅椽蓬牖，瓦灶绳床”是形容那拉皇后生活境况，如同从天堂坠入了地狱一般。对于曾经贵为皇后的那拉氏来说，被打入冷宫就形同身陷牢狱，全然没有了当日皇后之威风，但她的“襟怀”依然在沸腾，内心深处在为自己的悲惨遭遇而呐喊。

那拉皇后痛定思痛，“将已往所赖上赖天恩、下承祖德，锦衣纨绔之时、饫甘餍美之日，背父母教育之恩、负师兄规训之德，已至今日一事无成、半生潦倒之罪，编述一记，以告普天下人。虽我之罪固不能免，然闺阁中本自历历有人，万不可因我不肖，则一并使其泯灭也。”那拉皇后被夺去皇后名分，身陷冷宫，真的是“一事无成，半生潦倒”。她意识到自己对皇上、皇太后的忤逆之罪是不可饶恕的，乾隆绝不会轻易饶过她。她决定将自己一生的遭遇以及乾隆其他妃嫔的经历编成一书，以告天下。于是，十年后，一部充满神秘色彩的文学巨著《红楼梦》问世了。

5.“谩言红袖啼痕重，更有情痴抱恨长”是《红楼梦》一书的宗旨，此句表述了乾隆和两位皇后一生的爱恨情仇。

“红袖”指两位皇后。富察皇后屡遭丧子之痛，“啼痕”焉能不重；那拉皇后自嫁给乾隆之后，就没过上几天好日子，“以泪洗面”是她一生的境况。

“情痴”是指乾隆皇帝，他虽是个风流天子，但是，他对富察皇后的感情是真挚的，富察皇后是他一生最爱的女人。富察皇后的不幸去世，使乾隆终身难以释怀，我们可以从乾隆写下的100多首怀念富察皇后的诗中，窥见到乾隆的内心深处的真情实意。

满纸荒唐言，一把辛酸泪！

都云作者痴，谁解其中味？

这是堂堂大清皇后乌喇那拉氏的荒唐之言和心酸之泪！

《红楼梦》问世二百多年了，是不是应该识得书中主人的真面目、解得其中的真正之味了？

第十六章

脂砚斋就是那拉皇后的儿子永琪

脂砚斋是《红楼梦》抄本的主要评点者。脂砚斋的批语在红学界被称为“脂评”或“脂批”，有脂砚斋批语的抄本被称为“脂本”。但脂砚斋其人是谁，与《红楼梦》的作者是什么关系，迄今未形成一致看法。

脂砚斋在批语中自称和作者关系密切，深知作者著书就里，与作者有共通的生活经历和感受，并且熟知作者著书过程中采用的多种奇法妙法，经常不厌其烦地引导读者步步深入地发现线索，甚至还参与了《红楼梦》的创作过程，了解红楼后事。可这个神秘人物却从来没有被世人知晓，不能不说是红学界一大怪现象。

近些年，出现“脂批造假”的学潮。以陈林先生为代表的新秀们，经过考证，证明所有的脂批本均是近代学者陶洙伪造的，其证据是甲戌本、庚辰本、列藏本、己卯本的字迹与陶洙的字迹极为相似。冯其庸先生也发现“师大本”的笔迹跟“己卯本”上陶洙补抄部分的笔迹“真是同一个人的笔迹”。“师大本”为陶洙所抄，陶洙补抄“己卯本”缺失部分，两者笔迹一致，这已经是毋庸置疑的事实。

与陶洙有过交往的周绍良指出：“陶心如（陶洙）想整理一个只有脂砚斋的批本《石头记》，但是用主观主义去搞，因之在庚辰本上很多他认为不是脂砚斋的，他都不录。据我所知，他由于生活问题，他所想搞纯脂本《石头记》，没等得完工就卖了。”周绍良只是证明陶洙的确整理抄录过《石头记》，想搞一个纯脂批的《石头记》，并没有说脂批是陶洙伪造的。

笔者认为：很多版本上出现陶洙的笔迹，只能证明陶洙的确抄录整理过这些版本的《石头记》，并不能证明脂批就是他伪造的。《红楼梦》问世以来，引起了无数人的喜爱，不知有多少人传抄整理过这部撼世巨著。因为一些版本上有陶洙的笔迹，因此，认为脂批就是陶洙伪造的，这个结论显然下得过于武断。

有一点需要说明的是，列藏本是在1832年传入俄国的，那时陶洙尚未出世。也许有些本子里面可能有伪造的痕迹，但是列藏本不可能伪造。还有早期富察明义本里面的一些内容可以印证脂批。

脂本是客观存在的，尽管脂本上的许多批语确有作伪的嫌疑，但笔者认为作伪的目的是为了避祸，当然，也不排除有些批语是后人不解书中之意而随手瞎批的。但要说所有脂批都是陶洙为一己私利而刻意造假，笔者不认同这种观点。

很多红学爱好者认为，脂砚斋肯定与作者极为熟悉，小说中描写的许多情景他都亲身经历过，有人认为脂砚斋就是作者本人。

笔者的观点是：脂砚斋是乌喇那拉氏皇后的儿子永璂。

第一节　小说中的重要线索

一、第十八回，元妃省亲时，书中介绍

“当日这贾妃未入宫时，自幼亦系贾母教养。后来添了宝玉，贾妃乃长姊，宝玉为弱弟，贾妃之心上念母年将迈，始得此弟，是以怜爱宝玉，与诸弟待之不同。且同随贾母，片刻未离。那宝玉未入学堂之先，三四岁时，已得贾妃手引口传，教授了几本书、数千字在腹内了。其名分虽系姊弟，其情状有如母子”。[庚辰侧批：批书人领过此教，故批至此竟放声大哭，俺先姊仙逝太早，不然余何得为废人耶?]

元春与宝玉“虽系姐弟，其情状有如母子。”而批书人“领过此教”，并说：“俺先姊仙逝太早，不然余何得为废人耶?”可见，书中这一段元春与宝玉的描述，实际上隐写的是那拉皇后和儿子永璂的经历。那拉皇后被废后，永璂在宫中的处境可想而知：母亲见不到，父亲对自己冷漠，其他嫔妃和皇子对自己落井下石……所以，脂砚斋批书至此，禁不住放声大哭。没有亲身经历的人，哪里会体会到批书人的感受？一夜之间，皇后沦

为囚徒，一等皇子沦为“废人”，就如同从天堂坠入了地狱，其情其景可谓悲惨之至。脂砚斋将母亲称为“先姐”，是迎合书中的描述，同时也是为“讳知者”。

二、第十八回

元春问：“宝玉为何不进见?”贾母乃启：“无谕，外男不敢擅入。”元妃命快引进来。小太监出去引宝玉进来，先行国礼毕，元妃命他进前，携手揽于怀内，又抚其头颈，［庚辰侧批：作书人将批书人哭坏了。］笑道：“比先竟长了好些……”一语未终，泪如雨下。［庚辰双行夹批：至此一句便补足前面许多文字。］

这一段描述，道出元春对宝玉的真情实意：携手揽于怀内，又抚其头颈，笑道：“比先竟长了好些……”一语未终，泪如雨下。足见元春对宝玉的“母子深情”。批书人目睹这一情节，当年母亲对自己的深爱之情立即浮现在眼前，刻骨铭心、历历在目，因此才会有“作书人将批书人哭坏了”的肺腑之言。“至此一句便补足前面许多文字”，读者阅书至此，应该明白，元春省亲这一回里，元春和宝玉的身份已转变为母子关系，即那拉皇后和儿子永琪的关系。

《红楼梦》中很多人物都有双重身份，在不同的场合，其身份亦不同，这就是一喉二歌、一手两书之妙法。

三、第二十五回

“宝玉来了，进门见了王夫人，不过规规矩矩说了几句，便命人除去抹额，脱了袍服，拉了靴子，便一头滚在王夫人怀里。［甲戌侧批：余几几失声哭出。］王夫人便用手满身满脸摩挲抚弄他，［甲戌侧批：普天下幼年丧母者齐来一哭。］宝玉也搬着王夫人的脖子说长道短的。”［甲戌侧批：慈母娇儿写尽矣。］

这一段描写出慈母娇儿的生动情景，“慈母娇儿写尽矣”，脂砚斋见此情景“几几失声哭出。”又说：“普天下幼年丧母者齐来一哭”，此句足以证明，脂砚斋就是那个幼年丧母的娇儿。那拉皇后死时，永琪才十四岁，是真正的幼年丧母。当年母亲在世时，永琪何尝不是这样在母亲身上撒娇，母亲也是那般“用手满身满脸摩挲抚弄他”，脂砚斋批书至此，触景伤情，失声痛哭，亦在情理之中。

四、第二十二回

正月二十一日是薛宝钗的生日，贾母张罗着为宝钗过生日，“就贾母内院中搭了家常小巧戏台，定了一班新出小戏，昆弋两腔皆有。……吃了饭点戏时，贾母一定先叫宝钗点。宝钗推让一遍，无法，只得点了一折《西游记》。贾母自是欢喜，然后便命凤姐点。凤姐亦知贾母喜热闹，更喜谑笑科诨，便点了一出《刘二当衣》。”［庚辰眉批：凤姐点戏，脂砚执笔事，今知者寥寥矣，不怨夫?］［庚辰眉批：前批“知者寥寥”，今丁亥夏只剩朽物一枚，宁不悲乎!］［靖眉批：前批“知者寥寥”，芹溪、脂砚、杏斋诸子皆相继别去，今丁亥夏只剩朽物一枚，宁不痛杀!］

从脂批中看出，凤姐点戏时，脂砚斋就在旁边，而且还“执笔事”，意思是做记录。熙凤是小说中的人物，而脂砚斋是批书者，此批语将批书者和小说中的人物直接联系起来。可见，小说中的熙凤和脂砚斋都是现实生活中的人。

王熙凤就是那拉皇后，薛宝钗的分身之一也是那拉皇后。笔者论述过，熙凤过生日隐写的是那拉皇后被册封为皇后的日子，那么，宝钗过生日实际上就是那拉皇后过生日。这一情景应该是乾隆三十年（1765 年）之前的事，那时那拉皇后虽早已失宠，但毕竟还是皇后。皇后千秋，宫中当然要庆祝一番。当时，永琪已经十几岁了，母亲过生日，儿子永琪当然会在身边。母亲点了一出或几出戏，儿子做记录传给管事的太监，这是再自然不过了。而知道这一小事的没几个人，所以，脂批说“今知者寥寥矣，不怨夫?”这条批语肯定是脂砚斋即永琪批的，批注的时间应该是乾隆四十年（1775 年）之前。后两条则是畸笏叟晚年时批的，那时永琪、敦诚都已去世，“芹溪、脂砚、杏斋诸子皆相继别去”，只剩畸笏“朽物一枚，宁不悲乎!”

五、第三回

“这袭人亦有些痴处：伏侍贾母时，心中眼中只有一个贾母，如今服侍宝玉，心中眼中又只有一个宝玉。只因宝玉性情乖僻，每每规谏宝玉，心中着实忧郁。”[蒙侧批：我读至此，不觉放声大哭。]那拉皇后就是因为规劝乾隆而落得身败名裂的下场，永琪当然知道母亲落难的缘由，读至“每每规谏宝玉，心中着实忧郁”时，肯定会想起母亲的遭遇，所以才“不觉放声大哭”。

六、第三回

书中写到宝玉面若中秋之月，[甲戌眉批：此非套“满月”，盖人生有面扁而青白色者，则皆可谓之秋月也。用“满月”者不知此意。]这是暗喻宝玉即弘历生于八月十三日，虽面若中秋之月，但不是满月。

下一句：色如春晓之花。[甲戌眉批：“少年色嫩不坚牢”，以及“非夭即贫”之语，余犹在心。今阅至此，放声一哭。]这一句是说永琪，永琪少年时一定有人对他说过“少年色嫩不坚牢”，以及“非夭即贫”的话，所以阅书至此，禁不住“放声一哭”。宝玉身上隐写了乾隆和永琪两个人，“面若中秋之月”指乾隆，“色如春晓之花”则指永琪。但宝玉大部分是写乾隆的，只是在与元春或王夫人在一起时，宝玉的身份才变成永琪。

七、第十三回

可卿对熙凤说“三春去后诸芳尽，各自须寻各自门”，[甲戌侧批：此句令批书人哭死。]那拉皇后正是在“三春去后”才得以登上皇后宝座，正因为她坐上了本不该坐的位置，才导致她悲剧的命运。永琪对母亲的一生遭遇了如指掌，故此才会有“此句令批书人哭死”的悲怆之语。

第二节　芒种节之谜

第二十七回：

“至次日乃是四月二十六日，原来这日未时交芒种节。尚古风俗：凡交芒种节的这日，都要设摆各色礼物，祭饯花神，言芒种一过，便是夏日了，众花皆卸，花神退位，须要饯行。然闺中更兴这件风俗，所以大观园中之人都早起来了。那些女孩子们，或用花瓣柳枝编成轿马的，或用绫锦纱罗叠成干旄旌幢的，都用彩线系了。每一棵树上，每一枝花上，都系了这些物事。满园里绣带飘飖，花枝招展。”［甲戌侧批：数句大观园景倍胜省亲一回，在一园人俱得闲闲寻乐上看，彼时只有元春一人闲耳。］［庚辰侧批：数句抵省亲一回文字，反觉闲闲有趣有味的领略。］

很多红学爱好者对“至次日乃是四月二十六日，原来这日未时交芒种节”这句话极感兴趣，认为这句话隐写了作者的生日，于是，纷纷上阵，各显神通，用各种方法来验证“四月二十六日未时交芒种节”这一日就是作者曹雪芹、曹頫或袁枚的生日。

遗憾的是，从康熙元年（1662年）至乾隆三十年（1765年）的一百零三年间，“四月二十六日未时交芒种节”的年份，基本没有，只有康熙四十五年（1706年）这一年最为接近“未时”，记载的交节时辰为15：28时，误差为30分钟。这似乎很接近了，这点误差可以忽略不计。但是，康熙四十五年（1706年）和曹雪芹、曹頫、袁枚的生日都对不上。

关于贾宝玉的生日，俞平伯先生说：“曹雪芹的一生经过四月未时交芒种节气的只有一个机会，即乾隆十二年（1747年）丁卯。他正在著书，把它顺便写上，是很近情的。至于‘二十六’与‘二十九’日子的不符，或出于作者笔误，或传抄之误，再不然，随便填写，不过求精确也是有的，这些自不免减少了一些文字的现实性，却不能消灭它。”

周汝昌先生说：按殿板万年书，乾隆元年丙辰：“四月小，二十六日庚寅，亥初一刻四分芒种。”普通遇节气，无人细记时刻，只记日期，“未时”云者，殆雪芹随手拈来补足之语。

还有人说“四月二十六日”和“五月初三日”是同一天，这一日就是曹天祐的生日，等等。于是，越说越乱，令人眼花缭乱，搞不清东西南北。至今，“四月二十六日未时交芒种节”隐写的是作者的生日，没有一个人能自圆其说。

笔者认为：“四月二十六日未时交芒种节”隐写的是那拉皇后与乾隆的儿子永璂的生日。永璂是乾隆皇帝第十二子，生于乾隆十七年（1752年）四月二十五日。这也不是四月二十六日啊！对，当然不是。

关键在于“至次日乃是四月二十六日，原来这日未时交芒种节”。请注意：次日，是指明日，明日是四月二十六日，那么今日就是四月二十五日。"凡交芒种节的这日，都要设摆各色礼物，祭饯花神"，所以，大观园的姑娘们早早就起来忙活了，"或用花瓣柳枝编成轿马的，或用绫锦纱罗叠成干旄旌幢的，都用彩线系了。每一棵树上，每一枝花上，都系了这些物事。满园里绣带飘飖，花枝招展。"姑娘们忙活的这一日，是"交芒种节的这日"，节前进行准备，节日那天庆贺，古往今来，没有谁会在节日的当天才做准备。所以，"交芒种节的这日"，就是四月二十五日。如果姑娘们忙活的这日是四月二十六日，那就不能说"交芒种节的这日"，而应该说"芒种节的这日"。

四月二十五日这一天，所有的人都在忙活，脂砚斋说："一园人俱得闲闲寻乐上看，彼时只有元春一人闲耳。"元春化身之一是那拉皇后，乾隆十七年（1752 年）四月二十五日她生下了十二皇子永璂，皇上兴高采烈，后宫里自然也一片欢欣鼓舞，纷纷呈礼庆祝。当然"只有元春一人闲耳"。作者描写"交芒种节的这日"，大观园的姑娘们纷纷早起，个个忙活着，是说后宫的妃嫔们为皇后生子而忙碌。

再看"未时交芒种节"，未：基本字义，相当于"没有"、"不曾"，"未时交芒种节"的意思是没有交芒种节这个时辰。乾隆十七年（1752 年）的芒种节是四月二十三日，所以作者说，没有交芒种节这个时辰。作者学识渊博，当然知道所有交芒种节的时辰，所以才故意留下这样一个破绽。那么多红学爱好者想方设法地去考证，都没有把"未时交芒种节"这一时辰和四月二十六日对上，更无法和所谓的作者的生日对上。这说明什么？说明根本就没有"未时交芒种节"这一时辰。

请记住：《红楼梦》作者的智慧远不是我们想象的那样，小说中的每一个细节都是作者的精心设计，作者绝不会弄错，更不会随便填写。如果我们的考证和书中的描述对不上，只能说明我们自己弄错了，就应该调整自己的思路。笔者在考证期间，很多次都因为思路不对，怎么也说不通，好几次都想放弃了。后来调整了思路，才走出了困局。因此，不要一对不上，就说作者弄错了，那样，只能说明自己根本没有理解作者的意图。

既然没有"未时交芒种节"这一时辰，那么，四月二十六日就是曹雪芹、曹頫、袁枚的生日也就无从谈起。在笔者看来，作者只不过是耍了个小花招，目的是为了把永璂的生日隐写进小说里，而又不露出马脚。

脂批云：［庚辰侧批：数句抵省亲一回文字，反觉闲闲有趣有味的领略。］元春省亲中宝玉和元春见面，实际上是母子相会，而“至次日乃是四月二十六日，原来这日未时交芒种节。”数句话和元春省亲的意思一样，都是描写那拉皇后和儿子永璂的，所以，“数句抵省亲一回文字”。脂砚斋就是永璂，他看到这段描写会是怎样的感受？他为作者的奇思和狡猾而拍案叫绝，因此“反觉闲闲有趣有味”，读者须用心体会，方能领略作者和批者之用意。

第二十九回，贾母一行人奉元春旨意到清虚观打醮，张道士笑道：“前日四月二十六日，我这里做遮天大王的圣诞，人也来的少，东西也很干净，我说请哥儿来逛逛，怎么说不在家？”贾母说道：“果真不在家。”

皇上的后妃们一生下孩子，立刻会有奶妈抱去喂养，当然是不在家了。贾府一行人到清虚观打醮，是奉了元春的旨意庆贺“遮天大王的圣诞”，那“遮天大王”就是永璂。永璂是皇后之子，如果那拉皇后像富察皇后一样温柔贤惠，那永璂就有可能被确立为皇位继承人。永璂刚出生时乾隆是很高兴的，还特意写诗庆贺，那永璂当然就是“遮天大王”了。张道士只是说四月二十六日为遮天大王做圣诞，并没有说遮天大王生于四月二十六日。这里，作者只不过是玩了一个小小的文字游戏。

由此可见，永璂就是遮天大王，他出生于乾隆十七年（1752年）四月二十五日，次日是四月二十六日，没有交芒种节这一时刻。张道士为遮天大王做圣诞，就是庆贺永璂的生日。

元春赐端午节礼物时，单独把宝玉和宝钗的礼物赐成一样，而黛玉的礼物却和三春的一样，降低了一个层次。就连宝玉也奇怪“怎么林姑娘的倒不同我的一样，倒是宝姐姐的同我一样！”

很多人认为，元春是以端午节赏礼来暗示自己对“金玉良缘”的支持，而贾母似乎对元春的态度并不买账，她叫宝玉“一个五更天进去谢恩”，就是要让元春知道，“一个”的意思，就是不能成双，似乎是让元春知趣点。

笔者认为：作者的这一段描述，隐喻的是富察皇后已经去世，“木石前盟”化为泡影；那拉皇后又生皇子，与乾隆正是恩爱有加之时，那象征富察皇后的林黛玉自然要往后排了。可是，在皇太后钮祜禄氏看来，这个继皇后怎么能和富察氏那个先皇后相比，自然是不买她的账。

第三节 探究历史真相

永琪是那拉皇后所生的三个子女中唯一一个长大成人的皇子。永琪出生时，乾隆不仅在上谕中批复“又皇后已生皇子。一切顺适吉祥”，还为此写诗庆贺：

视朝旋跸诣畅春园问安遂至昆明湖上寓目怀欣因诗言志，视朝已备仪，弄璋重协庆。

注：适中宫诞生皇子

天恩时雨旸，慈寿宁温清，
迩来称顺适，欣承惟益敬；
湖上景愈佳，山水含明净，
柳浪更荷风，云飞而川泳；
味道茂体物，惜阴励勤政。

（《御制诗二集 卷三十》）

可见，乾隆此时的心情是非常高兴的，这也可以证明那拉皇后这一时期和乾隆的关系较为和睦的。母亲得宠，儿子自然也得到父亲喜爱。因此，永琪的童年是在父疼母爱的温暖的环境中度过的。

但是，随着那拉皇后的逐渐失宠，永琪也渐渐失去了父爱，生活境况大不如前。随着年龄的增长，永琪也渐渐体会到父亲对母亲的冷落。而那拉皇后在长期的孤独、寂寞、凄凉的生活环境中，心中的苦闷、悲愁无处宣泄，肯定会跟儿子诉说。这样，在永琪幼小的心灵上必然会产生对父亲的怨恨。小说第三十三回，贾政暴打宝玉，实际上隐写的是乾隆对永琪的态度。那拉皇后被打入冷宫后，永琪的日子也不会好过，他不仅不能随便见到母亲，在其他皇子面前也抬不起头来。那些其他妃嫔的儿子会给他好脸色看吗？昔日你是皇后之子，是嫡子，将来继承大统的也许非你莫属，现在怎么样？你那皇后老娘倒了霉，你也该完蛋了吧。互相倾轧、落井下石、骨肉相残本是皇家的传统，“无情最是帝王家”，的确不假。特别是那拉皇后死后，乾隆毫不动心，没有丝毫悲伤之状，继续在木兰围场游猎，只让永琪回宫料理母亲后事。可想当时永琪是什么心情？回宫后，目睹母亲死后的惨状和凄惨的葬礼，永琪又会作何感想？然而，面对强大的父皇，一个十几岁的孩子又能怎么样？除了悲伤、痛苦、愤怒还会有其他什么感觉吗？

笔者判断，永琪回宫料理母亲后事时，一定在母亲被囚的屋子里发现了母亲的遗书或她记述自己遭遇的手稿。永琪将母亲手稿秘密藏匿，日后交与文学水平极高的敦诚，此人就是《红楼梦》的作者。那拉皇后死后第二年，即乾隆三十二年（1767 年），敦诚依据那拉皇后的手稿，并利用自己在宗人府任笔帖式的便利条件，查阅了还未来得及销毁的那拉皇后和乾隆后妃的全部材料。掌握了大量素材后，敦诚开始酝酿构思、创作《红楼梦》。当时，永琪年幼，没有能力著书，但是，乾隆三十九（1774 年）年时《红楼梦》的主要章节已经完成，而此时永琪 21 岁，已经具备评书的能力。小说中描写的内容他太熟悉了，很多情节都是他的亲身经历，所以点评往往一语中的，切中要害。在批书过程中，小说中的描写，时时会勾起永琪痛苦的回忆，母亲一生的悲惨遭遇，自己沦为废人的惨痛现状，一幕幕在眼前浮现，所以，批语中才会有“字字看来皆是血”，“能解者，方有辛酸之泪，哭成此书”，“伤心笔，堕泪笔”，“今阅至此，放声一哭”，“我读至此，不觉放声大哭”，“一句一滴血之文”，“一字化一泪，一泪化一血珠”，“心血淋漓，酿成此数字”，“读此等文章能不堕泪”，“所谓此书真是哭成的”，“使人读之声哽咽而泪雨下”，“不必看完，见此二句即欲堕泪”，“语语见道，字字伤心，读此一段，几不知此身为何物矣”，等等流泪之语。有些人觉得脂砚斋动不动就泪流满面，一些无关紧要之语也能让他泪湿衣襟。读书人没有批书人的经历，当然也不会有批书人的感受，如果你站在永琪的角度去读小说，你就会体会到他的感受了。

永琪死于乾隆四十一年（1776 年）正月二十八日，当时，《红楼梦》尚未全部完稿，“书未成”永琪“泪尽而亡”，后面的抄阅再评，是畸笏叟——敦敏的事了。

第四节 畸笏叟就是敦敏

敦敏是敦诚的哥哥，生于雍正七年（1729年），十六岁进右翼宗学读书，二十七岁在宗学考试中列为优等。二十八九岁时曾协助父亲在山海关管理税务，在锦州做税务官，不久即回北京长期闲居。三十七岁时才授右翼宗学副管，四十六岁升总管。五十四岁因病辞官。著有《懋斋诗钞》。

笔者认为，敦敏就是畸笏叟。根据是：

一、敦诚著书时，敦敏也参与了。第十三回“秦可卿死封龙禁尉”一回中，靖藏本有一大段批语［此回可卿梦阿凤，作者大有深意，惜已为末世，奈何奈何！贾珍虽奢淫，岂能逆父哉？特因敬老不管，然后恣意，足为世家之戒。“秦可卿淫丧天香楼”，作者用史笔也。老朽因有魂托凤姐贾家后事二件，岂是安富尊荣坐享人能想得到者？其事虽未行，其言其意，令人悲切感服，姑赦之，因命芹溪删去“遗簪”、“更衣”诸文，是以此回只十页，删去天香楼一节，少去四五页也。］这段话显然是畸笏叟批的，畸笏叟能命作者“芹溪”删去“遗簪”、“更衣”诸文，足见他是个说话有分量、对作者有影响力的人。那么，敦诚著书是在极秘密的情况下进行的，如果不是他最信任的人，他是绝不可能让其知道并参与的。除了亲哥哥敦敏，他还会告诉其他人吗？

第二十二回，凤姐点戏时，畸笏叟批曰：［庚辰眉批：前批“知者寥寥”，今丁亥夏只剩朽物一枚，宁不悲乎！］［靖眉批：前批“知者寥寥”，芹溪、脂砚、杏斋诸子皆相继别去，今丁亥夏只剩朽物一枚，宁不痛杀！］又说［庚辰：此回未成而芹逝矣，叹叹！丁亥夏。笏叟。］二十二回没写完“芹”就死了，几个批书者也都死了，那么后几十回是谁写的？畸笏叟显然是在制造谎言，目的就是为了保护敦诚和其他批书人。

二、第八回，众人对宝玉说：“前儿在一处看见二爷写的斗方儿，字法越发好了，多早晚儿赏我们几张贴贴。”［甲戌眉批：余亦受过此骗，今阅至此，赧然一笑。此时有三十年前向余作此语之人在侧，观其形已皓首驼腰矣，乃使彼亦细听此数语，彼则潸然泣下，余亦为之败兴。］这段话也是畸笏叟批的，三十年前，也有人对他说过这样的戏弄之语，而这个人在畸笏叟批这段话时就在他身边，已经是“皓首驼腰”的老人了，可见畸笏叟也是一个白发老人。敦敏卒于嘉庆元年（1796 年），终年 68 岁（虚岁）。他批这段话时，应该是 60 多岁，所以自称是“朽物”“老朽”。

三、庚辰本上注明日期的批语，有很多是畸笏叟批的，敦敏比敦诚年长几岁，阅历也比敦诚丰富，对未来可能出现的风险防范意识更强。所以，他在一些不太重要的地方故意注明日期，以转移读者的视线，目的就是为了避祸。但是，后来他意识到批注的日期太多了，后人对书中描写的内容看不明白，会产生误解，所以重新抄录时将自己的带日期的批语删去了很多，只保留了关键的几处。敦敏之所以将敦诚《四松堂集》中伪造的关于曹雪芹的诗的纪年删去，也是出于这个考虑。如果仅仅删去《挽曹雪芹》诗的纪年，肯定会引起人们的怀疑，所以连其他诗的纪年也一并删去。

《红楼梦》最后抄录和整理工作是畸笏叟完成的，那时，程高本已经出现，但敦诚的原著还是保存下来了。敦敏功不可没。

脂砚斋和畸笏叟的书评不仅仅是对小说内容的理解和文字的欣赏，脂评已经成为小说整体结构的补充和再创作，红学爱好者们应该认真研究脂砚斋、畸笏叟的批语和其人其事，这样才能真正地解开红楼之谜。

参考资料：

1. 好搜百科：《乾隆继后乌喇那拉氏》。
2. 好搜百科：《脂砚斋》《畸笏叟》。
3. 好搜百科：《乾隆皇帝》。

后 记

《红楼梦》是中华民族文学史上的瑰宝，古往今来，没有哪一部小说能与《红楼梦》相提并论。无数的读者之所以为《红楼梦》的魅力而倾倒，前赴后继、义无反顾、孜孜不倦地探索和研究，就是因为这部巨著中充满了中华传统文化的精华。有评论家这样说，几千年中国文学史，假如我们只有一部《红楼梦》，它的光辉也足以照亮古今中外。毛泽东主席曾说：《红楼梦》我至少读了五遍……我是把它当历史读的。开头当故事读，后来当历史读。可见，一代伟人毛主席认为《红楼梦》是一部历史书。

《红楼梦》内涵博大精深，作者堪称举世奇才，那一个个巧妙的布局、一层层诱人的陷阱、一座座神奇的迷宫、一首首精妙的诗赋无不令人心驰神往，多少人深深陶醉在其中，终身不能自拔。即使撞得头破血流，也义无反顾地勇往直前。纵观大千世界，哪一部著作能有如此神奇的魅力？

笔者才疏学浅，只窥见其中的一部分秘密，很多谜团至今仍未解开。非常希望能和广大的红学爱好者一起继续探讨红楼之谜。

本书在写作过程中，除前面列举的参考文献之外，还在好搜百科里查阅了很多资料。如：乾隆的两位皇后和皇贵妃的资料，清朝历史的有关资料，红学爱好者关于《红楼梦》的考证文章，等等。非常感谢互联网时代。在此，对好搜百科编辑、录入各处信息资料的学者一并致谢。